企业信息化之道
从新手到 CIO

张明德 王 琳 主编

电子工业出版社
Publishing House of Electronics Industry
北京 · BEIJING

内 容 简 介

企业信息化本质上是个系统工程，影响因素很多，利益相关方很多，涉及的知识领域很多。实践证明，并不存在拿来即用、万能的建设方案，应采用系统性思维，根据企业特点设计个性化的、有针对性的建设方案和实施路线，并且进行动态调整。本书是国内第一部全面且系统介绍企业信息化本质的书籍，涵盖信息化方法、企业经营管理、信息技术、应用实践、法规标准等内容。本书以 CIO 视角，从六个方面全面介绍企业信息化工作涉及的相关知识和方法，方便读者快速积累知识及扩大视野，快速提升顶层设计和综合管理能力，加快信息化工作者的职业成长步伐，并且能快速运用到具体的工作当中，具体包括：如何理解企业信息化、企业信息化主要方法、企业经营管理基础知识、信息技术基础知识、企业信息化应用实践、政策法规与标准规范。

本书选材精心、内容翔实、重点突出、特点鲜明，既有原理介绍，又有应用实践，具有很强的实用性。本书可以作为企业内部信息化工作相关人员（CEO、CIO、信息化部门领导、项目经理、运维人员、技术人员等）的专业参考手册，也可以作为企业外部提供信息化方案或服务的各类厂商专业人员的学习资料，还可以作为未来想从事企业信息化工作的在校本科生、研究生和博士生的入门教材。

图书在版编目（CIP）数据

企业信息化之道：从新手到 CIO／张明德，王琳主编. -- 北京：电子工业出版社，2024. 7. -- ISBN 978-7-121-48500-8

Ⅰ. F272.7-39

中国国家版本馆 CIP 数据核字第 20245FT658 号

责任编辑：王　群
印　　刷：三河市良远印务有限公司
装　　订：三河市良远印务有限公司
出版发行：电子工业出版社
　　　　　北京市海淀区万寿路 173 信箱　邮编：100036
开　　本：787×1092　1/16　印张：24.5　字数：612 千字
版　　次：2024 年 7 月第 1 版
印　　次：2024 年 7 月第 1 次印刷
定　　价：98.00 元

凡所购买电子工业出版社图书有缺损问题，请向购买书店调换。若书店售缺，请与本社发行部联系，联系及邮购电话：（010）88254888，88258888。

质量投诉请发邮件至 zlts@phei.com.cn，盗版侵权举报请发邮件至 dbqq@phei.com.cn。

本书咨询联系方式：wangq@phei.com.cn，910797032(QQ)。

编委会名单

主　编：张明德　　王　琳

成　员（按姓氏拼音排序）：

付高生　　李长山　　李　阔

马　敬　　马　静　　马维平

裴彦纯　　夏建伟　　袁　丁

左晓辉

前　言

20 世纪 90 年代，刚入行不懂甲方与乙方。硕士毕业后基本没做太多考虑，我便通过双向选择到了电信领域某事业单位，主要从事软件开发工作，很自然地成为乙方，客户主要是各地的电信公司。

随着乙方工作的深入，开始碎片式认知甲方。随后的十多年，尽管在多家公司工作过，但我一直是乙方角色，历任软件工程师、开发部经理、技术总监、副总经理等职务，从最初的闷头开发，到项目投标、售前方案编制、项目管理，再到后来与客户共同参与国家课题，与客户交流和互动成为常态。那时，我感觉甲方工作就是策划项目和搞定预算，然后找厂商完成即可，又惬意、又轻松、又受厂商尊敬，工作中遇到不懂的问题还可以找厂商支持。乙方却要加班加点，工作辛苦，而且经常被甲方批评，还要不断学习新技术以免被时代淘汰。

2012 年进入国企成为甲方后，才真正明白甲方原来不是"甲方"。还没感受到丝毫惬意与轻松，我就陷入了新的困惑，现实与想象中的完全不一样。在企业内部，信息化部门实质上是乙方角色，其他部门才是用户，才是真正的甲方。项目与预算策划并不是一件容易的事情，信息化部门需要经受来自各方面的灵魂拷问。为什么要上这个项目，能产生什么效益，能解决哪些实际问题，为什么花这么多钱，会不会产生新的信息孤岛，能不能考虑让内部厂商开发，国家有哪些政策要求需要满足、能否满足，为什么去年刚上线今年又要升级等。我猛然发现选择合适的厂商居然很不容易，真真假假、虚虚实实，需要擦亮眼睛仔细鉴别和甄选：售前讲解的内容是否真实，销售承诺的资源能否保障，宣称的完美产品是否成熟，讲解方案的高手是否能为我所用。主要领导或分管领导如果调整，信息化工作思路可能大变，项目也可能要发生重大调整。厂商由于利益不同或能力有限，所以可能无法完全站在甲方视角执行项目，成果可能与预期差异很大。

随着甲方工作的深入，更要思考如何做好"甲方"。随后的十年，我一直负责信息化部门工作，感悟很多。CIO（首席信息官，信息化部门负责人）到底应该具备哪些知识？没有 IT 背景能否胜任 CIO 岗位，有 IT 背景的人的思维方式是否存在局限性？信息化的价值和目标到底是什么？为什么国企信息化部门的排名总是倒数（重要性体现）？信息化为什么总是被普遍诟病？为什么领导总喜欢拿"信息化水平低"说事？到底哪些因素对信息化工作有重大影响？为什么标杆企业的信息化经验很难借鉴？信息化定位到底是什么，是支撑业务还是引领业务？为什么信息化是企业改革的重要抓手？

信息化本质上是个系统工程，需要独立思考和系统化的思维方式。信息化与企业发展

V

周期、经营管理等方面息息相关，既互相制约又互相促进，因此需要独立思考，也需要系统化的思维方式，审时度势地找到突破口和有效抓手，从而让信息化发挥最大价值。

（二）

第一，社会对企业信息化普遍存在很多误解、偏差和轻视。

有人认为："信息化很简单，就是用计算机写写文件、发发邮件，就是企业网站、财务软件和 OA 系统。"殊不知，智能制造、一体化管理、精细化管控、网络营销、电子商务、数据决策等也属于信息化工作范畴。

有人认为："信息化就是费钱的事情，企业讲究效益，能省就省。"其实信息化也是一种核心竞争力，没有信息化，未来企业将寸步难行。

有人认为："信息化就是一个 IT 工具而已，企业需要什么系统就上什么系统。"殊不知，信息化融合了多种先进的管理思想和管理工具，能够牵引企业进行管理变革，推动企业快速提升规范化水平。

有人认为："信息化工作就是工程师的工作，根据企业需求完成配置开发就可使用了。"殊不知，企业需求其实很复杂，受政策法规、外部竞争、行业趋势、企业战略、内部管理、领导倾向、IT 技术等多方面影响，可能企业领导都不清楚企业到底需要什么（只能提出宏观性目标），需要综合分析、深度挖掘和长时间磨合才能真正搞清楚，这已经完全超越了工程师的工作范畴。

有人认为："信息化工作可以全部外包给厂商，企业没必要配备专业岗位，只要有人盯着就行。"殊不知，新一代信息技术的迅猛发展和广泛应用，已经对行业竞争格局和传统商业模式带来了颠覆性的冲击和变化，需要配备专业人员深入研究和深刻把握信息技术的本质特征和发展趋势，这样才能推动企业信息化工作有序开展。

第二，企业信息化的复杂性和多样性，导致其所面临的挑战和困难比想象中要大得多。

显然，置身于网络社会，如今企业信息化的重要性和紧迫性已毋庸置疑，但企业信息化的复杂性和多样性还存在很大争议和质疑，可从以下几个方面进行分析和研判。

一是企业信息化的影响因素很多，需要在工作中深入研究和充分考虑。影响因素主要包括政策法规、外部竞争、行业发展趋势、产业政策支持、企业发展战略、内部管理理念、领导倾向、业务稳定性、资金投入、IT 技术发展趋势及成熟度、IT 厂商的综合实力及人员稳定性等。

二是企业信息化涉及的利益相关方很多，需要通过反复协调和充分沟通来调动各方积极性、减少各方认知差异。利益相关方可分为外部和内部两大类，外部利益相关方主要包括 IT 厂商、上级单位、政府行业主管部门、相关测评机构、供应商和客户等；内部利益相关方主要包括信息化部门、各类非信息化部门（职能型部门、生产型部门、研发型部门、营销型部门等）、各级领导等。

三是企业信息化工作内容涉及的知识领域很多，对工作人员知识的广度和深度均要求较高。工作内容包括规划设计、业务融合、系统建设、运维保障、制度规范、信息安全、合规达标、人才培养、评价考核、产业支持、风险管理等。知识范围不仅仅局限于 IT 技术，还涉及政策法规、经营管理、企业业务、信息安全、人才培养等。

综上所述，企业信息化工作的复杂性和多样性是显而易见的，所面临的挑战和困难也比常人想象的要大得多。

第三，企业信息化并不存在千篇一律的、拿来即用的、万能的建设方案。

实践证明，企业信息化并不存在千篇一律的、拿来即用的、万能的建设方案，即使是同类企业，差异也很大。应该根据每家企业经营管理及所处环境的特点和痛点，制订个性化的、有针对性的信息化建设方案和实施路线图，并且根据内部经营及外部环境的变化进行动态调整。

要想制订出合理的、科学的、有针对性的信息化建设方案和实施路线图，就需要信息化工作人员站在企业经营者（CEO 或 CIO 等）的高度和视角，全面掌握、深刻理解并灵活运用信息化工作涉及的相关知识和方法，主要包括科技发展、企业发展、信息化价值、影响因素、工作特点、工作内容、主要方法、企业经营管理主要活动、常用管理学方法或工具、各种 ICT 技术、常用系统或产品、应用实践经验、政策法规、标准规范等。

第四，目前企业信息化方面的书籍内容缺乏全面性、整体性和系统性。

尽管已经有不少企业信息化方面的书籍，但内容基本都集中在信息化的某个局部或方面，如某些管理系统（如 ERP、供应链、电子商务、MES、企业门户等）、某个领域应用（如医院 HIS、制造车间等）、某些具体工作（如信息化规划、日常运维、IT 项目管理等）、某类技术（如信息安全、云计算、大数据、企业服务总线等）只适合基层或特定领域的技术工作者使用。由于内容缺乏全面性、整体性和系统性，所以对信息化管理者（如项目经理、部门领导、总设计师、CIO 等）的顶层设计和综合管理能力的提升缺乏指导性。

（三）

我喜欢独立思考，也喜欢总结和分享。1999 年，我将硕士学习期间的调研、实习经验进行总结，出版了《视频会议系统原理与应用》，成为该专业领域的首批书籍之一；2011 年，我将多年工作经验进行总结，出版了《商业银行密码技术应用》，又成为该专业领域唯一的书籍；2015 年，我又总结出版了《PKI/CA 与数字证书技术大全》，也成为该专业领域的经典书籍。

经过多年的经验积累和独立思考，2017 年，我又有点蠢蠢欲动，想继续通过总结和分享来提升自己。企业信息化具有复杂性和多样性，通过对读者定位和内容编排的反复思考与斟酌，终于使本书策划方案于 2018 年 9 月通过出版社审核。

本书定位于全面性、系统性和整体性，内容编排涉及面广、专业性强，对实战经验要求很高，需要团队协作才能高质量完成，因此，我组织成立了十人左右的编写工作组，其中大部分成员是中央企业信息化总师或信息化部门负责人，他们在顶层设计、评价考核、项目管理、法规标准等方面有丰富的理论积累和实战经验。历经四年有余的辛苦编写，终于完成了本书的全部内容，随后又历经一年多，根据出版社要求进行了内容精简与细节修改，通过本书，希望能得到业内同行的指教，以促进企业信息化事业的健康快速发展和中高端人才的培养。

本书以 CIO 视角，从六个方面全面介绍企业信息化工作涉及的相关知识和方法，方便读者快速积累知识及扩大视野、快速提升顶层设计和综合管理能力，加快信息化工作者的职业成长步伐，并且能将理论快速运用到具体的工作中。

本书内容共分为六部分，由十六章组成：

第一部分："如何理解企业信息化"。本部分由三章内容组成，包括科技发展与企业变迁、企业信息化概述、企业信息化工作的特点与内容。

第二部分："企业信息化主要方法"。本部分由两章内容组成，包括企业信息化顶层设计类方法、企业信息化管理考核类方法。

第三部分："企业经营管理基础知识"。本部分由三章内容组成，包括企业经营管理概述、企业主要经营管理活动、企业常用管理学方法与工具。

第四部分："信息技术基础知识"。本部分由两章内容组成，包括企业信息化通用技术基础、企业信息化常用系统与产品。

第五部分："企业信息化应用实践"。本部分由四章内容组成，包括组织体系与评价考核、顶层设计与系统建设、企业信息系统的日常运维与信息安全、企业信息化管理制度与标准规范。

第六部分："政策法规与标准规范"。本部分由两章内容组成，包括我国网络安全法律法规、网络安全标准体系。

本书选材精心、内容翔实、重点突出、特点鲜明，既有原理介绍，又有应用实践，具有很强的实用性。本书非常适合以下读者阅读：

一是企业内部与信息化工作相关的 CEO、CIO、信息化总设计师、信息化部门领导、项目经理、运维人员、技术人员、业务人员等。

二是企业外部提供信息化方案或服务的各类厂商人员，包括管理人员、技术人员、业务人员等。

三是未来想从事企业信息化工作的在校本科生、研究生和博士生等。

本书由张明德总体策划，张明德和王琳负责统筹协调、内容审核等工作，其中，张明德负责第 1 章、第 4 章、第 5 章、第 8～10 章内容的审核，王琳负责第 2 章、第 3 章、第 6 章、第 7 章、第 11～16 章内容的审核。各章内容编写者如下：第 1 章张明德，第 2 章夏建伟和王琳，第 3 章王琳和马静，第 4 章张明德（4.1 节、4.5 节）、马敬（4.2～4.4 节）、马静（4.6 节）和付高生（4.7 节、4.8 节），第 5 章张明德（5.1～5.3 节、5.5 节）和马维平（5.4 节），第 6 章、第 10 章李长山，第 7 章、第 11 章袁丁，第 8 章、第 13 章李阔，第 9 章、第 12 章付高生（9.3 节、9.4 节、9.6～9.8 节、12.1～12.3 节）和左晓辉（9.1 节、9.2 节、9.5 节、12.4 节、12.5 节），第 14 章马维平，第 15 章、第 16 章裴彦纯。在本书写作过程中，得到了很多朋友的支持和关心，在此感谢所有关心、支持和提供帮助的朋友们。

由于企业信息化是一项兼具复杂性、多样性、专业性的系统工程，涉及知识面很广，作者的能力及水平有限，出版时间又十分紧张，因此本书的缺点和错误在所难免，如蒙指正不胜感激。本书涉及参考资料很多，如有遗漏敬请见谅。同时热忱欢迎广大读者的批评指导。

作者联系方式：zmdbook@163.com。

张明德

2024 年 5 月

于北京

目 录 ●━━━━━━━━━━━━━━━━━━━━━━━━━━

第二部分 企业信息化主要方法

第四部分 信息技术基础知识

第六部分　政策法规与标准规范

第一部分
Part 1/ 如何理解企业信息化

第 **1** 章

科技发展与企业变迁

1.1 人类革命发展简史

大约在 135 亿年前，经历所谓的"大爆炸"（Big Bang）之后，宇宙的物质、能量、时间和空间才成了现在的样子。宇宙的这些基本特征，就成了"物理学"。

在这之后过了大约 30 万年，物质和能量开始形成复杂的结构，称为"原子"，原子再进一步构成"分子"。这些原子和分子的故事及它们如何互动，就成了"化学"。

大约 38 亿年前，在这个称为地球的行星上，有些分子结合起来，形成一种特别庞大而又精细的结构，称为"有机体"。有机体的故事，就成了"生物学"。

到了大约 7 万年前，一些属于"智人"（Homosapiens）这一物种的生物，开始创造出更复杂的架构，称为"文化"。这些文化不断发展，就成了"历史学"。

在历史的路上，人类经历了三次重大的历史性革命：大约 7 万年前，"认知革命"（Cognitive Revolution）让历史正式启动；大约 1.2 万年前，"农业革命"（Agricultural Revolution）让历史加速发展；而到了大约 500 年前，"科学革命"（Scientific Revolution）让历史另创新局。

三次重大历史性革命基本情况如表 1-1 所示。

表 1-1 三次重大历史性革命基本情况

基本情况	认知革命	农业革命	科学革命
时间段	大约 7 万年前至 1.2 万年前	大约 1.2 万年前至 500 年前	大约 500 年前至今
主要特征	（1）古代人类演化出多个人种（250 万年前开始），包括尼安德特人、直立人、梭罗人、弗洛里斯人、丹尼索瓦人、鲁道夫人、智人等；智人后来进化为现代人类，其他人种均灭绝。 （2）古代人类具有多项独有特征，如大脑较大、直立行走、使用火等。 （3）智人扩张并占领全球致使其他人种灭绝。大约 15 万年前东非有了智人，大约 7 万年前智人开始向外扩张，大约 1.2 万年前其他人种全部消失	（1）人类从以采集狩猎为生逐步走向以驯化并种养动植物为生。 （2）农业革命并没有使人类生活变得更轻松，反而变得更辛苦。主要原因如下：一是种植小麦需要精心打理；二是人类为适应种植活动付出了身体代价；三是人类被迫永久定居在麦田附近；四是种植小麦并没有带来食物保障和提供经济安全；五是种植小麦并不能减少人类暴力和保障人身安全	（1）科学革命让人类的力量有了前所未有的惊人增长。在过去的 500 年间，人口增加了 14 倍，生产增加了 240 倍，能量消耗增加了 115 倍。 （2）承认无知是科学革命起步的关键因素

（续表）

基本情况	认知革命	农业革命	科学革命
深远影响	认知革命是智人胜出的主要原因，包括基因突变、"河边有只狮子"理论、八卦理论、虚构故事与想象的现实、大规模合作与"文化演化"等，其深远影响如表 1-2 所示	（1）家。对农民而言，田地、果园、房屋等构成了特殊的"家"。 （2）未来。空间缩小了，为应对风险，农民需要关注未来几年甚至几十年的事情。 （3）由想象构建的秩序。靠着多生产的食物，加上新的运输技术，逐步形成村落、城镇、都市、王国等，这些都是"由想象所构建的秩序"。 （4）文字。公元前 3500 年开始出现文字。 （5）社会群体分类。想象的秩序既不中立也不公平，逐步把人分为一些其实并不存在的群体	（1）战争。军事科技产生了各种新型武器，对战争胜负产生重大影响。 （2）能源。几次工业革命带来了前所未有的种种能源和原料，结果就是人类的生产力有了爆炸性的发展。 （3）智慧设计可能取代自然选择。生物工程、仿生工程、无机生命工程等可能会彻底改变生命的游戏规则

表 1-2　认知革命的深远影响

名称	新能力	更深远的影响
基因突变	改变了智人的大脑内部连接方式	用以前所未有的方式进行思考，用完全新式的语言进行沟通
"河边有只狮子"理论	能够传达更大量关于智人身边环境的信息	规划并执行复杂的计划，如躲开狮子、狩猎野牛等
八卦理论	能够传达更大量关于智人社会关系的信息	组织更大、更有凝聚力的团体，规模可达 150 人
虚构故事与想象的现实	能够传达关于虚构概念的信息，如部落的守护神、国家、有限公司、人权等	大量陌生人之间的合作、社会行为的快速创新
大规模合作与"文化演化"	能让大批互不相识的人有效合作	不再停留在"基因演化"的缓慢道路上，开启了一条"文化演化"的快速道路，合作能力一日千里，很快就甩掉了其他人种

1.2　工业革命发展史

　　工业革命是人类历史上具有划时代意义的伟大革命，在人类革命发展史上属于科学革命的关键内容。关于工业革命的内涵，学者们给出了多种定义，多数学者能够接受的是 Philis Dean 和 Douglas North 的观点。1989 年，Dean 指出工业革命是复杂的经济变革，是由生产效率低、增长速度停滞不前、生活水平低下的经济向生产效率高、保持持续增长速度、生活水平较高的经济转型的过程。Dean 还认为，工业革命还伴随着经济组织变革、技术变革和工业结构变革；其中，经济总产值、人均产值和人口在工业革命前后变化较为明显。1981 年，North 通过分析认为，组织变革和技术变革构成了工业革命，它们贯穿整个工业革命始末。North 还强调制度、组织变革对技术变革的影响，但 North 对工业革命的定义不能用来解释工业革命的起因。例如，18 世纪的荷兰的制度较为先进，但并没有发生工业革命。

　　每次工业革命都经历了由一项或多项技术发明引起整个生产方式的革命性变化的过

程。工业发展是多种因素协同作用又互为因果的系统变迁过程，因此，不同的学者对工业革命发展史的关注点和视角也不尽相同，这也导致人们对工业革命发展阶段的划分存在差异。但无论如何，对工业革命的界定至少应符合以下三个方面：一是对不同阶段的划分应遵循相同的标准，从而能够逻辑一致地刻画工业革命发展的脉络；二是应以重大的技术范式转变为基础，这种突破性的转变应能开辟巨大的技术机会和广泛的应用前景；三是工业革命应能对产业结构和竞争格局产生深远的影响。

目前的主流观点是以"工业通用技术的突破"和"工业的主导性动力来源和通信方式的根本性变革"为依据来界定工业发展阶段的。按照该观点，蒸汽机的发明和应用引发了第一次工业革命，该次革命以煤炭为主要能源，以印刷品交流为主要通信方式，从 18 世纪中后期开始，到 19 世纪中期基本完成，标志着工业社会步入"蒸汽时代"。发电机和内燃机的发明及其广泛应用引发了第二次工业革命，该次革命以石油为主要燃料，兴起于 19 世纪中后期，到 20 世纪中期基本完成，开创了工业社会的"电气时代"。电子计算机和原子能技术的发明及其广泛应用引发了第三次工业革命，开启了工业社会的"信息时代"，它始于 20 世纪中后期，到 21 世纪初基本完成。第四次工业革命目前还存在争议，但业界普遍认为，人工智能技术的发明，以及它在 21 世纪初获得的跨越式突破，将引发工业社会的新一轮革命，从而推动工业社会进入"智能时代"。四次工业革命的基本情况如表 1-3 所示。

表 1-3　四次工业革命的基本情况

基本情况	第一次工业革命	第二次工业革命	第三次工业革命	第四次工业革命
开创的时代	蒸汽时代（机械化）	电气时代（电气化）	信息时代（数字化）	智能时代（智能化）
时间段	18 世纪中后期至 19 世纪中期	19 世纪中后期至 20 世纪中期	20 世纪中后期至 21 世纪初	21 世纪初至今
主要国家	英国	美国、德国	美国	（可能是）美国、德国、中国
技术突变	蒸汽机、珍妮机	发电机、内燃机	计算机、互联网	人工智能
主要能源	煤炭	石油、电力	原子能	可再生能源
组织变迁	机器大工厂	泰勒制和股份制	扁平化和网络化	虚拟企业
通信方式	印刷材料（报刊、书籍等）	电话、电报、收音机、电视等	数字远程通信	万物互联

工业革命主要发生国领先的主要原因如表 1-4 所示。

表 1-4　工业革命主要发生国领先的主要原因

名称	主要发生国	主要原因
第一次工业革命	英国	一是适宜资本主义滋生和繁衍的社会环境；二是君主立宪制的确立；三是自然条件的优越；四是资本原始积累的完成；五是高度重视对外贸易；六是生产技术的成熟；七是自然科学的进步
第二次工业革命	美国、德国	德国领先的原因：一是发达的铁路和内河航运业；二是政府对经济的强力干预；三是雄厚的教育和科学基础；四是注重科学技术与经济的结合及新技术、新工具的使用；五是阿尔萨斯—洛林地区割让及法国赔款的刺激作用

（续表）

名称	主要发生国	主要原因
第二次工业革命	美国、德国	美国领先的原因：一是美国内战后政治的统一和稳定，以及联邦政府的政治与经济改革，为美国第二次工业革命和经济的腾飞创造了良好的条件；二是美国工业跳跃式发展和企业的大型化、集中化，为第二次工业革命奠定了雄厚的物质基础；三是 19 世纪下半期，美国对西部边疆的开发和农业资本主义的发展，为第二次工业革命提供了原料、资金和无比广阔的国内市场；四是美国在学习和引进欧洲最新科技成果的同时，大力开展应用研究，并且在尖端领域有所突破，从而使美国的应用科学和工艺技术达到世界先进水平；五是 19 世纪末，美国教育事业的发展，提高了美国人民的文化素质，壮大了科技队伍，推动了美国工业化的发展
第三次工业革命	美国	一是制度方面，美国是第一个资产阶级民主宪政国家；二是技术方面，美国的实用主义哲学开始形成，实验技术以军民结合、理工结合为特色；三是物质方面，美国拥有雄厚的物质基础、自然资源和众多优秀的科技人才，第二次世界大战前后涌入一大批优秀的科学家，如爱因斯坦、冯·诺依曼等；四是思想方面，美国居民来自世界各地，融合了各民族的文化传统，建立了各种学会、组织，思想包容性很强
第四次工业革命	（可能是）美国、德国、中国	（1）德国的工业 4.0。2011 年提出概念，2013 年发布《实施工业 4.0 战略建议书》，2019 年发布《德国工业 2030 战略》。 （2）美国的工业互联网。从 2009 年起推出一系列与先进制造相关的国家战略，2012 年 GE 首次提出工业互联网的概念，2014 年成立国际工业互联网联盟（IIC）。 （3）中国智能制造战略规划。2014 年开始制定，2015 年印发

1.3 现代信息技术发展史

人类历史上有过许多关于信息采集、存储、利用和传播的技术，古代的如"烽火戏诸侯"的"光通信"技术，近代的如电报、电话、电视等"电子技术"，广义上也可以称为信息技术。但本书所称的"现代信息技术"特指自 20 世纪 40 年代电子计算机出现以后发展起来的与计算机和通信相关的技术，有时也简称"信息技术"，主要包括微电子技术、计算机技术、通信技术、软件技术等。

20 世纪 70 年代之前，计算机技术和通信技术一直被视为是两种相对独立的技术，但随着微电子、数字化、软件、光纤等技术所带来的势不可挡的技术革新，通信技术与计算机技术不断融合，二者之间的区别逐渐减小。一方面，通信技术由模拟技术向数字技术转换后，通信设备的交换与传输系统能够嵌入更多的软件，在实现逻辑运算方面更像是一个计算机系统，许多具有特殊用途的通信设备看起来也更像计算机。另一方面，随着网络技术的发展，自 20 世纪 60 年代初期第一套计算机联网系统出现以来，计算机之间的数据通信得到了迅猛的发展。21 世纪初各国普遍面临的"三网融合"问题（"三网"指电信网、计算机网和有线电视网）也自然得到解决。因此，在大多数情况下，通信技术与计算机技术不再加以区分，统称为"信息通信技术"（Information and Communications Technology，ICT），有时也简称为"信息技术"（Information Technology，IT）。

现代信息技术的发展有三个重要的里程碑，一是 1946 年世界上第一台电子数字计算机

ENIAC 的诞生；二是 1971 年世界上第一个微处理器芯片 4004 的发明；三是 20 世纪 90 年代 Internet 在全球的普及。三个里程碑分别开创了三个不同的发展时期，因此其发展历程可划分为主机阶段、微机与局域网阶段、互联网（网络计算）阶段三个阶段，基本情况如表 1-5 所示。

表 1-5 现代信息技术三个发展阶段的基本情况

发展阶段	主机阶段	微机与局域网阶段	互联网（网络计算）阶段
时间段	20 世纪 40 年代至 70 年代	20 世纪 70 年代至 90 年代	20 世纪 90 年代至今
主要技术突破	（1）理论突破：1945 年冯·诺依曼模型发表； （2）电子计算机：1946 年诞生第一台（ENIAC）； （3）形成基于主机的应用模式：一台主机附带若干个终端设备构成一个计算机系统	（1）微处理器芯片：1968 年 IBM 发明第一块集成电路芯片，1971 年 Intel 公司发明第一个微处理器芯片（4004）； （2）微型计算机：1975 年 MITS 公司推出第一台微机 Altair8800，1981 年 IBM 推出第一台商用微机，同年微软公司推出微机操作系统 DOS 1.0； （3）局域网与以太网标准：1977 年推出第一个商用局域网 ARCNET；1973 年提出以太网概念，1979 年以太网成为标准	（1）从 ARPANET 到 NSFNET：1969 年互联网前身 4 节点 ARPANET 建成，1983 年开始向公众开放，1984 年派生出 NSFNET，1993 年开始商用，成为互联网； （2）TCP/IP 协议：1973 年形成 TCP 描述，1978 年分离出 IP 和 TCP，后增加 UDP，逐步形成 TCP/IP 协议；所有计算机只要遵循该协议就可以接入互联网； （3）WWW（World Wide Web）：1989 年提出 WWW 概念，1990 年第一个网页浏览器诞生；HTML、Java、HTTP 等是核心技术
主要特征	（1）计算机的生产是纵向的、集中的模式，由一家公司包揽硬件和软件； （2）计算机使用复杂，用户界面不甚友好，操作者基本是计算机专业人员	（1）计算机的生产转型为横向的、分工的模式，硬件和软件生产分离，软件生产走向专业化和工业化； （2）计算机走出科学家和工程师的象牙塔，变成了平民大众使用的工具	（1）全世界大量计算机通过 TCP/IP 协议接入互联网； （2）通过网页浏览器就可以访问互联网中的所有网站，使用简单，用户界面友好

描述现代信息技术发展趋势及规律的四大定律分别为摩尔定律、贝尔定律、吉尔德定律和梅特卡夫定律，主要内容如表 1-6 所示。

表 1-6 现代信息技术四大定律主要内容

名称	时间	主要内容
摩尔定律	1965 年	1965 年，摩尔（Moore）预测："计算机芯片的性能每年增加一倍，而制造成本也会相应减少。"1975 年，他对该预测进行了修正，将性能提高的期限修改为每两年。后来的发展证明，微处理器的处理能力大约每 18 个月翻一番。2002 年他说过，摩尔定律将仍然适用，但微处理器处理能力的增加速度将逐渐减缓。 由于物理因素的限制，提高微处理器的处理能力将越来越困难。随着芯片体积的减小，晶体管变得越来越不稳定，晶体管可能会漏电，也可能需要耗费更长的时间来充电，从而导致产品合格率大幅下降。因此，基于硅晶光刻的芯片制造技术存在物理上的最小极限，科学家们也正在研究能取代目前芯片制造技术的方法，如纳米技术、自旋电子技术等

（续表）

名称	时间	主要内容
贝尔定律	1972 年	1972 年，贝尔（Bell）提出，如果保持计算能力不变，微处理器的价格和体积每 18 个月减少一半
吉尔德定律	1996 年	1996 年，吉尔德（Gilder）预言，在未来 25 年内，带宽的增长比计算能力（CPU）的增长至少要快 3 倍，全球主干网的带宽每 6 个月增长 1 倍
梅特卡夫定律	2000 年	"网络的价值与网络节点数量的平方成正比。"与传统经济时代的"物以稀为贵"相反，在网络时代，"网以多为贵"，即上网的人越多，拥有的用户群体越大，共享程度越高，产生的效益就越多，其网络的价值就越能得到最大限度的体现，而"闭关自守"是没有出路的

1.4 企业模式发展史

历史发展到今天，多数人成为企业的雇员，市场的大多数产品由企业提供，社会的技术进步和新技术的产业化主要通过企业完成。"企业"已经成为社会经济最主要的组织形式，有的企业甚至主宰一国或某一领域的经济。每天都有无数的企业诞生，每天也有数不清的企业破产。在当今这些不计其数的企业中，既有成立于公元 578 年的日本大阪寺庙建筑企业金刚组，也有美国硅谷和我国中关村新兴的小企业。

虽然单个企业都有一个从生到亡的生命周期，但作为一种存在已久的经济组织形式，企业的形成与发展是经济市场化进程中市场发展、技术演变、制度变迁等多种因素综合作用的结果。显然，企业是市场发展到一定阶段的产物，企业的发展与不同的经济发展阶段相适应，具有明显的时代特征。

企业与外部环境、企业技术形态和制度形态的矛盾是企业演变的动力。企业技术形态主要体现为企业的动力、原材料、机械化程度、分工协作、生产量、生产场地的集中程度、技术的规模性等方面，决定了企业如何生产、企业内部人与人之间的分工合作关系及企业的产品服务如何专业化加深。分工合作关系的演变过程包括简单协作、分工协作、以小规模作业为特征的机器协作、以批量生产为特征的流水线协作、以个性化生产为导向的程控机器协作等；专业化加深的演变过程包括产品的专业化、零部件的专业化、工艺的专业化、工序的专业化、操作的专业化等。企业制度形态主要包括企业产权制度、企业法人制度、企业责任制度、内部管理制度等。其中，内部管理制度涉及管理职能和管理结构。管理职能经历了五次分化：第一次为所有者的管理活动与直接生产劳动的分离；第二次为所有者管理活动的分化，建立内部管理结构，专业的管理人员与直接生产劳动过程分离；第三次为所有者和经营者的分化，经营管理决策权转由职业经理承担；第四次为所有者进一步分化为信托所有人和受益人，出现所有权、经营权和收益权的分离；第五次为管理者队伍的分化，进一步分解为职能人员和项目团队人员。

在不同的历史时期，占主导地位的企业形态有所不同。与经济史的阶段划分相适应，企业演变的过程可分为古典企业阶段、近代企业阶段、现代企业阶段和后现代企业阶段。古典企业集中存在于 11 世纪到 14 世纪初；近代企业存在的时间大体在 16 世纪末到 19 世纪三四十年代；现代企业始于 19 世纪二三十年代且持续到 21 世纪初；后现代企业形态萌芽于 20 世纪六七十年代，在 21 世纪初进入智能化时代后逐步成型。企业演变的四个阶段的主要情况如表 1-7 所示。

表 1-7　企业演变的四个阶段的主要情况

名称	古典企业阶段	近代企业阶段	现代企业阶段	后现代企业阶段
基本概念	泛指由商人主导的，以小规模作业或分散作业为技术特征，以业主制和合伙制为主要契约形式的企业形态	以生产集中为标志，内部实行分工协作，以家庭经营或合伙经营并承担无限责任为主要形式，大多注册为公司的企业形态	起源于资本密集型技术，与规模化生产方式相适应，以实行产销结合和科层管理为主要特征，在法律上以现代公司制为标志的企业形态	在后工业社会中，与人工智能技术和信息通信技术相适应的，以集成制造、无边界组织、资本和劳动平等结合、强调社会责任为特征的企业形态
时间段	11 世纪至 14 世纪初	16 世纪末至 19 世纪三四十年代	19 世纪二三十年代至 21 世纪初	20 世纪六七十年代至今
所处时代	农业经济时代	农业经济向机器大工业的过渡时期	工业经济时代	后工业经济时代
所处环境	是以农业为主导、以家庭为基础的经济体系，总体上处于平稳状态。经济发展主要是量的增长，没有质的飞跃。没有发生重大的技术革命，在资本的流动和组织方面也没有质的改变	是以原工业为主导的经济体系，生产力主要体现为劳动和一定资本的结合。资本（无论是金融资本还是实物资本）不仅在商业中，而且也在农业和工业中，逐渐代替其他生产要素	机器大工业彻底改变了生产的技术条件，第二次和第三次工业革命带来了整个社会生产方式的革命。资源的种类、数量及流通速度都有了质的飞跃，资本成为稀缺的生产要素；分工和专业化从区域范围扩大到全国乃至世界范围	是一个经济总量庞大的时代，人均产量和人均收入也很高，而且还在持续增长。新技术使市场更加开放，传统商品出现生产过剩，知识成为经济发展的主要动力。新的技术革命催生可再生能源和非稀缺资源，使社会走上可持续发展之路
主要类型	家庭企业（家庭作坊和家族企业）、行会、包买商企业、早期公司	集中的手工工场、工厂制度、近代公司	卡特尔、托拉斯、控股公司、多单位的一体化企业	共生关系（一个中心企业和一群关联企业）、虚拟企业或数字化企业
主要特征	生产技术、规模都有很大局限，产品属性单一，其制度安排也比较简单	一般为单一单位的企业，经营单一的产品系列。作坊变成了工厂，帮工、学徒及农民制造者变成了工厂里的雇佣工人，师傅、家长变成了企业家，单一的产权主体相互结合成为联合的产权主体	多为大型多单位企业，呈现出许多新的特征，如产权社会化、所有者和经营者的分离、独立的法人地位、有限责任制度、现代治理结构、科层制、大规模生产和销售、流水线作业、高设备投入等。多元化经营、跨国公司崛起、产权结构发生变化	往往是一群企业的联合体，是企业的共生。一个居于核心的中心企业和一群居于外围的关联企业。中心企业和关联企业通过契约建立长期稳定的交易关系。也有人称后现代企业为"虚拟企业"或"数字化企业"

第 2 章

企业信息化概述

2.1 什么是企业信息化

2.1.1 信息与信息技术

1. 信息

（1）信息（Information）作为一个科学术语，最早出现在哈特莱（Hartley）于 1928 年撰写的《信息的传输》一文中，文中哈特莱提出了信息及其定量化的初步设想，并且将消息数的对数定义为信息量。

（2）20 世纪 40 年代，信息论的奠基人香农（Shannon）对信息量进行了深入而系统的研究，给出了信息的明确定义："信息是用来消除随机不确定性的东西。"这一定义通常被看作信息的经典定义并加以引用。

（3）控制论创始人维纳（Wiener）认为，信息是人们在适应外部世界，并且使这种适应反作用于外部世界的过程中，与外部世界进行相互交换的内容的名称。在通常情况下，信息泛指人类社会传播的一切内容。

（4）百度百科综合对信息的研究成果，对信息概念进行了如下概括：信息是对客观世界中各种事物的运动状态和变化的反映，是客观事物之间相互联系和相互作用的表征，表现的是客观事物运动状态和变化的实质内容。

（5）20 世纪 70 年代，以维纳为首的哈佛大学研究小组提出了著名的资源三角形概念："没有物质，什么也不存在；没有能量，什么也不会发生；没有信息，任何事物都没有意义。"该概念指出，物质、能量、信息是共同构成现实世界的三大要素。信息是反映一切事物属性及动态的消息、情报、指令和数据，信息能通过某种载体，如符号、声音、文字、图形、图像等来表征和传播。从物理学上讲，信息与物质是两个不同概念，信息不是物质，虽然信息的传递需要能量，但信息本身并不具有能量。信息最显著的特点是不能独立存在，信息的存在必须依托载体。

2. 信息技术

信息技术（Information Technology，IT）是用于管理和处理信息所采用的各种技术的总称，主要是指利用计算机和现代通信手段实现获取信息、传递信息、存储信息、处理信息和展示信息的相关技术，也常被称为信息和通信技术（Information and Communication

Technology，ICT）。

信息技术综合了多种技术，主要包括微电子技术、通信技术、计算机技术和网络技术。信息技术是推动现代社会发展的核心力量。

2.1.2　什么是信息化

1．定义

目前，信息化还没有标准化的定义。

（1）一般认为，信息化概念是 1967 年日本学者参照工业化一词提出的：信息社会是信息产业高度发达且在产业结构中占据优势的社会，信息化是由工业社会向信息社会演变的动态发展过程。

（2）我国《2006—2020 国家信息化发展战略》指出，信息化是充分利用信息技术，开发利用信息资源，促进信息交流和知识共享，提高经济增长质量，推动经济社会发展转型的历史进程。

对信息化还有从各种角度给出的其他定义，如：

（1）信息化是指培养、发展以计算机为主的智能化工具为代表的新生产力，并且使之造福于社会的历史过程。

（2）信息化通常是指信息技术应用，特别是促成应用对象或领域（如企业或社会）发生转变的过程。

2．核心特征

从对信息化的各种表述中可以归纳出信息化概念所具有的核心特征，主要包括以下三个方面。

（1）信息化必须包括先进的信息技术与设备、装备，这是信息化的物质基础。

（2）信息化必须包括对信息资源的开发与利用。在这里，信息已经不单纯是一种过程的结果，而是一种新型的资源。

（3）信息化导致信息技术应用对象或领域的转变。在信息化过程中，需要关注这种转变对实现价值目标的影响，这一点常常被人们忽视。

3．多元化特点

信息化内涵丰富，具有多元化的特点。

（1）信息化在信息、技术、产业、应用、社会等各层面都有其相应的含义，是一个整体的演进过程。在信息层面，是信息的采集、传输、存储、加工、处理等，使信息资源得到充分利用；在技术和产业层面，是信息技术的飞跃发展，使得信息产业和融合性产业不断发展壮大，同时带动其他相关产业技术水平的提升和发展；在应用层面，是信息技术在国民经济、社会各领域的广泛应用和深入融合，引起产业结构、企业结构的重大变迁；在社会层面，是信息技术对社会带来的变革性影响，使整个社会进入信息时代。

（2）信息化的建设与发展，也可以从企业、产业、国家三个层面去认识。企业信息化利用信息技术改造企业的生产、管理，提升企业的信息运用能力和水平；产业信息化利用信息技术改造原有产业，促进产业优化升级和生产力提升；国家信息化立足于国家层面，深入开发利用信息资源，统一规划和组织信息化建设，推动信息技术和相关产业发展，培养信息化人才队伍，制定信息化政策法规、标准规范等。

（3）随着信息技术的迅猛发展，信息化对国民经济与社会发展的影响越来越深远。2016年印发的《国家信息化发展战略纲要》指出：当今世界，信息技术创新日新月异，以数字化、网络化、智能化为特征的信息化浪潮蓬勃兴起。没有信息化就没有现代化。适应和引领经济发展新常态，增强发展新动力，需要将信息化贯穿我国现代化进程始终，加快释放信息化发展的巨大潜能。以信息化驱动现代化，建设网络强国，是落实"四个全面"战略布局的重要举措，是实现"两个一百年"奋斗目标和中华民族伟大复兴的必然选择。

2.1.3 企业信息化的含义

企业活动的本质是运用各种生产要素、利用社会可用资源，通过企业自身活动向市场提供有价值的产品和服务。在这个过程中，广泛存在着对信息的依赖。

1. 对企业信息化的理解

对企业信息化，目前也没有统一的定义。通常对企业信息化的理解如下。

（1）企业信息化就是在生产、流通及服务等各项企业活动中，充分利用现代信息技术资源和环境，逐步提高企业集约化经营程度，使科学技术对企业效益的贡献达到最高水平的过程。

（2）企业信息化是一个概括的称谓，广义上指广泛利用电子信息技术使生产管理实现自动化的过程。如果将浩如烟海的企业信息，如物资、财务、计划、销售、库存等，由人工处理转向用现代化工具处理，则企业的信息化将进入一个更高的层次。

（3）企业信息化是指企业在生产和经营、管理和决策、研究和开发、市场和销售等各方面全面应用信息技术，建设信息网络与信息系统，通过对信息和知识资源的有效开发和利用，调整和重组企业组织结构与业务模式，服务企业发展目标，提高企业竞争力的过程。

根据信息化的定义和企业运作的一般规律，可以将企业信息化理解为：企业运用先进的信息技术，使生产、经营、管理、决策过程中所需要的各类资源要素的组合不断优化，为企业各项活动提供及时准确的信息并对信息资源进行深度开发和广泛利用，不断提高生产经营管理决策的效率和水平，从而提升企业的市场核心竞争力的过程。

在对企业信息化概念的各种理解中，有两点是共同的，这是企业信息化的核心内容。这两点分别是网络化信息系统的建设和在信息技术应用基础上实现对信息资源的开发利用。其中，信息技术基础设施建设是企业信息化的基础，而通过信息技术实现对信息资源的有效利用，则是企业信息化的关键。

在上述各种理解中，都涉及企业信息化的目的和效果，即改善企业的运营效率，提高企业对知识的依赖程度，增强企业的竞争力。这一切的实现，并非是信息系统完成建设就能奏效的，而是要通过基于信息系统对信息资源进行开发利用才能逐步实现。开发利用过程要比系统建设过程更为艰难，因为这不仅仅是一个技术问题，而是一个涉及经济、人文等多种因素的综合性问题，这一点也正是当前人们对企业信息化建设容易产生认识误区的关键所在，即认为企业信息化工作就是系统建设。实际上，企业信息化必将调整或重组企业的组织结构与业务模式，这也是企业信息化的必然要求。

2．信息化已成为企业的基础部件

信息化是现代企业的"必修课"。从宏观上看，当今社会，信息技术在各行各业均得到了广泛和深入的应用，企业只有通过信息化才能与行业相融合，与市场进行对接。信息化已经成为企业生存和发展的基本要求，并且是提升企业竞争力的重要途径。企业的信息化水平随着技术发展、市场竞争和社会发展不断提升，永无止境。从微观上看，企业在日常运营中收集、处理和分析各种数据，都离不开信息系统的支撑，如人事管理、客户关系管理、财务管理等系统。可以毫不夸张地说，信息化和信息系统已经成为企业经营管理不可或缺的工具和手段，企业信息化是"科学技术是第一生产力"的直接体现。

信息化水平随着企业的发展持续提升。信息系统建设是企业信息化的重要内容。企业信息化初期以部门独立系统应用为主，如人力部门的人事档案系统、财务部门的财务报表系统、总务部门的库房管理系统等。根据软件工程学定义，信息系统建设周期包括需求、设计、编码、测试、投产、运维等阶段，为了适应不断变化的客户需求、市场环境和技术趋势，信息系统需要不断优化和升级，企业信息化水平正是随着各类信息系统的迭代升级和新技术的应用螺旋式上升。企业信息化涉及企业的产品设计、生产经营、客户服务、内部管理和决策支持等方面，信息化的内容包括产品设计信息化、生产过程信息化、企业管理信息化、市场营销信息化、企业决策科学化和智能化等多个领域。企业信息化从最初的计算机文字处理、报表管理，到后来的计算机辅助设计（CAD）、计算机辅助制造（CAM）、计算机辅助工程（CAE）、计算机辅助测试（CAT）、计算机辅助教学（CAI），再到办公自动化（OA）、管理信息系统（MIS）、企业资源规划（ERP），直到现在的电子商务（EB）、"互联网+"，其水平随着信息技术的发展不断升级。回顾过去的 40 年，每次信息技术的突破都会引领企业信息化走上更高一级的发展轨道。

2.2　企业信息化的主要价值

企业信息化充分运用信息技术，对企业的经营和管理产生广泛和深刻的影响。信息化对企业的价值总体体现在两个方面，一是效率的提升，二是模式的转变。两者是一个统一体。

企业的本质是通过整合内外部资源创造新价值。通过系统地观察企业活动，可以把它们分为以下几类。

第一类是业务活动。业务活动是企业创造价值的基础过程，是企业价值的基本体现，从信息化角度看，也是企业信息化的基本对象和基础过程。

第二类是管理活动。随着业务活动涉及的要素越来越多、活动越来越复杂，管理活动就从业务活动中分离出来了。管理活动的规划、组织、协调、控制职能，以业务活动为对象，帮助企业运作更协调、运行效率更高；在市场上，体现在竞争能力的提升。

第三类是决策活动。通常，决策存在于企业经营管理的各环节中，也是企业管理的重要环节，之所以把决策问题单独提出，主要是强调它在企业经营管理中的特殊角色和重要作用。决策也在企业经营管理实践中形成了比较独立的理论与方法体系。

不难看出，在企业的业务、管理和决策活动中，信息始终是一个必不可少的因素。无论是业务活动、管理活动，还是决策活动，都离不开信息的支持，因此，在企业的价值创造过程中，信息已经成为一个基础要素。

企业信息化的价值主要体现在以下四个方面。

1. 改善业务

充分的信息支持能有效提升业务过程的效率与质量。从业务过程的组织看，信息化通过及时有效地将相关信息提供给相应环节，使业务过程更加精准、效率更高。零库存、即时生产等先进业务模式无不依赖信息的有力支撑。信息化对业务质量的贡献主要体现在知识的沉淀、积累与共享上，先进的业务模式与优秀的实践案例通过系统的方式沉淀在相应的业务信息系统中，这些知识不断得到归纳和提炼，形成了丰富的知识资源库。知识资源库的有效合理利用，对业务提升与改善能起到巨大的推动作用。人们常说 ERP 不仅是一个信息系统，还是一种管理理念和一套工作方法，就是这个意思。

2. 提升管理

经典管理理论认为，管理的职能包括计划、组织、协调、控制，这四大职能哪一个都离不开信息的支持。业务活动的计划需要协调企业的资源与需求，活动的组织需要掌握过程的协调，要素之间的匹配更以时刻了解活动的状态为前提，控制则必须要以业务活动及管理过程的状态为依据。在这些管理职能的实施过程中，信息起着重要作用。信息化通过信息技术的应用，能够使企业的业务活动协调、有效的运行，并且对变化的环境及出现的干扰做出有效的调节，从而使企业的管理得到优化和提升。

3. 科学决策

企业的决策活动是企业为了实现经营目标，在以往经验和一定信息占有的基础上，借助一定的工具、技巧和方法对影响目标实现的各种要素进行分析、计算、判断、优选后对未来的行动做出决定。在决策过程中，经验与主观判断占有重要位置，即使是这样，这些判断的基础要素还是信息。在基于事实的决策中，事实往往是通过信息的方式获取与存在的。企业信息化不但有助于扩大决策支持的信息量，而且对经验的模型化处理也会使决策建立在更为科学的基础上，从而使决策更加有效。

4. 创新模式

以上从业务、管理、决策三个层面介绍了信息化的意义与价值，在这些方面，信息化的价值有一个共同的特点，就是它的使能作用。信息化作为一项要素，支撑了上述职能的实现，或者说因为信息化的存在，信息供给的数量与实效极大增强，从而使得这些过程的质量大为提升。模式的创新则是一种从量变到质变的效应，这种效应称为"变革效应"。它已经不再是对企业业务过程的简单支持，其深层价值是通过充分信息化，使企业在业务活动、管理活动、决策活动，甚至在企业的战略选择上不断发现新的可能，从而创造新的模式。在深入推进企业数字化转型过程中，信息化的这种变革效应应该得到更多的关注、研究与实践，以便更好地使企业抓住信息技术发展所带来的新机遇，不断创新商业模式与管理模式，从而在激烈的市场竞争中，保持独特的活力和顽强的竞争力。

2.3　影响企业信息化的主要因素

研究影响企业信息化的因素，实际上是在观察企业信息化的绩效问题。绩效是组织期望的结果，是企业为实现其目标而展现在不同层面上的有效输出。因此，分析企业信息化的影响因素，就不能离开企业信息化的目的性，单纯的信息技术应用往往不具备完整的价值，这一点在企业信息化影响因素或其价值分析中常常被忽视。

企业信息化是一个多因素相互影响和作用的过程，影响企业信息化的因素主要有以下四个方面。

1．认识

实践是认识的基础和发展的动力，认识将对实践产生重要影响。参与信息化过程的不同群体的实践经历不同、看问题的视角不同、所要达到的目标不同等，导致他们对企业信息化的本质、目标、过程、手段等产生不同的理解，因此形成认识上的差异。这种认识差异会对信息化实践产生各种影响。基于共同的企业发展目标所开展的信息化实践，能够不断改变和调整各方面的认识，这也是解决影响企业信息化健康、深入发展问题的认识基础。

2．IT 治理

针对 IT 治理，有许多从不同侧面给出的定义。例如，美国 IT 治理协会对 IT 治理的定义是"一种引导和控制企业各种关系和流程的结构，旨在通过平衡信息技术及其流程中的风险和收益，增加价值，以实现企业的目标"。也有专家将 IT 治理的作用归纳为保持 IT 与业务的一致，推动业务发展，促进收益最大化，合理利用 IT 资源，适当管理与 IT 相关的风险。总之，治理是一种结构和机制，就 IT 治理而言，包含资源利用、行为方式、运作机制、风险管控等因素。

IT 治理是实现企业信息化的机制层面的规定与保障，治理体系是否科学，是否符合企业实际，是否得以有效运行，对企业信息化过程都会产生深刻的影响。

3．技术

技术因素对企业信息化的影响，首先是指技术发展水平对企业信息化的影响。一般而言，技术发展的水平越高，对企业信息化水平越有可能产生正面影响，这也是为什么大家都在企业信息化建设过程中不断寻找、学习、运用新技术的原因。同时，技术也有一个适用性问题，技术的运用方式及其途径，往往需要根据企业的发展阶段、内外部环境、信息化目标及各方面资源和能力做出最适合本企业现阶段或一个时期需要的选择。企业信息化的技术选用通常是组合式的，根据企业特质和发展要求选择不同的技术组合也是技术选用适用性的内涵之一。

4．队伍

信息化队伍的素质和能力对企业信息化的进程和结果会产生直接影响，这是比较容易理解的，往往容易被忽略的是，企业信息化队伍的结构与职能定位对信息化过程的影响。首先是 IT 与业务的融合，企业信息化的业务主体属性要求信息化队伍对业务既要有相当程度的理解并实施良好的沟通，又要对信息技术的发展，以及对提升企业价值的可能性和现实途径有深刻的认识。这些都需要通过构建合理的人才结构和人员的知识结构才能实现。在信息化的职能定位上，随着企业信息化的日渐成熟与深化，信息化队伍应该在技术实现的基础上，更多地承担管理推动以至战略融合方面的职能。

以上归纳了影响企业信息化的四个主要因素。实际上，企业的信息化过程是一个复杂的技术变革和组织变革的动态过程，随着企业信息化过程的不断深化，信息化将越来越深刻触及思想观念的转变、企业组织的变革、管理流程的优化和企业资源的整合。

2.4 企业信息化过程中的常见问题

企业信息化过程中出现的常见问题，归纳起来主要包括以下几个方面。

1. 对企业信息化建设的认识不足

由于自身知识结构和所处的岗位、职务及阅历的不同，人们对信息化的认识有很大的差异，即便是同一个人，对信息化的认识也会随着经历和知识结构的变化而变化。企业信息化必须与业务发展战略相适应，其最大困难往往是缺乏既懂业务又熟悉信息技术的复合型人才。企业信息化部门的人员大多是技术出身，对企业战略和业务管理缺乏了解，而业务出身的人对信息化技术又缺乏理解，特别是企业管理层一般都是业务出身。管理层对信息化的重视、支持和参与不够，是制约企业信息化发展最常见的原因。

信息化是企业实现其业务战略的有力武器。在互联网时代，成功的信息化建设往往会给企业带来脱胎换骨的改变，甚至是自上而下的一场自我革命，这必然会打破陈规，牵扯到企业经营管理的方方面面，触动很多部门或岗位人员的利益。如果企业管理层没有变革的决心和勇气，在信息化过程中出现的许多现实问题和困难就不可能得到彻底解决，这往往会导致信息化流于形式，只是将原有的流程照搬到新建设的信息系统中，换汤不换药，既达不到预期的目标，信息化的价值也得不到充分的体现。许多高层管理者都没有认识到企业信息化表面上是一个一个 IT 项目的实施，但其本质是一次一次管理模式和业务流程的重组和优化，将信息化建设看作单纯的技术性工作，会导致企业信息化建设阻力重重，进程缓慢。

企业信息化建设的核心是流程优化、管理变革和模式创新，需要"软硬兼施"，硬件设施可以花钱买来，落实流程优化的信息系统却需要"量身定制"，打造符合自身需求的信息系统才是信息化的灵魂。在企业信息化建设中，常常容易出现"重硬轻软"的现象，一些企业的管理者以为只要硬件设备升级了，信息化水平就提升了，却忽视了软件系统的建设与业务流程的优化，致使一流的硬件设备上运行的却是老旧的软件系统，承载的仍然是原有的流程，这样并不能给企业带来信息化的价值。另外，一些企业将信息化建设简单地理解为系统的构建，却忽视了对企业基础数据的规范化和标准化，缺乏对企业基本信息的收集和整理，使信息化基础性工作缺失，导致新构建的信息系统容易成为没有数据基础的形象工程。

此外，企业信息化建设也是一个循序渐进的过程，信息系统必须根据企业运营情况和市场的变化随时进行优化和升级。许多企业在实施信息化建设的过程中，系统建设告一段落后就不再对其进行维护与更新，导致信息系统逐渐落后于时代。一直沿用过时的技术，无法满足新的需求，在对外合作中难以实现优势互补，在同业竞争中也会处于不利地位。

2．对企业信息化建设的规划不足

企业信息化建设是一项宏大的工程，科学规划是成功的前提。如果对信息化的目标不明确，对如何开展信息化的步骤不清楚，缺乏统筹规划，迟早会导致信息化进入混乱和无序的状态。没有统筹规划的信息化建设通常会定位于个人和部门视角，或者是被个人和部门利益绑架，即使采用了最先进的技术，也很难逃离重部门利益轻全局利益、重近期需求轻长远布局的宿命，因此常常出现与企业实际需求不相符合的系统，导致企业信息化长期徘徊于部门层级，不能满足全局性生产经营的实际需要，有时候甚至会出现企业实行了信息化后不仅没有提高效率，反而由于培训不足和信息系统操作的复杂性，导致效率比以前更低。这样的信息化基本停留在"形象工程"的层面，有的甚至还成了"烂尾工程"，造成资源浪费。

良好的规划设计、合理的工程预算和科学的项目管理是信息化成功的关键。企业信息化建设规划要立足当前、着眼长远，将 IT 规划与业务战略紧密地融合在一起，并且从指导思想、总体目标、技术原则、实施策略和实施路径等方面进行统筹规划，对实施阶段的人员配置、职责分工、实施计划等进行合理安排。在实际工作中，企业信息化规划不足，使很多企业在信息化建设过程中，不能形成"规划—执行—评估—改进"（PDCA）的良性循环。由于没有根据企业的发展战略，组织制订一个统一的整体规划，而是本着"头痛医头，脚痛医脚"的思想进行信息化建设，导致在建设过程中出现信息系统种类繁多、互不兼容、系统之间相互牵制等问题，致使信息资源不能共享，信息系统效率低下。

如果缺乏统一规划，企业的信息化往往是各部门根据当前业务发展需要，进行本部门的信息化建设，结果是各部门运行不同的管理系统，各系统之间的壁垒无法打通、流程无法统一、数据不能共享，各系统的数据依靠手工录入，处理的结果不能在各部门之间传递，形成生产、财务、人事、销售等信息孤岛。信息孤岛造成资源无法共享、信息资源闲置，而且为未来信息化的升级换代埋下隐患。另外，缺乏集中统一的规划容易导致企业的信息化不平衡且各自为政，表面上各部门的信息化程度都很高，数据报表满天飞，而真正能够给经营管理和业务发展带来价值的数据却寥寥无几。由于数据的标准和统计口径不一致，常常会出现以偏概全的情况，甚至出现错误和相互矛盾的数据。缺乏统筹规划的信息化建设常常导致信息系统重复、横向系统壁垒森严、纵向数据反复填报、综合化管理困难重重。

3．对企业信息化建设的投入不足

资金问题是影响企业信息化建设的重要因素。信息化建设需要投入大量资金，如果没有充足的资金投入，信息化建设很难按计划实施，企业的核心竞争力难以得到增强。

企业信息化建设的资金投入是多方面的，其中直接投入包括 IT 规划和 IT 项目实施的成本，一般用于聘请咨询公司、购买 IT 软硬件设施、聘用 IT 开发人员等；间接投入包括配合信息化建设需要进行的改造和实施费用等。在很多信息化项目实施过程中，常常出现超预算的情况，这往往是由于对间接投入和计划外的工作带来的额外费用估算不足。同时，系统投产后的运维成本也往往容易被忽视。

信息化人才方面的投入也是信息化建设的关键因素。企业信息化过程也是应用新技术的发展过程，需要一大批不仅能够充分研究和应用信息技术，而且具有强烈创新精神和实践能力的专门人才。在推进企业信息化的过程中，一些企业不同程度地存在着重技术、轻管理，重设备投入、轻人才培养的倾向，最终形成了信息化进程中的瓶颈。特别是既懂管理又懂信息技术的复合型人才的匮乏，制约了企业的信息化进程，常常使企业被厂商牵着走，而不是以企业为主导，导致企业在新系统的选型、新软件的选择和维护等方面疲于应付，先进的技术和管理手段流于形式，难以通过信息化建设获得核心竞争力的提升。

4．信息化建设没有与企业实际相结合

企业的信息化建设能否取得成功，除了相关的技术因素，更主要的因素是能不能将先进的管理理念同企业的具体实际相结合。很多企业对自身信息化的需求不明确，对信息化的实施手段和方法、信息技术等知识又缺乏足够的了解，将经营管理变革的全部希望都寄托在建设 MIS、OA、ERP、CRM、SCM 等系统上，希望一次就建设起涵盖公司一切经营业务的管理系统，毕其功于一役。在信息化建设招标选型过程中也一味追求先进，而不考虑其实用性、可靠性和局限性；而中标公司又往往只擅长提供通用平台，对行业和企业的管理运营经验不足，最终造成信息化资金主要用于购买大量的软硬件设施，却忽视了企业内部信息的收集、整理、转化和利用等信息化建设的基础工作，导致建起来的信息系统与企业的实际运营脱节，不能发挥预期作用，信息化建设达不到预期效果。

很多企业在信息化建设前没有进行充分的调查研究和需求分析，没有紧密结合业务需要，使系统建设脱离了企业的实际情况。在系统建设完成后，没有依据科学、规范的评价标准进行系统评估，致使企业的信息化建设不能持续地开展下去。同时，由于没有及时地制订企业信息化工作规范，明确工作内容、工作职责、工作程序、工作要求和制订相应的考核办法等，导致信息化建设的系统和流程难以落地。

5．信息化建设规划执行不力

企业信息化建设通常以中长期规划为指导。由于信息技术日新月异，很难准确预测五年之后的技术发展情况，因此规划周期一般为三至五年。在规划中应制订若干重点工作任务及实施路径，重点工作任务一般以咨询项目和 IT 系统建设项目的方式落地。下面介绍可能导致项目实施受阻、停滞不前甚至完全停止的三种因素。

一是规划本身脱离了企业的实际需求，不接地气，导致 IT 项目的目标根本无法落地。

二是在项目实施过程中发现不合理很容易，但要平衡全局很难。当实施执行与既有的工作流程和机制冲突时，如果没有来自企业高层管理者的强有力支持，如果企业缺乏强有力的创新变革勇气，很容易出现项目虎头蛇尾、半途而废的情况。

　　三是 IT 项目往往通过招标的方式选择实施方，而企业在招投标过程中往往容易出现过度竞争和低价中标的现象，从而导致项目中标方的实施能力和资源投入不足，不能实现投标时的承诺，导致一些重要的 IT 项目草草收场，甚至出现"烂尾工程"，导致企业信息化陷入困境。

6．对企业管理水平的影响认识不深

　　企业信息化遇到的问题归根到底是企业自身的管理问题。如果企业管理水平低，再好的信息系统也会水土不服，同样的软件，不同企业的使用效果可能相差甚远，原因还是管理水平与实施能力的问题。企业信息化建设还容易出现一哄而上的局面，许多信息化建设项目目的不明确，只是为了信息化而信息化。以企业信息化呼叫中心（Call Center）为例，很多企业都在积极建设本企业的呼叫中心，但却不研究客户最需要解决的问题是什么，怎样通过呼叫中心为企业和客户带来价值、带来什么样的价值，其结果就是呼叫中心的服务跟不上，没有与其他系统对接，座席员找不到自己需要的支撑数据，客户的问题也得不到快速解答。呼叫中心并没有发挥实际作用，形同虚设。

7．对企业信息化发展规律认识不清

1）从发展阶段分析

　　企业信息化过程中出现的问题，一方面与影响企业信息化的思想观念、IT 治理、技术应用、队伍建设等主要因素紧密关联，其中某种因素的配置错位或与信息化发展规律不适应，都会体现在企业信息化过程中，呈现出局部的或整体上的矛盾冲突或绩效损失；另一方面，企业信息化过程中出现的问题，又往往与企业信息化面临的阶段相对应，也就是说，处在不同阶段的企业信息化问题，往往与这个阶段的特殊矛盾相关联，从而呈现出问题的特殊性。在特定阶段，信息化的问题常常具有共性，因此，基于阶段去考察企业信息化过程中经常出现的问题，就显得更加具有针对性。

　　企业信息化的进化与成熟程度可以通过其信息系统建设及应用的成熟度来反映。关于信息系统的进化，美国管理信息系统专家诺兰通过对 200 多个公司发展信息系统的实践和经验进行总结，提出了著名的信息系统进化阶段模型，即诺兰模型。诺兰认为，计算机信息系统的发展分为六个阶段，即初始阶段、扩展阶段、控制阶段、集成阶段、数据管理阶段和成熟阶段。根据信息系统的这种阶段发展，可以大致判断出一个企业信息化的成熟程度。

　　诺兰模型告诉我们，在研究和制订企业信息化发展策略或信息系统规划时，首先要明确企业信息化当前处于哪个阶段，然后根据该阶段信息化发展的主要矛盾和特征来指导、组织信息化建设。同样，需要结合阶段特征认识和解决企业信息化过程中出现的问题。

2）从发展驱动分析

　　如果进一步考察企业信息化的驱动力量，则我们会发现企业信息化发展的一些规律。通过对这些规律的研究发现，动因不同，阶段特征就不同，信息系统发展的状态也不同，信息化的绩效及过程中出现的问题也不同。从实践中看，基于动因的企业信息化阶段划分与信息系统的发展阶段，存在着较大程度的相关性。

　　从企业信息化发展的驱动力量来看，企业信息化的过程可以分为技术驱动、业务驱动

和战略驱动三个阶段。

（1）技术驱动阶段

技术驱动往往出现在企业信息化的导入期，即企业信息化发展的初始阶段和扩展阶段。这个阶段的信息技术运用总体上是局部的，以提升业务的工作效率为主要目标。信息系统中所包含的业务规则与逻辑作为一种知识沉淀为效率的提升和管理的改进直接提供了载体和手段，甚至是系统上线就意味着管理的提升，尽管这些改善与提升从信息技术的成熟应用看还是局部的、有限的。

在技术驱动阶段，人们常常对技术的使能作用过于依赖，认为只要上一个系统就可以解决企业管理中的一类问题，从而忽视了企业自身的特征与发展的内在需求。实际上，一个企业是一个有机整体，无论处在什么样的发展阶段，都有其内在的发展规律和与业务相适应的信息化需求。信息技术的应用及信息系统的建设可以提升业务运营与管理的水平，但前提是与企业实际大体相适应，否则即使系统上线，相应的组织与管理体系却没有变化、没有跟进系统，也会导致系统运行不良。随着企业信息化的深入推进，人们越来越认识到其丰富内涵，认识到信息化不仅是一项应用技术、一个信息系统，还是一套管理规范，甚至是一种管理理念。

（2）业务驱动阶段

业务驱动是信息化发展的个性化阶段。在这个阶段，信息系统的建设更贴近企业实际，信息化对企业的经营管理开始发挥更好的支撑作用。在这个阶段下，对企业信息化过程的控制、对信息系统的集成被提上了日程，对数据的管理需求也越来越迫切。

在业务驱动阶段，业务对信息化有了符合企业现实状态与未来发展的需求。这个阶段常见的问题是业务过多、过于具体地考虑现实需求，在信息化意识还不充分的情况下，这种需求往往局限于已有的业务流程与业务模式，对信息技术可以给业务带来的模式创新关注不够，从而导致削足适履，使信息技术的优势难以充分发挥，固化在信息系统中的管理知识得不到充分利用。实际上，信息化过程与管理提升过程往往是相辅相成的，信息技术的应用能够为管理变革与提升提供有效的方法和手段。信息化发展的经验证明，业务驱动信息化发展得好的企业，是业务与 IT 良性互动的阶段，也是企业业务流程优化、管理提升的阶段。

业务驱动阶段的一个显著特征是业务部门在信息化建设中的主体作用越发突出。这个时候更要注意避免单项业务信息化的单刀直入，看起来业务信息化的任务是完成了，但由于疏于对企业的整体把握，缺乏对相关业务之间的内在联系的识别与规划，容易形成未来的系统孤岛和数据孤岛，为系统集成带来更大的麻烦。解决这个问题，需要用系统的方法去认识企业，通过系统建设前的业务架构、应用架构、数据架构、技术架构等系统设计开展信息系统建设的顶层规划。

（3）战略驱动阶段

战略驱动使信息化"跳出"IT。在这个阶段，企业信息化建设面临着实现"从 IT 看企业到从企业看 IT"的转变，与战略的一致性成为企业信息化优先考虑的目标和企业信息化绩效的重要指标。与这个阶段相对应，信息化的作用也从自动化效应逐渐转向变革效应，通过不断挖掘快速发展的信息技术为企业战略选择、业务提升带来的新机遇，助力催生新的业务模式和发展方式。

战略驱动阶段是企业信息化建设的成熟阶段。这个阶段容易出现的主要问题是忽视信息系统建设与企业战略的一致性，表现在系统建了不少，但对企业战略的支撑效果不明显，高层管理者时常感觉不到信息化的作用；另一类常见问题是在信息化规划建设中不重视信息技术对企业发展方式转变的影响和引领作用，甚至失去战略转型和管理提升的许多机遇。

3）从人员层次分析

以上从信息化的发展阶段和发展驱动方面分析了常见的问题，就问题归类与分析而言，还可以从不同层次的人员上进行分析。例如，高层管理者会认为信息化是 IT 部门的事，不重视战略牵引及所必需的管理变革，从而使信息化推进受阻、进展缓慢或绩效不彰；业务部门由于疏于对自身业务的梳理与规范，遇到问题往往片面强调系统不好用，而不去深挖其中的组织与管理问题；信息化人员常常满足于系统建设而缺乏对业务过程的理解和业务需求的把握，难以与业务进行有效沟通，更难以指导业务系统的建设。

4）从系统建设工作阶段分析

企业信息化是一个涉及多维度、多层面、多阶段的复杂过程。从信息化建设的过程看，在系统设计阶段，会出现战略识别不够、顶层规划不足、架构设计不力、业务需求分析不完善等问题；在系统建设的实施阶段，会出现 IT 与业务深入沟通不足、项目管控不规范、资源保障不到位等问题；在项目交付与运维阶段，也会由于交付与运维状态不明确、系统需求分析不完善等导致运维方面的问题。

第 3 章

企业信息化工作的特点与内容

3.1 企业信息化工作的特点

3.1.1 企业信息化的多元性

在企业信息化实践中，我们常常会感到不同类型的人员对信息化的理解与侧重是不同的，站在一个特定的层面和角度去看这些观点和认识，也没有什么不妥当的地方，问题是这种认识错位会严重影响企业信息化的健康发展。因此，在谈到企业信息化工作特点的时候，首先就要关注信息化概念的多元性，使不同类型的人员，不但要从自身视角，还要从整体、多层次视角去体会信息化，从而形成共同的认识，找到问题的症结、自身的定位和有效推进的途径。

说到企业信息化，通常会从以下四个层面认识和讨论。

1．理念层

理念层聚焦于企业信息化的本质、价值、目的和治理结构等核心要素。企业信息化不仅是单纯的信息技术应用，更是要为实现企业的特定目标服务，如提升运营效率、优化组织结构、革新业务模式、防控经营风险、提高企业竞争力等。在理念层中，企业管理层往往更关心信息化的价值。

2．体系层

企业信息化几乎涉及了企业所有要素，这些要素之间存在着复杂的内在联系。在企业信息化建设过程中能够识别这种联系，并且通过体系化方法来描述其整体结构与内在逻辑，同时可以将各类人员因阶段不同、环境不同、层级不同、人员类型不同而导致的碎片化、局部化的理解与认识统一起来。信息化架构作为企业信息化要素联系的结构化表达，在企业信息化建设中占有重要地位。

3．方法层

方法层归纳了事物的一般规律。在企业信息化建设过程中，方法、策略的选取对信息化项目能否成功、信息化的绩效能否达成同样具有重要影响。企业信息化建设的一般方法应该为各层各类人员所理解，特别是要被信息化工作人员所熟悉和运用，并且在实践中不断完善丰富，最终成为企业的一种知识沉淀。

4. 工具层

广义地讲，已有的基础信息系统工具及系统和一部分技术方法都是企业信息化的工具。信息化人员，特别是 IT 人员必须对这一层级的内容熟练掌握。需要重视的是，在信息化过程中要结合企业的具体实际选择适用的工具，同时持续关注信息技术的最新发展，其基本依据仍然是企业信息化的价值目标。

理念、体系、方法、工具是认识企业信息化的几个层面，也是作为一个整体的企业信息化的不同侧面。在企业信息化建设过程中，往往会遇到不同类型的人员对信息化的认识有比较大的差异的情况。一般而言，管理层更关注企业信息化价值这一本质属性，业务人员更关心本业务的能力实现问题，IT 人员则常常专注于信息技术的应用。对成功的企业信息化部署与实施而言，需要相关层级人员对信息化过程有一个总体认识，这并不妨碍各层级人员对各自关注领域的深入研究。各层各类人员由于在企业信息化过程中的职能不同，往往需要对企业信息化有多个层次的理解与行动。在企业信息化实践中，如果发生了认知层面上的错位，往往就会导致信息化建设产生这样或那样的问题。

我国古代对事物的多元性、层次性有着深刻的表达。

"道"在我国的传统文化中，被认为是万事万物运行的轨迹和轨道，也可以说是事物变化、运动的情况，引申为推动宇宙运行的最根本的规律。"道"具有本源、本体、规律、道理等内层含义；"法"的本义是法律、法令，后引申出标准方法等含义。在"法"的多种解释中，有一种是规律、常理、方式等；"术"有一种解释是方法、策略，是方法、谋略之路；"器"可作工具解，也可以理解为可用的资源。归纳起来，"道"是规则、自然法则、核心理念；"法"是指方法、法理、制度；"术"是在规则体系指导下的具体操作方法；"器"是工具和可利用的资源。"道、法、术、器"可以为认识和理解企业信息化的多元性提供类比——企业信息化之"道"体现在其理念与价值层面，重点关注的是信息化理念、内涵、价值、目标等本质内容；企业信息化之"法"注重信息化的体系与结构及由此产生的过程规律，是企业信息化的体系基础；企业信息化之"术"聚焦于信息化的方法、标准与规范；企业信息化之"器"是信息化的技术工具与资源，包括成熟的应用、相关的技术与基础设施的支撑等。

3.1.2　价值理念是企业信息化工作的核心本质

企业信息化建设从形态上看是各类信息系统的建设与应用，其内在的核心则是为企业带来价值提升。无论是事务处理效率的提高，还是企业管理的改进提升，或者是管理决策的精准科学，都直接为企业带来新的价值。可以说，价值创造与价值提升是企业信息化的本质特征，也是企业信息化工作所应遵循的首要原则。一项技术怎样用，一个系统怎样建，都要从价值的角度去衡量和判断。在企业信息化建设实践中，各方在认知、行为等层面所产生的分歧和矛盾，很多都是由于价值理念不一致而引起的。

3.1.3　架构治理是企业信息化工作的系统方法

架构一般是指一个体系中各要素之间的相互关系。企业信息化作为一个复杂的系统工程，其各要素之间的关系可以通过架构来表达。

1．企业活动分类

企业的活动大致可以分为三类：一是业务活动，是企业价值创造的主体活动；二是管理活动，是企业在价值创造过程中增加协调、提升效率、减少损失的活动；三是决策活动，是企业决策者依据企业的目标与愿景，在企业内外部信息和管理经验的支撑下做出经营管理判断的活动。

2．企业信息化的基本逻辑

企业的信息化建设大致围绕以上三类企业活动展开，这种划分是就企业整体经营和运作而言的，实际上，在不同的层面上它们有所交叉。做出这样的基本划分，其意义在于揭示企业信息化的基本逻辑：业务信息化是基础，也是管理的对象，一个企业的信息化，一定要从业务的信息化做起，否则就是空中楼阁；管理信息化既是业务过程所必需的，也为决策的精准科学提供支撑，它在整个企业信息化中起到了连接业务、支持决策的承上启下作用；决策信息化为企业经营与管理不断提升提出新视角、做出新判断，极大地提升着企业的运作能力与水平。

3．业务架构

企业信息化设计的基础是对业务架构的梳理。企业的业务过程和业务管理过程是紧密结合在一起的，相对于技术的应用，信息化建设往往把企业的业务过程和管理过程都作为业务内容来考虑。业务架构的确立，在企业信息化建设中是一项重要的基础性工作，业务架构的缺失往往会给信息技术的应用带来不可超越的局限。

4．应用架构

业务功能往往要通过业务信息系统的建设来实现。值得注意的是，企业的各项业务是一个整体，存在着相互关联的关系。在信息系统建设中，为了客观地反映这种关联关系，在信息系统的规划上，就不能完全按照业务视角下的功能需求来划分系统功能，这就有了所谓的应用架构。应用架构是为满足业务功能的完整性及其相互关联的整体性，对用什么样的应用系统组合满足企业的完整业务需求所做出的信息系统再规划，它从信息流的视角，用最为简洁的结构来满足各类业务的需求。

5．技术架构

技术架构是应用架构的实现方式和途径，即如何选用先进且适用的技术来构建满足业务需求的应用系统群。在这个层面，IT 成分显著增加。在技术架构中，需要关注的是先进技术与适用技术选择的平衡问题，这往往取决于企业的规模、企业信息化所处的阶段及企业的内外部环境条件等。

3.1.4　业务沟通是企业信息化工作的灵魂

业务信息化是企业信息化的基础。在企业信息化工作中，常见的问题是混淆 IT 与信息化两个概念，以 IT 应用取代信息化；实际上，两者分属不同的范畴，有着本质的差别。

信息化工作要基于业务、服务业务，信息化工作者要把工作的基点放在企业业务上，为提升业务能力，进而提升企业的价值创造能力服务。在企业信息化建设实践中，对业务关注不够，加上业务系统自身基础规范甚至需求不明确等原因，给信息化建设带来不良影响的事例并不少见。因此，不断深化对业务的理解，不断加深与业务的沟通，是企业信息化工作者的一项非常重要的素养和能力。

3.1.5　技术应用是企业信息化工作的有力支撑

企业信息化建设最终要通过 IT 技术来实现。从使能的角度看，IT 的应用是不可或缺的。随着 IT 的快速发展，它对企业经营管理所带来的影响，已经不再是简单地停留在使能阶段了，而是提出了传统经营管理模式创新的可能，从而引发企业经营管理的变革。企业信息化工作要关注信息技术的最新发展，以及这些发展给企业经营管理、决策活动的能力提升所带来的新机遇，同时还要结合企业实际选择合适的技术路线和技术运用方式。

3.2　企业信息化工作的内容

3.2.1　从企业治理角度划分

从企业治理角度，企业信息化的工作内容大致可以分为 IT 治理与 IT 管理两个部分。

1．IT 治理

IT 治理是公司治理的一部分。IT 治理是站在企业整体高度，对企业信息化过程中涉及的职权归属、决策机制和责任机制做出的框架性规定，是通过协调战略目标、业务目标和 IT 目标而使企业信息化得到有效推进的框架性保障，是使企业通过信息化获得最大价值提升的制度措施。

美国 IT 治理协会对 IT 治理的定义为：IT 治理是一种引导和控制企业各种关系和流程的结构，这种结构安排通过平衡信息技术及其流程中的风险和收益来增加价值，以实现企业目标。中国 IT 治理研究中心对 IT 治理的定义为：IT 治理用于描述企业或政府是否采用有效的机制，使得 IT 的应用能够完成组织赋予它的使命，同时，平衡信息技术与过程的风险，确保实现组织的战略目标。从以上定义可以看出，IT 治理的使命是保持 IT 与企业战略和业务目标的一致性，从而推动企业业务发展，促进收益最大化，同时管控与 IT 相关的风险。

IT 治理一般包括以下内容：企业在信息化过程中需要什么样的决策，由哪些角色负责制订这些决策，制订决策的指导方针，制订决策的方法，以及在哪个环节制订决策。

IT 治理的内容覆盖企业信息化的全生命周期。因此，也有学者将 IT 治理从信息化全过程分为 IT 规划治理、IT 建设治理、IT 运维治理、IT 绩效治理和 IT 风险治理等。

2. IT 管理

IT 管理是保障所选择的治理方法和内容能够得到有效执行的相关活动。相对于 IT 治理，IT 管理侧重于规划、规则的实施，它致力于使企业信息化过程按照预先定义的指导方针、策略和预期状态稳定推进。IT 管理无疑也是企业信息化工作的重要内容，毕竟，决定企业信息化过程质量与绩效的不仅仅是决策与职责，执行的落地与到位同样是重要的保证和必需的工作内容。

3.2.2 从涉及领域角度划分

从涉及领域角度，企业信息化的工作内容大致可以分为以下八个部分。

1. 战略规划

企业信息化战略规划是指按照企业战略要求，以满足业务需求为出发点，从整体上确定信息化发展方向，构建符合企业发展战略的信息化蓝图，确保企业信息化建设沿着正确轨道发展。其主要内容包括企业信息化的发展愿景、总体目标、方针原则、重大措施等。

信息化规划是企业规划的组成部分，它为规划期内信息化项目的实施提供依据和指引，保证信息化发展方向正确、内容全面、重点突出、计划有序、资源配置合理。

2. 架构设计

信息化架构也称为信息化总体架构，它是企业信息化过程中各种要素关系的逻辑表达，是对企业信息化建设和发展规律的归纳和总结。信息化架构指导企业将业务需求与功能映射到信息系统和相关的信息化活动，并且为设计开发和部署信息系统提供方法工具和参考模型。作为大型复杂信息系统的管理方法和治理模式，信息化架构可以帮助大中型企业完整、系统地表述战略、业务与信息系统之间的内在联系，给参与信息系统建设的相关方一个完整的总体视图和不同的视角选择，从而增进各方对企业信息化的整体认知。

企业信息化架构一般分为业务架构、应用架构、数据架构和技术架构。

（1）业务架构是以实现企业战略为目标，按照企业信息化需要，对企业的业务和管理所作的一种抽象和简化，它描述了企业业务和管理的特征及相互的关联关系。企业业务架构的设计包括业务价值链、业务领域、业务流程（活动、任务、角色）、业务数据、业务组件等基本元素。业务架构在企业信息化总体架构中占有重要位置，它将技术人员和业务人员置于同一个语境之下，是技术人员与业务人员的沟通桥梁，既可以使业务人员完整、系统地审视业务要素及业务过程，又能使技术人员归纳、理解企业的业务目标和业务过程。

（2）应用架构是满足企业业务需求的应用系统的结构化描述。应用架构在对每项业务活动的需求与功能进行分析的基础上，设计满足需求的功能，并且依照各应用功能满足业务需求的方式对应用功能进行组合，设计出相应的应用系统。应用架构主要包括业务系统、功能模块、系统和功能的建设状态（已有、待提升、新建）等。按照企业的业务职能，应用架构的内容通常包含经营管理系统、生产运行系统、辅助决策系统、办公管理系统等。应用架构展示了企业应用系统的分布情况及信息系统对企业业务的覆盖情况和支持能力，对企业核心业务需求的实现和应用系统的边界划分及系统集成进行了系统性描述，为从业务需求向应用系统转换提供了共性支撑。

（3）数据架构是对企业数据资产的结构化描述，表达如何管理和共享数据资源，以最大限度地发挥数据的价值。数据架构的主要内容包括数据定义、数据分类、数据分布、数据建模、数据共享与交换等。数据架构在信息化总体架构中处于重要地位，因为企业的运作状况需要用数据来表达，各类应用系统的关联通过数据和流程实现，数据资源的开发和利用又是企业信息化的重要价值所在。数据架构通过全面梳理企业数据资源，明确企业的核心业务数据，分析核心业务数据与业务过程之间的关系，确定企业数据模型，保证数据在企业层面上的一致性、完整性和准确性，为构建集成、共享、统一的数据资源环境奠定基础。

（4）技术架构是支撑应用与数据的信息技术基础结构，它描述了支撑企业信息系统运行的硬件、软件、应用系统的结构与功能，以及适用于它们的服务和技术标准。技术架构所涉及的内容一般包括网络通信、数据库、操作系统、服务器和存储、终端、目录服务、中间件、数据中心、基础应用系统、应用平台等。

信息安全需求是企业信息化的基本需求。信息安全体现在信息化建设的各层次和全部过程中，其内容包括信息安全的管理保障、控制保障和技术保障等，将这些要求系统整理形成的企业信息安全防护体系，可以单独构成企业的信息安全架构。

3．业务需求管理

企业信息化工作的一项重要内容是对业务需求的分析与管理。

业务需求分析也称系统需求分析，是信息系统开发人员经过调研分析，准确理解用户和项目的功能、性能等具体要求，将用户的非形式化需求转化为完整的需求定义，从而确定系统任务的过程。

业务需求上承企业战略、下接信息系统建设，是企业信息化建设的重要基础和依据。对业务需求的分析与管理，不但是系统开发人员在软件计划阶段的重要活动，也是企业信息化管理的重要内容之一。

业务需求管理包括问题识别、分析与综合、制订规格说明、评审等内容，需求管理工作需要技术人员与业务人员之间进行深入、细致、频繁的沟通，是决定信息系统建设成效的关键环节。

4．信息系统建设管理

信息系统建设管理是指按照信息系统的规划结果和业务要求，对开发、建设、升级相应信息系统的过程所实施的管理。信息系统建设作为一个完整的项目，其管理可遵循项目管理的一般要求。信息系统建设的管理，主要包括公司层面的管理、项目层面的内部管理、供应商管理、项目监理管理等，其内容包括项目目标管理、职责管理、过程管理、组织管理、绩效管理等。

5．基础设施管理

信息化基础设施泛指数据中心（场地、空调、通信、配电、线路等）、网络环境、硬件环境、基础软件等。基础设施管理是通过采取技术与管理手段，确保基础设施连续、安全、有效运行，支撑应用系统完成业务需求的活动。

6．信息安全管理

信息安全管理是给信息系统建立技术与管理安全保护措施的工作，确保计算机软件、硬件及数据不因偶然和恶意的原因遭到破坏、更改和泄露。信息安全管理的任务是建立和健全管理保障体系、控制保障体系和技术保障体系。管理保障体系包括完善信息安全组织、信息安全运行能力建设、安全风险评估能力建设等；控制保障体系包括信息安全制度与标准、基础设施安全配置规范、应用系统合规性设施等；技术保障体系包括身份管理与认证、网络安全域设计、桌面安全管理、灾难恢复系统、信息安全运行中心、信息内容审计等。

7．风险管控

信息化风险管控是及时识别信息化过程中的各种风险因素状态，采取措施消灭或减少风险事件发生的可能性，或者减少风险事件发生时所造成损失的活动。信息化风险主要包括战略风险、组织风险、技术风险、投资风险、需求与规划风险、选型风险、实施风险、维护风险等。在信息化环境下，信息化建设过程中的各方面的风险很多都转化为 IT 风险，因此，对企业信息化过程的风险进行有效管控、评估和审计是信息化工作必须要关注的内容。

8．组织与队伍管理

组织与队伍管理是保证企业信息化过程始终符合预期要求而对组织与人力资源进行合理配置与动态调整的相关活动。组织与队伍管理的主要内容包括组织结构、职能设置、人员配备、人才激励等。信息化建设离不开合理的组织结构、具备相应素质的人才及随企业信息化进程而不断调整与提升的知识和能力支撑，组织与队伍建设是企业信息化建设的重要资源保障。

第二部分
Part 2/ 企业信息化主要方法

第 4 章

企业信息化顶层设计类方法

4.1 企业信息化规划

4.1.1 基本概念、主要价值及基本原则

1. 基本概念

关于企业信息化规划，目前尚未形成统一（或权威）的定义，比较典型的定义主要有以下几种。

（1）企业信息化规划，是以整个企业的发展目标和发展战略为指导，以业务需求为依据，结合行业信息化方面的实践和对信息技术发展趋势的把握，定义企业信息化的目标、使命和愿景，确定主要任务和战略步骤，规划出信息化架构，为信息化建设与发展提供一个完整的蓝图，前瞻性地、全面地、系统地指导企业信息化的进程。

（2）企业信息化规划，是在理解企业发展战略和评估企业信息化现状的基础上，融合所属行业信息化实践经验及对最新信息技术发展的认知，提出切合企业实际的信息化建设愿景、目标和战略，以及相应信息系统的架构设计、组织和实施策略，全面系统地指导企业信息化建设的开展，满足企业可持续发展对信息化的需要。

（3）企业信息化规划，是基于企业的经营战略和业务趋势，制订出企业信息化的发展方向，设计出包括 IT 基础设施、系统应用、集成关系的 IT 框架，进一步分解出实现发展目标必须开展的信息化项目、必须具备的 IT 管控模式及相应的保障措施和各项目间的优先级关系。

（4）企业信息化规划，是以整个企业的发展目标、发展战略、企业各部门的目标与功能为基础，结合行业信息化方面的实践和对信息技术发展趋势的掌握，制订企业信息化愿景、目标和发展战略，达到全面、系统地指导企业信息化进程，协调地应用信息技术的目标，充分有效地利用企业的信息资源，全面满足企业业务发展的需要。

（5）企业信息化规划，是在企业发展战略的指导下，在理解企业发展战略目标和业务规划的基础上，诊断、分析、评估企业管理和 IT 现状，优化企业业务流程，结合所属行业信息化方面的实践经验和对最新信息技术发展趋势的掌握，提出企业信息化建设的愿景、目标和战略，制订企业信息化的系统架构，确定信息系统各部分的逻辑关系及重要信息系统的架构、选型和实施策略，对企业信息化目标和内容进行整体规划，全面系统

地指导企业信息化的进程，协调地进行企业信息技术的应用，及时地满足企业发展的需求，以及有效且充分地利用企业的资源，以促进企业战略目标的实现，满足企业可持续发展的需要。

上述定义尽管在文字表述方面存在差异、各有侧重，但其核心内容和本质是一致的。通过总结分析，归纳出企业信息化规划具有以下特点。

（1）企业信息化规划主要解决企业战略（发展战略或业务规划）与 IT 战略"两张皮"（或断层）的问题，实质上是从企业战略到 IT 战略的映射或转换，应侧重战略或宏观层面，所有 IT 战略相关工作均应围绕企业战略展开，且需求来源与效果评价均来自企业战略。

（2）企业信息化规划定位于企业信息化建设和发展的总体思路及框架蓝图，是信息系统设计和实施的前提与依据，宜粗不宜细，在 IT 技术层面只需给出目标、任务、功能、技术架构（或技术路线）、相互关系、计划等内容，无须涉及相关技术细节。

（3）企业信息化规划是指导企业在较长时期内进行信息化建设的总章程，所覆盖的时间跨度不宜过长，也不宜过短，一般为 5 年左右，且 2～3 年应根据相关变化（如业务战略、经营状况、竞争环境、信息技术新趋势等）进行动态评估和调整。

（4）尽管企业信息化总体架构（或企业架构）、信息资源规划（或数据资源规划）等内容也属于企业信息化规划的范畴，但信息化总体架构及信息资源规划等内容已自成体系且有各自的方法论，企业信息化规划只需给出该类内容的框架结构，无须深入相关细节。

2．主要价值

与欧美发达国家相比，我国的企业信息化规划无论是在意识、方法方面，还是在总体水平方面，都存在极大差距。据不完全统计，西方国家 96%的大型企业和 75%的中小型企业都制订了自己的信息化规划，而我国做过信息化规划的企业少之又少。我国企业在信息化上的投入更多体现在系统建设上，可以用最好的信息设备、购买最好的信息软件，可以引进掌握最先进信息技术的人才，却往往在企业信息化规划上有所疏忽。这种信息化应用方面的差距绝非技术上的差距，而是规划、管理和意识方面的差距。对于不同类型的企业，企业信息化规划所能体现的价值有所不同，其主要价值总结如下。

1）统一思想，减少阻力

企业信息化规划的首要价值是统一企业内部的思想与认识，减少或避免变革中的阻力或内乱。企业信息化涉及的系统、功能和概念名目繁多，如 CAD、CIMS、OA、ERP、CRM、SCM、Intranet、Internet 等，企业中不同部门强调的重点往往不同。领导的想法也可能是一次会议或一次考察之后的心血来潮，不一定是企业的真实需求。什么样的信息系统才是对企业最适用的呢？这需要企业有一个超越部门利益和部门态度之上的、立足于整个企业客观条件和发展要求的总体规划。

信息化与企业管理的其他问题一样，一个达成共识的、没有很多创新的方案，远远好于一个有很多创新，但迟迟不能达成共识，也迟迟不能落实的方案。在不少企业中都能看到，哪怕高层已经对信息化下了决心，但仍然会听到各种反对的声音，这些声音可能来自中层、各地分支机构、渠道伙伴等。反对者通常分为以下几种：

（1）谨慎论者。相信信息化建设高失败率的说法，希望谨慎从事。

（2）时机论者。认为从长远看可能需要信息化，但目前业务发展时间紧，信息化底子差，时机不成熟。

（3）怀疑论者。认为信息化解决不了企业的问题，反而劳民伤财。

（4）其他。担心信息化会打破现有的管理格局，由其他部门负责信息化工作不利于自己的业绩突出等。

在信息化建设初期，出现这些反对的声音往往是很常见的，有其一定的存在合理性，其中大多问题是由于沟通不足、认识不够、观念不同等原因导致的，各部门对信息化建设的指导思想、工作原则、关键成功因素、重点应用领域等没有达成共识。

事实上，板子不能只打在反对者身上。信息化建设涉及的问题呈现出明显的非线性，甚至可以用"一团乱麻"来形容：战略是否明晰、流程是否合理、组织架构能否调整、信息孤岛是否严重、应用人员态度是否积极、技术选用评价标准是否适用等，如何把方方面面协调一致，就是"信息化规划"所发挥的首要作用。

2）规划蓝图，科学指引

企业信息化规划通过评估企业现有的信息化技术架构、平台、网络、应用软件、流程、数据、人力资源等，对企业的信息化现状进行分析，判断目前信息化建设所处的发展阶段，使企业能够评价自身当前的信息化应用水平；同时结合企业发展战略提出未来对信息化能力的需求，研究信息化能力差距和信息化发展能力蓝图，为企业确定下一步信息化建设的重点，构建一个明晰的框架。企业信息化规划使企业能够真正发挥信息化建设的主体作用，规避由于 IT 厂商的片面之词而盲目实施不适合自身发展的信息系统的问题。

企业信息化规划只有与企业战略相结合，才能真正提升企业竞争优势。在战略层面上，企业信息化规划可帮助企业确立总体战略目标及所处竞争环境，并且在总体战略的指导下，根据自身的现状、能力和竞争环境的要求，制订切实可行的信息化战略。企业信息化规划能够提高企业控制信息化建设的能力，使企业信息化建设的步骤、重点、方向与企业的发展战略统一，提升企业核心竞争力。

3）理性投资，规避风险

现在越来越多的企业已经意识到信息化的重要性，但是从建设投入和实施效果等方面看，企业信息系统的建设情况并不理想。例如，东北某汽配厂曾经是国内某国有汽车集团的最大零配件供应商之一，年产值超过 10 亿元，在耗时 18 个月、耗费上千万元资金引入一套某国际汽车厂商使用的 ERP 系统后，不但没有改善经营，反而使产值、利润下降很多，在破产清算时，该厂领导唯有一声叹息："是 ERP 拖垮了我们。"从国际平均水平来看，ERP 项目成本普遍超预算 240%，实施时间超计划 178%。本来是为了提高效率而实施 ERP，但因为 ERP 本身实施过程的效率不高，在一定程度上使人们开始对 ERP 能否提高企业效率产生怀疑。

企业信息化规划在实施策略的制订过程中，应重点关注信息化风险的评估及应对手段，通过对信息化战略、信息化流程、信息化应用系统、信息化基础设施及信息化组织结构的规划与设计，明确企业未来一个时期信息化建设的框架，将会有效降低企业在实施信息化过程中的各种风险。而且在企业信息化规划过程中，通过分析对企业核心竞争力有重要影响的关键业务流程，以及在此基础上确定的未来应用系统架构，帮助企业从信息化建设中获得最大投资收益。

3．基本原则

为实现企业信息化规划的预期目标和核心价值，在进行企业信息化规划工作时应遵循以下基本原则。

（1）业务一致性原则。企业信息化规划应当是企业发展规划的有机组成部分，在制订和执行时，应始终坚持信息化战略与企业中长期发展战略之间的协调性和一致性。以企业战略为出发点，而不仅仅是从信息系统的需求考虑，可以避免因脱离企业发展目标而盲目进行信息化建设的困境。以企业业务的提升与变革为出发点，而不是从最新信息技术的应用考虑，应以充分利用企业现有资源来满足企业发展的关键需求为基本目标，从而避免信息化建设缺乏对企业业务的有效支持。

（2）系统性与整体性原则。企业信息化规划应正确规划企业所需要的应用系统，确定各应用系统之间的界限和相互关系，尤其要关注在不同阶段实施的应用系统之间的衔接关系。企业信息化系统关系到企业生产经营的方方面面，它们共同构成一个有机的整体，因此在制订企业信息化规划时，应综合考虑各部门对信息系统的业务需求，尤其不要忽略关键业务部门的需求。

（3）扩展性原则。企业信息化系统不是一次性的、一成不变的，而是应随着信息技术的发展和企业内外部环境的变化进行相应调整。

（4）现有资源的保护和利用原则。在已经开发或购买的大批计算机硬件、软件和网络设备中，可能存在大量的数据和信息资源需要利用，这些资源还具有相当的使用价值。因此，在制订企业信息化规划时，应采取有效措施尽可能将已有的资源集成到新的系统中以避免资源的浪费。

（5）集成度原则。企业信息化规划应强调信息的高度集成，同时兼顾现有系统和设备的独立性。

（6）实用性原则。企业信息化规划应处理好信息技术的先进性和实用性之间的关系，企业信息化建设一定要以企业管理的改善、竞争力的提高为目标，坚持少花钱、多办事的实用性原则。

（7）软件包驱动原则。根据国内外信息化建设的经验，成功企业通常选择成熟、有大量成功案例的标准软件包，在流程优化设计的同时，进行软件功能的匹配，这种方式不但可以减少企业信息化建设的时间，而且系统在灵活性、升级维护等方面也具有非常明显的优势。

4.1.2　工作步骤与文档模板

1．企业信息化规划的工作步骤

企业信息化规划的编制工作应作为独立项目来管理，通常包括七个工作步骤：项目准备、发展战略层面信息化需求分析、业务管理层面信息化需求分析、信息化现状评估与需求分析、信息化战略层面规划编制、信息化实施层面规划编制、业务与 IT 一致性分析，如图 4-1 所示。

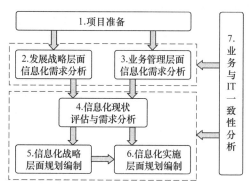

图 4-1　企业信息化规划工作步骤

1）项目准备

该阶段的主要目的是完成项目所需资源的配置和准备，并且启动项目。主要任务包括建立项目团队、提出核心思考问题及其他配套的准备工作等。

（1）建立项目团队。项目应至少建立两个小组：项目领导小组（或委员会）和项目工作小组。项目领导小组的主要职责包括审批项目预算、协调及提供资源保障、决策重要或有争议的事宜、审议项目成果等。组长应由企业主要领导（如董事长或总经理）担任；成员应包括企业高层领导、各相关部门领导、各分支机构领导等。项目工作小组的主要职责包括资料收集、各方面调研、现状及差距评估、需求分析、规划编制、一致性分析等。组长应由既懂企业业务又懂信息技术，并且有一定项目管理能力的高层领导或部门领导担任，通常由 CIO 担任；成员应包括三类：在进销存、生产制造、业务流程及财务管理等方面有经验的业务型专家，在顶层设计、信息技术及信息化管理等方面有经验的 IT 型专家和在信息化规划、BPR、IT 咨询、网络及系统建设（如 ERP、HR、CRM、电子商务、OA）等方面有多个企业实施经验的外部专家。其中业务型专家主要来自相关部门和分支机构，IT 型专家主要来自信息化管理部门，外部专家主要来自咨询服务机构或相关领域。团队组建完成后，还应由外部专家对所有成员进行企业信息化规划知识的培训，确保项目成员理解信息化规划的意义和价值，并且掌握基本理论和方法。

（2）提出核心思考问题。核心问题包括对企业未来发展、中长期经营工作、信息化规划编制等方面影响大的问题或难点，希望在企业信息化规划工作过程中充分讨论、取得共识或得到解决。问题可以通过头脑风暴、外部专家经验共享等方式提出。

（3）其他配套的准备工作还包括团队成员分工、相关知识培训、确定工作计划、设计工作文档模板、建立交流及汇报机制、召开启动动员大会等。

2）发展战略层面信息化需求分析

该阶段的主要目的是通过分析企业所处内外部环境及来自多方面的约束或要求，深入理解企业发展战略与管控模式，充分结合国内外对标企业发展战略层面的先进经验，总结汇总出发展战略层面信息化需求。

企业发展战略层面信息化需求分析工作如表 4-1 所示。

表 4-1　企业发展战略层面信息化需求分析工作

序号	分类	主要内容
1	企业外部	国家监管要求（可能涉及多个行业主管部门） 企业所处行业或产业政策法规及发展趋势 最新信息技术发展趋势对企业发展战略的影响
2	企业内部 （包括上级集团）	上级集团（如存在）企业发展战略（或业务规划）及本企业业务定位 上级集团业务单元管控模式，其中管控模式包括财务管控、战略管控和业务管控，业务单元包括业务板块、事业部、下级企业等 企业自身发展战略（或业务规划） 企业业务单元管控模式
3	对标企业（同行业、同类或竞争对手）	管理领域发展战略 业务领域发展战略 信息化规划及应用效果

发展战略层面需求分析的主要方法包括收集相关资料并研究，如相关企业发展战略层面规划（或业务规划）及行业或产业发展研究报告等、企业内部调研、企业外部调研、PEST、SWOT 等。其中，企业内部调研方法主要包括高层领导访谈、会议讨论、书面问卷调查、收集报表资料、参加业务实践等。

发展战略层面信息化需求主要体现在信息化的战略目标、建设原则、技术方向和推进时机等方面，主要影响因素包括现有业务扩张或收缩、新业务发展、兼并重组、企业规模变化、最新信息技术引入策略、对标企业信息化策略、国家经费支持预期、国家监管要求、上级集团相关要求、转型升级策略、业务单元管控模式等。

例如，如果计划收购海外企业，则信息化需求为覆盖海外企业，如多语种与多国会计核算体系支持等；如果计划拓展国际贸易业务，则信息化需求为支持国际贸易，如多语种、多币种等；如果计划拓展电子商务，则应将其纳入信息化需求；如果政府经费支持智能制造，则应将智能化改造需求计划提前；如果企业经营风险频发，则应将加强风险管理纳入信息化需求。

3）业务管理层面信息化需求分析

该阶段的主要目的是通过分析企业业务体系与内部管理及来自多方面的约束或要求，充分结合国内外对标企业业务管理层面的先进经验，总结汇总出业务管理层面信息化需求。

企业业务管理层面信息化需求分析工作主要包括对标企业（同类或竞争对手）管理方式分析；上级集团管理机制要求，涉及法务、审计、会计、纪检等多个方面；业务体系分析，包括业务构成、业务特点、业务布局或分布、内外部及上下游协同关系等；内部管理分析，包括管控模式、规章制度、组织架构与职责分工、企业价值链业务流程、管控流程、决策机制、管理痛点等。

业务管理层面信息化需求主要体现在信息化的基础设施、BPR（业务流程梳理与优化）、数据资源、协同共享、应用系统及 IT 服务等方面，主要影响因素包括业务布局或分布、业务单元管控模式、内外部及上下游协同、组织架构与职责分工、业务流程、管控流程、办公习惯等。

例如，如果子公司的管控方式以业务管控为主，则应将全级次单位互联互通纳入信息化需求；如果业务要求员工经常外出，则应将移动办公纳入信息化需求；如果审批流程的环节及审批人无法预先确定，则信息化需求为优先采用自由流审批流程；如果合同管理存在很多问题，则信息化需求为建设或优化合同管理系统；如果业务与财务数据不一致对管理效率影响严重，则应将 BPR 与业务财务一体化建设纳入信息化需求。

4）信息化现状评估与需求分析

该阶段的主要目的是通过对企业信息化现状进行全面调研，充分借鉴国内外对标企业的信息化建设经验，并且结合发展战略层面和业务管理层面的分析结果，对信息化进行综合评估与差距分析，分析并汇总出整体的信息化需求。主要任务包括信息化现状调研、信息化综合评估与差距分析、信息化需求汇总。

信息化现状调研应覆盖信息化的各方面，调研内容主要包括组织保障体系、顶层设计、基础设施建设、应用系统建设、集成共享协同、信息安全与日常运维、信息化效果等。

信息化综合评估与差距分析主要是依据信息化评价指标体系和国内外对标企业信息化建设最佳实践，发现信息化存在的不足与差距。差距分析主要有两种方法：一是基线法，即通过梳理行业标杆，如通过了解行业内信息化建设先进企业的情况，来对比自己信息化建设的不足，找出自己的短板并作为下一步建设的重点；二是探索创新法，即通过自己创新，寻找一条别人没走过的信息化建设道路，优点是一旦成功则会使企业信息化水平跃上一个新台阶，极大地支持企业业务发展，缺点是一旦失败，则要付出相应的时间和物质成本。

信息化需求汇总包括三个层面：发展战略层面、业务管理层面和信息化自身层面。其中，信息化自身层面主要包括上级集团的信息化规划及信息化要求、供应链上下游对本企业的信息化要求、国家政策要求（网络安全、安全保密等）、行业主管部门要求（信息化考核、数据统计等）等。

5）信息化战略层面规划编制

该阶段的主要目的是完成信息化战略层面相关内容的规划。主要任务包括信息化战略制订、总体架构与策略设计、重要信息系统规划。

（1）信息化战略制订主要包括战略思路、建设原则、战略目标（总目标）、战略步骤（阶段目标）、推进策略等。

（2）总体架构与策略设计主要包括业务架构、应用架构、数据架构、技术架构（云服务模式、集成共享等）、基础设施架构（机房、网络、灾备等）、信息安全体系、标准规范体系、日常运维体系、IT 管理体系（组织队伍、规章制度）等。

（3）重要信息系统规划主要包括系统名称、业务目标、技术路线及推进策略（如选型策略）等。涵盖范围包括网络系统、ERP、财务管理、数据中心、人力资源管理、决策支持、电子商务等。规划范围由信息化战略目标和战略步骤决定，不同企业之间差异很大，当同一企业处于不同的信息化发展阶段时差异也很大。

6）信息化实施层面规划编制

该阶段的主要目的是完成信息化实施层面相关内容的规划。主要内容包括主要任务规划、分阶段实施计划、投资估算、风险分析、保障措施、考核评价等。主要任务应根据重要性进行优先级排序，明确任务目标和预期效果；如涉及应用系统，还应包括主要功能、业务流程及规范、数据规范、关联系统或外部接口、产品或厂商选型、里程碑设置、项目管理等要点或策略。

7）业务与 IT 一致性分析

该阶段的主要目的是分析 IT 规划与企业业务的一致性，确保信息化主要任务均围绕企业发展战略和业务管理展开。

企业信息化规划实质上是从企业战略到 IT 战略的映射或转换，因此可以通过逆向映射方式分析 IT 规划与企业业务的一致性。业务与 IT 一致性分析方法如表 4-2 所示。

表 4-2　业务与 IT 一致性分析方法

序号	工作步骤	工作内容
1	梳理两个清单	发展目标清单（包括战略目标、战略步骤、业务分解目标和核心能力目标） 信息化规划清单（包括战略目标、战略步骤和所有任务）
2	映射两个清单	将信息化规划清单内容逐项填入发展目标清单
3	评估两个方面	评估信息化规划清单中每项内容的需求是否均来自发展目标清单 评估信息化规划清单中每项内容的实施效果是否均能通过发展目标清单进行评价
评估建议		只要两个方面的评估中有一项不满足，就说明信息化规划清单中该项内容与企业业务发展存在不一致性，应该进行调整或修改

2. 企业信息化规划内容文档模板

企业信息化规划内容文档常见模板如表 4-3 所示。

表 4-3　企业信息化规划内容文档常见模板

一、当前企业信息化规划执行情况（信息化现状）
（一）规划目标完成情况（含现状）
（二）执行过程中存在的问题（含未完成原因）
二、企业发展面临形势与信息化需求分析（按需删减）
（一）所处行业方面：包括竞争格局、发展趋势、潜在影响及信息化需求
（二）最新信息技术方面：包括发展趋势、潜在影响及信息化需求
（三）国家行业监管与产业政策方面：包括政策趋向、监管要求、潜在影响及信息化需求
（四）对标企业方面：包括发展战略、业务管理、信息化规划及应用效果、经验借鉴及信息化需求
（五）上级集团方面：包括发展战略、业务管理、信息化规划、潜在影响及信息化需求
（六）自身业务发展方面：包括发展战略、业务管理、上下游互通及信息化需求
（七）信息化合规达标方面：包括国家政策要求（网络安全、安全保密等）和行业主管部门要求（信息化考核、数据统计等）
三、信息化战略目标
（一）指导思想（战略思想）
（二）基本原则与策略
（三）规划目标（战略总目标）
（四）阶段目标（战略步骤）

（续表）

四、信息化总体架构与策略（按需删减，也可融入主要任务）
（一）基础设施（机房、网络、灾备等）
（二）四大架构：业务架构、应用架构、数据架构、技术架构（云服务模式、集成共享等）
（三）四大体系：信息安全体系、标准规范体系、日常运维体系、IT 管理体系（组织队伍、规章制度等）
五、主要任务
任务可能涉及系统建设、体系构建（如标准规范制定）、队伍建设等，应有任务目标与预期效果。
如果任务为应用系统建设，还应包括主要功能、业务流程及规范、数据规范、技术路线、关联系统或外部接口、产品或厂商选型、里程碑设置、项目管理等要点或策略。
六、实施计划与投资估算
复杂任务可以分为多个阶段实施。实施计划的里程碑应便于考核或检查。投资估算应有合理的计算依据，包括建设费用、运维费用、咨询费用等，应覆盖规划涉及的时间跨度。
七、风险分析与保障措施
附录：编制依据

4.2　信息化总体架构

4.2.1　基本概念与主要价值

1. 架构起源与演进

随着信息技术与各行各业各领域的逐步融合，自动化处理及工作效率得到了快速提升，同时信息技术本身也在不断变革和改进。美国管理信息系统专家理查德·L. 诺兰（Richard L. Nolan）提出的信息系统进化模型（诺兰模型）指出，企业由手工信息系统向以计算机为基础的信息系统发展时，信息化建设由初始的数据处理时代演进为信息技术时代，企业的信息化建设划分为初始阶段、普及阶段、控制阶段、整合阶段、数据管理阶段和成熟阶段。

在企业信息化建设初始阶段，多为办公设备设施改善，满足少数人的打字和报表统计等工作需求；普及阶段则增加了应用需求，开展定制化软件研发，解决了企业在更多工作中的问题；控制阶段是通过专业系统大规模应用来满足职能应用的阶段，应用系统数量的增加，导致部门间出现相同数据的多源处理与不一致，部门壁垒和信息孤岛随处可见，不可避免地出现重复建设和重复开发，系统和资源的利用率不高。当企业进入整合和数据管理阶段后，开始制订统一的标准，提高数据共享及业务协同，降低资金投入成本和建设风险，架构方法在此阶段开始发挥重要作用。

通过信息化进行有效的企业管理和信息的开发利用是企业成功的关键，也是取得竞争优势的必由之路。但长期以来，信息化建设普遍存在一种现象，即"信息化"成为若干"信息化建设项目"之总和，这种"项目导向"的信息化建设方法，总是在企业需求不断变化和 IT 技术快速发展的现实中陷入"力不从心"的境地。人们往往通过建设新的项目来弥补系统的不足，并且在建设信息化的过程中，信息化建设者往往缺乏对组织的战略目标和 IT 战略规划的全面了解。在实施 IT 项目时，他们更多地把视角放在技术层面上，而忽略了对组织战略规划的理解。随着信息化建设的不断普及和深入，人们逐渐认识到以下对信息化建设与发展造成严重影响的问题。

（1）对信息化的认识不够：企业信息化总是处在手段与工具层面，认为信息化主要是为改进各项工作提供支撑，是作为某个环节的工具来为企业和部门服务。对信息化的核心任务是实现企业的核心价值和战略目标的认识不够。

（2）信息化的随意性：企业信息化的定位不准确，随意性和可变性较大。信息化的成功与否在很大程度上取决于领导者个人对信息化的理解和实施能力。

（3）信息化建设标准强调不够：对信息化建设中应该遵循的技术标准、系统标准和实施标准强调不够，贯彻不坚决，缺乏科学的管理手段。

（4）信息化的本位主义：在企业信息化建设中，没有很好地解决战略性问题，使得企业业务流程不畅、部门条块分割、多头管理和本位主义等现象严重。各部门在建设和使用信息系统时，仅从部门的角度和利益来考虑问题，严重影响企业信息化战略的实现。

（5）风险管理不到位：信息化建设项目具有投资大、风险大的特点。各种失控风险都可能存在于项目中，而且项目投资越大，失控的风险就越容易发生。信息化建设的非战略性、非架构性、非计划性和非标准性都将使信息化建设和运行的风险不断增大。

（6）缺乏方法论指导：在信息化建设过程中，缺少持续发展的系统理论和方法论；对如何将理论知识与实际项目建设巧妙地结合在一起缺乏总体的研究与实践总结。

（7）信息孤岛：信息的获取、加工、传递和利用等功能不能有机地结合在一起。数据的分散定义、存储、加工和使用等，使得信息孤岛现象越来越严重。

（8）烟囱式的应用系统：应用系统之间相互隔离，无法进行信息的共享，也无法实现同类业务的全流程闭环管理。

（9）资源浪费：信息化投资缺乏战略指导，没有形成总体架构。只重短期效益、部门效益，使信息化建设项目的总体效益不好，应用效果体现不出总体性和增长性。

（10）重复建设：集团内的不同部门开发相同或相似的应用系统，出现重复建设、盲目建设的项目。

为了解决以上问题，欧美在总体架构方面开展了体系化的研究与实践。美国国会在1996 年通过了 Clinger-Cohen 法案，该法案首次定义了信息技术架构，使其成为发展和维护现有 IT 系统及新建 IT 系统的参考框架。随后，美国政府开展了一系列信息化总体架构的研究工作，主要包括联邦企业体系架构框架（FEAF）理论、国防部体系架构框架（DoDAF）理论和财政部企业体系架构框架（TEAF）理论，现在这些框架理论和架构已经被美国政府和军队各部门及地方机构广泛采纳和应用。The Open Group 也发布了开放群组架构框架（TOGAF），明确了企业总体架构的规范，为采用和实施总体架构建立了通用的参考标准。企业架构演进过程如图 4-2 所示。

2. 架构与企业架构概述

架构一词来源于建筑，是对结构元素及元素间关系的一种主观映射的产物。根据建筑对象复杂度的不同，建筑外部架构效果设计、内部结构设计，以及配套的线路、上下水管道等方面的设计也不同。在 BS ISO/IEC/IEEE 42010: 2007 中，架构被定义为一个系统的基础组织，具体体现为其所包含的各组件、组件之间及与外部环境之间的关系，以及用于指导架构的设计和演进的各项原则。在 BS ISO/IEC/IEEE 42010: 2011 中，架构定义又被修改为一个系统在其所处环境中所具备的各种基本概念和属性，具体体现为其所包含的各元素、元素之间的关系及架构的设计和演进原则。

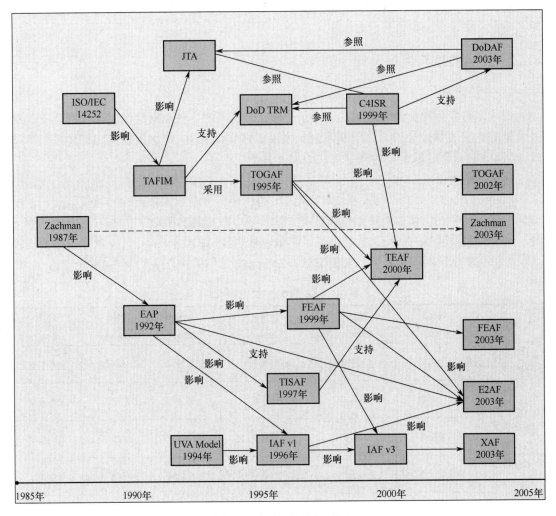

图 4-2　企业架构演进过程

企业架构里所指的企业不是通常在商业环境中所指的企业，而是一个用于描述组织的抽象概念，是对一个组织的最高层次的描述，一般涵盖该组织的职责和功能，通常会跨多个组织。它既可以代表具体的公司、企业或政府，也可以是公司或企业的某个部门，其范围主要由驱动企业架构建立的需求范围决定。

企业架构是一种体系化方法，是一项复杂的系统工程，它将企业组织与信息技术融合起来，为业务部门和信息化部门搭建了一套统一的沟通语言，支持企业业务的运行和 IT 技术的实施建设，解决企业信息化建设中复杂无序的问题。企业在开展架构设计时，也要根据建设目标和战略的不同，从不同层级和角度描述不同的设计内容和特征。企业在开展信息化建设时，如果未开展架构设计，就会存在企业战略与企业运营不匹配、系统与系统间交互不清晰、数据与数据间标准不统一、基础资源重复浪费等现象。

企业架构方法可以系统管理信息化建设的要素、关系和功能，将企业运行的各类要素进行有机整合和关联。以战略为依据，以业务为输入，以技术为依托，使战略、业务及 IT 相互融合，促进企业价值提升。

4.2.2 主要方法与架构设计

1. 主要方法

国际上有多种对企业架构的方法研究，形成了不同的方法和框架，主要包括企业信息系统架构方法（Zachman）、美国联邦企业体系架构框架（FEAF）、美国国防部体系架构框架（DoDAF）、开放群组架构框架（TOGAF）等。

1）Zachman

Zachman 是 John Zachman 在 1987 年提出的一种用于企业体系架构的建模框架，是提出最早且具有多维度和多视角结构的分类方法。该方法提炼和吸收了传统方法中的一些精髓，是企业建模领域的权威，并且派生了其他企业框架。但 Zachman 只提供了企业架构的认识思路和总纲，而缺少具体的实施方法。Zachman 总体架构框架如表 4-4 所示。

表 4-4 Zachman 总体架构框架

对象	数据 （What）	功能 （How）	网络 （Where）	人员 （Who）	时间 （When）	动机 （Why）
目标范围 （规划者）	业务实体	过程列表	执行地点	组织单元	事件列表	业务目标
业务模型 （拥有者）	语义模型	业务流程模型	业务系统	工作流程	进度表	业务规划
系统模型 （设计者）	逻辑数据模型	应用功能结构	分布系统体系结构	接口结构	处理结构	规划模型
技术模型 （建造者）	物理数据模型	系统设计	技术体系结构	体系结构	控制结构	规则设计
详细设计 （承包者）	数据定义	程序	网络体系结构	安全结构	时限定义	规则详细 说明
功能实体 （运营企业）	系统数据	应用代码	物理网络	业务组织	进度安排	业务策略

企业根据自身特点，将实施内容填充到 36 个子单元格中，六行分别是流程和流程的承担者所代表的不同角色，其中第一行是规划者；第二行是拥有者，通常是业务或业务应用部门；第三行是设计者；第四行是建造者；第五行是承包者；第六行是运营企业。六列分别是六个功能焦点，其中前三列是数据、功能、网络，即 What（什么内容）、How（流程是如何工作的）和 Where（业务在哪里）；后三列是人员、时间、动机，即 Who（谁

来做）、When（何时发生）和 Why（做出选择的原因），以上构成了 Zachman 的理论和模型。

2）FEAF

FEAF 是一个战略信息资产框架，它定义了业务、支持业务运作的必要信息和数据、支持业务开展的必要技术，以及为了适应快速变化的业务和新的技术而需要的迁移流程。FEAF 是一个概念模型，为跨政府部门的业务和技术设计定义了一个归一化和协调的结构。各政府部门和机构间的协调合作使得工作效率更高、物资更节约，每个部门都要用架构框架来描述其地位和作用，以及一切相关的业务流程。FEAF 与 Zachman 架构矩阵的相关内容基本一致。

在 FEAF 三级视图和元素图形中，其核心是业务架构、数据架构、应用架构和技术架构，矩阵元素共有 15 个，展示了政府信息系统是如何通过 FEAF 模型，从当前架构迁移到未来架构的，并且支持政府的最大需求和实现最佳 IT 投资。

FEAF 涵盖了美国联邦政府和所有业务伙伴，从美国中央政府到各政府部门，再到各机构和系统。FEAF 可促进联邦的内部运行能力，促进各机构的资源共享，给联邦和各机构提供减少成本的机会，改善共享信息的能力，并且支持联邦和各机构 IT 的投资计划。

3）DoDAF

DoDAF 是 20 世纪 90 年代中期，为了加强联合军事行动，美国国防部建立的一个标准架构方法，用以确保通信和协调运作。一方面确保各指挥组织、服务提供者和各部门的系统和信息架构的描述和定义是一致和相互协调的；另一方面确保各组织的运行、系统和技术架构的规范是兼容和可集成的，且这些兼容和集成是跨组织和部门的。DoDAF 定义了 26 个架构产品，由全局、运行（作战）、系统和技术标准组成。

DoDAF 在架构上将一个庞大的军事系统分成四个部分进行观测和分析，AV（All View）是指对架构的综合全面的观测；OV（Operation View）是指对运行方面的观测，也就是作战观测；SV（System View）是指对系统方面的观测；TV（Technical View）是指对技术方面的观测。

4）TOGAF

TOGAF 由 The Open Group 负责发布，TOGAF V1.0 于 1995 年发布，其基础是美国国防部的信息管理技术架构（Technical Architecture for Information Management，TAFIM）。TOGAF 是一个开放的、可动态迭代的过程模型，支持最佳实践和一套可重用的现有架构资产，被世界"500 强"企业广泛采用，目前已发布 TOGAF V9.2。TOGAF 将企业整体架构分为业务架构、信息系统架构（应用架构和数据架构）、技术架构，定义了架构开发方法 ADM（Architecture Development Method），制订了通用的行业标准模型，并且支持定制企业解决方案。

架构开发方法 ADM 是 TOGAF 的核心。ADM 以需求管理为输入，在架构愿景（A）、架构设计（B～D）、技术及解决方案（E）、迁移规划（F）、实施治理（G）、架构变更管理（H）之间顺序迭代循环，可以进行大循环，也可以进行小步骤循环，如图 4-3 所示。

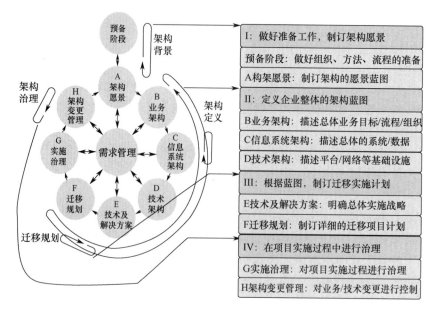

图 4-3　TOGAF 架构开发方法 ADM

2. 架构设计与治理

按照通用的架构设计方法，企业架构设计以企业战略为导向，通过业务驱动和问题驱动，开展业务架构、应用架构、数据架构和技术架构设计，通过架构治理对现状开展全方位的评估与分析，按照架构设计目标，制订迁移计划及解决方案，指导企业以项目群的形式开展落地建设，同步促进架构升级与战略调整，持续循环迭代，螺旋上升。其中，企业战略主要用于描述企业的使命与愿景、目标及其分解，相关的绩效指标体系及要达到战略目标需具备的能力。架构治理方法如图 4-4 所示。

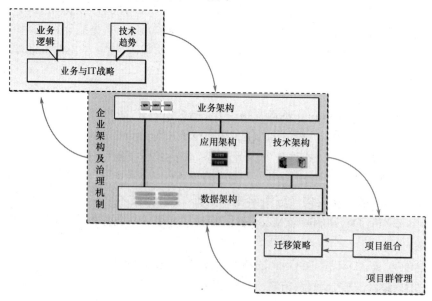

图 4-4　架构治理方法

架构元模型定义了架构要素及要素间的逻辑关系，通过架构元模型设计可实现对架构资产的标准化、结构化描述。架构元模型包含业务架构、应用架构、数据架构、技术架构中的各种要素对象，如图 4-5 所示。

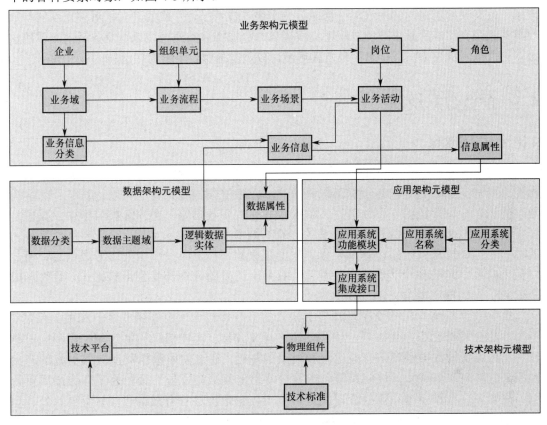

图 4-5　架构元模型

（1）业务架构元模型定义了企业及组织单元、岗位、角色，业务域及业务流程、业务场景、业务活动，业务信息分类及业务信息、信息属性，通过业务架构元素反映企业当前和目标状态下的业务状态。企业中各组织单元由实体部门逐层分解，包含部门、处室等，组织单元下设岗位承担对应角色；业务域按企业业务特点划分，向下分解成业务流程、业务场景和业务活动，业务流程可按照颗粒度进行分级管理，分解成多个业务活动，根据不同的业务场景形成业务的活动串联，以满足业务的不同需要，并且形成业务信息分类及业务信息、信息属性，为数据架构提供输入。

（2）应用架构元模型描述企业的应用系统蓝图规划，以业务架构为输入，厘清企业的业务功能及应用系统蓝图，包含应用系统分类、应用系统名称、应用系统功能模块、应用系统集成接口，明确应用系统建设模式及部署模式，指导系统建设落地。

（3）数据架构元模型以业务架构为输入，描述企业的数据分类、数据主题域、逻辑数据实体、数据属性。其中，数据分类是按照业务数据、主数据、元数据等分类进行管理的；数据主题域是各业务过程中联系紧密的数据主题的集合；逻辑数据实体是对业务对象的抽象和描述，与业务架构中业务信息相对应；数据属性用于描述逻辑数据实体，与业务架构中的信息属性相对应，包含基本属性、财务属性、业务属性等。

（4）技术架构元模型包含技术平台、物理组件和技术标准。其中，技术平台是业务、应用、数据架构落地的技术载体；物理组件是通过技术平台形成的具有相对独立性的功能性组件，是支撑应用系统功能、应用集成接口、数据实体和属性，以及业务活动流转的核心能力；技术标准是保证技术平台及其环境，以及物理组件能够有序运转的标准规范。

4.3 企业数据规划

4.3.1 基本概念

数据（Data）是事实或观察的结果，是对客观事物的逻辑归纳，是用于表示客观事物的未经加工的原始素材。数据可以是声音、图像等模拟数据；也可以是符号、文字等数字数据，如位置数据、事物数据、数量数据和时间数据等。在计算机科学中，数据是指能输入计算机并被计算机程序处理的具有一定意义的数字、字母、符号和模拟量等的通称，是组成信息系统的最基本要素。数据是原始材料，经过加工处理形成信息，通过对某个角度信息的整合而形成一种观点，对某个情景的理解和识别形成知识，最终形成企业或个人的核心能力。

企业数据是企业在持续经营过程中积累的资产，包含所有与企业经营相关的信息、资料，如公司概况、产品信息、经营数据、研究成果、客户信息、供应商信息和商业机密等。高质量的数据资产是企业运营和决策的基础，通过使用数据可以提供更好的产品和服务，并且降低成本，控制风险，指导日常运营及战略发展。企业为了形成高质量数据，需要开展数据管理。数据管理就是利用工具对数据进行有效的收集、存储、处理和应用的过程。

数据管理经历了人工管理阶段、文件管理阶段、数据库管理阶段，现在处于大数据管理与智能融合阶段，在这个阶段多种类的、多格式的，以及海量的数据全面爆发。人工管理阶段是在计算机出现之前，人们运用常规的手段记录、存储和加工数据，也就是利用纸张记录数据，利用计算工具（如算盘、计算尺）来计算，并且使用人脑来管理和利用这些数据。到了 20 世纪 50 年代中期，计算机主要用于科学计算，没有磁盘存储设备，只有纸带、卡片、磁带等外部存储设备，数据处理的方式是批处理。文件管理阶段开始于 20 世纪 50 年代后期到 60 年代中期，随着计算机硬件和软件的发展，磁盘、磁鼓等直接存储设备开始普及，数据存储系统把计算机的数据组织成互相独立的被命名的数据文件，可按文件名进行访问并对文件中的记录进行存取。数据可以长期保存在存储设备中，并且支持反复查询、修改、插入、删除等操作。数据库管理阶段始于 20 世纪 60 年代后期，随着计算机性能逐步提高、存储容量大大增加，各类应用程序开始采用数据库技术，满足客户对于数据共享的需求，形成了独立的数据共享结构，实现了程序对数据的统一管理与控制。在当前的大数据管理与智能融合阶段，新一代人工智能方法也会在数据管理技术上尝试探索和突破，支持海量数据的存储、查询、分析和挖掘。

数据是企业最具价值的资产之一，企业将内外部数据汇总后集中管理，可以发现数据规律、挖掘数据价值、支撑数据决策。下面介绍与数据相关的主要概念。

1．主数据

主数据（Master Data）是数据之源，是数据资产管理的核心，是满足跨部门业务协同需要的、反映核心业务实体状态属性的企业（组织机构）基础信息。建立企业基础数据共享"语言"，打破各系统之间的信息交互壁垒，可以支撑客商、物料、设备、指标等重要基础数据在多个系统内充分共享、高度复用。通过制订主数据标准，在系统建设中规范使用主数据标准，可以为业务报表编制、数据统计分析提供基础条件，为企业的数据应用与管理奠定基础。主数据管理是采用一系列规则、应用和技术，用以协调和管理与企业的核心业务实体相关的系统记录数据。通过对主数据值进行控制，使得企业可以跨系统使用一致的和共享的主数据，提供来自权威数据源的协调一致的高质量主数据，降低成本和复杂度，从而支撑跨部门、跨系统数据融合应用。

2．元数据

元数据（Metadata）是描述数据的数据，是一种编码体系，是一组对数据及信息资源的描述性信息。元数据可以描述数据的元素、属性、结构及其他数据，包括名称、数据类型、长度、字段、位置等，如一本书的封面、内页、标题、作者姓名、出版商、版权、目类、页码等都是元数据信息。元数据的使用目的是使信息的描述和分类实现结构化，便于识别、评价、追踪数据资源在使用过程中的变化，从而实现大量网络化数据的简单高效管理，信息资源的有效发现、查找、一体化组织和对使用资源的有效管理。元数据管理是数据治理的基础，是对所有元数据进行统一的规划、描述和设计，通过管理工具对数据资产进行采集，并且开展血缘、关联、影响及差异化分析，用以提升数据质量。

3．数据治理

数据治理（Data Governance）有很多定义，其中 DMBOK 定义数据治理是对数据资产管理行使权力和控制的活动集合（如规划、监督和执行）。数据治理的最终目标是提升数据的价值，是数字化转型的基础工作。

4．数据资产

数据资产（Data Asset）是指由企业拥有或控制的，能够为企业带来未来经济利益的，以物理或电子的方式记录的数据资源，如文件资料、电子数据等。在企业中，并非所有的数据都能构成数据资产，数据资产是指能够为企业产生价值的数据资源。数据资产具有无形资产的属性，从这个角度出发，可以发现数据资产主要包括无消耗性、增值性、依附性、价值易变性、战略性等特性。数据资产管理（Data Asset Management，DAM）是指规划、控制和提供数据及信息资产的一组业务职能，包括开发、执行和监督有关数据的计划、政策、方案、项目、流程、方法和程序，从而控制、保护、交付和提高数据资产的价值。数据资产管理需要充分融合业务、技术和管理，以确保数据资产保值、增值。在数据资产管理初期，要制订数据规划和数据规范，并且将技术要求贯穿数据采集、存储、应用和销毁的整个生命周期。

4.3.2 主要方法与实施过程

1. 理论方法及发展趋势

目前主流的数据理论方法主要包括数据管理知识体系、数据资产管理框架、数据管理能力成熟度模型等。

1）数据管理知识体系

根据 DMBOK 2.0 数据管理知识体系，数据管理定义为规划、控制和提供数据资产，发挥数据资产的价值。它对数据的全生命周期进行管理，包含数据创建或获取、存储、维护和使用、销毁，其中维护和使用过程涉及提取、导入、导出、迁移、验证、编辑、更新、清洗、转换、转型、整合、汇总、引用、分析、备份、挖掘、归档和检索等操作。DMBOK 2.0 将数据管理划分为 11 个业务领域，分别是数据治理、数据架构、数据建模和设计、数据存储和操作、数据安全、数据集成和互操作、文件和内容管理、参考数据和主数据、数据仓库和商务智能、元数据，以及数据质量，如图 4-6 所示。

图 4-6　DMBOK 2.0 数据管理框架

（1）数据治理：建立满足组织需求的数据决策机制或体系，为数据管理提供指导和监督。

（2）数据架构：定义数据资产管理蓝图，确保符合组织战略要求。

（3）数据建模和设计：通过数据模型的精确形式，实现数据需求的发现、分析、展示和沟通。

（4）数据存储和操作：以数据价值最大化为目标，在整个数据生命周期中实现数据从计划到销毁的各种操作，包括设计、存储、读写、备份等。

（5）数据安全：建立数据隐私和机密性保护机制，保证数据不受破坏且能根据授权按需访问。

（6）数据集成和互操作：建立数据集成共享规范和接口，实现数据管理与应用系统之间、多个应用系统之间的数据共享和有序流转。

（7）文件和内容管理：对非结构化数据进行全生命周期管理，包括计划、实施和控制，重点加强法律和合规性要求文档的管理。

（8）参考数据和主数据：对核心共享数据、关键业务实体等基础数据进行规范化管理，确保关键数据的及时性、准确性、权威性。

（9）数据仓库和商务智能：对主题数据进行管理，给管理层提供数据分析工具或报告，以支撑管理决策和挖掘数据价值。

（10）元数据：对元数据主要信息进行管理，包括模型、定义、数据流等。

（11）数据质量：通过规划和实施质量管理技术，对数据在组织内的使用情况进行测量、评估和优化提升。

2）数据资产管理框架

根据中国信息通信研究院发布的《数据资产管理实践白皮书（2019 年）》，数据资产管理框架包含八个管理职能和五个保障措施，如图 4-7 所示。管理职能是指落实数据资产管理的一系列具体行为，包括数据标准管理、数据模型管理、元数据管理、主数据管理、数据质量管理、数据安全管理、数据价值管理和数据共享管理。保障措施是为了支持管理职能实现的辅助组织架构和制度体系，包括战略规划、组织架构、制度体系、审计制度和培训宣贯。

图 4-7　数据资产管理框架

（1）数据标准包括保障数据一致性和准确性的基础类数据标准和指标类数据标准。基础类数据标准一般包括参考数据和主数据标准、逻辑数据模型标准、物理数据模型标准、元数据标准、公共代码和编码标准等。指标类数据标准一般分为基础指标标准和计算指标（又称组合指标）标准。数据标准管理的目标是实现企业大数据平台数据的完整性、有效性、一致性和规范性，推动数据的共享开放，构建统一的数据资产地图。

（2）数据模型是现实世界数据特征的抽象，用于定义和描述一组数据。数据模型按不同的应用层次可以分为概念数据模型、逻辑数据模型和物理数据模型。数据模型管理包括对数据模型的设计、数据模型和数据标准词典的同步、数据模型审核发布、数据模型差异对比、版本管理等。

（3）元数据是描述数据的数据。元数据按用途分为技术元数据、业务元数据和管理元数据。元数据管理是数据资产管理的重要基础，它通过血缘分析可以实现关键信息的追踪和记录，帮助了解、分析对象的下游数据信息。

（4）主数据是用来描述企业核心业务实体的数据，是企业的核心业务对象、交易业务的执行主体，是各业务应用和各系统之间进行数据交互的基础。主数据管理是指采用一系列规则、应用和技术，用以协调和管理与企业的核心业务实体相关的系统记录数据。

（5）数据质量是保证数据应用效果的基础。其典型指标包括完整性、规范性、一致性、准确性、唯一性和时效性。数据质量管理是指运用相关技术来衡量、提高和确保数据质量的规划、实施与控制等一系列活动。

（6）数据安全管理是指对数据设定安全等级，对数据进行安全分级分类。数据安全管理的目标是建立完善的体系化的安全策略措施，全方位进行安全管控，通过多种手段确保数据资产在"存、管、用"等各环节中的安全，做到"事前可管、事中可控、事后可查"。

（7）数据价值管理是对数据内在价值的度量，可以从数据成本和数据应用价值两个方面来开展。

（8）数据共享管理主要是指开展数据共享和交换，实现数据内外部价值的一系列活动，包括数据内部共享、外部流通和对外开放。

3）数据管理能力成熟度模型

为规范我国的数据管理和应用工作，提升数据的管理和应用能力，全国信息技术标准化技术委员发布了 GB/T 36073—2018《数据管理能力成熟度评估模型》（*Data Management Capability Maturity Assessment Model*，DCMM）。DCMM 是一个整合了标准规范、管理方法论、评估模型等多方面内容的综合框架，目标是提供一个全方位组织数据能力评估的模型。在模型的设计中，结合数据生命周期管理各阶段的特征，对数据管理能力进行了分析和总结，提炼出组织数据管理的八大能力，并且将这八大能力划分为八个关键过程域，即数据战略、数据治理、数据架构、数据应用、数据安全、数据质量管理、数据标准和数据生命周期，标准描述了每个过程域的建设目标和度量标准，可以作为企业进行数据管理工作的参考模型。同时，DCMM 还将组织数据能力成熟度划分为初始级、受管理级、稳健级、量化管理级和优化级五个等级，如图 4-8 所示。

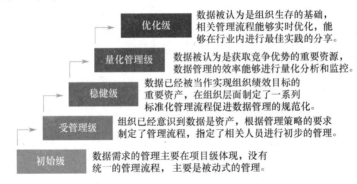

图 4-8　组织数据能力成熟度等级

4）数据管理发展趋势

数据管理对象在数据量方面由 GB 级上升至 PB 级、EB 级，增速很快；在数据格式方面除传统的结构化数据外，还增加了很多文本数据、图像数据、语音数据、视频数据等半结构化或非结构化数据。数据管理对象越发复杂，数据处理技术越发成熟，数据应用范围越发广泛，数据资产管理在数据处理架构、组织职能、管理手段等方面逐步呈现了新的特点和发展趋势。

一是数据处理架构迭代更新。在底层架构向云平台和分布式系统迁移，以 Hadoop、Spark 等分布式技术和组件为核心的数据处理架构支持批量和实时数据加载，以及灵活的业务处理；在数据预处理方面从传统的 ETL 向 ELT 转变，构建数据仓库时，由用户从数据源抽取出所需的数据，经数据清洗将数据加载到数据仓库，向根据需求随时从数据湖中抽取想要的原始数据并进行建模分析转变。

二是组织职能升级及变迁。由 IT 部门与业务部门配合并提出需求，向设置专门的"数据管理"职能部门或首席数据官（Chief Data Officer，CDO）转变。

三是管理手段自动化、智能化。"手工"的电子表格数据治理模式被"智能"和"专业工具"取代，业务管理人员通过平台工具增强数据管理能力，如自动提取元数据开展数据关联及分析，通过语义分析实现数据源连接简化数据集成流程，通过智能优化技术使数据间的多维关系被识别和可视化展现，降低数据使用门槛，扩大数据的适用对象和应用范围。

2．数据实施与治理

按照《数据资产管理实践白皮书 4.0》的实施建议，完整的企业或机构大数据能力的构建步骤一般包括建立组织架构、梳理应用需求、盘点梳理数据、引进平台技术、汇聚多源数据，以及数据治理、数据应用、数据运营等。但各企业数据成熟度不同，数据管理的现状及管理目标不同，因此具体的实施步骤和内容需要根据自身情况来制订。

主要的数据实施与治理过程包括数据规划与设计、数据实施、数据治理和数据运营四个阶段。

（1）数据规划与设计阶段负责制订数据管理战略规划、建立数据管理组织和制度作为保障措施，盘点数据资产，并且制订数据标准规范。

（2）数据实施阶段将依据数据规划与设计阶段的成果，搭建数据管理平台，引进元数据管理、主数据管理、数据质量分析等工具，完成数据的日常采集和汇聚工作；建立安全管理体系，防范数据安全隐患，履行数据安全管理职能；建立主数据管理规范和流程，保证数据资产的高质量管理与应用。

（3）数据治理阶段是对数据日常的标准执行、数据质量和数据全周期管理开展监控与治理工作，形成企业数据资产。

（4）数据运营阶段是以用户为中心，通过对数据资产进行加工、分析与利用，将数据应用到企业的日常管理与决策中，创造新的经济价值和对外服务。

4.4　业务流程管理

4.4.1　流程起源与概述

1．流程起源

流程管理的正式提出是在 20 世纪 90 年代中后期，但是，流程管理思想的萌芽却"源远流长"。随着这种萌芽的出现，一系列流程管理技术也逐渐浮现和发展。根据各时期流程管理的特点，流程管理的发展可以划分为三个阶段：萌芽阶段、成长阶段、成熟阶段。

流程管理思想的萌芽最早可以追溯到泰勒时期。20 世纪初，泰勒提出的流程思想隐含于实际工作和方针手册的条款中，当时的流程管理思想被称为"方法和过程分析"（Methods and Procedures Analysis）。1911 年，泰勒的《科学管理原理》一书出版，标志着管理理论的诞生。

管理学大师彼得·F. 德鲁克（Peter F. Drucker）对《科学管理原理》一书曾有高度的评价。他认为，"科学管理的出现开创了运用知识来研究工作流程的先河。"泰勒首先倡导对工作流程进行系统的分析，这种思想成为工业工程的主要思想。在工业工程领域，制造工作被分为设计、加工、装配和调试四类活动。流程管理在当时主要指对原料加工、零件加工、分装和总装活动在整个车间内的组织和物流工程的控制，并且更关注生产作业流程的标准化，通过对各环节和要素的标准化管理，形成一套最快最好的方法。

随着德鲁克现代管理理论的形成，流程管理进入成长阶段，专业化分工的要求不断深入。企业不仅仅在研发、制造和销售等领域进行专业化发展，在财务、法律、人事等多个职能领域也逐步专业化发展起来。因为职能部门作为企业管理模式被国内外普遍采用，所以这种专业化也使得流程变成了片段，全流程不再清晰全面，而局部流程的改进又与整体流程的优化存在矛盾性，导致流程成本不断增加。

到 20 世纪后期，社会逐步发展为需求决定供给的以客户为中心的时代，迈克尔·哈默（Michael Hammer）提出了流程再造理论，流程管理进入成熟阶段，关注企业从输入到输出的整体流程，对企业流程、组织结构、企业文化进行彻底重塑，实现企业从以职能为中心向以流程为中心做根本性转变。但流程的重新开始和组合失败率居高不下，在这种情况下，结合企业问题开展流程优化和流程管理更适合企业的需要。随后出现了一系列流程管理方法和技术，核心是提高企业价值创造流程的效率和效能。

流程管理的思想、方法及最终实施的模式都是革命性的，尤其表现在三个方面。一是以客户为导向，不再以职能管理模式为主，而是以满足客户的需求，提供客户服务为主；内部管理及流程也都是面向客户，致力于使客户满意。二是以流程为中心，内部职能围绕客户服务导向设计，缩短客户服务周期，降低内部沟通成本，为客户提供更好的服务。三是以信息化为手段，将流程管理思想与信息化融合，支撑流程管理实施落地，制订流转规则，固化流程，减少人为干预。

2．流程概述

流程涉及岗位和岗位、部门和部门、企业和企业之间直接的协作，但每个企业对流程的理解不同。一般通过流程图、文字等方式描述流程，主要是什么时间、谁、在哪里、做了什么事，流程描述完成后，相关人员可以对照流程开展工作。

哈默对流程的定义是某组活动为一个业务流程，这组活动有一个或多个输入，输出一个或多个结果，这些结果对客户来说是一种增值。一般来说，一个业务流程是一系列以产出为目的且相互匹配的企业活动。流程涉及六个管控要素，包括输入、一系列活动、活动关系、输出、价值、客户。流程实施与管理分为流程再造（Business Process Reengineering，BPR）、流程改善（Business Process Improvement，BPI）和流程管理（Business Process Management，BPM）三种模式。

流程再造（BPR）是对企业的业务做根本性的思考和彻底重建，其目的是在成本、质量、服务和速度等方面取得显著的改善，使得企业能最大限度地适应以顾客、竞争、变化为特征的现代企业经营环境。但数据显示，绝大多数流程再造项目都没有成功，因为变革的过程是推翻原有模式并重新建立一个新模式，这需要组织和个体快速适应，同时不能影响企业的经营与发展。

流程改善（BPI）是以詹姆斯·哈林顿为代表的以预防为导向的企业管理方法，是从源头上预防错误产生。当前很多企业都面临的问题是，某些个体工作很出色，热衷于达到或超过自己的目标，但不了解或不关心与其工作和流程相关的其他组织，只对自己的事和如何被考核感兴趣，这就需要通过逐步优化与改善来实现渐进式的流程再造。BPI 是在 BPR 失败的情况下提出来的，核心还是流程的持续改进，而不是再造，而且是站在局部思考问题，没有改变职能管理的思想。

流程管理（BPM）是一门管理科学、一种思想，也是一种习惯，它要求组织的管理思路转移到以流程为中心，以减轻对传统条块及职能模式的依赖。它将员工应用和业务规则提炼成流程标准和业务标准，并且优化和改进，是业务变革和信息技术相互融合的过程。流程管理也可以定义为一种以规范化的端到端的卓越业务流程为中心、以持续提高组织业务绩效为目的的系统化方法；是一种以顾客为导向，通过跨职能协作，不断提高企业所有流程增值能力的系统化管理方法与技术。

流程管理需要分层、分类管理，层级是按照流程架构管理模式，从流程地图、流程区域、主流程及子流程等逐层展开，并且细化到末级流程，使复杂流程清晰化。按照面向对象的不同，分为职能流程和端到端流程，其中职能流程是按照各部门的职能域逐步分解细化，端到端流程是通过识别端的核心，如客户、员工、股东等，实现端到端的跨部门流程整合服务，最终满足流程服务对象的需求。

企业流程一般分为战略流程、经营流程和保障流程。战略流程主要从价值、方向、风险管控等方面进行战略管控；经营流程是实现企业的价值增值的流程，如营销、研发、生产、销售、物流、售后等流程；保障流程是为了支撑经营流程的管理流程，如人事、财务、固定资产、后勤保障等流程。

企业可能同时存在多种制度和体系，如质量管理体系、规章制度管理、风险管理体系、内控管理体系、信息化管理等。基于流程管理主线，将各体系融合进来，防止业务执行与各种管理体系形成两张皮现象。

4.4.2　方法与实践

1. 理论方法

常用的流程管理方法包括波特价值链分析、APQC 流程分类框架、AVE 方法论等。

1）波特价值链分析

由美国哈佛商学院著名战略学家迈克尔·波特提出的价值链分析法——波特价值链方法如图 4-9 所示。在不同企业参与的价值活动中，并不是每个环节都创造价值，实际上只有某些特定的价值活动才真正创造价值，这些真正创造价值的经营活动，就是价值链上的战略环节。企业要保持的竞争优势，实际上就是企业在价值链某些特定的战略环节上的优势。运用价值链的分析方法来确定核心竞争力，就是要求企业密切关注组织的资源状态，要求企业特别关注和培养在价值链的关键环节上获得重要的核心竞争力，以形成和巩固企业在行业内的竞争优势。企业的优势既可以来源于价值活动所涉及的市场范围的调整，也可来源于企业间协调或合用价值链所带来的最优化效益。

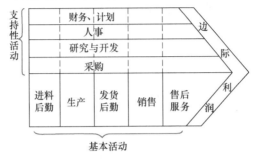

图 4-9　波特价值链方法

基本活动包括以下五种类型。

（1）进料后勤：与接收、存储和分配相关的各种活动，如原材料搬运、仓储、库存控制、车辆调度和向供应商退货等。

（2）生产：与将投入转化为最终产品相关的各种活动，如机械加工、包装、组装、设备维护、检测等。

（3）发货后勤：与集中、存储和将产品发送给买方有关的各种活动，如产成品库存管理、原材料搬运、送货车辆调度等。

（4）销售：与提供给买方购买产品的方式和引导他们进行购买有关的各种活动，如广告、促销、销售队伍、渠道建设等。

（5）售后服务：与提供服务以增加或保持产品价值有关的各种活动，如安装、维修、培训、零部件供应等。

支持性活动分为以下四种基本类型。

（1）采购：指购买用于企业价值链各种活动的投入。采购既包括企业生产原料的采购，也包括与支持性活动相关的购买行为，如研发设备的购买等。

（2）研究与开发：每项价值活动都包含技术成分，无论是技术诀窍、程序，还是在工艺设备中所体现出来的技术。

（3）人事：包括各种涉及所有类型人员的招聘、雇佣、培训、开发和报酬等活动。

（4）财务、计划：包括资金保障、会计核算、经营计划等。

对企业价值链进行分析的目的在于分析企业运行的哪个环节可以提高客户价值或降低生产成本。对于任意一个价值增加行为，关键问题在于：是否可以在降低成本的同时维持价值（收入）不变；是否可以在提高价值的同时保持成本不变等。更为重要的是，企业能否同时解决以上问题。

2）APQC 流程分类框架

美国生产力与质量中心（American Productivity and Quality Center，APQC）从 1991 年开始研究流程分类框架（Process Classification Framework，PCF），并且于 1992 年发布了该框架的 1.0 版，目前最新的版本是 7.0。APQC 通过整理全美各行业的业务，梳理了适用于各行业的通用的跨行业流程框架，鼓励企业从水平的流程视角来理解企业运营的各项业务和管理，而不是从垂直的视角。APQC 把企业流程分为运营流程和管理支持流程两大类，共包含 13 个子类流程，如图 4-10 所示。APQC 最初提出的是一个跨行业的流程分类框架，随后又陆续提出了多个行业的流程分类框架，包括电力行业、消费品行业、航空航天和国防行业、汽车行业、传媒行业、医药行业、电信行业、石油行业、石化行业等。流程分类框架（PCF）给多种企业的流程管理提供了指导，重点是在企业流程的完备性方面提供了一套完整的框架模型，鼓励企业从跨越产业流程的视角而不是从狭隘的功能视角来审视自己的流程。

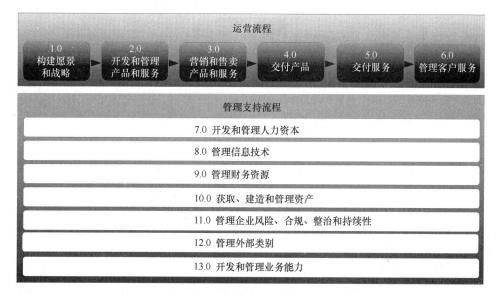

图 4-10　APQC 7.0 版 PCF

3）AVE（ARIS Value Engineering）方法论

德国业务流程管理专家 IDS Scheer 基于业务流程管理的思想，提出了 ARIS 价值工程，即 AVE 方法论。业务流程管理以企业战略为基础，从梳理流程开始，实现流程的分析与优化，并且将流程实施到信息系统与组织结构中，通过流程绩效管理与合规管理对流程进行监控，考核关键业绩指标，同时结合市场和公司的需求不断调整，从而形成业务流程管理的完整闭环。AVE 方法论从流程的战略阶段、设计阶段、实施阶段和监控阶段四个阶段，实现成功的业务流程管理循环，为企业管理带来价值的提升，如图 4-11 所示。

（1）通过业务战略的流程化、文档化和制度化，保证企业的战略通过流程得到有效传承和执行。通过业务流程完整一致地贯彻企业战略目标，并且在日常运营活动（流程管理实践）中充分体现企业的战略意图和目标。

（2）通过流程导向的 IT 系统实施，让业务流程借助信息系统完好地运行起来。流程除通过基于手工执行的方式落地外，更需要高效和规范化运作的信息系统的有效支持。流程导向的 IT 实施将保证业务流程与信息系统的无缝集成和整合，解决企业优化流程落地的问题，同时为提高流程运作绩效提供了技术保障。

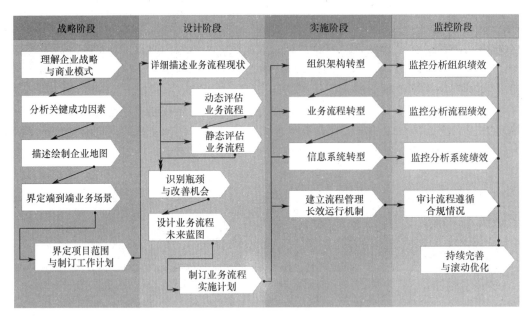

图 4-11　AVE 方法论

（3）通过业务流程的执行、评估和审计管理来实现流程的合规。国内企业现有的流程和规章制度体系虽然有大量的文档结果，但是在实际的管理实践中，流程大多停留在书面上，在实际执行时往往出现"一管就死，一放就乱"的现象。在流程的设计过程中融入外部合规管理的要求，然后通过流程实施和流程审计监控来实现合规管理的落地，使企业能合理管理自己的流程和风险。

（4）通过对业务流程的绩效监控，切实有效地实现面向战略的业务流程优化。在业务流程与信息系统整合的基础上，通过流程绩效监控工具，反向将信息系统的日常信息数据加以提炼，归集到企业核心的端到端业务流程层面上，形成流程的绩效。这样既可以为企业未来业务流程的分析、模拟与优化提供巨大的帮助，又可以支持管理层在战略的高度决策企业的发展。

（5）实现组织/人员/能力的整合。通过建立专门的流程管理部门负责制订组织保障体系，确保从企业全局的角度去优化和改善流程。通过流程管理部门的定位、职能定义、绩效体系和人员来确保流程的制订、流程的执行、流程的监控、流程的持续优化，能够形成企业面向流程管理的机制和文化，实现从以往的管理 IT 过渡到管理业务。

（6）建立流程架构体系，对流程架构、流程单元、业务场景三个核心内容采取 Y 型设计总体思路，通过流程管理工具 ARIS，按照房式结构梳理方法，采用六西格玛的 SIPOC 设计法来界定作为"单元积木"的业务流程，定义统一的流程建模规范；按照流程总图、流程区域图、流程场景图及流程图的层次，逐步梳理出已有流程的清单；按照端到端业务场景，流程前后接口衔接，形成面向不同客户端的业务场景矩阵，支撑业务流程的应用和管理。

2．流程实践

企业流程管理按照"厘清楚、管起来、持续优化"的原则，开展业务流程实施与持续管理，将职能型企业转变为基于业务协同的流程组织，循序渐进地开展工作。在开展业务流程管理之前，需要开展流程管理理念和实施方法、流程管理组织、流程管理工具选型和流程建模规范制订等准备工作。流程管理需要以端到端流程为切入角度，以持续不断提升组织绩效、交付客户价值为根本目的，形成一个涵盖"战略、设计、实施、执行、监控"等阶段的持续优化滚动闭环，并且拥有一系列理念、方法与工具的系统化、综合型的管理体系。

流程管理共分为以下五个阶段。

（1）战略阶段。理解企业战略和商业模式，定义企业核心竞争力，分解关键绩效能力，定义流程总图、端到端场景总图，为流程设计阶段做好输入。

（2）设计阶段。根据流程优化关键点，梳理流程的现有状态和目标状态，识别改进方法和改进内容，制订流程实施计划。

（3）实施阶段。根据改进建议，对流程组织、流程过程、流程环节、流程要素、流程基础数据、信息化系统等开展实施建设。

（4）执行阶段。按照实施内容，将业务流程在系统中、管理制度中及流程管理和审核中规范化，通过流程执行过程，逐步完善流程执行效果，达到优化的目标。

（5）监控阶段。对日常流程开展执行过程和执行数据的监控，通过对流程过程的时间、吞吐量、执行频率及重复次数进行监控，发现流程执行瓶颈，从流程执行成本、执行效率等方面持续优化流程，支撑企业战略发展，为客户提供最优的产品和服务。

4.5　企业数字化转型规划

4.5.1　基本概念与工作步骤

1. 基本概念

数字化转型是最近几年兴起的一个比较时髦的概念，也是在汹涌的互联网大潮裹挟下诞生的一个新名词。但是从其涉猎的内容和呈现的形式上来看，数字化转型又不完全是一个新生事物，它与传统的信息化有着千丝万缕的关系。

不知道大家有没有发现，但凡提到数字化转型，很多人的第一反应都会问同一个问题："数字化和信息化到底有什么区别？"

对于上面的问题，不同的人可能会有不同的理解，相信每个人也都听到或看到过无数个版本的解读。在这里，我们不想从概念上进行逐字逐句的解读和甄别，而是换一个角度来看待这个问题。

谈到数字化转型，特别容易走入的一个误区是过度着眼于"数字化"而忽视了"转型"，于是就很容易纠结于试图将"数字化"与"信息化"做一个切割。我们往往会花很大力气去努力说服自己和别人，"数字化"和"信息化"不是一个东西，但到最后却突然发现，一切的努力好像都是徒劳的，说到最后别人没信服，自己反而有点儿困惑了。

为什么会这样呢？过去我们谈"企业信息化"，信息化是一种支撑的手段，是辅助企业运营、管理和决策的一种工具；而现在我们谈"企业数字化转型"，如果只从手段和工具的角度来看，则在技术上"数字化"与"信息化"并不是一种颠覆的关系，因此任何试图将

"数字化"与"信息化"从概念上进行割裂的尝试都会无功而返。

那到底该如何解读"数字化转型"？"数字化转型"和"信息化"的区别到底是什么？

首先，让我们抛开一切技术因素，回归到语言本身。"数字化转型"是一个"副词+动词"的结构，在这个短语里，"转型"是动词，而"数字化"是用于修饰"转型"的副词。所以，数字化转型的本质强调的是"转型"，数字化只是一种手段和方法。

简而言之，"数字化转型"就是企业借助数字化的手段和方法，为实现特定的战略目标而进行的一系列涉及管理架构、运营模式和文化理念上的根本性的转变。这里需要强调两点，一是"特定目标"，所谓的转型，不是泛泛而谈的转型，一定是针对某一个或几个特定目标展开的，脱离目标谈转型，只能是镜中花、水中月；二是"根本性的转变"，也就是转型的概念，这种转变本身对企业原有相关体系带来的冲击会是巨大的，甚至是颠覆性的。因此，"数字化转型"和"信息化"并不是两个完全割裂的概念，只是角度和侧重点不同，更像是一种理论的升级。

谈完了"数字化转型"的概念，让我们回到数字化转型规划上来。数字化转型，规划先行。数字化转型规划，是对企业中长期的数字化转型进行全面、系统的计划，是指导企业进行数字化转型的顶层设计。

进行数字化转型规划，不同于信息化规划中从战略到业务，再从业务到信息化的单向推导，而是要基于企业的发展战略形成数字化转型的目标，从统一的视角去平衡和协同业务和数字化的关系，使二者能够在有机整合的基础上相互促进、共同提升，使数字化真正成为企业转型发展的原生基因和内生动力。

2. 工作步骤

与传统的信息化规划类似，数字化转型规划一般也遵循"现状和需求分析—数字化转型蓝图—实施路线图"三步法，区别在于，数字化转型不聚焦信息化，而是涉及管理、业务和技术三个层次的交互和协同，构成了"三步三层"的结构，如图 4-12 所示。

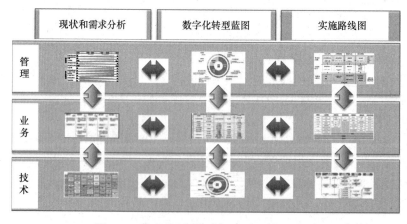

图 4-12　数字化转型规划"三步三层"结构

下面分别阐述数字化转型规划各阶段的主要工作内容和思路，以及其中需要重点关注的问题。

1）现状和需求分析

现状和需求分析阶段包括现状分析和需求分析两个过程，是一个推导数字化转型需求和进行差距分析的过程。

首先，我们来看一下现状分析。对于现状分析，主要包括以下三个方面的工作。

一是对企业战略的解读和分拆。企业的战略一定要清晰，同时不能让战略只停留在比较宏观的高度，还要对战略进行解读和分拆，分拆后要形成可量化的小目标或可执行的举措。

二是对行业发展趋势和领先实践的对标分析。需要对行业发展的趋势和领先实践的案例进行对标分析，不同于传统信息化的是，这个过程中不是聚焦于信息化，而是要涵盖企业管理、业务和技术三个不同层面。需要特别强调的是，数字化技术的日新月异，尤其是互联网技术的蓬勃发展，给很多传统行业的市场环境和运作模式带来了巨大的冲击，因此在进行行业发展和领先实践分析时，不能仅仅局限于企业所在的细分市场，还要关注相关行业及潜在的市场进入者。

三是对企业管理、业务和技术现状的分析。数字化转型的规划涵盖企业的管理、业务和技术三个不同层面，这三个层面的内容不是相互孤立和并列的，而是相辅相成的，它们需要有机地整合在一起，用统一的视角去看待和处理。

其次，我们看一下需求分析。需求分析是基于现状分析展开的，要基于对企业战略的解读分解和对市场趋势及领先实践的分析，总结形成企业数字化转型的具体需求，并且在这些需求的基础上归纳形成企业数字化转型的愿景、目标和相关原则。同时，通过将数字化转型的具体需求与企业的现状进行对比，找到差距所在。

2）数字化转型蓝图

在数字化转型蓝图阶段，基于上一阶段对于数字化转型需求的梳理和总结及差距的分析，进行转型方案的设计。这个过程可以划分为两个层面，一是管理与业务层面，二是技术层面。

在管理与业务层面，首先要基于现状分析的工作成果，挖掘和总结管理与业务的提升点和改进点，并且在此基础上总结形成管理与业务层面数字化转型的机会和目标。需要特别强调的是，数字化转型的最大阻力，往往来源于基层人员的旧的操作习惯和思维意识，所以一定要强调创新，尤其是要充分提高关键管理和业务岗位的参与度和主动性，激发他们的数字化意识和创新思维，可以借鉴和采用 Design Thinking 等创新思维模式。

之所以将技术层面和管理与业务层面分开说，并不是说孤立地来谈论技术层面，而是因为技术的支撑架构（应用架构、信息架构和技术架构等）具有很强的专业性。但是在对管理与业务的支撑及相关应用的分析上，是需要保持与管理及业务的良好互动和协同的，技术转型的最终目标，是支撑管理和业务的转型目标。

3）实施路线图

对于实施路线图的设计，需要定义明确的工作项、后续的实施计划及相应的资源配置需求。

在实施路线图的设计过程中，需要重点关注以下三点内容。一，计划中的每个工作项目都需要落实到具体的唯一的责任（或牵头）部门，没有责任主体的规划只能是白纸一张。

二，对于实施计划，要制订定期修正的机制。规划中的一些项目，如应用软件和研发费用，随着时间的推移，很容易发生变化，因此需要定期对实施计划进行复核和修正。三，要对实施计划配置相应的复检和评估计划，这是最重要的一点。很多规划不能如期落地的主要原因不是规划本身有问题，而是没有制订相应的复检和评估计划，最后只能不了了之或实现不了预期目标。

4.5.2 应用举例与常见误区

1．应用举例

大家都很熟悉中医看病的过程，要望、闻、问、切，要根据病人个体的情况制订针对性的药方，还要根据病人用药后的反应不断调整药方。企业进行数字化转型规划亦然，一定要结合企业的具体情况进行规划设计，还要根据实施的情况不断调整和完善规划，而不是简单地拿一个固定的、类似的方案去套用、模仿。

4.5.1 节提到的"三步三层"结构，是数字化转型规划中基础的方法，但是在实际的规划中，针对不同的规划主体、目标和范围，往往会在"三步三层"的基础上进行一些调整，以便能更好地服务于具体的数字化转型规划项目。下面我们通过几个实例来说明如何对企业的数字化转型规划进行量体裁衣，从而提升规划的科学性和合理性，有利于规划的快速落地并发挥作用。

1）螺旋迭代——多元化逐步推进

A 企业是一个业务范围横跨金融、医药、文旅、房地产四大领域的民营集团，年营业收入超过 200 亿元。集团希望通过数字化转型，来提升各板块本身的运作效率、各板块之间的联动和协同，以及集团的管控和服务。

集团在进行数字化转型规划过程中，考虑到各板块发展不均衡和集团管控能力弱的情况，并没有盲目地在全集团同步推进数字化转型，而是以数字化基础相对较好、业务发展相对较成熟、市场竞争压力较大的金融板块作为突破点，规划方案采用了金融板块试点先行，螺旋迭代，然后逐步推广到其他板块乃至整个集团的方式。

这种方法比较适合组织架构相对比较复杂的集团化企业，优点是整体风险可控，规划方案可随着工作的推进不断优化；缺点是周期相对较长，不同时推进的板块之间的数字化协同压力比较大。

2）局部突破——创新型业务拓展

B 企业是一个传统的食品制造和销售企业，产品线相对比较单一，全国有五家自有工厂和一些代加工工厂，销售主要借助经销商渠道，没有自建渠道。为了应对房租、人工成本的不断上涨，销售渠道的限制和互联网市场的冲击，企业决定尝试进行数字化转型。

传统行业进行数字化转型最大的阻力往往来自自身，多年的半手工的运营、经验式的管理、拍脑袋的决策，导致企业无论是管理还是业务的效率，都非常低下。因此在企业进行数字化转型规划时，首先不是对原有的业务进行转型，而是规划组建一支全新的基于线上的销售团队，从决策、管理到运营，全部采用全新的数字化模式和方法，然后再根据线上销售的发展情况，将线下的销售业务和前端的生产，重新进行整合和转型。

局部突破的方法比较适合现状比较复杂、整体配套环境（组织、人员或业务等）尚不成熟的传统企业，因此选用部分相对合适的环节或单元进行突破，从而达到以点带面的效果。

3）数字化团队重建——侧重实操层面

C 企业是一个产品制造企业，有三家工厂。工厂本身的数字化程度较高，但问题是每家工厂都有自己的信息化团队和产品，各自的服务能力和水平也有所差异，导致企业在信息化上的投入和投诉呈同步增长的趋势，因此 C 企业决定进行数字化组织的转型，重构自己的数字化团队。

在对 C 企业进行数字化转型规划时，就会聚焦于数字化组织的转型，需要对数字化组织的规划发展体系、创新研发体系、设计开发体系、基础保障体系和客户服务体系五大体系进行重新设计。在这个方案中，以技术和相关的管理为中心。

不是一定要站在集团或企业的层面进行顶层设计，制订出长期的数字化转型规划，才能称为数字化转型。数字化转型本身是一种思维和方法，是帮助企业改变旧的不适应新的市场环境的运作模式和工作方法，这种转变可大可小，同时也是持续的。因此，对于很多数字化程度较高的企业，可以选择针对局部制订相应的数字化转型目标，进行持续调整和优化。

从上面几个实际的数字化转型案例可以看出，数字化转型规划要因企业而异，不会存在只靠几套方案就可以包打天下的情况。因此，在进行数字化转型的规划时，一定要结合企业的实际情况和真实诉求，不能一味追求理论方法的领先和完备，要对企业进行量体裁衣、对症下药，这点对于企业进行数字化转型规划至关重要。

2．常见误区

数字化转型规划是一项范围很广、影响很大、复杂度很高的工作，因此它也是一项风险性很高的工作。麻省理工学院数字经济研究专家乔治·韦斯特曼（George Westerman）曾经在"哈佛商业评论"的英文网站上发表了一篇文章。这篇文章探讨了一个现象：很多非常伟大的公司，在富有开拓精神和领导力的 CEO 的带领下，野心勃勃地进行数字化转型，为什么它们最后却失败了？在这些失败的案例中，包括像通用电气和宝洁这样的全球知名的公司。

国际数据公司（IDC）此前曾对 2000 名跨国企业 CEO 做过一项调查，结果显示，截至 2018 年，全球 1000 强企业中的 67%、我国 1000 强企业中的 50% 都把数字化转型作为企业的战略核心。遗憾的是，传统企业数字化转型的失败率徘徊在 70% 到 80% 之间。

在进行数字化转型规划时，除了前面提到的要量体裁衣，要结合企业自身特点进行规划，还要注意避免走进一些比较常见的误区，下面列举了一些数字化转型过程中常见的误区。

（1）为了数字化而数字化。数字化转型一定是基于企业的实际情况和发展战略制订明确的数字化转型目标，不能为了数字化而数字化。数字化不是无根之木，无源之水，需要依托于企业的实际环境，服务于企业的发展战略，这样才能产生真正的价值和推力。

（2）数字化转型就是一系列信息化系统的建设和升级。数字化转型不是信息化系统的升级，不是靠上线一堆系统就能实现的，技术本身是基础，核心是公司全员文化意识和整体框架流程的转变和再造。

（3）数字化转型能够快速帮助企业插上腾飞的翅膀。数字化转型是一个长期的、艰苦的，并且可能存在一定反复的过程，尤其是在转型初期，还可能出现短暂的效率下降和成本上升，需要对转型方案不断进行调整，同时也需要信心和坚持。

（4）数字化转型是一把手工程。谈到这个话题可能很多人会表示不解，在信息化时代就经常提到，信息化是一把手工程，怎么到了数字化转型就成误区了呢？数字化转型是一把手工程不是不对，而是不够。数字化转型是企业全员的工程，只有提升全员参与的意识和主动性，数字化转型的速度和效果才能更加有保证。

（5）数字化转型是要为企业设定最好的目标、寻找最好的方案。企业数字化转型所追逐的一定不是最好的目标，而是最合适的目标。一个优秀的模式，一套优秀的机制，从来不是可以通过生硬的复制能够实现的。橘生淮南则为橘，生于淮北则为枳。一定要针对企业自身的土壤和环境来规划和实施，数字化转型才能茁壮成长，结出硕果。

数字化转型的过程是一个需要不断规避各种风险的过程。数字化转型规划是数字化转型的基石，需要的是一套兼顾现状和未来、短期和长期、技术和业务、不变和变化的方案，为数字化转型做好设计和指引。

4.5.3　常见方法论

单就数字化转型规划方法论而言，很难找到一种方法，能够为市场上大多数企业所接受并尊崇。

数字化转型脱胎于信息化，很大程度上是传统行业在互联网大行其道的夹缝中硬生生被市场逼出来的一个概念。所处行业不同、成长经历不同、发展阶段不同、战略目标不同等种种不同，导致一个企业的数字化转型之路在一个看起来相似的愿景或目标背后，往往会是一份差异极大的转型方案。因此，很难找到一个或几个非常"经典"的数字化转型方法，而不同企业本身的数字化转型方法论，也始终处在一个跟随市场和企业需求不断调整变化的状态。

下面，我们将选择一些具有不同特点的数字化转型方法，简单阐述它们相对鲜明和具体的"个性"或"特征"。

1.《中国企业数字化转型白皮书》（金蝶）

金蝶的数字化转型方法，具有非常鲜明的 ERP 厂商的特点。在转型方案的整体设计上，具有非常明显的"结果导向"特征。

金蝶将数字化转型分为五种基本类型，包括数字化营销转型、数字化运营转型、数字化产品转型、数字化服务转型和数字化人才转型。这样划分的优势在于直指转型方法的落脚点，具有很强的结果导向性。

在企业数字化转型趋势中，金蝶列举了市场洞察、技术洞察和需求洞察三项数字化转型的驱动力，从市场到技术，再到需求的过程也同样具有非常明显的结果导向的特征。

在给企业带来的挑战中，金蝶提到了 CEO、CFO 和 CIO 三个关键角色，尽管这只是一个列举，但是也与其产品线的推广所需面对客户的三个关键岗位，具有惊人的相似性。

金蝶企业数字化转型领先实践框架模型如图 4-13 所示。

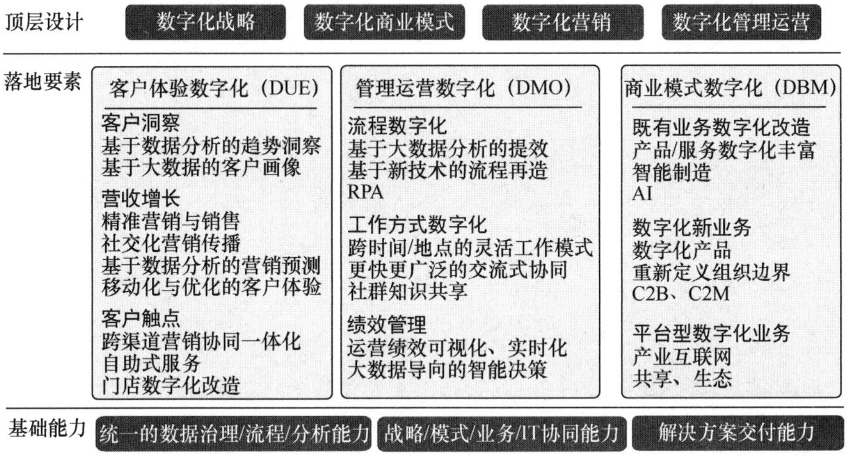

顶层设计
数字化战略
数字化商业模式
数字化营销
数字化管理运营
落地要素
客户体验数字化（DUE）
客户洞察
基于数据分析的趋势洞察
基于大数据的客户画像
营收增长
精准营销与销售
社交化营销传播
基于数据分析的营销预测
移动化与优化的客户体验
客户触点
跨渠道营销协同一体化
自助式服务
门店数字化改造
管理运营数字化（DMO）
流程数字化
基于大数据分析的提效
基于新技术的流程再造
RPA
工作方式数字化
跨时间/地点的灵活工作模式
更快更广泛的交流式协同
社群知识共享
绩效管理
运营绩效可视化、实时化
大数据导向的智能决策
商业模式数字化（DBM）
既有业务数字化改造
产品/服务数字化丰富
智能制造
AI
数字化新业务
数字化产品
重新定义组织边界
C2B、C2M
平台型数字化业务
产业互联网
共享、生态
基础能力
统一的数据治理/流程/分析能力
战略/模式/业务/IT协同能力
解决方案交付能力

图 4-13 金蝶企业数字化转型领先实践框架模型

金蝶数字化转型框架的核心内容是落地要素，也就是三大核心能力 DUE、DMO 和 DBM，完全体现了“结果导向”的本质特征。

2.《行业数字化转型方法论白皮书（2019）》（华为）

华为将数字化转型的核心特征归纳为两点：一是新一代 ICT 技术成为新的生产要素；二是数字资产成为创造价值的新源泉。可见在华为数字化转型方法中技术具有核心地位。华为数字化转型行动纲领如图 4-14 所示。

从上到下依次是一个转型战略、两个保障条件、三个核心原则和四个关键行动，业务+技术驱动成为整个数字化转型的核心。

华为对技术的高度重视，很大程度上是跟企业自身所处的行业和特点有关。

另外，在华为的数字化转型方法论中，平台赋能和生态落地被放到了很重要的位置。一方面，这显示了顶层设计和技术业务双轮驱动的重要性；另一方面，华为本身技术为主的特点也决定了其会更重视平台和体系的建设。

企业级
转型战略
组织
机制
文化
氛围
战略+
执行统筹
业务+
技术驱动
自主+
合作并重
顶层
设计
平台
赋能
生态
落地
持续
迭代
自我进化

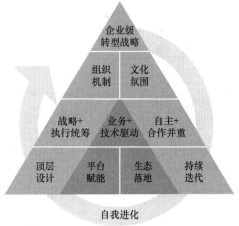

图 4-14 华为数字化转型行动纲领

3.《数字化转型新篇章——通往智能化的“道法术”》（德勤）

德勤的数字化转型着眼之处从“数字化”回到了“智能化”。在某种程度上，这是一种概念上的倒退，但是从另外一个角度而言，这也是德勤试图摆脱其作为咨询商的那种“高高在上”的姿态，转向“脚踏实地”的一种思想上的转换。

德勤的智能化转型分为"道法术"三个层次：道是核心愿景，即"1+N"；法是六大核心能力——智能化战略、智能化人才体系、智能化运营、智能化需求、智能化技术与智能化数据；术是围绕道和法形成具体的、可执行的行动举措。德勤数字化转型核心能力如图 4-15 所示。

一级能力　　　　　　　　　　　　二级能力

战略	新技术驱动	创新机制	变革驱动力	商业模式
需求	需求分析	需求理解		
数据	数据资产管理	数据质量管理	数据服务	数据架构
技术	算力	架构	治理	算法
运营	变革管理	高效流程	弹性组织	先进治理结构
人才	人才体系规划	人才体系构建		

图 4-15　德勤数字化转型核心能力

相对以产品或技术为核心的数字化转型方法而言，德勤的数字化转型有两个比较鲜明的特征：

一是重视智能化技术建设与收益追踪，量化对应的商业价值产出与收入提升。

二是在核心能力的构建上，强调不同能力的综合和协同。

德勤在管理咨询方面丰富的行业经验和强大的咨询能力，使它的数字化转型方法在整体的规划和能力组合的构建上相对更加立体。

4.6　工程信息化方法

工程信息化涉及产品从需求、设计、生产制造到维护保障的全过程，其发展经历了多个阶段，从最初的甩图板（简单的二维 CAD）到甩图纸（全三维 CAD/CAE/CAPP/CAM），再到今天的模型驱动、数字孪生、智能制造等。

随着信息技术的不断发展和产品的复杂程度越来越高，简单的数字化已不能满足企业各方面的需求，MBx（一切皆模型）、VR/AR（虚拟现实/增强现实）、人工智能等相关方法和技术逐步应用到产品研发和生产制造当中。在规划和设计企业信息化总体架构时，要充分研究这些方法和技术的应用，将其考虑到企业产品全生命周期的信息化体系之中。这些方法和技术主要包括 MBD、MBSE、MBE、数字主线、数字孪生、智能制造等。事实上，目前有些企业已或多或少应用了其中的一些技术，并且取得了一定成效，但全面深入应用的还不多。本节将简明扼要地介绍这些在产品研发、生产制造、维护保障全过程信息化中可能用到的先进技术和方法的基本概念、内涵及其应用的基本思路。

4.6.1　基于模型的方法

1.　基于模型的定义（Model-Based Definition，MBD）

随着数字化技术在以装备制造企业为代表的各行各业的广泛应用，MBD 产品数字化设计与制造技术已经成为制造业信息化的发展趋势。MBD 是产品数字化定义的先进方法，指产品定义的各类信息按照模型的方式组织，其核心内容是产品的几何模型，所有相关的工艺描述信息、属性信息、管理信息等都附着在产品的三维模型中，不再需要二维图纸。MBD 用集成的三维模型来完整表达产品定义，保证了数据传递的唯一性，使三维模型成为产品设计下游（数字验证、生产制造、维保等）各环节的唯一数据源。

MBD 的核心是将产品的三维模型打造为传递到下游各项活动所需详细信息的最恰当的载体（MBD 数据集），企业所有相关部门和团队都使用该模型作为数据源开展相应的活动。

MBD 技术是产品定义方式的一次革命，其实施过程复杂而艰巨，涉及信息化底层平台的支持、标准规范的建立、管理模式的变革和人才培养等诸多方面。

（1）产品数据管理平台是产品研发的基础平台，支持产品研发的核心业务流程。三维设计等相关软件位于该平台上，并且与该平台高度集成，企业将基于该平台开展 MBD 应用。

（2）建立 MBD 模型应遵循的标准规范。因此要制订 MBD 标准规范，需要详细定义建模过程和方法，形成规范，以确保模型的一致性和规范性。

（3）数字样机的建立使 MBD 应用扩展到整个研发协同环境。基于轻量化模型的可视化功能进行整机查看，便于早期验证发现问题，从而在整个企业流程中实现"可视化"。

（4）知识的有效利用是 MBD 应用的重要基础。在设计/制造并行协同环境中建立知识库，以便在应用 MBD 时可以方便地获取知识和重用知识。

实施 MBD 最关键的是产品研发模式的转变。转变的过程是循序渐进的，应通过制订总体规划并分步实施、配套跟进相关标准规范制修订、加强人才培养、转变思想观念等，稳步推进基于 MBD 的设计/制造一体化应用。

2.　基于模型的系统工程（Model-Based System Engineering，MBSE）

MBSE 由国际系统工程学会（INCOSE）于 2007 年在《系统工程 2020 年愿景》中正式提出并给出了定义：MBSE 是支持从概念设计阶段开始并持续贯穿设计开发和后期的生命周期的系统需求、设计、分析、验证和确认活动的正规化建模应用。

我国学者陈红涛等于 2016 年对 MBSE 也进行了定义：MBSE 是对建模（活动）的形式化应用，以便支持系统需求、设计、分析、验证和确认等活动，这些活动从概念性设计阶段开始，持续贯穿设计开发以及后期的所有生命周期阶段。

这里面有两个基本要素：一是全过程，即从概念设计开始持续贯穿设计开发以及后期的生命周期；二是建模，即全过程中系统需求、设计、分析、验证和确认等活动的建模应用。

在传统系统工程中，系统工程活动的产出是一系列基于自然语言的文档，如客户的需求、设计方案。这些文档又是"文本格式的"，因此也可以说传统的系统工程是"基于文本的系统工程"。在这种模式下，要把散落在论证报告、设计报告、分析报告、试验报告中的工程系统的信息集成关联在一起，费时费力且容易出错。人们所研制的工程系统越来越复杂，以模型化为代表的信息技术也在快速发展，因此在需求牵引和技术推动下，基于模型的系统工程（MBSE）应运而生。

MBSE 使组织基于确定的流程、采用相同的方法（规则、模板）、使用统一的语言与工具建立一致的系统模型，这将增强获取、分析、共享和管理与产品规范相关的信息的能力，从而改善开发利益攸关者（如客户、项目管理人员、系统工程师、硬件及软件开发者、测试人员等）之间的沟通，提高从多个角度观察系统模型来管理系统复杂性的能力。

MBSE 相较传统系统工程具有明显优势。一是系统描述图形化，系统表述无歧义；二是需求验证用例化，全过程可追踪；三是设计验证一体化，利于多专业协同；四是设计过程透明化，利于多方沟通；五是知识表达显性化，知识利用率高。因此，MBSE 方法可大幅提升产品设计效率和产品质量。

开展基于模型的系统工程的应用，核心是建模，其次是 MBSE 应用环境的建设。例如，针对某复杂系统的模型构建主要包括需求模型、功能逻辑模型、多领域统一模型等，MBSE 应用环境包括需求管理工具、需求分析与架构设计工具、多领域统一建模与仿真工具等，如图 4-16 所示。

目前，有一些国内和国外工业软件公司提供了 MBSE 解决方案。例如，西门子工业软件为复杂产品研制提供了一个 MBD 应用环境，如图 4-17 所示。图中对应的业务均有相应的工具软件解决方案，它从需求阶段开始即通过模型（而非文档）的不断演化、迭代递增而实现产品的系统设计；通过模型的结构化定义，可以清晰地刻画产品设计初期结构、功能与行为等各方面的需求；基于模型可以尽早通过模拟分析发现不合理的设计方案；同时，模型还为各方提供了一个公共通用的、无二义性的设计信息交流工具，这一点尤其对复杂产品异地分布的系统设计具有重要意义。

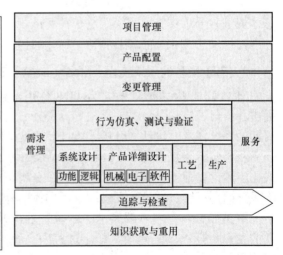

图 4-16　某复杂系统的 MBSE 应用　　　　图 4-17　西门子 MBSE 应用环境

3．基于模型的企业（Model-Based Enterprise，MBE）

MBE 的概念是由美国 NGMTI（The Next Generation Manufacturing Technologies Initiative）提出的。NGMTI 提出的 MBE 是一种制造实体，它采用建模和仿真技术对产品的设计、制造、维保等全部技术和业务流程进行改造，利用产品和过程模型并结合科学的模拟和分析工具，在产品生命周期的每个阶段做出最佳的决策，从根本上减少产品设计、制造、维保等各环节的时间和出错的概率。MBE 的核心是 MBD，模型一次创建、多次重用，MBD 模型贯穿产品的概念、设计、制造、维保等整个生命周期。MBE 创建贯穿企业产品整个生命周期的产品模型、流程管理模型、企业（或协作企业间）产品管理标准规范与决策模型，并且在此基础上开展与之相对应的基于模型的工程（Model-Based Engineering，MBe）、基于模型的制造（Model-Based Manufacturing，MBm）、基于模型的维护（Model-Based Sustainment，MBs）的实施部署。

MBe、MBm、MBs 是数字化企业系统模型中的主要组成部分，涵盖了从产品的设计、制造到维保的全生命周期业务，以 MBD 主模型为核心，在企业各业务环节流通和使用，从虚拟的工程设计到现实的制造工厂，再到产品上市流通直至产品回收，基于 MBD 的产品模型始终服务于产品全生命周期的各阶段。

MBe 是将模型作为技术基线不可或缺的一部分，覆盖产品全生命周期内的需求、分析、设计、实施和验证等过程。MBSE 是其发展方向之一。

MBm 使用 MBD 创建的模型，不但重用 MBD 中包含的产品几何信息、公差及 PMI 信息，还重用很多的文本或存储在 MBD 模型中的"元数据"。MBm 模型用于在虚拟制造环境内进行工艺规划设计、优化和管理，直至应用于生产现场。MBm 的过程交付物包括三维工艺（零件工艺、装配工艺、调试工艺等）、数控程序、作业指导书等。

MBs 是为用户和维护保障人员提供 MBD 模型，可以提高运行维护效率，降低产品生命周期成本。在产品和工艺过程中创建的模型和仿真结果可以直接在产品生命周期的维护中使用。

MBE 解决方案是以系统工程思想为指导，贯穿从产品需求开始，经过产品设计、产品制造直至产品服务的完整产品生命周期的过程，在各阶段的各种信息能够被准确地定义到以 MBD 模型为核心的技术数据包中，并且始终保持上游的技术数据包能够被下游直接重用，一直拓展到生产现场和服务现场。西门子工业软件作为行业佼佼者，有相对完整的 MBE 解决方案，参照西门子工业软件 MBE 解决方案，给出的 MBE 解决方案总体框架如图 4-18 所示。

4.6.2　数字主线、数字孪生与智能制造

1．数字主线（Digital Thread）

美国空军 SAF/AQR 将数字主线定义为："数字主线是指在武器装备系统研制过程中，通过一种基于物理的技术描述，可以对武器装备系统当前和未来具备的能力进行动态的、实时的评估，辅助完成能力规划及分析、产品初步设计、详细设计、生产制造、运营维护过程中的诸多问题的决策。"

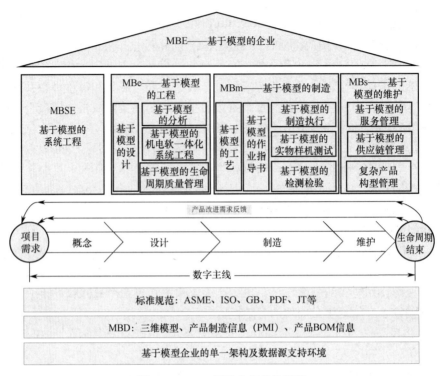

图 4-18 MBE 解决方案总体框架

"工四 100 术语"将数字主线定义为："利用先进建模和仿真工具构建，覆盖产品全生命周期与全价值链，从基础材料、设计、工艺、制造以及使用维护全部环节，集成并驱动以统一的模型为核心的产品设计、制造和保障的数字化数据流。"

简单来说，数字主线是贯穿产品全生命周期，以统一模型驱动产品设计、制造和维护保障的数据集合。产品生命周期各阶段的 BOM（设计 BOM、制造 BOM、销售 BOM、服务 BOM 等）将产品设计、制造、销售、维保全过程数字化贯通，形成产品的数字动脉；基于模型的定义（MBD）用集成的模型完整表达产品定义，确保数据传递的唯一性，使数字模型作为产品设计下游各环节的单一数据源。因此，我们认为，BOM、MBD 模型是数字主线的重要内容。

数字主线主要特征如下。

（1）数据可双向同步。在整个生命周期内，各环节的模型都能够及时进行关键数据的双向同步和沟通。基于这些在整个生命周期内形成的状态统一、数据一致的模型，从而可以动态、实时评估系统当前和未来的功能和性能。

（2）数据源唯一性。产品设计、制造和维护保障各环节都具有一个信息完整、按照统一开发标准建立的规范和语义化的数字化模型，并且可被机器（或系统）稳定、无歧义地读取。

（3）全局性。在产品全生命周期中，统一的全数字化模型贯穿始终，数字主线集成并驱动产品设计、制造和维护保障全流程。

（4）数字主线是产品全生命周期的数据中心。数字主线记录了产品从需求、概念设计到报废的所有模型和数据，是产品全生命周期的数字化档案，反映了产品在全生命周期各阶段的形成过程、状态和行为。

（5）数字主线是制造商、供应商、运维商和终端客户之间的强有力的协作纽带。数字主线能够增强敏捷性和自适应性，加速新产品的开发和部署，降低各种风险。对一个复杂系统的研发任务，需要由多家不同的单位主体协作完成，包括设计、制造、成品配套及外场试验等单位，以及不同专业的工程师，他们都需要在产品的全生命周期的不同阶段，基于数字主线同步开展工作，做出决策。

由于产品越来越复杂，数字主线承载了贯穿产品价值链的作用，将相关信息进行无缝集成的思想，跨越从最初的概念规划，到产品的设计、制造、测试，直至产品的维护保障阶段。数字主线是产品全生命周期各阶段高效协同的基石，也是数字孪生、智能制造落地应用的基石。

2．数字孪生（Digital Twin）

美国国防部最早提出将数字孪生技术用于航空航天飞行器的健康维护与保障。首先在数字空间建立真实飞机的模型，并且通过传感器实现与飞机真实状态完全同步，这样在每次飞行后，根据飞机结构现有情况和过往载荷，可以及时分析评估飞机是否需要维修，以及能否承受下次的任务载荷等。

数字孪生从另一个视角为复杂产品的研发、生产制造、使用维护提供了独特而有效的方法论。

数字孪生是充分利用物理模型、传感器更新、运行历史等数据，集成多学科、多物理量、多尺度、多概率的仿真过程，在虚拟空间中完成映射，从而反映相对应的实体装备的全生命周期过程。数字孪生是一种超越现实的概念，可以被视为一个或多个重要的、彼此依赖的装备系统的数字映射系统。数字孪生有时候也用来代指一个工厂的厂房及产线在没有建造之前就建立的数字化模型。利用这个数字化模型，在虚拟空间中对工厂进行仿真和模拟，并且将真实参数传递给实际的工厂建设。厂房和生产线建成之后，在日常的运维中，二者继续进行信息交互。在一般情况下，数字孪生指产品的数字孪生，等同于数字孪生产品或数字孪生体。

数字孪生并不是一种全新的技术，它具有现有的虚拟样机（数字样机）、虚拟制造等技术的特征，并且以这些技术为基础发展而来。虚拟样机一般分为功能样机、性能样机和构造样机，它对产品整机或具有独立功能的子系统进行数字化描述，这种描述不仅反映了产品对象的几何属性，还能反映产品对象的功能和性能。虚拟制造以仿真技术、虚拟现实技术等为基础，对产品设计、生产过程统一建模，实现产品从设计、生产到使用、维护全生命周期的模拟和仿真。虚拟制造主要强调模拟仿真技术，虚拟样机是描述产品设计者对这一产品的理想定义，用于指导产品的制造、功能、性能分析（理想状态下的）。但是，真实产品在制造中由于加工、装配误差，以及使用、维护、修理等因素，因此并不能与数字化模型保持完全一致。虚拟样机并不能完全反映真实产品系统的准确情况。这主要是由于虚拟样机与实物样机之间缺少完整信息的双向交互，虽然目前有 BOM 等数据在两者之间传递，但信息仍然不完整、不实时、非双向。而数字孪生则重点解决物理世界与虚拟世界的双向连接，强调模型在产品全生命周期中的虚拟产品与物理产品之间的反馈和交互，实现虚拟世界与真实世界的统一和闭环。

数字孪生之所以能实现物理世界与虚拟世界的双向沟通、双向连接，主要依赖数字主线。数字主线贯穿产品全生命周期，它集成了产品全生命周期各阶段的模型，这些模型与实际的智能制造系统和数字化测量检测系统进一步与嵌入式的赛博物理融合系统（CPS）进行无缝集成和同步，从而使我们能够在这个数字化产品上看到实际物理产品可能发生的情况。

图 4-19 所示是数字孪生总体框架示意，由工具层、数据层、应用层、用户层组成。工具层包括数字孪生全过程所需的各类硬件资源、软件资源、网络环境等。数据层包括数字孪生全过程产生和使用的各类数据、模型、流程、知识等。应用层包括数字孪生空间和实体空间的各类业务活动。用户层是设计人员、生产人员等与产品相关的人员按规范的数字化流程开展业务的工作空间。

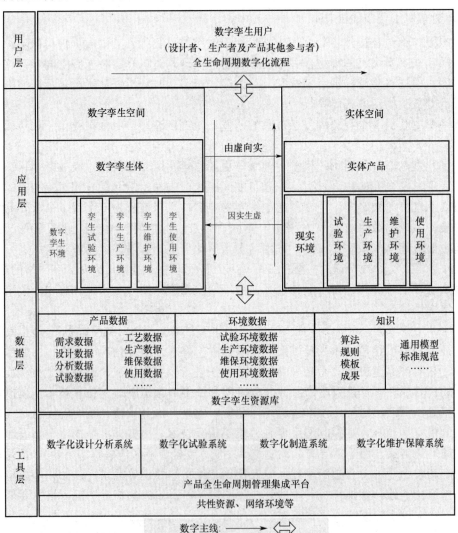

图 4-19　数字孪生总体框架示意

3．智能制造（Intelligent Manufacturing，IM）

在《智能制造发展规划 2016—2020》中，"智能制造"被定义为："智能制造是基于新一代信息通信技术与先进制造技术的深度融合，贯穿设计、生产、管理、服务等制造活动的各环节，具有自感知、自学习、自适应、自决策、自执行等功能的新型生产方式。"

智能制造具有状态感知、实时分析、自主决策、精准执行四个典型特征。

（1）状态感知：准确感知外部输入的实时运行状态。

（2）实时分析：对获取的实时运行状态数据进行快速、准确的分析。

（3）自主决策：按照设定的规则，根据数据分析的结果，自主做出判断和选择，并且具有自学习和自适应的能力。

（4）精准执行：对外部需求、企业运行状态、研发和生产等做出快速应对和准确执行。

智能制造的目的是创新研发生产管理模式，促进设计研发、生产制造和运营管理的有效集成，推动新一代信息技术、集成制造技术、智能装备技术的融合发展，实现虚拟仿真、定制生产、柔性制造、生产过程监控、在线检测、质量追溯、预测性维护等新技术和新模式的发展应用，以及企业生产模式、运营模式、决策模式和商业模式的创新。

智能制造技术涵盖了目前最新的信息通信技术和先进制造技术，包括云计算、大数据、物联网、人工智能等，技术复杂、内容丰富，图 4-20 所示是某航天大型企业规划的智能制造技术体系框架。

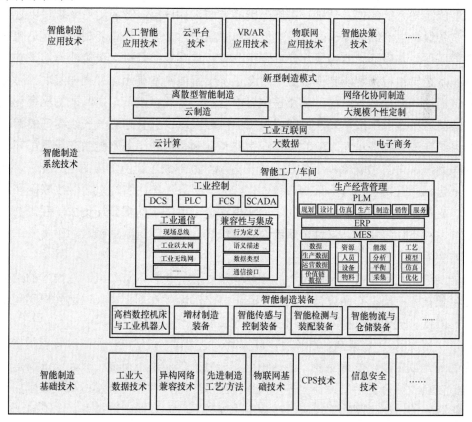

图 4-20　某航天大型企业规划的智能制造技术体系框架

该技术体系由智能制造基础技术、智能制造系统技术、智能制造应用技术构成。智能制造基础技术主要包括工业大数据技术、异构网络兼容技术、信息安全技术、CPS 技术等，重点实现物理设备的信息感知、网络通信、精准控制和远程协作。此外，还包括先进制造工艺/方法、数字建模与仿真、现代工业工程、先进制造方法等。智能制造系统技术主要包括新型制造模式、工业互联网、智能工厂/车间、智能制造设备等，涉及数字化设计、数字化制造、网络化协同制造、系统集成及智能装备、智能工厂等相关技术。通过智能制造系统技术的突破，形成"面向产品全生命周期，具备'感知、互联、认知、反馈'等特征，涵盖装备、工厂/车间、跨企业"的智能制造系统体系。智能制造应用技术主要包括人工智能应用技术、云平台技术、物联网应用技术、VR/AR 应用技术、智能决策技术、智能物流等。

根据制造技术的一般发展规律，在智能制造系统的发展过程中，通常是在智能装备层面上的单个技术点首先实现智能化突破，然后出现面向智能装备的组线技术，并且逐渐形成高度自动化与柔性化的智能生产线。在此基础上，当面向多条生产线的车间管控、智能调度、物联网等技术成熟后，才可形成智能车间。由此可见，智能制造系统的发展是由低层级向高层级逐步演进的，而在不同的发展阶段，制造系统的智能化水平均表现出其独有的特征。

从智能制造系统的技术基础、实施范围等方面进行评定，智能制造系统可以划分为单元级、装备级、生产线级、车间级、工厂级和联盟级六个层级。智能制造单元是智能制造系统的最底层，是最基础的构成部分，是由具有一定感知、分析、决策能力的基础元器件构成的基本逻辑结构；智能制造装备中包含了若干智能制造单元，并且能实现相对完整的智能制造活动，包括装备本体，以及在装备中运行的软件系统及与之匹配的配套设施；智能生产线将若干智能制造单元从物理或逻辑上进行关联，并且通过生产线内部的智能调度与管控系统实现各制造单元之间的协作；智能车间则是由若干条智能生产线及车间层级的智能决策系统、仓储/物流系统等构成；若干智能车间形成了智能工厂的生产能力，此外智能工厂还包括经营决策系统、采购系统、订购与交付系统等；智能联盟以物联网和互联网为依托，支持企业之间业务的协同，进而实现在全价值链中的端到端集成，联盟的运作具有灵活性、动态性等特点，这种全新的企业组织模式正在促进制造领域的结构变革和商业模式的转变。

智能制造的基础是数字化制造。数字化制造是数字化技术与传统制造技术的结合，是指将数字化技术应用在产品设计、制造及管理等产品全生命周期中，以达到提高制造效率和质量、降低制造成本、实现快速响应市场的目的。

从现实情况看，"自感知、自学习、自决策、自执行、自适应"的高级智能制造对一般企业而言还难以企及，作为企业，要认识到智能制造的实现不可能一蹴而就，而是需要循序渐进。在企业信息化顶层设计上，可以根据企业实际来考虑智能制造相关技术的长远规划、分阶段实施，现阶段的重点应该在数字化制造上，为智能制造打下坚实基础。

4.6.3　方法小结

在产品全生命周期不同阶段采用相应的技术方法，如图 4-21 所示。从图中可以看出，MBSE 方法目前主要用在产品需求与方案阶段，采用的工具主要有需求管理工具、项目管理工具、系统工程工具、概念设计工具等；MBD 方法主要用在产品设计/制造阶段，侧重设计，采用的工具主要有产品设计、仿真、生产制造等方面的 CAD、CAE、CAPP、CAM、TDM、ERP、MES、SCADA、TIA 等；从智能制造四个典型特征来看，智能制造应涵盖产品全生命周期，但目前主要应用在产品设计/制造阶段，侧重生产制造，即广义的智能制造面向产品全生命周期，狭义的智能制造主要面向产品的设计/制造阶段；数字孪生面向产品全生命周期，数字主线作为数据流贯穿产品全生命周期各环节；而 MBE 则不仅面向产品全生命周期，而且面向全企业。

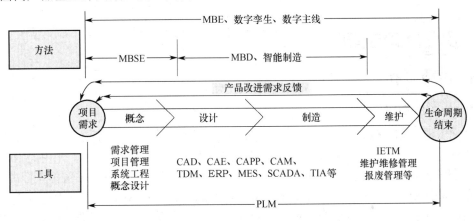

图 4-21　工程信息化技术方法应用示意

本节对当前比较热门的 MBD、MBSE、MBE、数字主线、数字孪生、智能制造等工程信息化技术方法进行简要的介绍，目的是通过梳理这些与企业工程信息化密切相关的先进技术，以期在规划企业信息化方案时有所借鉴，但各项技术的应用都必须与企业实际相结合。企业的情况各不相同，在设计本企业信息化总体方案时，要充分考虑本企业的基础、实际需求，同时兼顾技术的先进性。只有符合自己企业实际的方案才是最好的方案，切忌盲目追求"高、大、上"的技术。

规划设计企业的工程信息化总体方案和建设企业工程信息化的要点如下。

（1）目前工程信息化的比较典型的架构是在企业信息化基础设施之上，以 PLM（产品全生命周期管理）为平台，集成数字化设计分析系统、数字化试验系统、数字化制造系统、数字化维护保障系统等，构建企业的产品全生命周期信息化体系。在这个体系中，平台和各类系统是表象，而通过数字化技术的应用而改变的产品研发、生产及其管理的模式才是真正的核心。

（2）MBD、MBE 模型是产品全生命周期数据资源的重中之重。MBD 模型是数据源，在产品各阶段，其信息不断丰富，但都是以 MBD 模型为基础，最终形成 MBE 模型。MBD、

MBE 作为产品设计、生产制造、使用维护全过程数据主线的主要内容，在产品全生命周期中发挥了极其重要的作用。

（3）MBSE 被视为系统工程的"革命"，是未来的发展方向。NASA、波音、洛马等企业已积极采用 MBSE 开发各类工程系统，并且取得了较好的效果。我国有些企业也在开展 MBSE 初步应用。

（4）数字孪生相关的一些关键技术正在逐步突破，有条件的企业应加强数字孪生技术的应用研究，分阶段实施和应用。

（5）智能制造正成为制造类企业争相追逐的热点，相关技术也日趋成熟。西门子等先进企业有较成功的应用，但在一般企业要真正落地应用还比较困难，需要制订相对长远的规划，从基础技术应用开始，循序渐进。MBD、MBE、数字化制造都是智能制造的基础，通过这些技术的不断深入应用，为智能制造打下坚实基础。

4.7 企业价值链管理

4.7.1 ERP 简介

1. 什么是 ERP

企业资源计划（Enterprise Resource Planning，ERP）是指建立在信息技术基础上，以系统化的管理思想，为企业决策层及员工提供决策运行手段的管理平台，是由美国著名的 IT 咨询机构 Gartner Group 在 20 世纪 90 年代初提出的一整套企业管理系统体系标准，其实质是在制造资源计划（Manufacturing Resources Planning，简称 MRP）基础上进一步发展而成的面向供应链（Supply Chain）的管理思想，是综合应用了客户机/服务器体系、关系数据库结构、面向对象技术、图形用户界面、第四代语言（4GL）、网络通信等多种信息产业成果的软件产品，是集成整合了企业管理理念、业务流程、基础数据、人力物力、计算机软硬件于一体的企业资源管理系统。

Gartner Group 在 1990 年的研究报告中对 ERP 的原始定义通过技术环境核查表与功能核查表来完整表达。技术环境核查表涉及 GUI、SQL、4GL、C/S、多种数据库支持、集成软件等当时最新信息技术的应用要求。功能核查表包括四大类功能要求，即适应离散、流程和分销配送不同的各种类型的制造业，图形分析功能支持生产与经营分析、内部集成（产品研发、核心业务、数据采集三方面集成）、外部集成（与企业外部供需链、合作资源的集成）。

陈启申老师在 2012 年出版的《ERP——从内部集成起步》一书中综合 Gartner Group 对 ERP 各类研究文献的观点后提出如下 ERP 定义：ERP 是 MRP Ⅱ 的下一代，它的内涵是"采用最新信息技术（IT），打破企业的四面墙，把信息集成的范围从企业内部扩大到企业的上下游，管理整个供需链，实现供需制造"。即 ERP 是一种企业内部所有业务部门之间，以及企业同外部合作伙伴之间实时交换和分享信息的系统，是管理供需链制造的信息化应用系统，是优化供需链流程和管理决策的工具，是全球经济环境下，企业实现国际竞争优势不可或缺的手段。

从 ISA-95 制造类企业应用软件划分标准看，ERP 属于其中的第四级应用系统（第四级应用系统主要是管理和控制企业与商业、研发设计、质量、安全、文化等主要活动相关的企业级运营应用软件系统，如 ERP、PLM、PM、QIS、BI、OA 等）。ERP 主要管理企业基本运营活动中的各种资源和有形资产，实现企业人力资源、财务、物资与设备、生产运营、采购与物流、销售、售后服务及研制等企业价值链的全面管理和横向打通的一体化协同。

Gartner Group 对 ERP 的定义是一个具有前瞻性的广义的定义，ISA-95 制造类企业应用软件划分标准对 ERP 定义进行了进一步聚焦，从中可以看出 ERP 本质上一直是在如图 4-22 所示的企业供应链中一个不断演化、发展和进化的系统概念。ERP 在企业供应链中的具体作用也一直在结合信息技术的发展和市场需求的变化而持续发展变化。

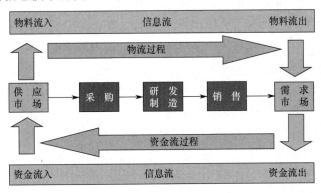

图 4-22　ERP 所处的企业供应链

20 世纪 60 年代，制造业为了打破"发出订单，然后催办"的计划管理方式，设置了安全库存量，为需求与提前期提供缓冲，这个时期 ERP 的主要作用是安全库存管理。

20 世纪 70 年代，企业的管理者们为解决"产、供、销严重脱节"问题，清楚地认识到物料清单的管理与利用对有效的订单交货日期的重要性，这个时期 ERP 的主要作用是形成物料需求计划（Material Requirements Planning，MRP），建立赋予产品结构时间属性的模型，把销售件、采购件和加工件都集成在一个模型中进行运算，解决"产供销"匹配的问题。

20 世纪 80 年代，企业的管理者们经常头疼的问题是"财务数据和生产数据总是对不上""财务报表时间上严重滞后于生产报表"，这个时期 ERP 的主要作用是为了解决财务和业务脱节问题，产生了 MRP Ⅱ，赋予产品结构的成本属性，在正确的产品结构上进行成本计算，实现管理会计应用。

20 世纪 90 年代以来，企业信息处理量不断加大，企业资源管理的复杂化也不断加大，这要求信息的处理有更高的效率，传统的人工管理方式难以满足这个需求，而只能依靠计算机系统来实现，信息的集成度要求扩大到企业整体资源的利用、管理，从而产生了新一代的 ERP。

21 世纪以来，网络信息技术的成熟为企业信息管理系统提供了与客户或供应商实现信息共享和直接数据交换的能力，从而强化了企业间联系，形成了共同发展的生存链，体现了企业为达到生存竞争的供应链管理思想。ERP 系统相应扩展了这方面的功能，发展为ERP Ⅱ，成为一种可以实现跨地区、跨部门，甚至跨企业整合实时信息的企业管理信息系统，使决策者及业务部门能实现跨企业的联合作战。ERP 作用的范畴也从 ISA-95 的第四级应用系统扩展延伸到涵盖第五级应用系统，实现与企业外部协同，如智慧企业运行平台、客户关系系统、供应链协同平台、工业互联网平台等。

2．ERP 基本原则

不同特点的企业在规划建设 ERP 系统时需要结合企业所处市场、产品和服务过程的不同研究制订相适应的建设策略和方案，在此过程中需要遵循一些基本的建设原则，从而保证 ERP 建设和应用充分发挥效能。

（1）战略牵引，业务驱动：企业的发展战略需求是 ERP 建设的第一牵引力，围绕市场需求的业务模式愿景是 ERP 建设的核心驱动力，只有坚持"战略牵引、业务驱动"的建设原则，才能保持 ERP 规划建设的主动性和能动性。

（2）打造平台，人才唱戏：无论 ERP 软件是采购引进的还是自研的，都只是软件工具，企业规划建设 ERP，应该本着利用软件工具打造为企业决策层及员工提供业务协同和决策运行手段的业务平台的系统化思想，通过人才在平台上开展业务管理和决策活动，充分挖掘发挥流程优势，才能发挥 ERP 建设应用的效能。

（3）统一要素，架构优先：不同类型的单体或集团型企业（也称"集团企业"）有不同的特点和需求，ERP 作为管理提升的重要抓手，需要通过架构研究和设计，在业务需求、软件功能、数据基础、技术开发、项目实施、运行维护等 ERP 全生命周期相关的要素中统一建设要素。统一的程度可结合企业具体情况在规划、标准、设计、投资、建设、管理等领域综合选择，总体要在遵循"统一要素，架构优先"的原则下，聚焦科研生产、经营发展主线，针对不同类型企业需求突出重点，制订相应的实施路径。

（4）数据驱动、筑牢基础：ERP 的建设是"七分数据，三分功能"，企业规划建设 ERP 需要重视数据基础，需要通过 ERP 业务领域涉及的数据资源规划工作才能筑牢 ERP 的运行基础，通过主数据、业务数据与规则、KPI 指标体系和数据溯源的规范建设工作才能实现从执行层、管理层到决策层的基于数据驱动的 ERP 系统高效运行。

（5）内外集成，创新引领：随着新一代信息技术和信息经济、平台经济的发展，ERP II 时代的 ERP 规划与建设面临很大的创新挑战，需要坚持"内外集成，创新引领"的建设原则，不仅要立足企业内部的管理集成和业务协同，更要打通与供应链和客户间的价值协同；不仅要满足业务需求，更要通过与新的信息技术平台结合实现技术使能和业务创新。

4.7.2 主要内容与工作步骤

1．ERP 建设主要内容

如前所述，根据 ERP 系统建设结合内外集成范围的不同，需要不同的软件功能。大部分企业最多关注和实际需求度最高的十个方面的软件功能分别是：研发与设计、生产与计划、资产与设备管理、采购与物流、销售与服务、项目管理、质量管理、人力资源管理、财务与管控、行业解决方案，如表 4-5 所示。

表 4-5　ERP 软件系统的十个典型功能

软件功能范围	主要功能描述
研发与设计	满足企业在产品或服务的研发与设计方面的管理，包括研发与设计的一般业务流程的管理要求，以及当前研发与设计的管理难点要求，如协同设计、委外设计、多研发中心管理、研发成本管理、虚拟制造、研发风险管理等
生产与计划	满足生产与计划管理的一般业务流程需求，如按订单生产、按计划生产等生产模式，满足离散制造、流程制造的需求，满足企业制订生产计划、产能管理的需求，以及满足企业生产制造的管理难点需求，如项目制造、APS、提前期管理、委外生产、工程数据管理、返工返修等
资产与设备管理	满足企业资产从购买、验收、安装、调试、运行、维修维护、报废、处置的全生命周期管控，以及设备运维、性能、价值、故障率、成本等相关的业务管理和分析需求，提供包括资产与设备全生命周期管理、故障跟踪管理、预测性维护管理等全套解决方案，准确掌握资产与设备状况，使事后维修向预防性维修、预测性维修转变
采购与物流	满足企业采购与物流管理的一般业务流程需求，以及满足企业采购与物流的管理难点需求，如 KIT 采购、协同采购、采购合同管理、采购配额管理、库存管理、VMI 管理、跨组织调拨、配送管理、国际物流等
销售与服务	满足企业销售与服务管理的一般业务流程需求，以及满足企业销售与服务管理的难点需求，如价格与折扣策略、内部与外部直运、KIT 销售、寄售、多角贸易、预出货、销售返点、DRP 等
项目管理	满足企业项目管理的一般业务流程需求，以及满足企业项目管理的难点需求，如多种立项模式、多维度项目分解、按项目控制物料、按项目采购、项目成本管理、项目风险管理等
质量管理	满足企业质量管理的一般业务流程需求，以及满足企业质量管理的难点需求，如质量计划管理、质量检测管理、质量文档管理、质量报表等
人力资源管理	满足企业人力资源管理的一般业务流程需求，以及满足企业人力资源管理的难点需求，如人力资源规划、人力资源会计、员工绩效管理、劳动关系管理、职业生涯规划管理、电子招聘管理、集团人力资源管理等
财务与管控	满足企业财务与管控的一般业务流程需求，以及满足企业财务与管控的难点需求，如多组织多账簿并账、全面预算管理、合并报表、现金流控制、标准成本核算、实际成本核算、多维度成本、成本模拟、实时成本、资金管理等
行业解决方案	拥有特定行业的解决方案，并且能解决相应行业中的特定问题，体现了软件系统对行业需求的产品响应能力

　　企业通过 ERP 软件功能建设及应用，总体上可以支撑企业进行前瞻性的战略管理、高效的计划与预算、简明扼要的系统化管理、精细化的业务运作，促进企业管理科学化、精细化、透明化，解决"哑企业"问题，实现"看得见、管得住、帮得上、管得好"的整体管理目标。不同规模的企业建设 ERP 的应用功能关注点有所不同，具体如下。

　　（1）单体企业通过 ERP 系统实现简明扼要的系统化管理、精细化的业务运作，支撑企业内资源共享与能力协同。

　　单体企业将 ERP 的集成实施作为使能工具，在企业内部实现企业管理制度、工作程序、作业文件等规范化、流程化、体系化，帮助企业实现物流、资金流、信息流的数字化和可视化；实现计划的一贯性、有效性与可执行性，打通企业从市场、销售、生产制造、采购供应、仓储物流到售后服务的价值链流程，促进从面向职能到面向流程的管理模式转变；基于全面的业务与业务、业务与财务的协同和信息共享，实现客户需求和企业内部制造活动及供应商制造资源间的高效整合，全面提升企业的精细化管理能力和规范化业务执行能力；通过供需链业务流程的持续优化，实现对制造资源的组织管理和计划控制，支撑企业间资源共享、能力协同。单体企业 ERP 要重点关注以下内容的实施。

一是进销存一体化：围绕企业管理过程中采购（进）—入库（存）—销售（销）的动态过程，集采购、仓储、领料、销售、应收、应付等于一体，各业务程序之间有机关联，避免企业隐蔽性的跑冒滴漏，帮助业务人员工作准确化、快速化，帮助企业强化"两金"管理，实现物流与资金流的一体化。

二是生产制造一体化：以主生产计划、产品设计信息为输入，通过产品 BOM、工艺路线、制造资源能力平衡协同开展物料需求计划、生产计划、采购计划、生产作业计划、质量控制计划等计划的制订，提高计划协同能力。通过材料定额、工时定额等规范化管理和管理会计、财务会计中成本核算标准，实现生产制造过程中各环节的成本归集，实现项目进度、实时状态、产能资源、项目成本等的监控，实现生产过程关键要素的全面记录及完备的质量回溯。

三是业务财务一体化：ERP 应用覆盖的业务应实现管理规范化、规范标准化、标准流程化，通过管理会计和财务会计集成应用促进成本要素和成本流透明化，做到订单、合同、研制、生产、采购、应付、应收、总账的一致，实现在业务执行的同时自动生成财务记录。

（2）集团型企业的顶层要建立集团级绩效管理平台，满足集团对内管理和对外披露的需求，以利管控、洞察、决策。

集团型企业要围绕企业整体发展战略的要求，完善集团统一业绩考核与评价体系，以业务流程集中管控为目标，以业务协同化、流程规范化、数据精准化为基础，建立覆盖全集团范围、业务财务一体化关联的共性指标监控和追溯体系，实时掌握所属各单位科研生产、经营管理的整体状况，能够针对多组织、跨区域、多业态、多业务板块（产品线）等集团化企业的特点去统计分析数据，从横向、纵向多维度分析企业经营状况，实现集团经营数据周统计、月分析、季考核，提升集团数据挖掘分析和风险控制能力，支持集团经营和战略决策。集团型企业的 ERP 要关注以下内容的实施。

一是通过管理指标构建战略地图，确保集团战略目标的更好实现和集团整体财务指标的快速增长，实现在各单位 ERP 应用基础上的集团统一的财务核算、财务报表合并，以及全面的预算管理、绩效管理、风险管控和资源调配。

二是实时把控二级、三级单位的经营情况，做到核心经营指标数据的"实时可视化"，即业务经营、固定资产投资、成本费用、利润、现金流量、资产负债、经济增加值、财务绩效预评价等业务及财务指标内容的"实时可视化"。

三是视自身的实际情况和需求，拓展集团经营计划、集中采购、合同管理等执行性业务。

（3）大型集团型企业内部一般会划分板块或区域性的子集团，针对这类子集团型企业要建立战略管控和运营管控相结合的经营管理平台，实现业务流程动态监控、持续优化，促进管理升级。

子集团型企业要完善内部管理标准统一、信息集成应用、账表一体化的会计核算体系和全面预算管理体系，实现合并报表、预算系统、资金管理一体化的集团级经营管理平台，围绕全面预算目标设定、编制、执行控制、分析考核的闭环管理，加强多级战略管控；建立合同管理、经营计划、预算管理、资金管理、财务核算、科研生产管理一体化的经营管理平台，规范和优化研发设计、采购供应、生产制造、营销服务等企业价值链关键环节的经营活动，通过业务与财务过程集成，扩展产品成本、价值收益等管理会计内容，基于业务财务一体化实现业务流程的动态监控，支撑各级业务管理决策分析，建立更为科学、统一的经营指标体系，提升集团运营效率，促进企业管理科学化、精细化、透明化。子集团层在 ERP 建设过程中，应关注以下内容的实施。

一是统一管理和优化整体资源，实现对成员单位的资源配置、协调和全面预算执行控制。在子集团内做到"纵向管理到底，横向管理到边"，实现作业活动集成化，业务财务一体化。

二是从子集团整体利益出发，加强所属单位间的业务信息共享，管控单位间的采购、生产、成本、库存、分销、运输、财务、人力资源的业务执行情况，取得最佳效益。

三是实时把控营销与销售管理（合同、订单、客户）、计划与产品齐套管理（项目计划、生产计划、产品齐套）、物流管理、采购管理、库存管理等。

四是基于各业务板块的标准和规范，实现子集团型企业内部的集团化采购管理模式、集团化营销与销售管理模式、集团化生产及计划管理模式等。

2．ERP 建设工作步骤和需关注的问题

企业建设 ERP 一般遵循以下几个主要工作步骤。

（1）建立企业愿景：建立企业变革的目标，保证 ERP 建设瞄准正确的方向。

（2）确定信息化蓝图：确定企业整体信息化战略，保证 ERP 建设处于正确的航道。

（3）确定 ERP 建设目标与范围：确定 ERP 项目的目标和边界，保证 ERP 项目建设实施内容正确适宜。

（4）ERP 团队建设：构建 ERP 建设的内部项目团队，保证在 ERP 项目建设实施执行过程中不偏离既定的方向、航道和内容。

（5）项目控制：协调资源保证 ERP 项目建设实施所需的资源；加强项目偏差及风险监控，确保项目目标、进度、质量和成本得到有效协调和控制。

（6）需求定义：对业务需求取得内部一致，保证 ERP 系统中业务内容的正确性和一致性。

（7）ERP 选型：选择解决方案和实施方，保证支撑 ERP 系统建设和业务运行的软件平台及实施的可靠性、先进性和适宜性。

（8）ERP 实施：确定 ERP 实施计划，按计划实施流程梳理、标准制订、数据整理、系统部署等项目内容。

在企业建设和实施 ERP 过程中，需要重点关注以下对 ERP 建设与应用效果影响较大的问题，提前筹划，扫清障碍。

（1）领导的重视。ERP 建设及管理体系、技术体系的转型，将推动企业管理观念的转变，涉及管控模式的顶层设计和演化。企业规则制订与流程优化难度大，是典型的一把手工程，领导重视和领导力的发挥，以及组织保障、机制保障、经费保障是推动 ERP 建设及应用的关键。一般都需要成立 ERP 专项工作组织（要考虑领导小组、专项办公室、业务工作组、数据基础组、技术支撑组或机构、专家组等方面资源的配备，并且制订工作机制来顺利推进企业 ERP 实施，强化管理理念转变。

（2）业务运行管理篱障的清除。清除业务运行管理的篱障是项目成功与否的决定性因素。首先，需要建立 ERP 建设绩效目标，开展财务指标与非财务指标的综合设计，引导业务应用集成建设方向和系统建设重点；其次，为保证系统的大集成、资源的全共享，需要优化管理机制，确定纳入 ERP 系统运行的业务范围，坚决杜绝很多业务游离在系统外，无法纳入规范化管理的问题；最后，在建设和应用 ERP 系统的全生命周期过程中，要建立运用 ERP 系统开展业务流程分析和优化的机制，持续优化业务流程和岗位，坚决杜绝业务流程不优化，系统运行效率低下的问题。

（3）基础数据的准备。数据的规范性与准确性是项目成功与否的必要条件，也是缩短项目实施周期的关键。数据梳理及数据规范建立是必须要做但又耗时耗力的基础管理工作，要建立数据管理的长效工作机制作为保障。ERP 建设的基础数据需求具体包括物料与产品信息（物料分类/类型、物料号、物料主文件、物料清单等）、能力信息（车间/部门、工作中心、工艺路线/提前期、工作日历等）、仓库与货位信息、财务成本信息（成本/利润中心、会计科目等）、需求信息、供需方信息（供应商信息、客户信息）等主数据。一般可以开展一些先导的数据资源项目来夯实 ERP 实施的数据基础，通过数据基础管理与 ERP 建设交互迭代，不断发展、改进和完善，形成统一的财务科目、人员、组织、型号、物料、产品、客户、供应商等主数据规范，把业务过程产生的业务数据规范起来、积累起来，形成业务主数据，把分析工具建立起来，把评价标准完善起来，才能提升基础数据的准确度及基础工作的扎实程度。

（4）技术平台的选择。良好的技术平台决定了 ERP 项目的基点水平，并且能够为系统持续运行与改进提供技术能力保证。ERP 系统需要开展系统集成、业务持续改进优化和共享建设，只有选择统一的技术平台才可以为集成系统建设提供技术可实现的能力支撑，才能快速有效地复制和推广到所有企业和所有业务中。选择技术平台还需要考虑管理技术和信息技术范围的界定、企业业务水平基点的情况、企业业务创新的能力、产品或集成实施能力自主可控的需要等诸多因素。

（5）已有存量的处理。在启动 ERP 项目建设之前，企业一般都会存在一些相关的存量系统（尤其是集团型企业），制订恰当的存量系统处理标准是保存并继续发挥已有优良信息资产投资效益的关键，也是清除不良信息资产失败投资的必要措施。一般可以从数据标准的符合度、集成标准的符合度、业务规则的符合度等几方面来确定存量系统的去留。

（6）项目管理与风险防范。在实施 ERP 项目过程中，企业需要强化项目管理和风险的防范，应重点关注以下几点：一是必须置身于全球竞争环境，高标准定位项目目标；二是选择恰当的项目经理，搭建合理的项目组织结构，计划好项目周期、项目实施的阶段，控制好项目的执行过程；三是做好思想认识、组织工作、实施方法、业务需求等方面主要风险的预防。

（7）培训与评价。培训与评价对 ERP 项目实施的成功与否至关重要。企业需要统筹组织，抓好 ERP 系统实施各层次的系统化培训和评价工作，培训主要包括以下几点：一是高中层人员培训应侧重供需链管理、ERP 系统原理和管理思想，以及企业战略发展建设思想；

二是项目实施小组成员和部门业务人员培训需要在高中层人员培训内容的基础上，重点加强对软件功能和操作的培训；三是系统建设开发人员培训需要侧重系统和硬件的配置、二次开发和维护等方面。项目实施的评价主要包括财务角度、客户角度、内部业务角度、创新与学习角度的项目实施综合评价。

4.8　企业财务共享

4.8.1　基本概念与原则

1. 财务共享服务

1）什么是共享服务

共享服务的概念始于 20 世纪的美国，它是在公司国际化、信息化快速发展，企业经营规模高速增长的背景下，管理和控制活动的一项重大创新。共享服务从分散的组织中获取资源、人力、技术优势，是实现企业内部各流程标准化和精简化的一种创新手段。

共享服务是通过对集团内部有关业务流程进行分析和评估，将存在于不同组织和部门的同类职能归集到一个独立的或半独立的明确拥有管理功能的新组织实体内进行操作，称为共享服务中心（Shared Service Center，SSC）。SSC 负责为集团的内外部顾客提供高效便捷、价值创造的高级服务，同时通过 SSC 获得高效率和规模经济优势，以更高质量的专业服务提高集团整体管理水平。企业个体可以有更多的时间完成高附加值的任务，进而给集团带来新的利润增长空间。

共享服务有利于促进企业内部业务流程的简化和优化，有利于业务标准的统一和集中管控，提高企业整体运行效率和效益。目前，共享服务已经是国际先进企业通用的管理模式，在具有大量常规流程且需要专业技能和全企业范围信息的业务领域中的应用较为普遍，如财务、人力资源、信息技术、采购等；其中，财务共享服务应用最广且最早。

2）什么是财务共享服务

财务共享服务是一种依托互联网、移动终端与电子商务等信息技术，将不同组织和部门中的财务业务集中到一个共享服务中心进行统一处理和报告，以财务业务流程处理为基础，以优化组织结构、规范系统流程、提升流程效率、降低运营成本、强化决策支持、创造企业价值为目的，以市场视角为内外部客户提供专业化、标准化服务的管理模式。

财务共享服务需要强大的信息系统支撑。财务共享服务中心（Financial Shared Service Center，FSSC）的运作依赖运营管理系统、财务核算系统、费用报销系统、发票管理系统、影像管理系统、资金管理系统、预算管理系统等财务共享服务核心应用系统的有效支撑，各系统互联互通，有针对性地整合集成，为企业管理层、企业员工、外部客户、外部供应商等不同角色提供统一的信息集成平台，满足不同客户角色的需求。

财务共享服务中心是近年来出现并流行起来的会计和报告业务管理方式，建设 FSSC 既是时代发展的趋势，也是财务转型的必经之路，更是集团型企业战略发展要求的内在需求。根据统计，近十年，我国企业正在快速部署财务共享服务中心；截至 2015 年，世界 500 强企业中 80%的企业已经或正在部署财务共享服务中心。

2．财务共享服务中心的作用

财务共享服务中心是信息技术催生的产物。财务领域共发生过三次变革，其中复式记账法是第一次变革，标志现代会计的诞生，其主要由管理理念驱动；会计电算化是第二次变革，会计的自动化水平大幅提升，其主要由 IT 技术驱动；得益于互联网及通信技术的普遍应用，财务共享服务中心是第三次变革，还是由信息技术驱动，这次变革将重构财务组织，实现管理的扁平化及信息的透明化。

（1）通过财务共享服务中心将共同的、重复的财务核算、期末关账、会计报表出具等工作从企业个体中抽出，转移到共享服务中心统一处理，其核心作用在于可以推动财务信息标准、流程及规则的统一，通过财务日常工作共享和集中处理实现财务核算运营效率的提升。

（2）由于与决策相关性较低，重复度高、工作量大的会计核算工作被集中起来统一处理，财务共享服务中心将财务人员从繁杂的会计核算工作中脱离出来，有助于财务人员深入业务前端，开展管理会计实践。例如，更加准确的成本核算，有助于在谈判中获得主动权；更加深入细致的盈利分析，有助于优化产品结构，为资金的筹措和运用提供决策依据，实现财务转型。在共享服务中心模式下，财务会计与管理会计的分离成为可能。

（3）在共享服务中心模式下，对财务人员的要求不再像从前那样全面，每个财务人员只需完成整个账目处理中的一个或几个环节。例如，应收账款一项，一个财务人员只需要处理某几个国家的同一个账目处理环节，这就如同工业化的流水线，降低了对流水线上员工的专业深度要求。在大量节省人力资源及人力成本的同时，还保证了操作的准确性和可靠性，并且明确了每个人的责任，有助于员工的绩效考核。

（4）财务共享服务中心可以向外界提供商业化服务，有些公司已经开始利用"共享服务中心"（一般为独立的子公司）向其他公司提供有偿服务。例如，壳牌石油（Shell）建立的"壳牌石油国际服务公司"每年约 8%～9%的收入来自向外界提供服务。

（5）财务共享服务中心是集团型企业强化监管控的重要手段，可以从及时性、有效性和规范性三个方面提升监管控水平，实现从事后监控为主向事中和事前监控转变，提升监控的系统性。通过将国家财经法规、企业管理要求、生产经营风险管控点嵌入财务共享服务中心的审批流程中，控制点前移到业务端，前移到资金支付前，大大提升风控的及时性。在财务共享服务中心建成后，可以实现在线的、集中式的财务监控及审计监控，实现从分散监控向集中监控的转变，审计人员不仅可以在共享中心查阅会计数据，而且可以联查到相应的审批流及发票、入库单、出库单、合同等原始单据，大幅提升监控的有效性。财务共享服务中心的主要特点就是"在线"，即将报销规则、资金支出办法、财务核销规则等制度嵌入流程，对于不符合制度的流程，或者直接退回，或者走特殊问题通道，实现从以线下监控为主向以线上监控为主的转变，从而提升管控的规范性，实现企业管理的良性循环。

3．基本原则

财务共享服务中心建设一般遵循以下原则。

（1）标准与流程统一原则：立足于企业级规范标准统一、业务流程统一的"两个统一"，细化、优化财务流程，明确流程的必要环节，固化关键控制点，有效进行集团级监管控，并且为有效支持决策分析提供标准化的财务数据。

（2）财务业务协同原则：将业务、财务信息集成到一个信息平台，数据源录入唯一、全程共享，实现财务业务操作的信息无缝集成；财务信息与业务信息交叉验证，保证会计信息质量；信息录入前置到业务端，强化业务单位的责任意识，提升业务财务的协同能力。

（3）责权利不变原则：成员单位部分财务业务由财务共享服务中心进行集中处理，成员单位个体现有业务的权利与义务不变、审批权限不变，资金所有权、使用权、财务控制权不变，对经济业务及财务报告真实性的第一责任不变。

（4）统一与差异化兼顾原则：业务流程的设计除遵循以上标准统一的原则外，允许成员单位根据业务类型和权限差异等实际情况进行个性化调整。

4.8.2　主要内容与关注问题

1. 财务共享服务中心建设主要内容

财务共享服务中心建设一般包括规则体系建设、业务流程体系建设和信息平台建设三部分。

1）规则体系建设

规则体系建设包括制度规范、数据规范和运营管理体系建设。完善的规则体系是财务共享服务中心业务流程体系、信息平台建设的依据，是确保财务共享服务中心有效运营的保障。

（1）制度规范体系建设

企业财务管理制度的标准化是财务共享服务模式构建的基础。在财务共享服务中心建设过程中，将会计核算规范、费用管理制度（含差旅）、内部控制制度、资金管理制度，以及财务业务流程管理制度等需要在集团层面制订的标准业务规范，作为财务共享服务实施的文档基础，并且在执行过程中持续监督以保障最终完成财务管理制度标准化的执行。

财务共享制度规范体系为财务共享服务中心的业务活动和内部运营管理制度的制订提供建设依据，一般包括应收管理规范、应付管理规范、员工费用报销管理规范、资金结算管理规范、总账及报表管理规范、流程管理规范等制度及管理办法，根据国家相关法律法规及企业相关管理制度的规定进行制修订。

财务共享服务中心为落实集团财务制度、满足自身运行需要、规范集团内成员单位流程执行的一致性和标准化，需要自行制订制度、流程与管理办法，这些制度建设应在集团财务管理制度、集团内控制度、集团财务共享制度规范体系范围内进行构建和执行。

（2）数据规范体系建设

财务共享数据规范体系包括单证录入数据规范、会计科目使用规范、客户及供应商等主数据使用规范。数据规范是财务共享信息系统应用自动化发展的基础，也是集团实现有效财务监控的数据保障。如果没有集团统一的财务共享单证录入数据规范，则不会有信息系统的顺畅运行，同时，完善的财务共享数据规范也是流程制订和有效信息系统整合的前提条件。财务共享数据规范根据外部环境和内部管理需要不断改进，以保证更有效、更及时地为业务部门提供准确、可靠的数据支撑，同时保证与前端业务部门运营的实际情况相符合。

（3）运营管理体系建设

财务共享运营管理体系以目标管理为导向，形成标准化管理、组织管理、质量管理、绩效管理和对外服务水平规范的基础运营层；在管理成熟度提升后，形成知识管理与服务管理的管理提升层，保障财务共享服务中心稳定健康地发展。随着企业财务共享服务中心管理成熟度的提高，绩效管理、人员管理、服务管理和知识管理也将逐步形成体系。通过成熟度管理制度、绩效管理制度、质量管理制度、时效管理制度、现场管理制度、培训管理制度、服务水平规范等财务共享服务中心管理制度体系，将运营管理体系中每个部分的规范、要求和操作固定下来，是运营管理体系发挥效用的重要保障，指导财务共享服务中心的管理活动有序开展，从而达到提高管理水平，促进组织价值实现最大化的目的。

总体来说，财务共享运营管理制度包括财务共享服务管理相关制度、财务共享质量与绩效管理相关制度、财务共享信息系统应用管控制度、财务共享档案管理制度、财务共享知识管理制度、财务共享岗位职责及人才培养制度。

2）业务流程体系建设

通过对企业财务业务流程现状进行梳理、分析、诊断与评价，结合国家财经制度与法规、会计核算办法、公司内部管理制度，对集团的财务流程予以分级管理，将关键业务流程定义为共性流程，形成集团级财务共享业务流程设计方案，经流程负责人完成流程测试与检验后，编制集团级高阶财务共享业务流程规范制度及流程模板，集团对共性流程的输入、输出、处理过程、应用系统平台和操作环节加强管控，在全集团范围内发布并生效。

业务流程正式实行后，定期进行流程效果评估，如果未达到预期目标可申请修订或优化，以保障流程质量，不断提升流程效率，在将复杂的财务审核工作变得更简单、更标准、分工更为细化、更节省人力成本的同时，逐渐提升业务效率和服务质量。流程优化、修订程序与流程制订程序相同。流程负责人负责流程执行过程中的监督、解释、优化申请及修订申请。

企业财务共享典型业务流程清单如表 4-6 所示。

表 4-6　企业财务共享典型业务流程清单

序号	一级业务流程	二级业务流程	三级业务流程
1	费用与报销管理	报销流程	差旅费核算、招待费核算、车辆费用核算、会议费核算、财务费用核算、通用报账核算
		借款核算流程	借款核算流程
		还款核算流程	还款核算流程
2	物资管理	物资入库	在途物资确认、物资采购入库、物资调拨入库
		物资出库	物资领用出库、物资调拨出库
		物资盘点	物资盘盈（亏）
		物资减值	物资减值
		物资处置	物资处置
3	薪酬管理	薪酬计提流程	工资及奖金核算
		社保福利计提流程	社会保险费核算、住房公积金核算、工会费用核算、员工教育经费核算、劳务派遣核算、员工福利核算

（续表）

序号	一级业务流程	二级业务流程	三级业务流程
4	资金管理	收款管理	银行收款、票据收款
		付款管理	报销入账直接支付、往来挂账集中支付、紧急支付
		资金调拨管理	资金拨入/上划
5	税费管理	所得税核算	个人所得税核算
		增值税核算	增值税核算
		其他税费核算	其他税费核算
6	固定资产管理	固定资产取得	固定资产领用、自建固定资产转资、固定资产调拨
		固定资产折旧	固定资产折旧计提
		固定资产盘点	固定资产盘盈（亏）处理
		固定资产减值	固定资产减值处理
		固定资产报废	固定资产报废
		固定资产处置	固定资产处置
7	无形资产管理	无形资产取得	无形资产采购、自行开发无形资产转资
		无形资产摊销	无形资产摊销计提
		无形资产减值	无形资产减值处理
		无形资产报废	无形资产报废
		无形资产处置	无形资产处置
8	往来款项管理核算	坏账核销核算流程	坏账核销核算流程
		计提坏账核算流程	计提坏账核算流程
9	成本核算管理	生产成本核算	直接成本核算、间接成本核算
		费用分摊核算	制造费用分摊转账核算、辅助费用分摊转账核算
		其他业务成本核算	其他业务成本核算
10	收入核算管理	其他业务收入	资源管理费核算、材料销售核算
		投资收入	分成核算
		营业外收入	营业外收入核算
11	总账报表编制	会计业务处理	财务调整核算、自定义转账、利润分配核算
		财务报告	单体财务报表、合并财务报表

下面以财务共享服务中心的应付账款业务为例来介绍其运作流程。在财务共享服务中心内，应付账款业务一般设有出纳、员工报销专员、供应商付款会计三个职位，其中出纳负责共享服务中心所有本外币付款；员工报销专员负责审核所有员工日常费用；供应商付款会计负责对外资金审核及会计凭证记录。流程一般分为申报、审批及入账和付款三个步骤。

（1）申报。各分公司员工将在实际业务中发生形成的业务票据进行初步整理，然后在分公司通过财务信息管理系统填报并形成一份独立的报销申请单，再由该分公司的相关负责人批复后由专门的管理部门收集并寄往财务共享服务中心。

（2）审批及入账。财务共享服务中心在收到分公司单据后，由专门的管理部门进行登记、分类并根据分类情况发送到相应部门。应付账款小组（AP Team）在收到凭证后逐一确认并在公司的财务系统中进行审核。审核通过后生成文档导入财务模块，自动生成相关凭证；如果审核不通过，应付账款小组则用电子邮件或电话形式与分公司相应人员进行沟通以确认信息的准确性和完整性。在信息确认完成后，如果应付账款小组可直接修改，则要求分公司员工发送一份书面修改请求；如果应付账款小组不能直接修改，则在公司财务信息系统中将申报驳回并要求相关人员对报销进行重新批复。

（3）付款。在生成凭证后，应付账款小组进行付款，并且对相关凭证进行归档。对于公司参股控股的独立法人的凭证将寄回原法人单位。

3）信息平台建设

财务共享服务中心信息系统平台建设包括功能模块、软件及网络部署和接口集成等建设内容。典型的财务共享服务信息平台功能架构如图 4-23 所示。

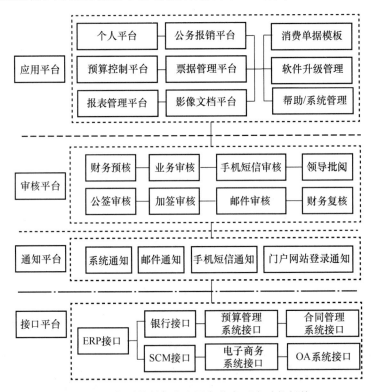

图 4-23　典型的财务共享服务信息平台功能架构

财务共享服务信息平台典型的应用功能如表 4-7 所示。

2.　建设财务共享服务中心需要关注的问题

财务共享服务中心模式虽然具有许多优势，但这种模式并不适合所有的企业，其有效运行需要强大的信息系统、管理模式和员工素质作为支撑，结合共享服务实践者的专业经验，应关注以下问题。

表 4-7　财务共享服务信息平台典型的应用功能

序号	功能模块	功能描述
1	综合主界面	为财务共享信息平台提供常用功能，可快速进入工作区；提供通知、常用下载（如管理手册、报账说明、指引、管理制度等）等信息共享平台，方便各级责任主体的信息沟通；提供待办事项，方便客户快速了解待办工作；同时提供丰富的图表展示功能，可将预算分析中的图表按照需求在首页展现，方便领导在第一时间监控关键指标，从而了解企业的运营情况
2	统计分析	提供各维度的统计分析报表，包括费用统计、总支出统计、大额支付统计等
3	费用报销（对私报账）	差旅费、会议费、办公费、试验费、外协费、日常费用、其他费用等的报销处理；员工借还款管理
4	应付账款（对公报账）	成员单位关联方、非关联方应付账款业务核算，监控各单位各部门付款情况，帮助成员单位降低资金占用、合理规避风险
5	智能终端应用	支持客户通过智能终端进行待办审批、影像上传、拍照等快捷操作
6	应收账款	成员单位各部门的收款业务核算，提高催款预警能力，从而帮助规避坏账风险
7	总账	提供人力成本、营业外收支、投资、权益等多种总账报账功能
8	固定资产	对企业的固定资产进行相关会计核算业务处理
9	电子档案	减少纸质或单机电子档案，提供电子档案的调阅、归档、跟踪等功能
10	影像管理	提供影像扫描等多种功能，包括影像采集、影像凭证关联、影像档案管理、影像跟踪管理等
11	作业管理	提供统一的作业平台，在工作台集中处理各业务环节流转到共享中心的任务；服务人员可通过手工领取和自动接单两种方式获取任务
12	知识管理	将财务共享服务中心相关制度、规范和知识加以总结、沉淀、管理，便于内外部客户引用参考
13	绩效管理	主要管理共享中心的员工绩效指标，对共享中心的服务进行监督和打分，便于进一步提高共享中心的服务效率
14	作业质量管理	提供质量指标，通过稽核、反馈等多种手段，检查共享中心的作业质量
15	信用管理	对员工个人信用及供方信用进行标记，区分出黑灰名单，以便在报账单提交时进行事前控制
16	流程管理	提供单据审批及自定义配置功能；提供流程引擎工具，支持用户自定义流程节点
17	系统管理	提供系统账号管理、权限管理、分组设置、系统日志等功能
18	接口集成	提供与 ERP 系统（含核算系统）、预算系统、合同系统等的接口
19	对端接口开发	提供对接系统的接口及部分功能进行改造的功能

（1）企业适宜性。财务共享服务中心一般为人员素质较高的企业所属各分支机构、办事处服务。这些分支机构、办事处往往只承担销售任务，而无复杂的财务核算需求。适合建立财务共享服务中心的企业包括金融企业、服务企业、制造业的销售网点、连锁企业、通信服务业等；不适合建立财务共享服务中心的企业包括制造业的工厂、勘探业、信息化程度较低的企业等。

（2）信息系统支撑。在财务共享服务中心模式下，远程财务流程的建立需要强大的网络系统支持，需要强大的企业信息系统作为 IT 平台，只有利用现代 IT 技术，才能使企业、集团的财务共享服务真正落到实处。IT 技术的发展，特别是 ERP 系统的出现，推动了"财务共享服务"概念在企业界的实践和推广。利用 ERP 系统和其他信息技术，财务共享服务模式可以跨越地理距离的障碍，向其服务对象提供内容广泛的、持续的、反应迅速的服务。但为了满足财务共享服务中心的需要，必须指派专人负责设计财务共享中心的信息管理模式及提升信息系统管理功能，这些花费都非常巨大，甚至给企业造成严重的负担，更有甚者因为盲目推崇昂贵的国外大型信息系统而导致破产。

（3）管理模式变革。财务共享服务模式不是由财务部门发起的，而是随着企业、集团公司的管理变革而产生的。当企业规模扩大、业务类型和管理层级不断增加时，企业各分/子公司的多套财务系统会导致企业财务人员与管理费用快速膨胀、财务流程效率降低、重复设备投资规模加大、内控风险上升等问题。多个独立、粗放而臃肿的财务"小流程"使总部统一协调财务变得越来越困难，增加盈利的代价就是加大风险。当这些现实严重毁损着企业的核心价值时，传统的财务管理模式就已经成为制约企业发展的瓶颈。这时，企业必须站在战略的高度上，进行自身的管理变革，在变革中寻求突破。

（4）财务组织变革。在共享服务模式下，必须进行财务组织结构的深度变革。财务共享服务是将共性的、重复的、标准化的业务放在共享服务中心，它同时汲取了分权和集权的优势，摒除各自的弊端，使财务共享中心成为企业的财务集成芯片，日常业务集中处理，总体职能向广阔和纵深发展，让财务在共享管理中直接体现出价值增值。通过财务共享方案的实施促使财务人员转型，使财务人员的职能由记账转向财务建议、财务管理，为各部门、各项业务提供财务支持，对市场变化做出反应，只有把工作重心转到高价值的决策支持上来，才能更好地实现财务职能，满足企业战略、组织的需要。

（5）财务制度与政策统一。如果没有统一的制度政策，即使进行组织架构改革，仍然会出现问题。所以必须要有统一规范的财务作业标准与流程，通过有效整合后，把制度政策配套起来切入系统，保证前端业务部门按照制度和政策去运营，并且根据外部环境和内部管理的需要不断完善与改进。

（6）法律法规限制。财务共享服务中心将不同国家、不同地点的实体会计业务集中到共享服务中心来记账和报告，这样做的好处是保证了会计记录和报告的规范、结构统一，而且由于不需要在集团的每个公司和办事处都设置会计，还节省了系统和人工成本，但要注意这种操作可能会受限于某些国家的法律规定。

第 5 章

企业信息化管理考核类方法

5.1 信息化发展阶段模型

企业信息化是一项长期的、持久的系统工程，是一个循序渐进的过程，不可能一蹴而就，必须分阶段、分系统、分步骤实施。处于不同阶段的企业具有不同的特征，预期实现目标和关注问题也有所不同，分阶段逐步推进信息化，可以降低投资风险，提高成功率，使得企业信息化建设与企业发展相辅相成、相互促进。

信息化发展阶段模型可以很好地解释上述事实，并且能有效地指导企业的信息化相关工作。

5.1.1 Nolan（诺兰）模型：六阶段

20 世纪六七十年代，美国哈佛大学教授诺兰（Nolan）对西方信息系统建设所走过的"曲折道路"进行了大量的调研，经过分析后得出反映信息系统发展过程的阶段理论假说，并且于 20 世纪 70 年代中期首先提出信息系统发展的四阶段模型，后来经过完善形成了六阶段模型，即 Nolan 模型，如图 5-1 所示。Nolan 模型是第一个描述信息系统发展阶段的抽象化模型。

Nolan 模型主要观点如下。

（1）任何组织由手工方式向信息系统发展时，都存在着一条客观的发展道路和规律。信息系统发展过程可分为初始期、普及期、控制期、整合期、数据管理期和成熟期六个阶段。

（2）信息化发展过程是一种波浪式的发展历程，前三个阶段偏重数据处理，后三个阶段则偏重将信息作为一种企业发展不可或缺的资源进行管理。其中，从第三个阶段到第四个阶段的发展是一个质的飞跃，导致整合期可能会出现"技术性断点"特征。

（3）任何组织的信息化发展过程必须按照六个阶段顺序进行，并且各阶段之间不能截然分开，一般不能跳跃式发展。

（4）在由初、中级阶段向高级阶段发展的转折点进行信息资源规划是最佳时机，此时往往也是信息化建设转型和升级的战略期，需要加强数据治理，注重数据标准化建设，从根本上做好应用系统的集成化开发。

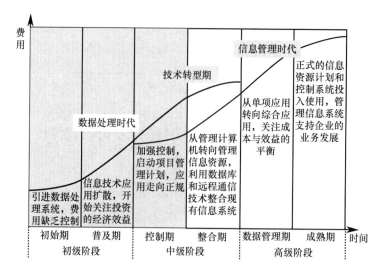

图 5-1　Nolan（六阶段）模型

Nolan 模型各阶段主要特点如表 5-1 所示。

表 5-1　Nolan 模型各阶段主要特点

阶段	主要特点
初始期	组织引入像财务处理之类的数据处理系统，各职能部门更多关注自己组织内部数据的处理和工作效率的提高。企业对 IT 的战略投资缺乏规划和控制，数据处理成本较高。由于多种原因，用户对系统持观望甚至敌对态度
普及期	信息技术应用开始扩散，自动化被提上系统应用日程。信息系统方面投资的经济效益问题开始被关注，但实质性控制还不存在
控制期	用户开始对系统的投入产出比给予更多关注，管理者开始召集来自不同部门的用户组成信息化实施委员会，以共同规划信息系统的发展。信息管理成为一个正式部门职能，以控制其内部活动，启动了项目管理计划和系统发展方法。应用开始变得正规，为将来的信息系统发展打下基础
整合期	组织从管理计算机转向管理信息资源，是一个质的飞跃，可能会出现"技术性断点"特征。前三个阶段产生很多信息孤岛，本阶段开始使用数据库和远程通信等技术，努力整合现有的信息系统
数据管理期	信息系统开始从支持单项应用向逻辑数据库支持下的综合应用转变。组织开始全面考察和评估信息系统建设的各种成本和效益，全面分析和解决信息系统投资中各领域的平衡与协调问题
成熟期	中高层管理者的信息化意识开始发生质的转变，开始把管理信息系统从一种独立的工具提升为组织不可缺少的部分。IT 规划和控制日渐成熟，对 IT 的绩效评估被提上企业信息化的管理日程。将信息作为一种资源进行重点管理，信息资源也在正规的系统管理下发挥出巨大的效用

5.1.2　Synnott 模型：四阶段推移

美国信息专家 William R. Synnott 参照 Nolan 模型提出了"四阶段推移说"，即 Synnott 模型。他认为 Nolan 模型仅关注技术细节，而没有建立信息资源与组织整体目标的联系，组织必须在信息系统的开发过程中充分考虑如何最优化配置信息资源，系统集成完成后加强数据资源的管理和利用，才能充分发挥企业因信息系统的建立而在同类组织中形成的竞争优势。

Synnott 模型从在信息系统建设中如何更加有效整合信息资源的角度出发，用四个阶段向前推移来描述在信息系统建设中所处理的信息，如图 5-2 所示。

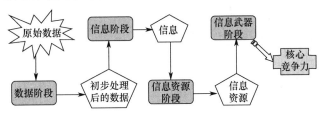

图 5-2　Synnott（四阶段推移）模型

（1）数据阶段：处理信息系统中分散的原始数据。

（2）信息阶段：随着数据的不断蔓延和激增，初步处理后的数据向形成信息的再存储阶段推移，将不同应用系统中的数据存储到不同数据库中。

（3）信息资源阶段：经过类似 Nolan 模型中的技术性断点，将整体数据集成统一化管理，把信息作为组织的经营资源。

（4）信息武器阶段：随着公有的或私有的通信网络能力的增强，加强能为组织带来竞争优势的、以商用为主的数据库中信息资源的管理和应用。

Synnott 模型特别强调，在信息作为资源的组织管理阶段，应该重视作为信息资源管理者的首席信息官（CIO）在组织和管理信息中作为特殊角色的作用。该模型是 Nolan 模型的继承与创新，为企业管理信息的模式选择进一步明确了方向，即现代组织中的信息管理应提升信息资源转化为竞争武器的速度和力度。

5.1.3　Mische 模型：四阶段五特征

20 世纪 90 年代，美国信息化专家 Mische 在仔细分析 Nolan 模型和 Synnott 模型后得出结论。随着信息技术的迅速发展和集约化管理需求的日益强烈，Nolan 模型体现不出各种信息技术的综合运用，以及信息技术作为整个组织发展要素必须与经营管理相结合等特征；而 Synnott 模型虽然反映了信息系统集成与信息资源管理之间不可分割的关系，但仍然没有体现出知识、管理、信息技术的综合运用水平等在企业信息化中的作用。

经过大量调研与研究后，Mische 认为信息系统整合与数据管理密不可分，基于 Nolan 模型和 Synnott 模型，提出了"四阶段五特征"的 Mische 模型，如图 5-3 所示。

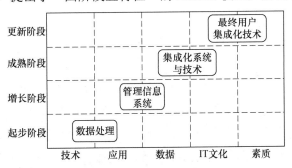

图 5-3　Mische（四阶段五特征）模型

Mische 模型从四个阶段描述了企业信息技术综合应用连续发展的特征。

（1）起步阶段：信息系统主要是利用信息技术实现一些局部的、有代表性的应用，完成数据处理功能，集成程度低。

（2）增长阶段：信息系统主要实现应用系统和数据管理的初步整合集成，形成数据管理信息系统并能提供结构化的决策支持。

（3）成熟阶段：信息系统不但能从信息技术、信息资源、纵向管理和组织内横向资源管理方面实现数据的集成和应用系统的整合，还能在集成过程中融入先进的组织文化并在信息系统中体现。

（4）更新阶段：信息系统不但能够实现整个组织供应链的有效管理，还能提高并体现组织内全员文化及素质，也能影响组织内外所有的最终用户，增强组织的灵敏度和适应度，从而提高组织的核心竞争力。

Mische 模型的四个阶段由技术、应用、数据、IT 文化、素质五个方面的特征决定。这些特征可以帮助组织确定自己在信息技术综合应用的连续发展中所处的位置。参照 Mische 模型，企业可以找出信息技术应用与连续发展方面的差距，有助于找出改进的方向。

5.1.4 Edgar Schein 模型：四阶段

Edgar Schein 从新的信息技术获取及消化的角度，提出了一个描述组织信息化发展的框架，以此来指导企业的信息化建设，称为 Edgar Schein 四阶段模型，如图 5-4 所示。

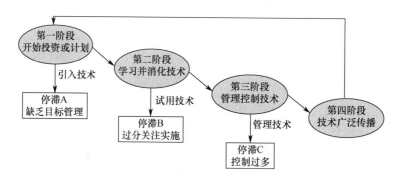

图 5-4　Edgar Schein（四阶段）模型

Edgar Schein 模型将新技术应用过程分为四个阶段，且四个阶段并不是连续的，必须在满足一定条件的情况下才能进入下个阶段。如果管理者没有对那些出现在尝试新技术过程中的无序状态加以认真分析，就有可能引发阶段的停滞，导致不能及时发现新技术的实际效益或无故耽误新技术的应用过程。下面分别介绍四个阶段。

（1）开始投资或计划阶段。在此阶段，组织决定投资新的技术（如 OA、ERP），一旦新技术显现出优势就进入学习并消化技术阶段。但是，如果没有重视对初始系统的选择，就有可能因为费用过多、缺乏目标管理和未预料到的技术问题而引起停滞 A，从而导致无限期地耽误新技术的进一步发展。

（2）学习并消化技术阶段。在此阶段，组织对新技术的成功尝试促进了应用信息系统的进一步发展，用户开始学习使用信息系统处理业务，如果用户能够更好地理解新技术及其特点，并且有效地使用，组织将进入管理控制技术阶段。但是，如果组织过分关注实施，则会导致对新技术的应用学习失败，引发停滞 B。

（3）管理控制技术阶段。在此阶段，组织认识到信息技术的重要性，并且能够在系统实施与开发过程中进行正确的控制。这些控制可以保证信息技术应用具有合理的性能价格比，如果此阶段成功，组织将向各部门推广这种应用，然而过多的控制会导致停滞 C，进而限制信息技术向其他部门的扩散。

（4）技术广泛传播阶段。在此阶段，新技术广泛传播，被转移到组织的其他部门，战术性的专业知识也得到推广。

5.1.5　技术信息卓越度模型

技术信息卓越度模型是由 Soumetra Dutta 等提出的一种信息技术创新战略模型，用以描述信息技术对组织绩效创新的潜力，如图 5-5 所示。图中横轴为"技术卓越度"，表示组织内技术技能的充分性；纵轴为"信息卓越度"，表示组织计划与管理其业务信息需求的能力。

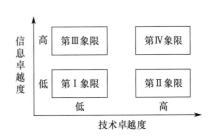

图 5-5　技术信息卓越度模型

该模型描述了组织的技术卓越度和信息卓越度与组织利用信息技术进行绩效创新和改进之间的关系，准确地说，就是任何组织只有具有适当的技术卓越度和信息卓越度，才能成功地利用新技术进行绩效创新；借助该模型，可以给出组织信息化由低级向高级发展的战略过程。

（1）技术推动型战略。处于第 I 象限的组织，在信息化过程中可将重点集中在提高其技术技能上，同时将组织的技术基础架构提升到适当的质量和可靠的水平上。如果做到了这一点，组织的信息化建设就进入了第 II 象限。当然，处于第III象限的组织在向第IV象限进化的过程中，也可采用技术推动型战略。

（2）服务推动型战略。该战略适用于处于第 II 象限的组织，这种组织需要做垂直运动，向第IV象限发展。处于第 II 象限的组织，其技术技能和信息技术基础架构已经达到了稳定可靠的水平，此时技术部门就应将重点集中在识别内外部用户的需求，满足甚至超越用户的期望，与内外部用户建立良好的合作伙伴关系，就双方都能接受的成本水平和服务要求达成共识，并且按照承诺及时交付。此时，组织信息化建设的主要目标是提高信息服务水平。

（3）价值推动型战略。该战略适用于处于第 IV 象限的组织，此时组织信息化的目的是实现价值创造。即使是技术卓越度和信息卓越度都较高的组织，其 CIO 也必须与最高管理层之间形成一种积极的合作关系，确保最高管理层理解信息技术在价值创造中的重要作用，并且通过技术部门有效地服务组织经营管理的终极需要，来创造市场价值。

显然，技术信息卓越度模型是从进化过程的角度来描述组织信息化水平的，该模型的优点是既考虑了信息技术，也考虑了信息资源，把组织的信息化过程与组织的战略发展目标紧密地结合在一起。

5.1.6 某中央企业信息化发展阶段模型：五阶段（2014 版）

某中央企业于 2014 年为了对所属单位信息化水平进行整体评价，将企业信息化能力水平划分为五个发展阶段，如图 5-6 所示。

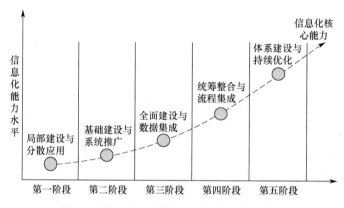

图 5-6 某中央企业信息化能力水平发展阶段

某中央企业信息化发展阶段及特征描述如表 5-2 所示。

表 5-2 某中央企业信息化发展阶段及特征描述

阶段名称	阶段描述	阶段特征
局部建设与分散应用	处于起步阶段，基本处于传统以手工方式为主的管理状态，局部利用信息技术，未整体考虑信息系统建设，没有构成企业基本软硬件平台，局限在小范围应用和单业务的管理信息电子化	（1）单机为主。 （2）小范围应用信息技术和实现业务管理信息电子化
基础建设与系统推广	处于基础建设阶段，信息化基础建设是企业信息化建设的重点。信息系统应用初步支撑单点或局部业务工作，数据标准化及一致性很难保证，信息资源不能集成共享。IT管理处于起步阶段，初步建立基本的信息化项目管理过程	（1）局域网应用广泛，网络质量、计算机数量等基础设施满足用户需求。 （2）信息系统覆盖率达到 40% 以上。 （3）初步开发 OA 等管理系统，但不同系统间未互联互通，信息资源不能集成共享
全面建设与数据集成	处于各类信息化应用全面开展建设阶段，实现信息系统间点对点集成，在部分系统间实现数据集成、业务协同。部分主要业务领域的信息化建设已经较深入，并且开始涉及对业务模式的改变，信息化基础设施仍是建设的重点内容之一	（1）有完善的信息化组织体系。 （2）信息化基础设施较为完善。 （3）信息系统覆盖率达到 60% 以上。 （4）存在部分系统间点对点集成

（续表）

阶段名称	阶段描述	阶段特征
统筹整合与流程集成	（1）处于变革阶段，信息化应用及应用集成成为企业信息化建设重点，数据的标准化及一致性有明显提高，信息化由单点、部门内应用逐步拓展到企业内的全过程应用，触及企业管理模式优化，组织的职能制与先进过程管理制需要新的平衡点，从提高效率转向获取效益需要迈出一大步。信息化管理在战略规划管理、项目管理、服务管理、风险控制等方面均取得初步成果。 （2）信息化开始进入统筹建设时期，原有孤立的应用系统不断整合。主要业务信息化应用深入所有业务领域，并且触动了管理业务模式的变革。信息化应用集成不断推进，主要信息系统间实现了数据共享、业务协同。 （3）信息化管理工作的作用在信息化建设各层面体现，在规划、项目管理、安全管理、服务管理、风险控制等方面均形成了管理制度及工作流程	（1）有完善的信息化组织体系。 （2）信息化基础设施较为完善。 （3）信息系统覆盖率达到 60% 以上。 （4）有企业信息化架构及其他系统性的规划方案。 （5）建成企业统一门户，已实现多系统单点登录。 （6）建成数据交换平台，主要信息系统间实现了数据共享、业务协同。 （7）建成决策支持系统，能够为决策层快速提供企业管理和运营的关键数据报表
体系建设与持续优化	（1）处于价值集成阶段，信息化对企业价值提升作用明显。业务信息化实现企业内业务流程全覆盖，实现内部业务全面协同及上下游企业协同。在企业管理上以协同管理和行业标准为基础，在技术上以集约化、一体化、服务化为特征，两化深度融合特征明显。 （2）企业内部建立了较为完备的标准体系和规范，并且在业务信息化中全面应用。 （3）信息化管理模式已经形成，信息化建设在总体架构下有组织、有目的、有计划地开展	（1）有完善的信息化组织体系。 （2）信息化基础设施较为完善。 （3）信息系统覆盖率达到 80% 以上。 （4）有企业信息化架构及其他系统性的规划方案。 （5）建成企业统一门户，已实现多系统单点登录。 （6）建成数据交换平台，主要信息系统间实现了数据共享、业务协同。 （7）建成决策支持系统，整合本企业内外部相关信息，能够对管理数据进行深度挖掘和预测，提供决策建议，决策支持系统中 KPI 指标项 50% 及以上可直接从业务系统中获取。 （8）财务系统与相关业务系统紧密集成

5.2　信息化评价指标体系

企业信息化评价是依据评价指标体系标准，对企业信息化投入与产出的整体状况进行客观、全面的评价。信息化评价主要有以下目的。

（1）帮助企业了解信息化的基本状况，确定下一步的建设目标。同时，有助于分析企业的内部因素和外部因素，深刻认识存在的困难及问题，找到合适的解决方法。在推进信息化建设的过程中，应始终以提高管理水平和核心竞争力为目标。

（2）帮助企业以其有限的投资发挥最佳的效果，合理地配置信息化资源，从而使资源得到有效利用。

（3）帮助企业以行业内的标杆企业为参照，对比其自身的建设情况，找出差距，从而分析并找出差距产生的原因，以便进行下一步的改进。

（4）使企业的发展战略及信息化有机结合，进一步提高企业的管理水平，促进企业相应约束机制的建立，使其信息化取得更佳的效果。

（5）使政府主管部门能够掌握所管辖区企业信息化的状况，为政府信息化投资、政策制订提供客观的依据。

建立科学、实用、可操作性强、可量化的评价指标体系是企业信息化水平客观、公正评价的前提。所选取的评价指标应遵循如下原则。

（1）科学性。评价指标应能够完整、系统、准确地反映企业信息化建设工作的实际情况，指标体系中各项指标应可量化，同级别评价指标相互独立，不存在内容上的交叉重叠和因果关系；数据采集尽量采用相对值，以便于不同时期、不同单位之间信息化水平的比较。

（2）导向性。信息化评价不仅是对企业一定时间内信息化项目的管理、应用效果、信息化工作业绩做出客观、公正的综合评价，而且也是制订信息化规划和引导信息化建设项目等工作的重要组成部分。评价指标应能够反映信息化工作的开展现状和趋势。

（3）可操作性。评价指标为衡量企业信息化建设成果提供了统一的标尺，应具有广泛的适应性。评价指标应易于选取，指标体系应易于构建，评价数据应易于采集并可分析。

（4）可调整性。随着信息技术的不断发展，企业每年的信息化建设工作重点都会有所不同，在信息化建设的不同阶段，需要根据工作重点对指标体系进行相应的调整和改变。因此，评价指标体系应具有可扩展、可动态调整性，以实现信息化评价工作的不断优化和完善。

5.2.1　我国第一个信息化评价指标体系

国家信息化测评中心通过研究国际上几十种指标体系并结合中国国情，历时一年多，于 2002 年 10 月正式发布了我国第一个面向效益的信息化评价指标体系。该指标体系第一次将"建设有效益的信息化"要求以评价指标的形式落到实处，第一次提出了从效能角度全面评估企业信息化水平，可用于全面评估我国企业的信息化发展和应用水平。

该指标体系分为基本指标、补充指标、评议指标三个部分。基本指标是反映企业信息化基本情况的统计调查指标，可形成对企业信息化基本发展状况的标准化客观定量分析结论。补充指标由适宜度和灵敏度指标构成；适宜度指标包括战略适宜度、投资适宜度、应用适宜度、资源匹配适宜度和组织与文化适宜度；灵敏度指标包括信息灵敏度、管理运行灵敏度和对外反应灵敏度。评议指标是对影响企业信息化实效的特殊非定量因素进行判断的评价指标，以此形成对企业信息化评价的定性分析结论。

基本指标由两级指标组成，根据权重计算后获得基本指标评价得分，反映企业信息化基本发展状况，具体权重根据综合评价法，结合政策或考核导向确定。基本指标构成如表 5-3 所示。

表 5-3　基本指标构成

一级指标	二级指标	指标解释	指标数据构成	序号
战略地位	信息化重视度（分）	反映企业信息化的重视程度和信息化战略落实情况	企业信息化最高领导者的地位；首席信息官（CIO）职位级别设置；信息化规划和预算的制订情况	1
基础建设	信息化投入总额占固定资产投资比重（%）	反映企业对信息化的投入力度	软件、硬件、网络、信息化人力资源、通信设备等投入	2
	每百人计算机拥有量（台）	反映信息化基础设施状况	大、中、小型机；服务器；工作站；PC 机	3
	网络性能水平（分）	反映信息化基础设施状况	企业网络的出口带宽	4
	计算机联网率（%）	反映信息化协同应用的条件	接入企业内部网的计算机比例	5
应用状况	信息采集的信息化手段覆盖率（%）	反映企业有效获取外部信息的能力	采集政策法规、市场、销售、技术、管理、人力资源信息时信息化手段的应用状况	6
	办公自动化系统应用程度（分）	反映企业办公自动化状况	是否实现了发文管理、会议管理、信息发布、业务讨论、电子邮件、信息流程的跟踪与监控等	7
	决策信息化水平（分）	信息技术对重大决策的支持水平	是否有数据分析处理系统、方案优选系统、人工智能专家系统等	8
	核心业务流程信息化水平（分）	核心业务流程信息化的深广度	主要业务流程的覆盖面及质量水平	9
	企业门户网站建设水平（分）	反映企业资源整合状况	服务对象覆盖的范围；可提供的服务内容	10
	网络营销应用率（%）	反映企业经营信息化水平	网上采购率；网上销售率	11
	管理信息化应用水平（分）	反映信息资源的管理与应用状况	管理信息化应用覆盖率及数据整合水平	12
人力资源	人力资源指数（分）	反映企业实现信息化的总体人力资源条件	大专学历以上的员工占员工总数的比例	13
	信息化技术普及率（分）	反映人力资源的信息化应用能力	掌握专业 IT 应用技术的员工比例；非专业 IT 人员的信息化培训覆盖率	14
	学习的电子化水平（分）	反映企业的学习能力和文化的转变	电子化学习的员工覆盖率；电子化学习中供选择的学习领域	15
信息安全	信息安全的费用占信息化投入的比例（%）	反映企业信息化安全水平	用于信息安全的费用，包括软件、硬件、培训、人力资源支出等	16
	信息安全措施应用率（%）	反映企业信息化安全水平	信息备份、防非法侵入、防病毒、信息安全制度与安全意识培训等措施的应用状况	17

（续表）

一级指标	二级指标	指标解释	指标数据构成	序号
企业效益 指数	库存资金占用率（%）	反映企业信息化效益状况	库存平均占用的资金与全部流动 资金的比例	18
	资金运转效率（次/年）	反映企业信息化效益状况	企业流动资金每年的周转次数	19
	企业财务决算速度（日）	反映企业信息化响应水平	从决算指令发出到完成一次完整 的企业决算所需的最短时间	20
	增长指数	反映企业绩效	销售收入增长率、利润增长率	21

5.2.2 中央企业信息化评价指标体系示例（2008 版）

国务院国有资产监督管理委员会于 2008 年下发《中央企业信息化评价暂行办法》，编制了中央企业信息化评价指标体系，开始对中央企业信息化水平进行常态化评价。考虑到中央企业具有行业分布广泛、所属企业众多、多级管理体制等特点，该指标体系将行业细分为生产制造型、科研设计型、服务型、建设建筑型、军工型、其他六大类型，且对于"公共"属性的数据采集项，集团总部和所属企业权重比例设定为 3:7。

该指标体系由两级指标组成，如表 5-4 所示。

表 5-4   中央企业信息化评价指标体系分类及权重

一级指标	权重	二级指标	权重	序号
信息化领导力	16	认知度与推动力	4	1
		信息化战略与规划	5	2
		信息化工作执行力	7	3
信息化基础建设	20	信息化投资策略与投资结构	6	4
		系统架构技术路线	4	5
		信息化标准规范与管控体系	5	6
		基础设施建设水平	5	7
信息化应用与效果	40	主营业务信息化	10	8
		管理信息化	14	9
		企业协同与电子商务	3	10
		信息化集成水平	8	11
		变革与创新	5	12
IT 服务管理与 IT 治理	16	信息化建设项目管理	4	13
		信息安全管理	7	14
		运维管理	2	15
		IT 绩效管理	2	16
		IT 治理	1	17
信息化人力资源	8	信息化培训	4	18
		信息化人才	4	19
—	100	—	100	—

中央企业信息化评价一级、二级指标权重及含义如表 5-5 和表 5-6 所示。

表 5-5　中央企业信息化评价一级指标权重及含义

一级指标	权重	含义
信息化领导力	16	企业信息化领导、组织、管理并保证信息化工作健康发展的综合能力
信息化基础建设	20	体现信息化投资、系统架构、标准化等信息化基础设施的建设情况，为企业信息化准备基础条件
信息化应用与效果	40	反映集团内信息化关键应用的广度、深度，信息资源开发利用水平及推动企业变革与创新的情况
IT 服务管理与 IT 治理	16	反映信息安全、运维、服务管理、绩效管理机制的建设情况
信息化人力资源	8	反映 IT 培训、用户技能、IT 人员配置等情况

表 5-6　中央企业信息化评价二级指标权重及含义

二级指标	权重	含义
认知度与推动力	4	从领导对信息化的认识、信息化领导小组建设情况和高层对信息系统的使用情况、信息化是否纳入领导绩效考核等方面体现企业高层领导对信息化认识的水平和推动力度
信息化战略与规划	5	从信息化规划的方式/级别/调整周期/参与人员、业务部门参与程度、预算制订方式、工作计划与信息化规划相符度等角度，评价企业信息化战略与企业发展战略的融合水平
信息化工作执行力	7	从 CIO 的职位设置情况、信息化管理部门的配置及职责、编制满员率、信息化规划年度工作完成率、上一年度预算完成率、企业文化对鼓励变革的力度及国家重点任务承担与完成情况等方面，评价企业落实各项信息化工作的能力
信息化投资策略与投资结构	6	从企业信息化预算占销售收入百分比、软件与服务投入占信息化总投入百分比、信息化安全费用占信息化总投入百分比等方面，评价信息化投资的力度和合理性
系统架构技术路线	4	评价技术路线的集中度和信息技术架构水平
信息化标准规范与管控体系	5	从集团发布的信息化标准和管理规范体系两方面进行考核
基础设施建设水平	5	评价集成统一网络建设情况、广域网带宽、计算机联网率、基础架构与应用匹配度、数据中心建设情况等方面
主营业务信息化	10	评价主营业务系统建设的"四统一"情况、主营业务系统的业务覆盖率、主营业务系统的普及率、主营业务系统的集成共享水平和共享方式等方面
管理信息化	14	评价集团综合管理信息系统的覆盖率和普及率、财务管理系统建设情况、办公自动化系统建设情况、企业门户建设情况、决策支持系统建设情况、知识管理情况等方面
企业协同与电子商务	3	评价企业协同与电子商务的信息系统应用情况、网上销售和网上采购的比例、与主要合作伙伴的协同水平、企业内部的系统水平等方面
信息化集成水平	8	评价数据库应用覆盖业务领域情况和在已覆盖的业务领域中实现集成与共享的业务领域情况
变革与创新	5	评价管理流程优化和业务流程优化、主要业务系统与企业发展需求的匹配程度等方面的工作
信息化建设项目管理	4	从信息化项目管理现状、年度信息化项目按时完成率、年度信息化项目预算完成率等角度评价信息化项目管理的水平

（续表）

二级指标	权重	含义
信息安全管理	7	从信息安全建设参考标准、是否有统一的安全管理要求、信息化安全机制建设情况、主要采取的安全措施、是否被企业通报或列为企业安全事故的信息化事件、信息安全管理现状等方面评价信息化安全管理水平
运维管理	2	从企业信息系统参考的认证标准、企业信息系统通过的认证标准、运维应急预案情况、运行维护的费用到位率、运行维护的制度到位情况、运行维护的考核到位情况、系统平均无故障运行情况、服务能力建设中应用的核心流程（或职能）等方面评价运维管理水平
IT绩效管理	2	从IT绩效管理制度情况、信息化工作奖励方面的奖项设置情况、奖项设置的范围、信息化机构成熟度情况等方面评价IT绩效管理水平
IT治理	1	从信息化支持企业内控管理达到的水平及通过的IT审计情况、IT年度报告编写情况、风险管理信息系统已涵盖的流程和控制的环节、信息化对本企业风险管理的支持程度、实施后评估的项目比例等方面评价IT治理水平
信息化培训	4	从信息化用户培训计划、培训支出占IT总投入的比例、信息化全员培训覆盖比例、应用系统培训参训率、基于网络的电子化学习等方面评价信息化培训水平
信息化人才	4	从企业在岗员工大中专学历以上的员工占企业员工总数的比例、企业拥有及控制的专业IT人员数量占企业员工总数的比例、企业所属IT专职人员获得IT相关专业资格认证的人员比例、信息化管理部门主管的知识结构和管理经验、信息化人才政策、业务人员的计算机能力纳入岗位说明和任职考核的情况等方面评价信息化人才情况

5.2.3 某中央企业所属单位信息化评价指标体系（2014版）

某中央企业于2014年下发《信息化评价管理办法》，根据国家有关部门相关要求和自身信息化阶段性发展目标，编制了所属单位信息化评价指标体系。

指标项按照层次可分为一级、二级和三级，三级指标项下再细分为数据采集项。指标项根据评价侧重点不同分为过程型指标和结果型指标两类。过程型指标侧重对信息化工作的持续性过程进行评价，结果型指标侧重对信息化建设达到的实际水平进行评价。

按照所属单位业务信息化特点，将开展信息化评价的所属单位分为军工类、制造类、建筑类、电子信息类、贸易类、服务类。各类型单位评价指标重点各有侧重，指标权重每年根据情况进行调整。

考虑到所属单位属于子集团管理模式（管理着多家下级单位），所采集的数据应能体现所属单位信息化整体情况，因此，当涉及主营业务信息化水平、经营管理信息化水平、集成与协同信息化水平等指标时，所采集的数据应覆盖至少一家下级单位。

该指标体系具有以下特点。

（1）系统性。综合考虑水平评价、工作评价和资源评价三类指标，构成企业信息化的评价要素，对平台化建设、全覆盖、业务就绪、数据管理、信息安全等方面进行重点细化。

（2）实用性与可操作性。指标尽量以可量化为主，将过程型评价与日常管理工作相结合，为信息化工作考核提供支撑。

（3）可扩展性。在总体框架相对稳定的前提下，方便适时调整和修订，不断优化和完善。

所属单位过程型、结果型指标分类及数据采集项如表 5-7 和表 5-8 所示。

表 5-7 所属单位过程型指标分类及数据采集项

一级指标	二级指标	三级指标	数据采集项
信息化人力组织建设	信息化领导力	高层领导认知度 高层领导参与度	业绩考核与重点工作中信息化工作占比、一把手参与情况
	信息化组织架构	CIO 体系建设情况 信息化职能部门建设情况	全级次单位 CIO 设置、信息化管理部门设置、信息化人员配置及占比
	信息化人力资源	信息化培训 专业技术水平 技术职务体系建设	信息化人员职位体系和晋升通道、信息化人员培训及比例、高级职称占比、专业证书人员占比
信息化综合管理	顶层设计与规划	信息化战略规划 信息化总体架构设计	信息化规划与总体架构编制及宣贯
	投资及预算管理	信息化投入及分布 信息化预算管理	信息化投入总额及占比（营收或利润）、投资构成、预算管理方式
	信息化项目管理	项目管理精细化程度 业务部门参与度	预算管理过程颗粒度、信息化工作中业务部门职责定位、项目团队中业务人员职责定位
	信息化管理规范	管理规范制订 管理规范执行	管理制度及规范覆盖领域、执行与检查情况
	信息化绩效考核	绩效考核体系建设情况 绩效考核执行情况	绩效考核体系覆盖范围、绩效管理状态、工作奖励
	IT 服务管理（侧重管理体系、组织、制度）	信息化运维管理 信息安全管理	运维体系覆盖范围、运维管理情况、信息安全责任体系与管理职责、信息安全自查、政策性备案、第三方测评、问题整改
	标准体系建设与执行	标准体系建设 标准体系执行	标准体系覆盖范围、标准数目、标准制订年度计划、标准执行与检查情况

表 5-8 所属单位结果型指标分类及数据采集项

一级指标	二级指标	三级指标	数据采集项
信息化基础环境建设	信息化基础设施水平	网络水平 百人计算机占有量 信息化基础设施资源规划利用状况	全级次单位网络覆盖率、内部主干网带宽、网络出口带宽、百人计算机占有量、虚拟化技术应用情况
	数据资源建设成果	主数据管理水平 数据仓库建设 数据集成共享	主数据规范、管理系统建设、所管理主数据类型、主数据应用情况、主数据管理情况、跨系统共享数据类型、数据集成技术应用情况
	信息系统安全稳定运行水平（侧重技术、成果、水平）	运维水平 信息安全水平	自动化运维管理系统建设、重要系统数据恢复速度、数据备份周期、数据灾备、应急演练情况、信息安全事件、主要安全技术措施
业务与信息化融合	业务就绪度	业务流程管理水平 新型模式研究成果	业务流程梳理及管理手段、基于信息化的新型业务或管理模式研究成果

（续表）

一级指标	二级指标	三级指标	数据采集项
业务与信息化融合	业务信息化覆盖率	主营业务信息化覆盖情况 管理业务信息化覆盖情况 软件平台集中度	业务信息化主要覆盖领域、管理信息化主要覆盖领域、应用平台数目及集中度
	主营业务信息化水平	研发设计 生产 销售 售后服务 采购（供应商） 工程与项目管理 质量管理 设备管理 用户管理	产品设计知识库、研发设计过程信息化覆盖范围、研发设计主要软件、生产过程信息化覆盖范围、MES（制造执行系统）所采集数据类型、营销过程信息化覆盖范围、电子商务主要功能及营收占比、售后/采购/工程及项目管理/质量管理/设备管理/用户管理过程信息化覆盖范围
	经营管理信息化水平	人力资源管理 财务管理 日常办公 决策支持	人力资源管理过程信息化覆盖范围、所管理的员工数占比、数据更新频率、财务管理过程信息化覆盖范围、财务决算数据从信息系统直接获取比例、全面预算和资金管理与实际情况偏差、应收账款账龄管理及控制、管理费用分析维度及周期、销售费用分析维度及周期、办公事务信息化覆盖范围及比例、档案管理信息系统建设及应用、BI（决策支持系统）建设及应用
	集成与协同	集成技术基础 产品设计与制造集成 管理与控制集成 产供销集成 财务与业务集成 决策支持集成	统一门户建设及应用、数据集成平台建设及应用、跨系统数据共享、设计生产一体化、产品模型数据建设及应用、MES 与管理系统数据上传及指令下达、产供销一体化、进销存一体化、业务财务一体化（销售到收款、采购到付款、项目到核算、生产到成本）、预算管理系统集成、合并报表系统集成、BI 系统集成、BI 数据自动采集、BI 中 KPI 指标自动采集占比

5.3 信息化成熟度模型

成熟度模型最早起源于 CMM（Capability Maturity Model），本质上是通过基于模型的过程改进策略，提高组织某领域综合能力或成熟度的一种方法论。基于模型的过程改进指的是使用一个结构化的架构来指导组织的过程改进。过程改进是由 Deming、Crosby 和 Juran 等人的质量管理工作发展起来的，其目标是增加工作过程的能力。本质上，过程能力是指一个过程产生预期结果的固有能力。随着过程能力的提高，过程变得可预测和可度量，并且控制或消除了造成质量低劣和生产率不高的主要因素。稳定地改进组织的过程能力，该组织就会变得"成熟"。成熟度改进需要强有力的管理层的支持，而且需要得到始终如一的长期关注。另外，还需要改变管理人员和实践人员的基本工作方式。

成熟度模型为过程改进提供了一个公共集合，结合了最好的实践和实践性知识，并且采用了一种可用来指导过程改进优先顺序的格式来表示。运用模型，组织可以通过已被证明的能提高过程能力的实践来修改或创建过程，还可以利用模型评估过程能力来达到建立改进基线和随着改进活动的进行度量进展的目的。一般而言，基于模型的过程改进始于管理层对组织的已有过程的承诺和评估，评估结果又被作为制订下一步行动计划的基础，在完成了这些计划后，再进行进一步的评估。依次执行下去，其目标是使组织成熟，通过持续监控和改进过程，持续生产高质量的产品，使企业在市场竞争中游刃有余，并且随时进行自我调整来满足用户的需求。

企业信息化建设一般遵循从局部到整体、从内部到外部、从低级到高级、从不成熟到成熟的基本规律。通过成熟度模型可以对企业信息化管理水平进行评估，找出企业管理及企业信息化管理等方面存在的问题或不足，指导企业信息化水平从低等级逐步向高等级提升（不同成熟度等级具有不同的关键特征、关注点、核心任务，以及不同的改进策略和措施），从而实现持续改进和不断成熟。

5.3.1　CMM 模型

1．发展历程

CMM 是软件能力成熟度模型（Capability Maturity Model for Software）的简称，又称 SW-CMM。自 20 世纪 60 年代以来，由于软件需求的快速增长、软件规模的持续扩大、软件功能的增强和软件复杂性的增加，使得软件研发或生产的质量、周期、成本难以预测和控制，从而出现了"软件危机"，主要表现为软件开发进度难以控制、软件工作量难以估计、软件质量难以保证、软件个性化难以实现、软件维护比较困难等。

为了应对"软件危机"，提高软件质量、降低软件开发风险，美国卡内基梅隆大学（Carnegie-Mellon University，CMU）软件工程研究所（Software Engineering Institute，SEI）应美国政府要求，于 1986 年开始研究用于评价软件开发商能力并帮助其改善软件质量的方法。在 Mitre 公司的协助下，SEI 于 1987 年 9 月发布了一份能力成熟度框架（Capability Maturity Framework）和一套软件成熟度问卷（Maturity Questionnaire），用来评估软件供应商的能力。经过四年的实践，SEI 在总结能力成熟度框架和初版成熟度问卷的经验基础上，于 1991 年正式推出 CMM 1.0 版，该模型可以更加有效地帮助软件公司建立和实施过程改进计划。两年后的 1993 年，SEI 根据各方反馈又推出 CMM 1.1 版。

按照 SEI 的计划，CMM 2.0 版应该于 1997 年完成初稿，并且在取得该版本的实践经验和反馈意见后，于 1999 年正式推出。但是美国政府要求 SEI 推迟发布 CMM 2.0 版，要先完成另一个更紧迫的项目 CMMI。由于 CMMI 已经吸收合并了 CMM 所有内容，并且于 2000 年推出了 CMMI 1.0 版，因此之后 CMM 模型不再升级，被 CMMI 模型替代。

2．基本原理

鉴于计算机软件具有复杂性、多样性和规模大等特点，如何高效且高质量地开发出好软件至今仍然是个世界性难题，"软件危机"问题并未得到彻底解决；研究新的软件开发方法、技术和工具以提高软件的生产效率和质量一直是软件工程研究的热点。长期以来，业界普遍认为：只要有好的软件开发方法和工具就可开发出高质量的软件，就能提高软件的生产效率。由于软件本质上是一种逻辑性产品，其制造过程基本上是"设计"的过程，常规的硬件生产质量控制方法并不适用，因此新方法、新技术和新工具所带来的优势很难体现出来，技术的演化和革新并不能完全解决"软件危机"问题。直到 20 世纪 80 年代末期，业界才逐渐认识到，如果软件开发组织不能很好地定义、实施、管理且不断改进其软件开发过程，就很难从良好的软件开发方法和工具中充分获益，从而得到期望的好结果。

SEI 通过长期研究后发现，软件产品的质量与软件开发的过程质量直接相关，影响软件企业的研发能力与产品质量的关键因素在于能否对软件开发过程进行有效管理。CMM 的核心思想是"好的软件开发过程带来好的软件产品质量"。在吸收项目管理、质量工程及软件工程等原理的基础上，CMM 提出了一种帮助软件开发组织有效评估和改进其软件开发过程综合能力的模型。软件开发过程综合能力是指软件开发组织通过执行某种软件开发过程能够实现预期结果的程度。

CMM 将软件开发组织的软件开发过程综合能力水平划分为五个成熟度等级，从低到高分别定义为初始级、可重复级、已定义级、已管理级和优化级。每个较低等级都是其上一个等级的基础，这使得每个等级的实现都具有连续性，并且具备坚实基础，从而形成一个良好定义的、螺旋式上升的阶梯式结构。CMM 成熟度等级划分如图 5-7 所示。

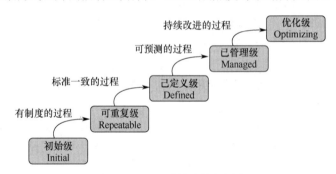

图 5-7　CMM 成熟度等级划分

CMM 五个成熟度等级的主要特征及描述如表 5-9 所示。

表 5-9　CMM 五个成熟度等级的主要特征及描述

序号	成熟度等级	主要特征	特征描述
1	初始级	无规范	没有建立任何过程管理制度或规范；软件开发过程不可控；项目成功主要取决于团队或个人的技能和项目经验
2	可重复级	制度化（项目管理）	已建立基本的项目管理制度，可有计划地跟踪成本、进度、规模、变更等；项目管理成功经验可重复
3	已定义级	标准化（组织层面，软件开发过程）	已建立组织层面统一且标准化的软件开发过程规范（含软件工程过程和管理过程），设置专门机构负责管理，每个项目可根据自身特点进行裁剪；已建立完善的培训制度和专家评审制度；软件开发过程可视化

序号	成熟度等级	主要特征	特征描述
4	已管理级	可预测	已建立基本的量化管理规范（含质量目标），可对软件产品及开发过程的关键点进行度量，可实现对产品质量及开发过程的及时纠偏；软件开发过程可预测
5	优化级	持续改进	已建立软件开发过程持续改进机制，可对软件开发过程进行评价（基于积累数据），可防止过失或缺陷重复发生，可识别最佳实践并推广至全组织（含新技术、新方法及软件过程改进）

CMM 每个成熟度等级由若干关键过程域（Key Process Area，KPA）组成，软件开发组织只需实现某个成熟度等级及较低等级的所有关键过程域的所有目标（完成该目标对应的所有实践就视同实现该目标），就可视为该组织的过程综合能力水平达到该成熟度等级。

3．关键过程域

为了方便软件开发组织提升能力成熟度等级，CMM 通过关键过程域机制来实现。关键过程域是在软件开发过程中影响开发效率和软件质量的某个方面或同一类关键因素或主题的统称。每个关键过程域由多个目标和相对应的多个关键实践组成。目标是实施该关键过程域后应该达到的目的或能力，也是某项目是否有效实施该关键过程域的评判标准；关键实践是实现该关键过程域目标所要执行的关键活动或任务，即"做什么"，但是并未强制规定应当"如何做"。CMM 共包含 18 个关键过程域（52 个目标，300 多个关键实践），分为管理过程（9 个）、组织过程（5 个）和工程过程（4 个）三大类，如表 5-10 所示。

表 5-10　CMM 关键过程域分类与名称

序号	分类	关键过程域名称
1	管理过程	需求管理 RM（Requirements Management）
2		软件项目计划 SPP（Software Project Planning）
3		软件项目跟踪与监控 SPTO（Software Project Tracking and Oversight）
4		软件子合同管理 SSM（Software Subcontract Management）
5		软件质量保证 SQA（Software Quality Assurance）
6		软件配置管理 SCM（Software Configuration Management）
7		集成软件管理 ISM（Integrated Software Management）
8		组间协调 IC（Intergroup Coordination）
9		定量过程管理 QPM（Quantitative Process Management）
10	组织过程	组织级过程焦点 OPF（Organization Process Focus）
11		组织级过程定义 OPD（Organization Process Definition）
12		培训大纲 TP（Training Program）
13		技术变更管理 TCM（Technology Change Management）
14		过程变更管理 PCM（Process Change Management）
15	工程过程	软件产品工程 SPE（Software Product Engineering）
16		同行评审 PR（Peer Review）
17		软件质量管理 SQM（Software Quality Management）
18		缺陷预防 DP（Defect Prevention）

CMM 每个成熟度等级包含不同的关键过程域，其中 1 级不含任何关键过程域，2 级包含 6 个关键过程域，3 级包含 7 个关键过程域，4 级包含 2 个关键过程域，5 级包含 3 个关键过程域；2 级关键过程域集中于管理过程，3 级以上开始重视组织过程和工程过程。CMM 成熟度等级关键过程域分布如表 5-11 所示。

表 5-11 CMM 成熟度等级关键过程域分布

序号	成熟度等级	管理过程	组织过程	工程过程
1	初始级	—	—	—
2	可重复级	需求管理 软件项目计划 软件项目跟踪与监控 软件子合同管理 软件质量保证 软件配置管理	—	—
3	已定义级	集成软件管理 组间协调	组织级过程焦点 组织级过程定义 培训大纲	软件产品工程 同行评审
4	已管理级	定量过程管理		软件质量管理
5	优化级	—	技术变更管理 过程变更管理	缺陷预防

4．主要价值

CMM 本质上属于软件工程管理范畴，可视为一种用于软件开发过程管理和评估并改进的模型，是一个软件开发组织（或某项目开发团队）有效地定义、执行、管理、测量和控制其软件开发过程的综合能力的一种度量尺度，可以用于评估和改进其软件开发过程能力。借助 CMM，软件开发组织可以确定现有软件开发过程的综合能力。CMM 还可以引导组织发现过程改进及软件质量等方面的关键问题，确定组织在每个阶段要改进的方面，从而有效地走出第一步，并且持续不断地走下去，为制订软件过程改进战略提供指南。随着成熟度等级的提高，可以逐步降低软件开发风险、缩短开发周期、减少人力物力成本、降低灾难性错误发生率、提高软件产品质量，从而大幅度提高组织的软件开发能力。

CMM 与 ISO 9000 的主要区别如下：

（1）CMM 是专门针对软件产品开发和服务的，而 ISO 9000 涉及的范围更广。

（2）CMM 强调软件开发过程的成熟度，即过程的不断改进和提高，而 ISO 9000 则强调可接受的质量体系的最低标准。

（3）CMM 的评价结果是该软件企业属于某一成熟度等级，而不是通过或不通过，而 ISO 9000 的评价结果是企业是否通过质量体系标准。

对于那些主要依靠内部技术力量进行自行开发的组织来说，软件能力成熟度模型能从一个侧面说明组织的信息化水平的高低，可以说，如果这些组织具有较高的软件工程能力，那么就应该具有较高的信息化水平；相反，对软件开发过程一无所知的组织，其信息化水平也不可能高到哪里去。同时，CMM 也为信息化管理部门提供了对软件开发商开发管理水平的评估手段，有助于软件开发项目的风险识别。

5.3.2　CMMI 模型

1．发展历程

CMMI（Capability Maturity Model Integration）是能力成熟度集成模型的简称。随着对 CMM 研究的不断深入，SEI 研究人员发现 CMM 思想也可以应用于其他领域。在 CMM 框架模型的基础上，SEI 及相关机构结合其他学科领域特点，相继衍生开发出可应用于其他领域的多种能力成熟度模型，主要包括人力资源成熟度模型 P-CMM（People CMM）、集成产品开发能力成熟度模型 IPD-CMM（Integrated Product Development CMM）、系统工程能力成熟度模型 SE-CMM（System Engineering CMM）、软件获取能力成熟度模型 SA-CMM（Software Acquisition CMM）、系统安全工程能力成熟度模型 SSE-CMM（System Security Engineering CMM）等。

事实上，纯粹的软件开发组织其实并不多，软件企业的主要业务大部分集中在开发各种类型的系统工程产品上，同时涉及软件开发、系统集成、软件采购等多个领域。虽然这些模型在许多组织都得到了良好的应用，但对大型软件企业来说，往往需要同时采用多种模型来改进自身的多方面过程能力。从 CMM 的实际应用可以发现，同一个组织同时采用多个过程改进模型，存在不少问题，如不能将多个不同过程改进的能力集中起来以取得更大效果；部分实施工作重复（培训、评估、改进活动等），增加成本；不同模型中部分术语或表述不一致，部分活动不协调，容易引起混淆甚至冲突和抵触。因此客观上更需要一种将多种业务集成在一起的成熟度模型。

1994 年，SEI 应美国政府要求启动 CMMI 研究，并且推迟发布 CMM 2.0 版，计划将所有已经实施的与即将被发展出来的各种能力成熟度模型集成到一个框架中。经过多年研究，SEI 于 2000 年推出 CMMI-SE/SW 1.0 版，将系统工程（System Engineering）与软件开发（Software）集成起来。2001 年年底，SEI 推出 CMMI-SE/SW/IPPD/SS 1.1 版，集成了系统工程、软件开发、集成产品与过程开发（Integrated Product and Process Development）、供应商外包（Supplier Sourcing）等领域，并且开始得到广泛应用。2006 年，SEI 推出 CMMI DEV 1.2 版（面向软件开发领域），包含 SE、SW、IPPD 和 SS，并且对 1.1 版进行了简化，将过程域数量从 25 个简化为 22 个。2010 年，SEI 发布 CMMI 1.3 版，对 1.2 版进行了扩展和改进，扩展到服务和采购领域，发布 CMMI-ACQ 采购模型（面向产品和服务采购，服务于甲方）和 CMMI-SVC 服务模型（面向服务）。至此，CMMI 已分为 CMMI-DEV 开发模型、CMMI-ACQ 采购模型和 CMMI-SVC 服务模型三类，既包括公共的过程域，又包括专有的过程域。

2．基本原理

CMMI 模型继承并发扬了 CMM 模型，其核心思想依然是"好的过程带来好的产品质量"。CMMI 为改进组织的各种过程提供了一个单一的集成化框架，消除了各种模型的不一致性，减少了模型间的重复，增加了透明度和理解，建立了一个自动的、可扩展的框架，因而能够从总体上改进组织的质量和效率。

与 CMM 类似，CMMI 也将组织的过程能力分为多个等级；与 CMM 不同的是，CMMI 等级有连续式表示法（Continuous Representation）和阶段式表示法（Staged Representation）

两种表达方式。前者采用能力等级模型（含 6 个等级），后者采用与 CMM 类似的成熟度等级模型（含 5 个等级）。

1）CMMI 连续式表示法

连续式表示法是针对单个过程域的，根据单个过程域在组织中执行的程度，分为 6 个能力等级（Capability Level，CL），从低到高分别定义为 CL0（未执行级，Incomplete）、CL1（已执行级，Performed）、CL2（已管理级，Managed）、CL3（已定义级，Defined）、CL4（量化管理级，Quantitatively Managed）、CL5（优化级，Optimizing）。CL0 表示过程域的一个或多个特定目标没有被满足，CL5 表示过程域得到很好的执行且持续得到改进。

过程域的目标分为共性目标（Generic Goal，GG）和特定目标（Specific Goal，SG），所对应的实践分别为共性实践（Generic Practice，GP）和特定实践（Specific Practice，SP），只需要完成目标所对应的所有实践就可实现该目标。所有过程域的共性目标均相同，不同过程域拥有不同的特定目标。过程域的能力等级是根据共性目标确定的。如果组织已实现某个过程域的所有特定目标和某能力等级及较低能力等级定义的所有共性目标，就可视为组织达到这个过程域的该能力等级。CMMI 能力等级划分和定义的共性目标如表 5-12 所示。

表 5-12 CMMI 能力等级划分和定义的共性目标

能力等级	共性目标
CL0	无目标
CL1	GG1：过程通过转换可识别的输入工作产品，产生可识别的输出工作产品，支持和能实现过程域的特定目标
CL2	GG2：过程作为已管理的过程制度化
CL3	GG3：过程作为已定义的过程制度化
CL4	GG4：过程作为定量管理的过程制度化
CL5	GG5：过程作为优化的过程制度化

CMMI 能力等级定义的共性实践如表 5-13 所示。

表 5-13 CMMI 能力等级定义的共性实践

能力等级	共性目标	共性实践
CL0	—	—
CL1	GG1	GP1.1 基本实践：执行过程的特定实践以开发工作产品和提供服务来完成过程域的特定目标
CL2	GG2	GP2.1 建立组织级策略：为计划和执行过程建立和维护组织级策略。 GP2.2 计划过程：建立并维护需求和目的，并且计划需要执行的过程。 GP2.3 提供资源：为执行过程、开发工作产品及提供过程的服务提供充足的资源。 GP2.4 分配任务：为执行过程、开发工作产品及提供过程的服务分配任务和权限。 GP2.5 培训人员：在必要时培训执行或支持过程的人员。 GP2.6 管理配置：将过程的指定工作产品放在配置管理的适当级别下。 GP2.7 标识和包含利益关系人：按计划标识和包含利益关系人。 GP2.8 监督和控制过程：监督和控制违反计划的过程，并且采取适当的改正措施。 GP2.9 客观地评价符合性：客观地评价过程与过程描述、标准和程序的一致性，并且对不一致的情况加以处理。 GP2.10 高级管理层状态评审：高级管理层评审过程的活动、状态和结果，并且解决相关问题

（续表）

能力等级	共性目标	共性实践
CL3	GG3	GP3.1 建立一个已定义的过程：建立和维护已定义过程的描述。 GP3.2 收集改进信息：从计划和执行过程中收集工作产品、度量、度量结果和改进信息，从而支持组织过程和过程资产的进一步改进和使用
CL4	GG4	GP4.1 建立质量目标：基于用户需要和商业目标，为过程建立和维护有关质量及过程性能的定量目标。 GP4.2 稳定子过程性能：稳定过程的一个或多个子过程的性能，以确定过程有能力达到已建立的定量的质量和过程性能目标
CL5	GG5	GP5.1 保证过程连续改进：在实现组织的相关商业目标时，确保过程的连续改进。 GP5.2 纠正问题的公共原因：识别和纠正过程中出现缺陷和其他问题的根本原因

2）CMMI 阶段式表示法

阶段式表示法将组织的过程综合能力水平划分为 5 个成熟度等级（Maturity Level，ML），从低到高分别定义为 ML1（初始级，Initial）、ML2（已管理级，Managed）、ML3（已定义级，Defined）、ML4（量化管理级，Quantitatively Managed）、ML5（优化级，Optimizing）。每个较低等级都是其上一个等级的基础，这使得每个等级的实现具有连续性，并且具备坚实基础，从而形成一个良好定义的、螺旋式上升的阶梯式结构。

CMMI 每个成熟度等级由若干过程域组成。如果组织已实现某成熟度等级及较低成熟度等级的所有过程域的所有特定目标，以及所要求的能力等级的共性目标，就可视为组织过程综合能力水平达到该成熟度等级。ML2 要求过程域实现的能力等级为 CL2，ML3 至 ML5 要求过程域实现的能力等级为 CL3。CMMI 成熟度等级划分及主要特征如表 5-14 所示。

表 5-14　CMMI 成熟度等级划分及主要特征

成熟度等级	主要特征	特征描述
ML1	过程不可预测且缺乏控制，是被动的	没有建立任何过程管理制度或规范。过程通常是混乱的，项目成功主要取决于团队或个人的技能和项目经验
ML2	过程为项目服务，通常是被动的	已建立基本的项目管理制度。项目需求是被管理的，且其过程是经过计划、执行、度量及控制的
ML3	过程主动为组织服务	已建立组织层面的标准过程规范。项目可对标准过程进行裁剪，以建立项目过程
ML4	过程已度量和控制	已建立基本的量化管理规范（含质量目标）。可对质量及过程性能进行度量，并且纳入组织的度量库
ML5	关注过程改进	已建立过程持续改进机制

3．过程域

CMMI 使用过程域（PA）替代 CMM 中的关键过程域。过程域是在过程中影响效率和质量的某个方面或同一类关键因素或主题的统称。每个过程域由多个目标和相对应的多个实践组成。目标是实施该过程域后应该达到的目的或能力，实践是实现该过程域目标所要执行的活动或任务。

CMMI 1.2 版共包含 37 个过程域，分为过程管理（6 个）、项目管理（8 个）、支持

（6 个）、工程（7 个）、采购（6 个）和服务（4 个）六大类，其中 16 个为基础过程域，适用于开发模型 DEV、采购模型 ACQ 和服务模型 SVC，其他过程域则分属不同模型。CMMI过程域分类情况如表 5-15 所示。

表 5-15　CMMI 过程域分类情况

序号	分类	过程域名称	成熟度等级	适用模型
1	过程管理	组织级过程定义 OPD（Organization Process Definition）	ML3	基础
2		组织级过程焦点 OPF（Organization Process Focus）	ML3	基础
3		组织级培训 OT（Organization Training）	ML3	基础
4		组织级服务管理 OSM（Organization Service Management）	ML3	SVC
5		组织级过程性能 OPP（Organization Process Performance）	ML4	基础
6		组织级改革与部署 OID（Organization Innovation and Deployment）	ML5	基础
7	项目管理	项目监督与控制 PMC（Project Monitoring and Control）	ML2	基础
8		项目计划 PP（Project Planning）	ML2	基础
9		供应商协议管理 SAM（Supplier Agreement Management）	ML2	DEV
10		集成化项目管理 IPM（Integrated Project Management）	ML3	基础
11		风险管理 RSKM（Risk Management）	ML3	基础
12		能力与可用性管理 CAM（Capacity and Availability Management）	ML3	SVC
13		服务连续性 SCON（Service Continuity）	ML3	SVC
14		定量项目管理 QPM（Quantitative Project Management）	ML4	基础
15	支持	配置管理 CM（Configuration Management）	ML2	基础
16		度量与分析 MA（Measurement and Analysis）	ML2	基础
17		过程和产品质量保证 PPQA（Process and Product Quality Assurance）	ML2	基础
18		决策分析与解决 DAR（Decision Analysis and Resolution）	ML3	基础
19		问题管理 PM（Problem Management）	ML3	SVC
20		因果分析与解决 CAR（Causal Analysis and Resolution）	ML5	基础
21	工程	需求管理 REQM（Requirements Management）	ML2	基础
22		需求管理 REQM-SVC	ML2	SVC
23		需求开发 RD（Requirements Development）	ML3	DEV
24		技术解决方案 TS（Technical Solution）	ML3	DEV
25		产品集成 PI（Product Integration）	ML3	DEV
26		确认 VAL（Validation）	ML3	DEV
27		验证 VER（Verification）	ML3	DEV
28	采购	协议管理 AM（Agreement Management）	ML2	ACQ
29		采购需求开发 ARD（Acquisition Requirement Development）	ML2	ACQ
30		招标和供应商协议开发 SSAD（Solicitation and Supplier Agreement Development）	ML2	ACQ
31		采购技术管理 ATM（Acquisition Technical Management）	ML3	ACQ
32		采购确认 AVAL（Acquisition Validation）	ML3	ACQ
33		采购验证 AVER（Acquisition Verification）	ML3	ACQ
34	服务	突发事件和请求管理 IRM（Incident and Request Management）	ML3	SVC
35		服务交付 SD（Service Delivery）	ML3	SVC
36		服务系统开发 SSD（Service System Development）	ML3	SVC
37		服务迁移 ST（Service Transition）	ML3	SVC

CMMI 基础过程域目的如表 5-16 所示。

表 5-16　CMMI 基础过程域目的

序号	过程域名称	分类	目的
1	组织级过程定义 OPD	过程管理	建立并维护一个组织级过程资产和工作环境标准的有用集合
2	组织级过程焦点 OPF		在彻底理解一个组织当前过程和过程资产的劣势和优势的基础上，计划、实施和部署组织的过程改进活动
3	组织级过程性能 OPP		建立和维护一个对组织的标准过程性能的量化集合，并且提供过程性能数据、基线和模型来定量管理组织的项目
4	组织级改革与部署 OID		选择并部署增量式和创新的改进活动，以便可度量地改进组织的过程和技术
5	组织级培训 OT		增加人员的技能和知识，使他们可以有效地执行任务
6	项目监督与控制 PMC	项目管理	制订和维护项目活动的计划
7	项目计划 PP		提供对项目进展的监督，以便在项目进度严重偏离计划时采取适当的纠正措施
8	集成化项目管理 IPM		根据一个集成化的、已定义的过程来建立和管理项目和利益关系人的参与，这些集成化的、已定义的过程裁剪于组织的标准过程集
9	定量项目管理 QPM		定量管理项目的已定义过程，从而完成项目建立的质量和过程性能目标
10	风险管理 RSKM		在潜在问题发生之前识别它们，以便在产品或整个生命周期中计划风险处理活动，并且在必要时调用风险处理活动以缓解对目标实现的不利影响
11	需求管理 REQM	工程	管理项目的产品或产品构件的需求，并且识别需求与项目计划和工作产品之间的不一致性
12	配置管理 CM	支持	使用配置标识、配置控制、配置状态报告和配置审计建立和维护工作产品的完整性
13	过程和产品质量保证 PPQA		向项目成员和管理部门提供过程及相关工作产品的客观评价
14	度量与分析 MA		开发并维护用于支持信息管理所需的度量能力
15	因果分析与解决 CAR		识别缺陷和其他问题的原因，并且采取措施来预防将来再发生这些问题
16	决策分析与解决 DAR		使用形式化的评价过程分析可能的决策，该过程可根据已制订的标准评价和已识别的可选方案

CMMI 开发模型专用过程域目的如表 5-17 所示。

表 5-17　CMMI 开发模型专用过程域目的

序号	过程域名称	分类	目的
1	需求开发 RD	工程	生成并分析用户、产品和产品组件的需求
2	技术解决方案 TS		开发、设计和实现需求的解决方案。解决方案、设计和实现以单个或组合的方式包含产品、产品组件和产品相关的生命周期过程
3	产品集成 PI		把产品组件组装成产品，保证集成后的产品可以正常工作，并且交付产品
4	确认 VAL		保证选择的产品满足它们的指定需求
5	验证 VER		展示当把产品或产品组件放到目标环境中时，它们会完成预期的用途
6	供应商协议管理 SAM	项目管理	管理从供应商那里获得的产品，包括建立供应商协议和满足这些协议

CMMI 采购模型专用过程域目的如表 5-18 所示。

表 5-18 CMMI 采购模型专用过程域目的

序号	过程域名称	分类	目的
1	协议管理 AM	采购	保证供应商和采购者根据供应商协议的条款执行活动
2	采购需求开发 ARD		开发和分析用户和合同的需求
3	采购技术管理 ATM		评估供应商的技术解决方案和管理在该解决方案中选择的接口
4	采购确认 AVAL		保证采购的工作产品满足它们的指定需求
5	采购验证 AVER		展示当把采购的产品或服务放到目标环境中时，它们可以完成预期的用途
6	招标和供应商协议开发 SSAD		准备好一个招标包，选择一个或多个供应商以交付产品或服务，以及建立并维护供应商协议

CMMI 服务模型专用过程域目的如表 5-19 所示。

表 5-19 CMMI 服务模型专用过程域目的

序号	过程域名称	分类	目的
1	组织级服务管理 OSM	过程管理	在组织层面建立并维护保证用户满意度的标准服务
2	能力与可用性管理 CAM	项目管理	计划并监督资源的有效提供以支持服务需求
3	服务连续性 SCON		在正常操作遭到严重破坏的过程中和破坏之后，为已承诺的服务建立并维护具有预防性的服务连续性保证预案或应急计划
4	需求管理 REQM-SVC	工程	（1）管理项目的产品或产品构件的需求，并且识别需求与项目计划和工作产品之间的不一致性； （2）在服务提供者和用户之间就服务需求和服务等级建立并维护有效协议
5	问题管理 PM	支持	通过识别和处理事故的底层原因避免事故再次发生
6	突发事件和请求管理 IRM	服务	保证可以为发生在服务交付时的服务和突发事件提供及时的解决方案
7	服务交付 SD		按照服务协议交付服务
8	服务系统开发 SSD		分析、设计、开发、集成和测试服务系统以满足已有或期望的服务协议
9	服务迁移 ST		部署新的或有大量改动的服务系统，同时管理它们对继续进行的服务交付的影响

4. CMM 模型与 CMMI 模型比较

下面主要从四个方面对 CMM 模型和 CMMI 模型进行比较。

1）覆盖范围

CMMI 模型建立在 CMM 模型基础之上，CMMI 基础模型包括软件 CMM 2.0 版、EIA-731 系统工程、IPD-CMM 0.98a 版等。CMMI 相对于 CMM 具有更好的可扩展性，通过学科进行模型扩展，组合形成各种 CMMI 模型，如 CMMI-SW、CMMI-SE/SW/IPPD、CMMI-SE/SW/IPPD/SS 等。

CMM 模型主要用于软件开发领域，CMMI 模型在 1.3 版后的应用已经扩展到服务领域和采购领域，分为 CMMI-DEV 开发模型（面向软件开发）、CMMI-ACQ 采购模型（面向产品和服务采购，服务于甲方）、CMMI-SVC 服务模型（面向服务）三类。

2）表示法

CMM 模型只有一种表示法，即阶段式表示法，将软件开发组织的能力成熟度划分为 5 个等级。

CMMI 模型采用两种表示法，即阶段式表示法和连续式表示法。为了保持组织之间的能力成熟度比较，CMMI 模型保留了 CMM 模型的阶段式表示法（5 个成熟度等级），但是，为了促进组织更加切合实际地进行内部过程改进，CMMI 模型增加了连续式表示法，将能力等级划分为 6 个等级。

3）过程域

CMM 模型有 18 个关键过程域，CMMI DEV 1.2 版有 22 个过程域。CMMI 模型用过程域替代 CMM 的关键过程域，并且进行了调整优化，开发模型的 CMMI 过程域与 CMM 关键过程域比较如表 5-20 所示。

表 5-20　开发模型的 CMMI 过程域与 CMM 关键过程域比较

序号	CMM 成熟度	CMM 关键过程域	CMMI 过程域	CMMI 成熟度
1	初始级	—	—	初始级
2	可重复级	需求管理 软件项目计划 软件项目跟踪与监控 软件子合同管理 软件配置管理 软件质量保证	需求管理 项目计划 项目监督与控制 供应商协议管理 配置管理 过程和产品质量保证 **度量与分析**	已管理级
3	已定义级	组织级过程焦点 组织级过程定义 培训大纲 集成软件管理 组间协调 **同行评审** **软件产品工程**	组织级过程焦点 组织级过程定义 组织级培训 集成化项目管理 **风险管理** **决策分析与解决** **需求开发** **技术解决方案** **产品集成** **验证** **确认**	已定义级
4	已管理级	定量过程管理 软件质量管理	定量项目管理 组织级过程性能	量化管理级
5	优化级	缺陷预防 **技术变更管理** **过程变更管理**	因果分析与解决 **组织级改革与部署**	优化级

从表 5-20 中可以看出：

- CMM 中的度量分析实践分布在每个关键过程域中，而 CMMI 增加了过程域的度量与分析 MA。

- CMM 第 3 级中的软件产品工程 SPE，在 CMMI 中被分解为 5 个过程域，包括需求开发 RD、技术解决方案 TS、产品集成 PI、验证 VER 和确认 VAL。
- CMM 第 3 级中的同行评审 PR，在 CMMI 中被融入验证 VER 中。
- CMM 第 3 级中的集成软件管理 ISM 所阐述的风险管理，在 CMMI 中成为独立的风险管理 RSKM。
- CMM 第 3 级中的集成软件管理 ISM 和组间协调 IC，在 CMMI 中合并为集成化项目管理 IPM。
- CMMI 第 3 级增加了决策分析与解决 DAR，其内容在 CMM 中没有提及。
- CMM 第 4 级中的定量过程管理 QPM 和软件质量管理 SQM，在 CMMI 中转变为定量项目管理 QPM 和组织级过程性能 OPP。
- CMM 第 5 级中的缺陷预防 DP，在 CMMI 中转变为因果分析与解决 CAR。
- CMM 第 5 级中的技术变更管理 TCM 和过程变更管理 PCM，在 CMMI 中合并为组织级改革与部署 OID。

4）评估方法

CMM 模型有 CBA-SCE（CMM-Based Appraisal for Software Capability Estimation）和 CBA-IPI（CMM-Based Appraisal for Internal Process Improvement）两种评估方法。CBA-SCE 方法是对组织的软件进行评估，CBA-IPI 是对组织内部的过程改进进行评估。这两种方法均由 SEI 授权的主任评估师领导，参考 CMM 框架进行，都要审查正在使用和将来要使用的文件/文档，并且对不同的组织员工进行采访或面谈。

CMMI 模型的评估方法只有一种，即 SCAMPI（Standard CMMI Appraisal Method for Process Improvement），该方法包括 A、B、C 三种级别，其中只有 SCAMPI-A 评估需要由 SEI 授权的主任评估师领导。

5.3.3　几种企业信息化成熟度模型

1. 信息化管理成熟度模型

该模型由范玉顺于 2008 年提出，参照美国管理系统协会的企业集成成熟度模型，将企业信息化管理水平由低到高分为无管理、单机级管理、技术系统级管理、IT 服务级管理和战略一致性管理 5 个级别。企业信息化管理水平级别划分及主要特征如表 5-21 所示。

表 5-21　企业信息化管理水平级别划分及主要特征

级别划分	主要特征
级别 1：无管理	（1）无信息化应用系统； （2）无信息化规划； （3）无信息化管理部门
级别 2：单机级管理	（1）面向事务处理功能的部门级信息化应用系统； （2）IT 系统间未集成； （3）无信息化规划； （4）有系统管理员，无独立的网络/信息中心； （5）业务和 IT 脱节

（续表）

级别划分	主要特征
级别 3：技术系统级管理	（1）支持业务运作的部门/企业级信息化应用系统； （2）IT 系统初步实现集成； （3）有独立于企业业务战略的信息化规划； （4）业务运作需求驱动信息系统实施，但业务需求与 IT 应用间依然存在脱节； （5）有独立的网络/信息技术中心，但仅负责信息系统的实施与维护； （6）无 CIO，未建立 IT 服务管理体系； （7）未考虑信息资源的管理和应用
级别 4：IT 服务级管理	（1）支持企业战略业务目标的企业级/跨企业信息化应用系统； （2）IT 系统全面集成； （3）有服务于企业业务战略的信息化规划； （4）企业战略需求驱动信息系统实施； （5）有独立的网络/信息技术中心，但依然是一个 IT 技术服务部门； （6）有 CIO，建立了 IT 服务管理体系； （7）重视信息资源的管理和应用
级别 5：战略一致性管理	（1）支持企业战略业务目标的企业级/跨企业信息化应用系统； （2）有全面细致的信息化战略规划，并且与企业业务战略规划具有一致性； （3）信息化发展战略成为企业重要的发展战略之一，业务与 IT 全面融合，共同驱动企业的业务发展和信息系统实施； （4）信息资源成为企业的战略资源，其管理和应用得到高度重视； （5）有信息化管理部门，不仅负责 IT 技术，同时也负责企业运作管理； （6）有效的 IT 服务管理体系； （7）CIO 成为企业重要的高层管理者

（1）级别 1：无管理。企业尚没有实施信息化应用。

（2）级别 2：单机级管理。企业处于信息化建设的初级阶段，实施了面向事务功能处理的部门级信息化应用系统，如库存管理系统、产品设计系统、采购管理系统、财务管理系统等。实施这些系统的目的是提高部门或个人的工作效率，这些系统基本上是独立开发实施的，没有实现系统间的集成。企业没有开展信息化规划，对于信息技术的管理基本上停留在计算机硬件、网络、软件系统的单机维护上，有专门的人负责系统的管理，一般没有独立的信息化技术部门，即使设立了信息化技术部门，其职责也主要是硬件和网络系统的维护。

（3）级别 3：技术系统级管理。企业处于信息化建设的中级阶段，其信息系统的实施不仅支持个人工作效率的提高，也包含了支持企业核心业务运作的功能。其信息系统也初步实现了集成化的运行，但是信息系统的集成方式还停留在接口型的初级集成方式上。大部分企业都制订了信息化规划，但是更多是关于信息系统建设的规划，其规划过程也独立于企业的业务战略规划，虽然强调了由业务运作需求驱动信息系统实施，但业务需求与 IT 应用间依然存在脱节。企业设立了专门的信息化技术部门，但是其仅负责信息系统的实施与维护。企业未设立 CIO 职位，也没有建立信息技术服务管理体系。在该级别上，企业比较重视信息化应用的建设和信息系统的使用，而对于信息资源的管理和应用则尚未考虑。

（4）级别 4：IT 服务级管理。企业开始进入信息化建设的高级阶段。在该阶段，企业信息系统的实施开始更多地面向支持企业战略目标的实现，其信息系统的集成水平和集成范围得到提高。其信息化规划的制订与企业业务战略目标实现了紧密的匹配，企业战略需求成为信息系统实施的主要驱动力。企业开始设立 CIO 职位，并且建立了一套信息技术服务管理体系。企业建立了比较强大的信息技术部门，但该部门依然是一个技术服务部门。企业开始重视信息资源的管理和应用。

（5）级别 5：战略一致性管理。战略一致性管理是企业信息化管理的最高阶段。在该阶段，企业建立了支持企业战略业务目标的企业级/跨企业信息化应用系统，制订了全面细致的信息化战略规划，并且与企业业务战略规划具有一致性。不仅信息技术作为企业的支持性技术得到应用，信息化发展战略也成为企业重要的发展战略之一，企业业务与 IT 技术全面融合，共同驱动企业的业务发展和信息系统实施。信息资源成为企业的战略资源，其管理和应用得到高度重视。企业成立了集企业管理和信息技术为一体的信息化管理部门，建立了有效的 IT 服务管理体系，CIO 成为企业重要的高层管理者。

2．两维度成熟度模型

该模型由汪小梅等人于 2007 年提出，本质上是将软件能力成熟度模型 SW-CMM 和信息技术卓越度模型结合起来，以信息技术卓越度和信息管理卓越度为维度，将企业信息化水平的状态划分为 25 个等级，其中包括 5 个主要等级。信息技术卓越度指企业内信息技术应用的充分性，信息管理卓越度指企业组织计划和管理业务信息需求的能力。模型中每个成熟度等级都是由处于某一水平的信息技术卓越度和信息管理卓越度决定的。信息技术卓越度和信息管理卓越度的水平越高，则信息化的成熟度越高，反之则越低，如图 5-8 所示。

图 5-8　企业信息化两维度成熟度模型

（1）第 1 级：初始级。初始级是企业信息化的最低水平，是企业跨入信息化的门槛。处于初始级的企业对信息化的认识水平较低，认为信息化主要是计算机、通信网络等硬件设备，信息化基本上没有发挥作用。

（2）第 2 级：基本级。在初始级的基础上，基本级企业增加了对软件的重视。企业购买了常用的办公软件，实现文档电子化，办公效率有一定提高，但效益尚未体现出来，同时，企业对员工进行了最基本的信息化培训。此外，企业计算机接入互联网，但没有建立统一的内部网络，各部门之间缺乏必要的信息交流，各自为政，存在信息孤岛。

（3）第 3 级：集成级。处于集成级的企业通过信息技术的应用实现企业内部一体化，通过组建统一的内部网络（局域网或广域网）、网站和数据库，对企业内的信息资源进行规划和整合，实现信息共享，消灭信息孤岛，实现办公自动化，创造统一的办公环境。企业已经真正认识到信息化的作用，设立了专门的信息化部门并配备专业人员。

（4）第 4 级：战略级。达到战略级的企业将信息化作为企业发展战略的一部分。作为企业发展的核心竞争力，企业领导对信息化给予高度重视，积极建立企业信息化环境，开始重视信息安全，并且通过进行组织变革和业务流程再造（BPR）使企业内部的信息流、资金流和业务流合为一体，真正使信息化与企业经营管理融合起来，信息化的效益逐渐显现出来。

（5）第 5 级：优化级。优化级是企业信息化的最高等级。处于优化级的企业已经成为一个学习型组织，在战略级的基础上制订科学的信息制度，注重创新，信息化已经成为企业创新的重要工具和力量，信息文化已经成为企业文化的一部分，信息化带来的效益充分体现出来。

3．三维度成熟度模型

该模型由宋卫星于 2010 年提出，其继承 CMM 模型并引入 3 个指标维度，将企业信息化发展划分为 5 个等级，由低到高分别为初始级、部门集成级、内部集成级、外部集成级和优化级，如图 5-9 所示。

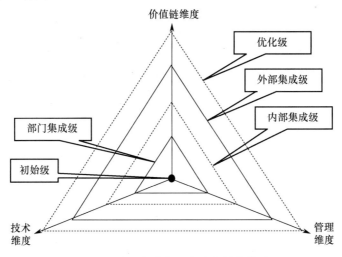

图 5-9　企业信息化三维度成熟度模型

3 个指标维度分别为价值链维度、管理维度和技术维度，各维度互不重叠。

该模型成熟度等级采用关键过程域机制进行评价，不同等级按照关键过程域所包含的关键实践进行区分。三维度成熟度模型关键过程域及关键实践如表 5-22 所示。

表 5-22 三维度成熟度模型关键过程域及关键实践

指标维度	关键过程域	关键实践	序号
价值链维度	业务过程	生产自动化应用	1
		进销存系统应用	2
		财务系统应用	3
		内部信息共享与协同	4
		业务职能集成	5
		业务流程优化	6
		供应链管理系统	7
	供应链管理	办公自动化	8
		人力资源系统	9
		CRM 系统	10
		知识管理	11
		企业信息门户	12
		商务智能	13
		需求预测系统	14
		柔性供应链组建	15
	物流信息化	基础信息采集管理能力	16
		物流追踪能力	17
		企业专有物流管理系统	18
		公用物流信息平台建设	19
管理维度	信息化组织结构建设	信息部门建设与分布	20
		信息主管权利	21
		企业 IT 人员培训机制与职业前景	22
		高层管理者对信息化的参与程度	23
	信息化制度建设	信息化管理组织制度建设	24
		信息化专用资金管理制度建设	25
		软硬件管理制度建设	26
		项目生命周期管理制度建设	27
		项目管理组织制度建设	28
		项目计划与控制制度建设	29
	信息化战略管理	形势分析和 IT 评估能力	30
		信息化战略规划	31
		信息化作为核心竞争力的战略地位	32
		数据规划	33
		信息系统规划	34
		信息化组织和保障体系规划	35

（续表）

关键过程类	关键过程域	关键实践	序号
管理维度	信息化企业文化	以人为本	36
		以用户为中心	37
		快速响应的柔性文化	38
		基于信任的授权文化	39
		自主学习文化	40
技术维度	员工 IT 水平	技术专员 IT 水平	41
		用户 IT 水平	42
	信息技术创新	新技术的渗透力	43
		新技术的扩散力	44
	信息化基础设施建设	网络连通	45
		运行与维护基础设施	46
		信息化安全措施应用	47

4．信息化能力成熟度模型

该模型由刘珍珍于 2012 年提出，其充分吸收了企业信息化发展阶段理论、CMM 理论和业务流程成熟度理论的基本思想，将企业信息化成熟度等级分为 5 个等级，由低到高分别为技术支撑级、资源整合级、管理优化级、战略支撑级和持续改善级，对应于 CMM 模型中的初始级、可重复级、已定义级、已管理级和优化级。

技术支撑级是企业信息化能力等级的第 1 级，信息技术在企业的应用只是表现为计算机、网络设备、单一的管理信息系统等基础设施。处于资源整合级（第 2 级）的企业能够利用信息技术完成信息资源的集成，信息技术初步显现出其带来的竞争优势。处于管理优化级（第 3 级）的企业能够利用信息技术来提升整体管理水平。处于战略支撑级（第 4 级）的企业能够利用信息技术来支撑企业的经营战略，信息资源成为企业独一无二的竞争优势资源。处于持续改善级（第 5 级）的企业形成了良好的学习与创新氛围，为信息技术的深入应用提供了肥沃的土壤。信息化能力成熟度模型等级划分及主要特征如图 5-10 所示。

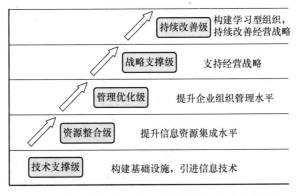

图 5-10　信息化能力成熟度模型等级划分及主要特征

该模型成熟度等级采用关键过程域机制进行评价，不同等级包含的关键过程域不同。关键过程域又分为信息技术、人力资源和组织管理三类，信息化能力成熟度模型关键过程域分布如表 5-23 所示。

表 5-23　信息化能力成熟度模型关键过程域分布

成熟度等级	关键过程域		
	信息技术类	人力资源类	组织管理类
5 级：持续改善级	新技术引进	人才队伍建设	组织变革管理 技术革新管理 构建学习型文化
4 级：战略支撑级	商务智能	CIO 管理体制	信息化战略规划
3 级：管理优化级	信息系统集成	组织结构调整 教育与培训	业务流程重组与优化 项目管理 预算管理
2 级：资源整合级	信息系统应用 基础数据标准化	—	信息管理制度
1 级：技术支撑级	IT 基础设施建设	—	—

由于企业信息化能力的提升是一个循序渐进的过程，是一个从不成熟走向成熟的过程，处于不同等级的企业面临的问题不同，关注的重点也有所不同。从该模型可以看出，企业最先关注信息化基础设施及技术层面的问题，在具备了一定的技术基础后，才会将关注的重点转移至管理模式和人才培养上。

5.4　信息化项目管理方法

5.4.1　IT 项目管理

1．什么是项目

不同的研究者和不同阶段的研究对项目有不同的定义，但项目的本质是相同的，即项目是有明确范围和目标的，是在规定的时间和资源约束下完成的一次性任务。基于此，项目有以下几个特点。

（1）唯一性。项目是一次性而非重复性的工作，不同的项目有不同的范围和目标；不同的项目环境，不同的人员结构，决定了每个项目都是独一无二的。

（2）目的性。每个项目在启动伊始，都会有目的指向，不论目的是否清晰，是否具体，不存在没有目的的项目。这个目的就是项目的目标，大多数项目目标有一个渐进明晰的过程。

（3）约束性。项目目标应该在一定的约束条件下实现，主要约束条件包括范围、时间、费用和质量。四个约束条件互相影响，项目成功有赖于对约束条件的有效平衡。

2．IT 项目

1）IT 项目定义

对于 IT 项目，目前还没有比较成熟的定义。不同学者和书籍对 IT 项目有不同的定义，目前普遍认为，IT 项目从目的来说是指应用计算机软硬件及网络通信技术帮助组织提升生产效率、节约成本、构建核心竞争力的项目。就其产出物来说，IT 项目的交付物是一个融合计算机硬件、软件与服务的信息化成果体系。

综合 PMBOK 和多方观点，本书认为，IT 项目是以信息技术为基础，在范围、时间、质量和费用的约束下，运用特定的工具和方法，实现既定目标的一次性创新活动。

2）IT 项目特点

与工程建设、投融资等项目不同，IT 项目有自己的特点。IT 项目的交付物既不是具体的建筑物，也不是某些文档，而是由程序代码组成的软件、硬件产品。这些产品具有抽象性，生产出来之前，很难感知。同时，由于计算机程序的严密逻辑性要求，项目实施需要比较严格的组织过程，团队成员由知识程度相对比较高的知识分子组成。概括来说，IT 项目的特点如下。

（1）项目交付物具有抽象性。由于 IT 项目的最终交付物是由程序代码组成的软硬件产品，同时又由于软件项目实施的逻辑性要求，项目实施过程有明确的阶段划分，所以在产品交付使用前，大多数项目的用户不知道产品长什么样子、有怎样的用户体验。这是 IT 项目区别于其他类型项目的根本特征。为了克服这个缺点，在软件工程实践中使用原型开发模型的方式，即在项目真正实施前，先做出系统原型由用户试用，用户认可后再投入开发，这样可最大限度地接近用户目标，避免需求变更。但是，因为不是所有类型的 IT 项目都可以用原型模式开发，并且用户对目标的认识是一个渐进的过程，因此原型阶段确认的需求，在实施和交付阶段大概率会发生变更。

（2）项目目标具有不明确性。一般来说，IT 项目虽然在起始阶段会定义一个目标，但这个目标是很不具体的，具体的功能和性能指标要等到需求分析文档完成后才明晰，并且随着用户对项目的理解不断深入，在需求分析完成后，还会不断提出新的功能点，项目目标也会随之调整。

（3）需求具有多变性。由于 IT 项目交付物的抽象性，用户在需求分析阶段对项目需求的理解一般来说不会太深入，随着项目进展，用户对项目的理解不断深入，需求也会不断深入。另外，由于 IT 项目的创新性特征，需求也存在反复和多变的特征。

（4）管理过程具有逻辑性。IT 产品是由程序代码构成的抽象产品，程序代码要求严密的逻辑。这就在客观上要求项目实施过程必须有严密的逻辑性，项目要有明确的阶段划分，前一个阶段的成果通过评审确认后，才能进入下一个阶段。项目管理的逻辑性，也要求 IT 项目管理方法和工具的规范化，因此，针对 IT 开发项目有不同的开发模型，如瀑布模型、螺旋模型、快速原型模型、增量模型、敏捷模型等，并且有不同的软件开发工具、测试工具、代码和文档管理工具。

（5）人力资源具有特殊性。IT 行业是一个高新技术行业，既是智力密集型又是劳动密集型，人力资源是 IT 企业最重要的资源。在软件项目中，人员成本是项目主要的成本。IT 人员多属于高技术人才，这类人一般比较有性格、独立性强，需要采用不同的管理方式。

（6）质量管理具有重要性和复杂性。IT 项目区别于工程建设项目的一个重要特征就是质量管理的重要性和复杂性。说它重要，是因为 IT 项目，尤其是软件项目，人员成本占比比较大，管控好项目质量，就相当于管控住项目成本；说它复杂，是因为项目质量不仅仅是文档质量的高低，更是代码质量的高低，而审核代码质量，需要专业人员、专业技术和专业工具，不仅复杂，关注点也比较多。

3）IT 项目分类

按照 IT 项目内容的不同，可将 IT 项目分为咨询及服务类项目、软件实施类项目、软件开发类项目和系统集成类项目。详细说明如下。

（1）咨询及服务类项目指的是提供 IT 相关的咨询与服务，如 IT 规划咨询、IT 项目监理、IT 运维等。

（2）软件实施类项目指的是基于成熟的 IT 软件产品，为用户提供定制化服务，实现特定项目目标的项目。典型的软件实施类项目包括 ERP 实施项目、MDM 实施项目、OA 实施项目等。

（3）软件开发类项目指的是针对特定用户需求，运用某一种开发框架和开发语言从零开始为用户定制开发的项目。对于某些行业或某些非通用需求，成熟软件套件并不能覆盖，或者某些用户、供应商基于战略考虑，会选择这种方式。这类项目的特点是架构和技术自主可控、技术复杂、成本高。

（4）系统集成类项目指的是将多个软硬件产品组合起来，实现特定目标的集成类项目。根据软件所占比例又可分为硬件集成类 IT 项目、软件集成类 IT 项目、综合集成类 IT 项目。典型的系统集成类项目，如智慧交通、智慧工地等。

按照项目规模可将项目分为小型 IT 项目、中型 IT 项目和大型 IT 项目，如表 5-24 所示。项目规模可从三个维度来考虑，即项目费用、团队规模、子系统个数。

表 5-24　IT 项目分类（按项目规模）

项目类型	项目费用	团队规模	子系统个数
小型项目	50 万元以内	5 人以下	1 个
中型项目	50 万～500 万元	5～10 人	1～3 个
大型项目	500 万元以上	10 人以上	3 个以上

对于项目规模的定义，不能一概而论。对于纯软件或咨询类项目，50 万元费用以内的就可能复杂度比较高，也属于中型项目；而对于纯硬件或系统集成类项目，100 万元费用以上的也有可能比较简单，也可以按小型项目管理。在实际应用中，要抓住问题的本质，不能生搬硬套。项目规模定义的意义在于不同规模，决定了不同的复杂度，因此所选择的项目管理方法就不一样。

按照项目甲乙方的角度，可将项目分为甲方 IT 项目和乙方 IT 项目。甲方 IT 项目是指从甲方视角看的 IT 项目，乙方 IT 项目是指从乙方视角看的 IT 项目。

同一个 IT 项目，从甲乙方角度来看，在项目目标、生命周期等方面不一定相同。一般来说，甲方的项目目标是要从项目中获得某种收益，或用于产品出售，或用于提高效率、降低成本；而从乙方角度来看，目标比较明确，即实现合约定义的项目目标和系统功能，顺利通过项目验收。从项目生命周期来看，甲方 IT 项目起始于项目需求，历经项目概念阶段、项目开发阶段、项目实施阶段和项目结束阶段，终于项目决算和后评价，有的项目还会延续到项目维护阶段；乙方 IT 项目一般起始于项目实施方案，历经项目开发阶段、项目实施阶段和项目结束阶段，终于项目验收。

从甲乙方角度区分项目的意义在于，在项目策划和实施中，甲乙双方关注的侧重点不同，负责的具体事项不同，因而甲乙方项目管理的方法有所不同。

3. IT 项目管理的概念与特征

1）IT 项目管理的概念

IT 项目管理是指为了完成特定的项目目标，在有限的时间和资源约束下，对 IT 项目进行的计划、组织、控制、协调、创新等一系列管理活动。

2）IT 项目管理的特征

IT 项目管理是项目管理在 IT 领域的应用。由于信息技术行业的特点，IT 项目管理除了具有项目管理的普遍特性，它的行业特性还使它具有以下特点。

（1）管理过程具有逻辑性。因为 IT 产品是由程序代码组成的，而程序代码最讲究逻辑和确定性。因而，IT 项目的管理过程客观上也要求逻辑清晰，项目阶段要有明确的划分，不得跨阶段跳跃，每个阶段的交付物评审通过后，才能进入下个阶段。例如，在需求分析阶段，需求分析文档评审确认后，才能进入系统设计阶段；而系统设计完成后，才能进入程序开发阶段。尤其是对传统大型 IT 项目，项目阶段一定要有明确的划分，并行会导致管理复杂度增加和混乱。

（2）关注质量管理。传统工程项目的质量一般是可见、有形、有标准、可度量的，其建造质量可以按照明确的国标、行标、企标测量，并且给出测量结果。IT 项目跨多个行业领域，实现的形态、功能、性能有不同的要求，并且发展快，创新性强，国家或行业标准严重滞后于项目实践。同时，由于 IT 项目的质量为代码质量，代码质量测量具有隐蔽性和复杂性，一般很难直观体现，即使发现问题，原因追踪和问题解决的复杂度也非常高。IT 项目也具有开发质量与使用质量分离的特点，一般只有系统投入使用后，才能真正检验项目是否符合质量要求。所以，IT 项目质量管理是项目成功与否的关键，在项目实施中要特别关注质量管理。

（3）管理方法和工具具有先进性。因为 IT 项目管理过程有逻辑性强、从业人员素质高、讲求团队协作性等特点，所以 IT 行业大量采用先进的管理方法和工具，以求提高开发和协作效率。

（4）测试具有完善性和严谨性。为了保证 IT 产品质量，测试是 IT 项目管理中必不可少的一环。测试的完整性和全面性决定了产品的质量、成本和进度，只有通过测试及时发现和修改问题，才能最终保证开发出合格的软件产品。

（5）文档管理具有重要性。IT 行业是一个技术密集型行业，文档和代码是 IT 产品的主要交付成果。文档在 IT 项目管理过程中不仅驱动项目执行，同时也是项目重要的最终交付物。一般稍具规模的 IT 项目都会配置文档管理服务器和文档管理软件，用于过程中的开发文档、管理文档和用户文档的管理。文档管理一般会关注文档目录管理、版本管理和协作管理。

3）IT 项目管理存在的问题

据不完全统计，只有不到 10% 的软件项目是按照初始预算进度完成并成功交付的，这就意味着超过 90% 的项目存在不同程度的超预算或拖进度现象。IT 项目目标的不明确性和需求多变性，以及交付物的抽象性，增加了项目的不确定性和风险。

5.4.2 IT 项目管理体系

为了更透彻地认识 IT 项目管理的内容，抓住其本质，指导具体的 IT 项目实施和管理，从三个维度构建 IT 项目管理体系架构。这三个维度分别是项目生命周期阶段、项目管理要素和项目管理方法及工具。IT 项目管理体系架构如图 5-11 所示。

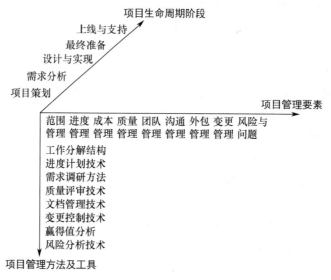

图 5-11 IT 项目管理体系架构

在图 5-11 中，X 轴为项目管理要素，Y 轴为项目生命周期阶段，Z 轴为项目管理方法及工具。项目管理要素可分为九个部分，分别是范围管理、进度管理、成本管理、质量管理、团队管理、沟通管理、外包管理、变更管理、风险与问题。归纳不同 IT 项目的特点，可将项目生命周期阶段分为项目策划、需求分析、设计与实现、最终准备、上线与支持五个阶段。IT 项目中比较常用的项目管理方法及工具有八个，分别是工作分解结构、进度计划技术、需求调研方法、质量评审技术、文档管理技术、变更控制技术、赢得值分析和风险分析技术。

分三个维度分析或论述 IT 项目管理，既包括知识体系，也包括方法论。项目生命周期阶段主要从项目生命周期的角度论述项目管理，交付物偏重产品及技术文档，表明 IT 项目是如何开展的，一般需要历经哪些阶段。项目管理要素主要从职能领域的角度展开，交付物偏重管理类文档，表明为了达到项目目标，需要从哪些职能领域管理项目。项目管理方法及工具是指在某个项目阶段或管理要素中需要用到的管理方法及工具。项目管理要素偏重知识体系，项目管理方法及工具偏重方法论，项目生命周期阶段两者兼而有之。

5.4.3　IT 项目管理体系：项目生命周期阶段

下面分五个阶段介绍 IT 项目实施过程，每个阶段从工作内容、主要交付物、管理要素、方法及工具四个方面进行介绍。

1. 项目策划阶段

项目策划是 IT 项目管理的第一个阶段，本书定义的项目策划是广义的项目策划，包括从项目启动前的可行性研究和决策分析、招标定标、项目交底、项目组织结构建立、项目章程、项目总控计划等一系列过程。

1）工作内容

项目机会研究：根据企业发展需要，结合市场和行业环境，确定项目发展方向和领域，进行详细的调查研究，以及内部优劣势分析、外部竞争分析等，最终提出项目实施建议。

可行性研究：在项目机会研究的基础上，对项目做进一步分析和论证，分析项目建设的必要性和前景，初步拟定实施方案，对关键技术分析论证，安排初步的进度计划，并且对项目做投资与成本估算，以及经济性分析和环境评价。可行性研究分为初步可行性研究和详细可行性研究。

项目决策：对可行性研究报告进行技术和经济评审，以评审结果为基础，按照特定程序最终做出是否实施本项目的决策。

招标定标：根据可行性研究报告和项目决策结论，拟定招标文件，组织招标比价，从技术和商务两方面选择供应商。

需求和技术交底：供应商进场后组织需求和技术交底。

项目部组建、项目章程拟定：筹划组建由甲乙双方组成的项目部，明确岗位、职责和人员，明确考核要求，拟定项目章程。

项目范围定义：根据项目目标和合同约定，进一步识别和细化项目范围，从组织范围、功能范围等不同角度，定义项目范围，选择合适的角度创建项目的工作分解结构（Work Breakdown Structure，WBS）。

建立项目计划：综合分析项目资源约束条件，创建项目总控计划及子系统实施计划。项目计划从内容上可分为进度计划、成本计划、资源投入计划等。

风险规划：风险管理对 IT 项目来说是非常重要的一环，在此阶段要尽可能早地识别项目风险，并且将风险分类，列出风险清单，对每类风险都要有处理预案。

项目干系人管理：识别项目干系人，明确各类干系人对项目的影响，了解干系人的需求。

2）主要交付物

本阶段的主要交付物包括项目建议书、可行性研究报告（包括初步可行性研究报告和详细可行性研究报告）、项目决策文件、招标文件、中标文件、项目章程、项目计划（包括工作分解结构、项目总控计划、子系统实施计划、资源投入计划等）、风险清单、项目干系人联系名单等。

3）管理要素

本阶段涉及的管理要素包括范围管理、进度管理、成本管理、质量管理、团队管理、沟通管理、外包管理、风险与问题。

4）方法及工具

本阶段涉及的方法及工具包括工作分解结构、进度计划技术、质量评审技术、文档管理技术、风险分析技术。

2. 需求分析阶段

需求分析是项目管理的第二个阶段，也是最关键的一个阶段。本阶段依据上阶段定义的项目计划，展开用户调研和需求分析工作。对于系统集成类项目，需求分析要以不同子系统为单元组织开展，最终要编制包括各子系统在内的需求分析报告，需求分析报告必须经过评审，在用户认可后，方可进入下个阶段。

1）工作内容

概念及系统培训：对用户进行系统理念、概念及系统实现目标的培训，主要作用是统一思想、统一语言、统一范围，将需求聚焦在一定范围内。

需求调研：拟定调研计划，准备调研提纲，通过问卷、访谈、报表分析等方法对业务流程及报表需求进行调研。

需求分析：根据调研报告，结合项目目标，对用户需求进行分析，要分析现有流程存在的问题并给出提升建议。

编制解决方案：要明确企业业务需求，抓住价值提升点，根据业务需求，构建出系统的应用解决方案。

系统原型搭建与沟通：这一步不是必须要做的，如果有条件，则尽可能搭建系统原型，以便于和用户沟通、确认需求。原型搭建可以采用软件工具，也可以采用沙盘等形式。

数据迁移分析：对现有线上和线下数据进行分析，拟定数据迁移目标，准备迁移工具。

需求分析报告评审：组织业界专家和用户代表对需求分析报告进行评审，通过后的需求分析报告将作为系统设计和实现的基线。

文档管理：项目经理组织确定文档管理规范，包括目录管理、版本管理、文档管理流程等方面，协调技术经理部署文档管理工具，确保文档管理按规范流程执行。

2）主要交付物

本阶段的主要交付物包括系统培训及宣贯文档、调研计划与调研提纲、调研会议纪要、业务流程清单、需求调研分析报告、需求分析报告（包括业务需求架构梳理和应用架构设计两个重点部分）、系统原型、数据迁移分析报告、文档管理规范及文档管理工具等。

3）管理要素

本阶段涉及的管理要素包括范围管理、进度管理、成本管理、质量管理、团队管理、沟通管理、外包管理、变更管理、风险与问题。

4）方法及工具

本阶段涉及的方法及工具包括工作分解结构、进度计划技术、需求调研方法、质量评审技术、文档管理技术、变更控制技术、赢得值分析、风险分析技术。

3．设计与实现阶段

本阶段是 IT 系统从构思、分析转化成产品的关键阶段。项目经理组织需求经理、开发经理、技术经理、测试经理协同工作，将抽象需求变成现实产品。需求经理负责为开发经理和测试经理讲清楚用户需求；开发经理根据需求进行系统设计并组织编码实现；测试经理以用户需求和设计文档为依据，组织单元测试和集成测试；技术经理负责系统网络、硬件环境的部署，开发工具的部署，以及文档管理工具的部署等工作。

1）工作内容

系统设计：系统设计以需求分析报告、需求调研分析报告为输入，将系统按照功能分成不同子系统，如果系统比较复杂，子系统还要细分。在设计文档中要写明系统功能设计、界面设计、数据库设计、接口设计等内容。设计文档分为概要设计文档和详细设计文档等。在系统设计过程中要遵循软件工程原理，选择合适的设计模型，处理好耦合与内聚，实现分层、模块化等关键问题。

工作环境部署：技术经理组织部署工作环境。工作环境包括开发、测试、正式三套，并且需要明确三套环境的管理规则。例如，测试环境和正式环境必须保持程序代码、数据库结构完全一致等。

解决关键技术问题：选择开发框架，解决开发过程中的关键技术问题。

系统实现：根据项目主计划，项目经理组织各子系统启动编码实现工作，对外包软件系统，要做好架构统一和进度协同管理；对外包硬件系统，要做好接口设计。

系统测试：测试经理根据测试计划组织进行系统测试。系统测试按实施先后顺序可分为单元测试、集成测试、用户确认测试、试运行测试等，按测试内容可分为功能测试和性能测试。

培训和数据迁移准备：编制管理员和用户培训计划、数据迁移计划，准备数据迁移。

2）主要交付物

本阶段的主要交付物包括：

（1）系统规范：包括系统设计规范和系统开发规范。

（2）系统设计：包括系统概要设计说明书、系统详细设计说明书、数据库设计说明书等。

（3）系统测试：包括单元测试文档、集成测试文档、用户接受测试文档等。

（4）计划：包括培训计划、数据迁移计划等。

（5）系统配置：包括系统配置清单、权限配置清单等。

3）管理要素

本阶段涉及的管理要素包括范围管理、进度管理、成本管理、质量管理、团队管理、沟通管理、外包管理、变更管理、风险与问题。

4）方法及工具

本阶段涉及的方法及工具包括工作分解结构、进度计划技术、质量评审技术、文档管理技术、变更控制技术、赢得值分析、风险分析技术。

4. 最终准备阶段

最终准备是指从通过用户接受测试，到开始系统切换的时间段。本阶段的重点工作是检查前一阶段的开发测试工作是否存在重大遗漏、上线前的组织动员和工作动员、用户培训、数据收集和清理、编制迁移和切换计划等。

1）工作内容

前一阶段工作再检查：组织项目组再次检查用户需求是否都已实现，测试是否都已通过，是否有重大的需求和测试问题未解决。如果存在遗漏问题，一定要解决完成，不能将问题带到上线阶段。

系统培训：编制培训文档，组织管理员培训和终端用户培训。对于大型项目，要建立培训体系，组织分层培训，确保用户会使用系统。

数据清理：数据清理是本阶段最重要的工作，根据数据清理计划，组织用户收集和清理数据。一般来说，数据分为主数据、元数据和业务数据，每类数据的清理方法都不一样。对包含多个系统的项目，一定要明确每类数据的清理责任人，明确数据收集、清理的工作流程，明确数据导入系统的先后顺序。

生产环境建立：技术经理部署生产环境，确保生产环境和测试环境的代码、数据库结构一致，严格按照三套环境打包部署、规范执行。

系统切换策划：编制系统迁移和切换计划，动员和培训系统干系部门和干系人，明确切换期间的线上、线下工作流程，确保系统切换期间不影响正常业务运行。

2）主要交付物

本阶段的主要交付物包括系统培训文档（包括管理员培训手册、终端用户操作手册等）、数据清理方案、系统切换方案等。

3）管理要素

本阶段涉及的管理要素包括范围管理、进度管理、成本管理、质量管理、团队管理、沟通管理、外包管理、变更管理、风险与问题。

4）方法及工具

本阶段涉及的方法及工具包括工作分解结构、进度计划技术、质量评审技术、文档管理技术、变更控制技术、赢得值分析、风险分析技术。

5. 上线与支持阶段

上线与支持阶段是项目实施的最后一个阶段，本阶段的主要工作包括完成上线切换工作，建立上线三个月内的工作支持机制，策划建立运维体系和组建运维团队，完成项目验收和项目结算、审计工作，做好项目总结，以及完成项目后评价。

1）工作内容

上线切换：针对业务依赖度高、实时性强的业务系统，切换工作是非常重要和复杂的，需要提前制订系统切换方案，明确切换组织结构和职责分工，明确切换流程，协调各系统间的数据流向，协调用户和实施顾问数据清理与导入的工作机制。对于容易出问题的部分，要明确切换步骤，尤其要关注接口工作。另外，还要做好后勤保障工作。

上线支持：上线支持指的是在系统上线后的三个月或半年内，需要原实施顾问支持的时间段。要明确本阶段的工作机制，尤其要明确用户问题收集及处理反馈的工作流程，明确系统修改和打包部署的工作机制，明确系统遇到突发情况宕机时的应急预案。本阶段要建立日常问题维护策略，监控业务运行情况，对问题进行实时追踪，对关键业务点要重点支持，如财务月结等。

运维工作策划：根据上线支持阶段的系统运行情况及 IT 人员现状，策划运维阶段的工作机制，筹划组建运维团队。

项目验收：项目验收分为档案验收、审计验收和最终竣工验收。档案验收主要关注文档资料和交付成果是否按本企业和项目要求完成；审计验收主要关注投资完成情况，是否拖期，是否超预算等；最终竣工验收要基于档案验收和审计验收的结果，以可行性研究报告为依据，评估项目功能实现、性能指标、投资预算等的完成情况。

项目后评价：项目完成后，为了总结经验，提升能力，项目组内部要做好项目总结。对某些项目，要实施后评价。后评价一般包括项目自评价、初审、正式后评价、成果反馈四个阶段。一般来说，后评价报告包括项目概况、评价内容、主要变化和问题、原因分析、经验教训、结论和建议、基础数据和评价方法说明等。

2）主要交付物

本阶段的主要交付物包括：

（1）上线切换文档：系统切换工作流程。

（2）上线支持文档：上线支持工作机制，包括工作机制文档、问题反馈及处理清单、更新部署申请、更新部署日志等。

（3）上线文档：包括上线通知、用户操作手册等。

（4）验收文档：包括档案验收报告、审计验收报告、竣工验收报告等。

（5）项目后评价文档：包括项目总结、项目后评价报告等。

3）管理要素

本阶段涉及的管理要素包括范围管理、进度管理、成本管理、质量管理、团队管理、沟通管理、外包管理、变更管理、风险与问题。

4）方法及工具

本阶段涉及的方法及工具包括工作分解结构、进度计划技术、质量评审技术、文档管理技术、变更控制技术、赢得值分析、风险分析技术。

5.4.4　IT 项目管理体系：项目管理要素

从项目管理要素的角度分析 IT 项目，和其他类型的项目差别不大，同样需要关注多种项目管理要素。PMBOK 定义了项目需要关注的十大知识领域，包括项目整合管理、项目范围管理、项目进度管理、项目成本管理、项目质量管理、项目资源管理、项目沟通管理、项目风险管理、项目采购管理、项目相关方管理。英国政府商务部（OGC）主推的 PRINCE2 强调了八个项目管理要素，分别是组织、计划、控制、项目阶段、风险管理、在项目环境中的质量、配置管理、变化控制。中国（双法）项目管理研究委员会编著的《中国项目管理知识体系》则定义了九大管理职能领域，包括范围管理、时间管理、费用管理、质量管理、人力资源管理、信息管理、风险管理、采购管理、综合管理。

本书借鉴这些观点，同时根据 IT 领域项目管理实践，总结出 IT 项目需要关注的九大管理要素，分别是范围管理、进度管理、成本管理、质量管理、团队管理、沟通管理、外包管理、变更管理、风险管理。每类管理要素的管理过程都可以看成是一个简单 PDCA 循环，有的管理要素在不同项目阶段甚至形成螺旋式上升的多个 PDCA 循环。

1．范围管理

范围管理是指按照立项报告要求的范围，组织从立项到结束全部工作所进行的管理和控制活动。项目所完成的工作既不应超过既定产出物和既定成果的需要，也不能少于这种需要，多或少，都意味着浪费或未完成。

范围管理的主要内容是按照立项报告或合同约定，确定项目范围，在项目结束后成功完成项目范围规定的内容；明确项目范围基线，在项目执行过程中始终控制项目范围变更。

范围管理过程主要包括范围规划、范围定义、范围控制、范围确认。

2．进度管理

进度管理是指从时间角度管理项目，包括确定项目进度计划，确保项目按计划完成；通过建立项目周报制度收集项目信息，确保项目进展的可视化和可控化；对进度偏差做出适时纠偏。

进度管理过程主要包括进度计划、进度检查、进度纠偏、进度总结。

3．成本管理

成本管理是指在完成项目目标的情况下，为保证项目总成本不突破批准的项目预算所采取的一系列管理活动，包括合理编制项目预算，实现在有限资源条件下，保证项目质量达标，进度如期；通过对造成项目成本变化的因素进行管理，确保项目成本始终可控。

成本管理过程主要包括资源分析、成本预算、成本控制、成本总结。

4．质量管理

质量管理是指在项目过程中，通过一系列管理活动，保障项目实施质量，使项目在预定时间内达到预定的目标。质量管理着重于过程管理。

质量管理过程主要包括质量计划、质量保证、质量控制、质量验收。

5．团队管理

团队管理是指项目团队组建与管理的过程，包括根据工作分解结构获取所需要的人力资源，对团队成员进行培养，创建良好的团队环境，从而提高项目绩效；对团队成员进行激励和绩效考评，从而提升团队绩效。

团队管理过程主要包括组织规划、团队组建、团队建设、绩效及问题管理。

6．沟通管理

沟通管理通常包括信息沟通管理和人际沟通管理两部分，主要使项目内部成员和项目干系人能及时、准确得到所需要的信息，并且能正确理解相关信息。通过对项目中的各种问题进行有效沟通，达到把控项目风险、减少沟通成本、提高项目绩效的目的。

沟通管理过程主要包括识别干系人、沟通计划、信息分发、进展报告、信息归档。

7．外包管理

外包管理是指为保证项目目标按计划完成，针对某些特定工作，通过外部供应商的产品、服务或其他成果来实现的一系列管理活动。对于某些工作，自己完成既不经济也不现实，此时外包就是最好的选择。

外包管理过程主要包括采购规划、采购招标、合同管理、外包总结。

8．变更管理

变更管理是指有效管理项目变更，规范变更活动，加强变更分析，把握变更影响并得出合理的变更结论，降低变更带来的进度和成本方面的影响，使变更限定在一定范围内，确保不影响项目目标按期、按预算完成。

变更管理过程主要包括变更规划、变更执行、变更监控、变更确认。

9．风险管理

风险管理是指对项目风险进行识别和分析，事先采取风险应对策略，达到有效管控风险的目的。通过风险管理，实现风险发生前，预防损失；风险发生后，减少损失；损失发生后，弥补损失的目的。问题可视同已经发生的风险，对于问题，制订合理的问题记录、跟踪、处理流程，实现对风险的有效把控和合理规避，推进项目顺利开展。

风险管理过程主要包括风险规划、风险监控、风险处置、风险总结。

5.4.5　IT 项目管理体系：项目管理方法及工具

下面介绍 IT 项目中比较常用的八个项目管理方法和工具。

1．工作分解结构

工作分解结构（Work Breakdown Structure，WBS）是指把一个项目按照一定的原则，以可交付成果为导向对项目范围进行多层分解，直到达到合适的可管理细度为止。

工作分解结构明确了项目的工作内容，将项目范围分解为不同层次的、可管理的工作包，从而为管理层提供细度合适的管理层次，为所有可交付成果提供基础框架。较高层次的工作分解结构元素表示主要交付成果或项目生命周期主要阶段，为报告项目进展、衡量整个项目成本和进度提供合理的基准点。较低层次的工作分解结构元素为项目管理过程，如确定范围、进度计划、资源分配、风险评估等提供基础依据。

工作分解结构可以用多种方式表示，如图表、文本、表格等。常用的两种表示方式为层次结构图和表格式结构。

2．进度计划技术

进度计划是指为了在指定的时间内完成项目目标，将项目工作分解成具体任务，并且给每项任务指定开始和结束时间。进度计划包括工作任务、每项任务预计需要的时间，以及相关资源。

进度计划的目的是协调项目执行过程中的资源负荷，保证用最小的成本，按时完成项目目标。常用的进度计划技术有以下三类，分别是关键日期表、甘特图、网络计划技术。

（1）关键日期表：针对比较简单的项目，可以采用最原始的进度计划技术，即先识别项目关键活动，然后给这些关键活动指定完成日期。在项目执行过程中，监控关键活动的完成情况，进而达到监控项目进度的目的。

（2）甘特图：又称为横道图，是以提出者亨利·L. 甘特（Henry L. Gantt）的名字命名的。甘特图以图示的方式，通过活动列表和时间刻度形象地表示出任何特定项目的活动顺序与持续时间。

（3）网络计划技术：网络计划技术是指用网络图编制计划并用其进行项目进度管理的技术。网络图是由箭线和节点组成的，用来表示工作流程的、有序的网状图形。网络计划运用数据最优化原理，计算项目关键路径，揭示进度与成本的关系。通过平衡项目进度与成本，优化项目网络计划；通过网络计划反映作业间的依赖关系，提前协调资源，合理安排各项工作。网络计划技术从计划优化和资源协调两个方面有效提高项目管理水平，实现用尽可能短的工期、尽可能少的资源、尽可能低的成本完成项目目标。

3．需求调研方法

需求分析是 IT 项目策划完成后的首要工作，也是最关键的工作。据不完全统计，导致软件项目失败的原因中绝大部分是需求问题。需求调研作为需求分析的输入，对需求分析的成败起着至关重要的作用。常用的需求调研方法包括资料分析法、问卷调查法、访谈法、原型法等。

1）资料分析法

资料分析法是指通过收集与项目相关的用户内部和外部资料，依据项目目标和范围，进行加工整理的过程。用户外部资料一般包括与项目相关的国家政策、行业政策、竞争对手资料、同类项目相关资料等；用户内部资料一般包括企业情况、发展战略、内部管理制度与流程、相关报表及统计数据等。

2）问卷调查法

问卷调查法是将需要了解的问题设计成书面问卷，要求被调查者以书面形式在限定时间内做出答复，然后由调查者对问卷结果进行统计和分析的信息搜集方法。问卷调查法按问卷发放形式分为网络问卷调查法和现场问卷调查法；按调查对象范围分为全量问卷调查法和抽样问卷调查法。

问卷调查法的步骤一般包括问卷设计、问卷调查实施和问卷调查统计分析。

3）访谈法

访谈法是指实施方在项目范围内就现状、问题、建议等方面与用户有关人员进行直接交流的信息搜集方法。访谈法根据访谈形式可分为电话访谈、个人访谈和座谈三种；根据访谈对象身份可分为内部访谈和外部访谈两种；根据访谈对象层级可分为高层访谈、中层访谈和基层访谈三种。

访谈法的步骤一般包括编制访谈计划、设计访谈提纲、访谈实施和访谈总结。

4）原型法

原型法是 IT 行业软件开发项目经常使用的方法。IT 项目交付物的抽象性和项目管理的复杂性，往往使用户受限于自身技术能力不足，难以准确表达和传递系统真实的需求，而实施方受限于业务知识不足，难以准确获取用户真实的应用需求。为了弥补二者之间的需求鸿沟，一般对需求复杂且时间充裕的项目采用原型法。

原型法是指在获取一组基本的需求定义后，利用软件工具可视化开发环境，快速地建立一个目标系统的简略版本，并且把它交给用户试用，然后进行补充和修改，逐步完善，如此反复迭代，直到满足用户需求为止。

原型法一般包括四个基本步骤，一是根据用户访谈结果或以往项目经验，明确系统的基本要求和功能，明确人机交互界面；二是根据第一步的输入，利用工具软件，用非编程的方式构造系统原型；三是用系统原型和用户进行交流，给用户演示系统，让用户提意见，也可以让用户事先试用系统，以书面形式提出修改意见；四是根据用户意见，完善原型系统，把修改后的原型系统再次让用户试用，直到用户满意为止。

4．质量评审技术

质量评审技术是指一套结构严谨的程序，专门用以评价某项产品或成果是否符合预期目的或符合要求。对于 IT 项目而言，创新性和复杂性是其特点，项目过程中的质量评审对项目成败有非常重要的意义，应用好质量评审可以在项目早期识别设计中存在的缺陷，为成果改善提供平台，有效降低项目开发、测试和验收交付的成本；应用好质量评审还可以让用户深度参与需求与设计，提高用户满意度。

质量评审按评审内容分为技术评审和管理评审；按参与的审查人分为专家评审和组内评审；按评审方式分为会议评审、邮件评审等。质量评审中涉及的关键角色有三个，分别是质量评审负责人、交付成果生产者和审查人。质量评审分为三个阶段，分别是评审准备、评审实施和后续行动。

5．文档管理技术

IT 项目属于高知识密集型项目，文档管理和质量管理从某种意义上说同等重要，项目的质量更多体现在文档质量上。

一般来说，IT 项目的文档可分为开发文档、产品文档和管理文档三类。开发文档指的是描述系统需求、设计、开发和测试过程的文档，包括可行性研究报告、需求规格说明书、设计规格说明书、开发计划、测试计划、测试用例、软件质量保证标准、数据整理文档、系统切换方案等。产品文档指的是配合系统提供给用户的交付物，包括培训文档、用户操作手册、系统配置手册等。管理文档指的是记录项目管理过程的文档，包括项目组织机构及职责、项目总控计划、分项计划、进度检查报告、变更记录、会议纪要、阶段性汇报报告等。

做好 IT 项目文档管理要把握两个重点：一是制订项目文档管理规范，建立文档质量管理基准，做好文档审核管理；二是运用先进的信息化技术，建立项目级文档管理系统，使文档管理规范得到有效执行。

6．变更控制技术

项目变更是指在项目执行过程中，由于各种原因引起项目范围、进度、费用等方面发生变化，为了应对这种变化，需要做出的一系列调整。从变更内容的角度，项目变更可分为范围变更、进度变更、费用变更、质量变更、文档变更等。从变更触发原因的角度，项目变更可分为需求变更、设计变更、开发变更、实施变更和其他变更，每类变更都可能会导致进度、费用、范围、文档等也发生变更。为了对变更责任进行区分，将变更分为变更申请和不合格项。变更申请是指引起项目规范要求或验收标准的变更，进行此类变更所需的额外成本支出一般由用户承担，主要包括两类，一是对项目交付内容进行变更，如规格要求等；二是为了改善项目交付物的质量或体验提出的建议，称为优化类变更。不合格项包括已经完成或计划执行的工作中的差错或遗漏，这类问题通常会导致无法满足规范要求和验收标准，开展这类工作的额外成本支出一般由供应商承担。

变更控制技术是指针对各种项目变更采取的方法、工具及程序的集合。IT 项目变更控制主要关注组织、流程和工具三方面。组织是指要明确变更控制的组织及权责，流程是指定义项目变更流程及相应的步骤，工具是指选择合适的 IT 项目变更控制工具。

7．赢得值分析

赢得值（Earned Value）分析又称为挣值分析，是针对传统项目管理实践将进度和成本割裂开来分析项目进展，造成的分析不准确，抓不住重点等问题，提出的将项目进度和成本状况结合在一起，综合衡量项目进展的方法。其基本原理是用货币量代替工程量来测量项目进度，不以投入资金的多少来反映工程的进展，而是以资金已经转化为工程成果的量来衡量，是一种完整和有效的工程项目监控指标和方法。

赢得值分析起源于美国政府委托专家开发的"成本/进度控制系统标准"。美国政府于 1996 年正式提出"挣值管理系统"（EVMS）32 条标准，以后的若干年，美国所有大型政府工程项目都被要求采用 EVMS 进行管理。由于 EVMS 方法对项目测量和控制效果显著，美国许多私营企业在非政府项目中也开始使用这套管理体系，EVMS 标准和体系因此得以广泛推广。

8．风险管理技术

项目风险是指在某一特定环境下，在某一特定时间段内，一旦发生，就会对一个或多个项目目标产生积极或消极影响的不确定事件或条件。

在风险定义中可以看出，风险包含两个关键要素，分别是事件发生的概率（可能性）和事件发生后带来的后果（风险程度）。因此，风险是"可能性"和"风险程度"的函数，风险可以量化定义为如下公式：

$$风险=f(可能性，风险程度)$$

可能性可以用风险发生的概率表示，风险程度可以用风险发生后造成影响的等级表示，需要注意的是，风险发生后产生的影响可能是正向的，也可能是反向的，既可能获利，也可能带来损失。

风险管理是项目管理的重要内容，贯穿项目全生命周期，是指在特定的项目环境中，通过对风险进行规划、识别、分析、处理和监控的全过程管理，达到降低风险的目的。因而，风险管理是通过对风险的识别、衡量和分析，选择最有效的方式，主动地、有目的地、有计划地处理风险，以最小成本争取获得最大安全保证的管理方法。

风险分析包括定性分析和定量分析两种方法。常用的风险分析方法包括专家判断法、层次分析法、决策树法和蒙特卡罗模拟法等。其中专家判断法为定性分析方法；层次分析法、决策树法和蒙特卡罗模拟法为定量分析方法。

5.5　企业首席信息官制度

5.5.1　职位设置

企业应当设置首席信息官（Chief Information Officer，CIO）职位，直接向企业负责人汇报，条件暂不成熟的企业，可先由现任信息化主管领导兼任首席信息官。首席信息官全面负责企业的信息技术应用和信息资源管理工作，承担企业信息化领导责任。首席信息官的主要任务是促进信息技术和各项业务的融合，协助提高管理水平和创新经营模式，提升企业在信息化条件下的核心竞争力。

大型企业可以设置信息化领导小组，对企业信息化重大事项进行决策。首席信息官领导信息化管理部门，参与领导信息化领导小组；有条件的企业还可以设置信息化专家咨询委员会，就企业信息化重大事项、重大项目进行咨询。

企业负责人组织落实本企业的首席信息官制度，董事会等经营决策机构负责对相关工作进行监督。企业应当依据自身特点和需要，将首席信息官制度的建立和实施情况纳入企业内部的考核范围，将首席信息官制度的基本内容写入企业章程或列入企业管理制度。企业应当对照首席信息官的职责要求，为首席信息官制度的实施落实组织机构、岗位职务、人员编制、资金保障等各种必要条件。企业应当以制度形式赋予首席信息官对企业重大事务的知情权、参与权和决策权。企业应当依据自身特点和需要，对首席信息官制度进行持续改进和优化。

5.5.2　职责与要求

1. 具体职责

企业首席信息官的具体职责主要包括以下方面。

（1）信息资源规划：对企业生产经营所需要的信息，从采集、处理到开发利用进行全面的规划，研究开展大数据应用。

（2）信息资源整合：建立全面、广泛的企业信息资源架构，实现信息资源的有效管理和综合利用。

（3）业务创新研究：理解市场竞争环境及信息技术发展趋势，运用信息技术开展决策支持和业务创新。

（4）业务流程再造：运用最新的管理理念和技术手段进行业务流程优化和再造，预见并处理实施中出现的障碍。

（5）项目选型实施：准确理解内部需求，确定选型标准，审批或参与审批项目选型，领导或参与领导重大项目的实施。

（6）信息化教育：开展信息化教育培训，提高企业员工的信息素养和技术应用能力，增强全员的信息安全意识。

（7）内外部沟通：与企业各部门及外部组织之间进行沟通，协调各方面资源，促成信息共享、应用集成和职能协同。

（8）保障信息安全：建立信息安全保障制度，提升技术条件和设备设施保障水平，提高安全事件处理能力。

（9）人才队伍建设：建立信息化工作团队，在必要时调动外部人力资源，带领团队开展工作，进行人员绩效评价。

2．能力素质要求

企业首席信息官应当具备的核心能力和素质包括以下几点。

（1）战略思维与规划能力：对信息化工作进行全局的战略规划和布局、配置企业内外部资源、制订发展目标和工作计划的能力。

（2）领导力与执行能力：建立工作团队，指挥和带领团队成员围绕信息化战略目标开展工作，实现信息化发展目标的能力。

（3）信息技术创新应用能力：善于利用最新信息技术，提供具有经济价值和社会价值的新思想以推动业务创新的能力。

（4）对行业的深刻理解和对信息技术的洞察力：深刻理解所在行业的业务，了解信息技术发展趋势并对其带来的机遇和风险做出准确判断的能力。

（5）沟通与统筹协调能力：与各方面人士交换意见并获得支持、整合企业内外部资源、协调各方面关系以促成合作的能力。

5.5.3 聘用与考核

1．聘用和培训

企业可以采用外部招聘或内部选拔的方式选聘首席信息官。首席信息官的选聘和任用可以参照副职负责人的选聘和任用程序。企业应当按照公开、公平、公正、择优选聘的原则，对应聘人员的专业素质和管理能力进行测评，通过测评后需要进行试用，确认其具备在该工作岗位上履行职责的能力。

企业应当支持首席信息官参加专业培训、加入相关社会组织、参与同行交流，并且注重培养首席信息官后备人才。

2．考核与奖惩

企业应当对首席信息官的工作绩效进行考核。考核结果作为首席信息官续聘、解聘和奖惩的依据。

首席信息官的考核除可以参照副职负责人的考核标准外，还应当着重考核其在信息技术应用和信息资源管理方面的工作绩效。应当根据实际情况，重点考核以下四个方面。

（1）企业信息化战略和制度的科学性、合理性和有效性。

（2）信息技术在支撑业务流程、提高服务管理水平、推动业务创新及提升企业竞争力等方面发挥的作用。

（3）企业信息化建设的效率与效能，尤其是重大项目的实施情况。

（4）企业信息管理人员队伍建设和人员素质提升情况。

企业应当依据自身特点和需要，对领导有力、组织科学、工作成效显著的个人予以奖励。对在使用信息技术推动业务创新方面有突出贡献的人员，企业应当根据业务创新所获得的市场拓展效益来确定奖励额度。

对因个人原因而不能履行岗位职责或没有达到岗位要求的，企业可视其具体情况，依据有关规定采取降薪等措施，或者依法解除劳动合同。

第三部分

企业经营管理基础知识

第 *6* 章

企业经营管理概述

6.1 管理概述

6.1.1 管理的概念

管理是指组织中的管理者通过计划、组织、领导和控制他人活动，既有效果又有效率地实现组织目标的过程。

管理的这一定义有以下几方面的含义。

（1）管理的目标性。管理存在于组织中，是为实现组织目标而服务的；管理本身不是目的，它的载体是组织，离开了组织目标，管理就成了无的之矢。

（2）管理的领导性。管理是协调人、带领人去实现目标，是最大限度激发和释放人的潜能；不是把人当机器操纵，把人当动物驱赶，把人当囚犯管理。

（3）管理的结果性。结果由效果和效率两部分构成。效果意味着做正确的事，效率意味着正确地做事。管理活动既追求效果，又追求效率。

（4）管理的关联性。管理由计划、组织、领导、控制一系列相互关联且连续进行的活动构成。

（5）管理的普遍性。管理在不同层级、不同组织、不同国家所从事的活动存在高度的一致性。无论是营利组织还是非营利组织、大型组织还是小型组织，尽管差异确实存在，但共性远远超过差异。

（6）管理的实践性。仅仅依靠游泳指南未必能学会游泳，管理需要重视实践经验积累，理论和实践有效结合才是管理成功的保证。

6.1.2 管理的职能

管理的职能就是管理者在管理过程中所从事的活动或发挥的作用。从职能的角度出发，可以将管理活动视为由计划、组织、领导和控制这四大职能所构成的一个过程。

计划就是要明确组织的目标，并且确定实现目标的途径或方案。计划活动是管理的起点，确定目标和途径是计划职能所要完成的两大任务。目标反映了组织活动的未来终点，指出了我们将要到哪里去，而途径则是连接当前与未来的桥梁，告诉我们如何才能到达目的地。

组织意味着分工和协作。为了实现计划活动所确定的目标，实施计划活动所制订的行动方案，管理者必须分析需要进行哪些必要的活动，对这些活动如何分类组合，谁向谁汇报工作，各种决策权限如何在组织的不同层次上分配，如何为各种不同的岗位配备适当的人员，不同的活动和人员之间如何协调。

领导意味着管理者必须运用各种适当的方法，对组织的成员施加影响，努力营造出一种使组织中的成员能够全心全意、士气高昂地实现组织目标而努力奋斗的氛围。

控制是指采取措施纠正实际绩效与目标之间的偏差。组织是在复杂多变的环境中生存和发展的，每时每刻都会遭遇各种意想不到的障碍和困难，必须应对各种各样的新问题和新情况。为确保组织目标的顺利实现，管理者必须自始至终对组织各项活动进展情况进行关注，发现或预见到偏差后及时采取措施予以纠正，保证组织活动按计划进行。

尽管在理论上各项管理职能之间存在着逻辑上的先后关系，但现实中的管理活动并不是严格按照计划、组织、领导和控制这样的顺序来进行的，很少有管理者在一个给定的时间段内只从事某一特定的管理职能，他们往往同时进行若干不同的活动。

1. 计划

管理的计划职能是组织为明确所追求的目标及实现目标的行动方案而进行的活动，包括要做什么、如何做、何时何地做、由谁做。

计划是管理的首要职能。管理的组织、领导和控制职能都是为了促使和保证目标的实现，而组织的目标和实现目标的途径正是通过计划活动确立的。管理者只有在明确目标之后，才能确定合适的组织结构和适当的人员配备，确定按照什么方针领导下级，确定采取什么样的控制方法。

计划也是各级管理人员的一个共同职能。无论职位高低，或多或少都要进行计划活动，一般来说，高层管理者主要致力于战略性计划，而中层或基层管理者主要致力于战术性或执行性计划。管理中的计划职能是一个非常广泛的概念，不宜等同于一般意义上的制订计划。

在组织中，计划的作用表现在以下四个方面。

（1）应对变化和不确定性。未来的不确定性使得计划成为管理必不可少的活动。为了实现预期目标，管理者必须对未来的变化进行预测，必须评估这些变化对实现目标可能产生的各种影响，在变化发生时必须采取的对策及可能的备选方案。尽管有些变化不可预测，并且随着计划周期变长，不确定性也会增加，但这并没有否认计划的作用。周密的计划和科学的预测将使得不确定性和风险降到最低限度。

（2）使组织聚焦目标。计划有利于使各部门的努力协调一致；有利于推动组织中全体人员形成指向整体目标的合力，形成"上下同欲"的局面；也有利于促使埋头日常事务的管理者去考虑未来。反之，如果计划不充分，组织中的成员和各部门的努力将会各自为政、相互损耗，这样难以顺利实现预定目标。

（3）使组织和活动经济合理。计划活动旨在以目标明确的共同努力来代替各自为政的分散活动，以一致的工作流程来代替缺乏协调的随意行动，以深思熟虑的决策来代替仓促草率的判断。这将大大有利于减少组织活动中的浪费，提高资源的使用效率，从而使得组织的各种活动经济合理。

（4）为控制奠定基础。控制就是使事情按计划进行。管理人员如果没有既定的目标和计划作为衡量尺度，他就无法了解工作的进展情况，也就无法考核下级任务完成的好坏。因此，计划是控制的基础，它为有效控制提供了标准和尺度；没有计划，控制工作也就不存在。

在计划活动中，最重要的是对如下四个问题做出回答。

（1）我是谁？

对应的是组织的基本定位，在管理中称为使命，不同的组织有不同的使命。例如，一所大学的使命是培养人才和研究学问，医院的使命是救死扶伤，企业的使命是向社会提供有经济价值的商品和服务。组织只有明确了自己的使命，其行动才能位于正确的轨道上。

（2）我的处事原则是什么？

对应的是组织的价值观，指的是一个组织的信念和原则，它决定了组织对好与坏、对与错、美与丑、善与恶等问题的判断。

（3）我要去哪里？

对应的是组织的愿景，是组织远大的目标或追求，是需要花几年甚至几十年来实现的目标。

（4）如何去？

对应的是组织的战略，是指为实现总目标而做的重点部署和资源安排。战略通常表示为一个总的行动方案，为企业的经营活动指明方向，并且通过政策、程序、规则、规划、预算等活动实现目标。

从时间上看，计划可以看作一个依序进行的逻辑过程，由四个步骤构成：一是确立组织的使命、愿景、价值观；二是根据使命和愿景制订关键战略；三是根据关键战略进行目标展开，确定关键绩效指标；四是根据关键绩效指标测量、评审进展情况。

2. 组织

管理的组织职能是通过建立、维护并不断改进组织结构以实现有效的分工、合作的过程。

分工与合作是组织职能的两大主题。组织活动产生于人们在集体活动中进行合作的必要性。人类由于受到生理的、心理的和社会的种种限制，为了达到某种目的就必须进行合作，合作就必须要清楚各自所扮演的角色和所起的作用，这种角色和作用越明确，人们的工作就越有效。人类正是通过这种分工和合作来完成集体活动的共同目的或目标。组织职能的目的就是要设计和维持一种有助于进行有效集体活动的组织结构。

管理的组织职能由六个具体步骤构成。

（1）职位设计。组织首先必须明确实现目标所必需的各种活动并加以分类，这关系到组织中的职位或岗位的设计问题。

（2）划分部门。这意味着要将实现组织目标所必需的活动进行组合以形成可以管理的部门。由于对组织活动的分类和组合方式不同，因此形成了各种不同的组织结构类型。

（3）职权配置。在上述划分和组合的基础上，还必须将监督各部门所必需的职权授予各部门的管理者，在组织工作中，这些内容主要涉及职权配置。

（4）人力资源管理。组织结构是由各种类型的职位构成的，在建立起这种职位结构后，下一步是为组织中的职位配备适当的人员，这就是管理中的人力资源管理工作。

（5）协调整合。必须从纵横两个方面对组织结构进行协调和整合。在组织结构基本建立、组织中的职权配置基本完成的基础上，应当进一步明确和协调组织结构中各岗位的相互配合关系，通过对各部分、各层次和各要素的协调与整合，使组织成为一个精干高效的有机整体。

（6）组织变革。组织活动是一个动态的过程，通过组织活动建立起来的组织结构不是一成不变的，而是随着组织内外部因素的变化而变化的。当原有的组织结构不再适应实现组织目标的要求时，组织结构就必须进行相应的调整和改变。

组织有两类基本特征，即结构性特征和背景性特征。

1）结构性特征

正规化：反映了一个组织中的规章、制度、程序等正式书面文件的多寡程度。

专门化：反映了一个组织专业化分工的程度。

标准化：反映了相似的活动以统一的方式实施的程度。

职权层级：描述了人员之间的报告指挥关系，以及每个管理者的控制幅度。

复杂性：反映了组织中存在的活动或子系统的多少。

集权化：反映了决策权在组织职权层级上的分布情况。

专业化：反映了组织成员接受正规教育和训练的程度。

人员构成：反映了组织中人员在不同的职能和部门间的配置情况。

2）背景性特征

规模：以组织中的人数来反映组织的大小。

组织技术：组织的生产子系统的性质。

环境：包括组织边界之外的所有要素。

目标和战略：目标反映了组织要达到的终点，战略则是为了实现组织的目标，以及适应环境变化而就资源分配和所需活动所拟订的行动计划。

组织的文化：员工共同拥有的基本价值观、信念、观点和信条等的集合。

3. 领导

管理的领导职能是组织中的领导者对组织中的群体或个体施加影响的过程。领导活动的目的在于使个体和群体能够自觉自愿并充满信心地为实现组织的目标而努力。

作为一项管理职能的领导，是一个动词，特指管理者所开展的旨在对人们施加影响的活动，对应的英文是 Leading。

领导也可以是一个名词，是指领导者，对应的英文是 Leader。从这个意义上讲，每个管理者都应当是一个领导者。近年来，领导者这个概念有了进一步的扩展，在推行参与管理、团队管理和民主管理的机构中，每个普通成员都可以是一个领导者。

领导还可以指管理者影响他人的能力，对应的英文是 Leadership。

领导作为管理的一项职能，主要表现在对人的作用，涉及的是人与人之间的关系。要成为一个有效的领导者，就必须了解和掌握有关人、人的行为、人的动机等方面的知识。

领导者拥有能影响他人的五种权力，即法定权力、强制权力、奖赏权力、专家权力和参照权力。前三种属于职位权力，后两种属于个人权力。有效的领导者依赖不同的权力类型来影响下属的行为和工作绩效。

领导者施加影响的策略大致有以下五种。

（1）晓之以理：使用数据、事实、逻辑分析说服人。

（2）动之以情：使用尊重、关心、信任等情感的力量让人追随。

（3）施之以惠：用奖励的办法激励员工努力工作。

（4）加之以威：用威信力让员工信服。

（5）合纵连横：建立同盟军网络，扩大支持自己的。

关于领导的理论，按时间先后，大致分为以下四类。

（1）特质理论。20 世纪二三十年代，主要关注领导者的特质，研究具备哪些特征的人能成为有效的领导者，包括身体特征、背景特征、智力特征、个性特征、工作特征、社会特征等。由于对各种特质的重要性认识很不一致，该理论对领导行为和现象的解释是不完善的。

（2）行为理论。研究重点从领导者可能具有哪些特质转向领导者如何行为，有代表性的研究成果包括：艾奥瓦大学的科特·勒温等人在 1939 年发表的一项研究将领导方式分为权威式、民主式、放任式；俄亥俄州立大学的埃德温·弗莱希曼等人在 1945 年提出的二维构面理论按关怀度和规定度两个维度讨论四种领导方式；密歇根大学的伦西斯·利克特在 1947 年提出的工作中心与员工中心理论，按照重视工作、重视人论述四种领导方式；克里斯·阿吉里斯在 1957 年发表的《个性与组织：互相协调的几个问题》一书中，提出了"不成熟–成熟"理论，指出领导者应做好个性与组织的协调；加州大学的罗伯特·坦南鲍姆等人在 1958 年提出领导连续流理论，即领导方式不是独裁和民主，而是一个连续的过程；罗伯特·布莱克等在 1964 年设计了管理方格图，将伦西斯·利克特的四象限扩展成 9×9 矩阵。

（3）领导权变理论。有效的领导方式是因情景而权变的。弗雷德·菲德勒于 20 世纪 60 年代提出权变领导理论，按照上下级关系（好、差）、任务结构（明确、不明确）、职位权力（强、弱）等八种情景，分别采用指令型、宽容型等不同的领导风格；罗伯·豪斯于 20 世纪 70 年代提出路径—目标理论，这一理论源自弗洛姆的期望理论，分为指导型、支持型、参与型、成就型，领导方式要根据下属的特性和环境变量而定。

（4）新型领导理论。史蒂芬·科尔在 1978 年提出一个十分有趣的替代领导理论，即如果下属的个性与工作性质及组织提供的指导协调一致，正式的领导往往无用或起反作用；20 世纪 80 年代，伯纳德·巴斯提出超凡魅力型领导的概念，把领导分成事务型和改革型，超凡魅力型领导与下属的高绩效和高满意度有十分显著的关系；吉姆·柯林斯在 20 世纪 90 年代的畅销书《从优秀到卓越》中提出第五级经理人概念，希望把每个员工的潜力发挥到极致；罗伯特·豪斯在 20 世纪 90 年代中期，提出以价值观为基础的领导理论，强调价值观的感召作用，达成和谐共生的组织；20 世纪 90 年代，哈佛大学的丹尼尔·戈尔曼在其《情商》一书中提出了情商型领导者理论，认为情商由自我认知、自我规范、自我激励、移情能力、社交技能五个要素构成，并且认为领导者的各种能力中 80%～90%都与情商有关。

4．控制

管理的控制职能是指管理者为了确保组织的目标实现，根据事先确定的标准对计划的进展情况进行测量和评价，并且在出现偏差时及时进行纠正的过程。

控制就是使事情按计划进行，就是纠偏，是使组织的活动达到预期的保证。控制是管理者的职责，无论哪一层次的管理者，都要对自己职责范围内计划的实施和目标的实现负责，因此必须承担控制职能。

控制职能通过纠正偏差的行动与其他三个管理职能紧密地结合在一起，使计划、组织、领导、控制形成一个管理的闭环系统。一个阶段的目标实现后，再进入下一个循环，形成一个螺旋上升的过程。

要使控制工作卓有成效，必须遵循一些基本原则，这些原则包括控制要反映计划要求、控制必须与组织结构相适应、控制关键点、控制趋势、控制例外情况，以及着眼于预防等。

控制的过程一般包括以下三个步骤。

（1）制订控制标准。这里说的标准，是指评定成效的测量指标或尺度。组织的所有测量指标综合在一起，就构成了一个绩效测量评定指标体系。许多组织建立的 KPI（Key Performance Indicator）体系就属于绩效测量指标体系的范畴。组织应当测量什么，是个大问题，也是个大难题。一个合理的测量指标体系应具备一致性、均衡性、完整性、可控性四个方面的特征。

（2）测量绩效，找出偏差。有了控制标准或指标，还必须明确测量的手段和方法，落实进行测量和检查的人员，然后通过测量实际工作的成效来获得必要的信息。这样就可以反映出计划执行的进程，使管理者了解每个部门的工作成效，及时发现那些已经发生或将要发生的偏差。管理者在衡量实际工作绩效时，通常可以采取个人观察、统计数据、口头汇报、书面报告等方式进行有效控制，所获得的信息必须准确、及时、可靠、适用。并非所有偏离标准的情况都需要当作问题来处理，要区分正常变异和异常变异，前者是大量微小的、偶然的原因引起的波动，有一定随机性，也称为随机变异或一般性原因；后者是由系统性原因引起的误差所造成的变异，也称为特性原因。系统性原因引起的异常变异应当查明原因，坚决消除，而随机因素引起的正常变异是多种影响因素综合作用的结果，短期内控制在一个可接受的范围内就可以。

（3）找出偏差原因，采取纠正措施。解决问题首先需要找出产生偏差的原因，然后采取措施纠正偏差。偏差可能是由复杂原因引起的，必须花大力气找出造成偏差的原因，而不能仅仅头痛医头、脚痛医脚，可以利用丰田"五个为什么"和"两图一表法"（涉及帕累托图、鱼骨图、对策表）等工具对症下药，解决问题。

6.1.3　管理思想的演进

人类的管理活动源远流长，在漫长的历史发展过程中，世界各国都有大量令人称绝的管理实践，积累了丰富的管理智慧和思想。按照丹尼尔·雷恩在《管理思想史》中的说法，管理大致分为早期管理时代、科学管理时代、社会人时代、现代管理时代四个时代。

1．早期管理时代

埃及金字塔、巴比伦古城、中国万里长城，这些宏伟的建筑反映出人类早期管理能力达到的高度。古希腊哲学家柏拉图在其著作《对话录》中论述了管理的普遍性，我国的《周礼》中也有对行政管理制度的具体叙述。

2．科学管理时代

科学管理时代的代表人物是美国的弗雷德里克·泰勒、法国的亨利·法约尔和德国的马克思·韦伯。

泰勒提出了科学管理的四项基本原则：一是确立每项工作的科学工作方法；二是合理选择工人，做到人适其事；三是教育和培训，使工人按照科学的方法工作；四是管理者与工人精诚合作，共担工作和职责。他在伯利恒钢铁公司做的搬运生铁实验最能体现这些科学管理的思路。由于他的贡献，后人将他称为"科学管理之父"。

于 1916 年问世的著作《工业管理与一般管理》，是法约尔一生管理经验和管理思想的总结。他在这部著作中提出 14 条管理原则。他关于管理过程和一般管理理论的开创性研究，特别是关于管理职能的划分及管理原则的描述，对后来的管理理论研究具有非常深远的影响，被后人尊称为"管理过程之父"。

韦伯在管理方面的研究主要集中在组织理论上，主要贡献是提出了"理性的行政组织体系"理论，亦称层级官僚制。这一理论集中反映在其代表作《社会组织与经济组织》一书中。韦伯认为在工业社会中，高度结构化的、正式的、理想的行政组织体系是达到目标、提高效率的最有效形式，这种层级官僚制的组织形式在精确性、稳定性、纪律性和可靠性方面都优于其他组织形式。韦伯被人尊称为"组织理论之父"。

科学管理时代较多地强调科学性、精密性、纪律性，而较少地关注人的因素。在这一背景下，一些学者开始从生理学、心理学、社会学等方面出发研究企业中有关人的问题，如工作动机、情绪、行为与工作之间的关系等，这些研究推动管理学进入了社会人时代。

3．社会人时代

社会人时代起源于霍桑实验，代表人物有乔治·梅奥、玛丽·福莱特和切斯特·巴纳德。

霍桑实验也称为霍桑研究，是指从 1924 年到 1932 年，美国国家研究委员会和西方电气公司合作，在该公司所属的霍桑工厂为测定各种因素对生产效率的影响而进行的一系列研究。乔治·梅奥于 1927 年加入第二阶段的霍桑实验，在该实验的基础上，梅奥于 1933 年出版了《工业文明中人的问题》一书，提出了社会人概念，而不是单纯追求金钱收入的经济人，企业中除正式组织外，还存在非正式组织，新型领导通过增加员工满足程度来提高士气。霍桑实验在一定程度上标志着人际关系学说的确立。

玛丽·福莱特是最早认识到应从个人行为和群体行为的角度来观察组织的学者之一。她提出人们在团体中寻求归属，在联合中寻求安慰，在隶属关系中寻求实现；组织应当建立在群体道德的基础上，管理的本质是寻求合作；领导不是对他人的统治和支配，而是领导与被领导者之间的相互影响。当代大师德鲁克把她称为"管理学的先知"，也有人把她称为"管理理论之母"。

巴纳德于 1938 年出版了著名的《经理人员的职能》一书，此书被誉为是美国现代管理科学的经典之作。1948 年，他又出版了另一重要的管理学著作《组织与管理》。巴纳德的这些著作为建立和发展现代管理学做出了重要贡献，也使巴纳德成为社会系统学派的创始人。

4．现代管理时代

哈罗德·孔茨在 1961 年的《管理学会杂志》上指出，现代管理理论已进入众说纷纭的丛林阶段。他把各种管理理论分成 6 个主要学派，20 年后扩大到 11 个学派。

（1）管理过程学派。代表人物是孔茨本人。该学派是在法约尔一般管理理论的基础上发展起来的，其主要观点是：管理是一个过程，即让别人或同别人一起实现既定目标的过程；管理是由一些基本步骤组成的独特过程。该学派注重把管理理论和管理者的职能和工作过程联系起来，目的在于分析过程，从理论上加以概括，确定出一些管理的基本原理、原则和职能。由于过程是相同的，从而使实现这一过程的原理与原则具有普遍适用性。

（2）人类行为学派。代表人物是劳伦斯·阿普莱。该学派的主要观点是：既然管理是让别人或同别人一起把事情办好，因此就必须以人与人之间的关系为中心来研究管理问题。该学派注重心理学，注重个人和人的动因，把人的动因视作一种社会心理现象；把管理看作是对组织行为的领导和协调，坚持认为抓好对人的管理是企业成功的关键。

（3）经验主义学派。代表人物是美国的彼得·德鲁克，代表作是《卓有成效的管理者》《管理的实践》。该学派主张通过分析管理者的实际管理经验或案例来研究管理学问题。成功的组织管理者的经验和一些成功的大企业的做法是最值得借鉴的。该学派重点分析了许多组织管理人员的经验，然后加以概括和总结，找出成功经验中共性的东西，然后使其系统化、理论化，并且据此为管理人员提供在类似情况下的有效的管理策略和技能，以达到组织的目标。

（4）社会系统学派。代表人物是美国的切斯特·巴纳德。该学派的主要观点是：组织的实质是一个系统，是由人的行为构成的，整体的协作是系统的核心部分。组织必须具备三个要素，即协作的意愿、共同的目标、成员间的信息沟通。经理人员是组织成员协作活动并相互联系的中心，他的基本任务是确定组织目标，并且建立整个组织的信息系统且保持畅通，保证组织的成员能进行充分协作。

（5）系统管理学派。代表人物是美国的弗雷蒙特·卡斯特和詹姆斯·罗森茨韦克。该学派认为，组织是由人们建立起来的相互联系并共同工作着的要素所构成的系统。这些要素可称为子系统。系统的运行效果是通过各子系统相互作用的效果决定的，组织这个系统中的任何子系统的变化都会影响其他子系统的变化。为了更好地把握组织的运行过程，就要研究这些子系统及它们之间的相互关系，以及它们怎样构成了一个完整的系统。

（6）决策理论学派。代表人物是美国的赫伯特·西蒙。该学派的主要观点是：管理就是决策，决策贯穿于整个管理过程；决策分为程序化决策和非程序化决策，二者的解决方法一般不同；信息本身及人们处理信息的能力都是有一定限度的，现实中的人或组织都只是"有限理性"而不是"完全理性"的；决策一般基于"满意原则"而非"最优原则"；组织设计的任务就是建立一种制订决策的"人机系统"。这一学派重点研究决策理论，过于强调决策的重要性，但决策并不是管理的全部。按照"计划、组织、领导、控制"定义，"决策"甚至不是"管理"的内容，但鉴于决策贯穿管理活动全过程，也许在此将其看作管理内容中的一个要素更合适。

（7）管理科学学派。代表人物是帕特里克·布莱克特和埃尔伍德·伯法。该学派将管理作为数学模式或过程加以处理。他们认为，管理全过程的工作是一个合乎逻辑的过程、可以精确计划和严格控制的过程，管理可看作一种类似工程技术，因此该学派也被称为技术学派。不是所有管理问题都能定量分析，因此技术学派的适用范围有限，在实际问题的解决中存在许多困难。

（8）权变理论学派。代表人物是弗雷德·卢桑斯和弗雷德·菲德勒。该学派把管理看作一个根据企业内外部环境选择和实施不同管理策略的过程，强调权宜应变。该学派的主要观点是：权变主要体现在计划、组织与领导方式等方面，计划要有弹性，组织结构要有弹性，领导方式应权宜应变。权变管理理论强调随机应变，主张灵活应用各学派的观点；但是，过于强调管理的特殊性，容易忽视管理的普遍原则与规律。

（9）人际关系学派。代表人物是乔治·梅奥和弗雷德里克·赫茨伯格。这一学派是从 19 世纪 60 年代的人类行为学派演变而来的。该学派认为，既然管理是通过别人或同别人一起完成工作，那么，对管理学的研究就必须围绕人际关系这个核心来进行。他们注重管理中"人"的因素，认为在人们为实现其目标而结成团体一起工作时，彼此之间应该互相了解。

（10）群体行为学派。代表人物是克里斯·阿吉里斯。这一学派是从人类行为学派中分化出来的，因此同人际关系学派关系密切，甚至易于混同；但它关心的主要是群体中人的行为，而不是人际关系。该学派以社会学、人类学和社会心理学为基础，而不以个人心理学为基础。它着重研究各种群体的行为方式，从小群体的文化和行为方式到大群体的行为特点，都在它研究之列，因此也常被称为"组织行为学"。

（11）经理角色学派。代表人物是亨利·明茨伯格。这个学派主要通过观察经理的实际活动来明确经理角色的内容。经理要担任十个方面的角色，可分为三类：第一类是人际关系方面的角色，包括挂名首脑的角色、联络者的角色和领导者的角色；第二类是信息方面的角色，包括监听者的角色、传播者的角色和发言人的角色；第三类是决策方面的角色，包括企业家的角色、故障排除者的角色、资源分配者的角色和谈判者的角色。

6.2　企业概述

6.2.1　企业的概念

企业是依法设立的从事营利性商品生产、流通或服务性经营活动，进行独立核算的社会基本经济组织。从这一定义出发，企业具有如下一些特征。

（1）企业是依法设立的经济组织。企业必须按照法律规定的原则和程序设立，才能取得进行生产经营活动的合法资格，得到国家法律的保护。

（2）企业是社会的基本经济组织。企业是由多个人组成的群体，拥有特定的组织结构和活动规则。企业必须有比较固定的人员、经营场所和财产，才能长期、连续地从事经营活动。

（3）企业是从事营利性经济活动的组织。企业作为社会经济组织的功能就是从事生产经营活动，创造社会财富。这种活动是营利性的，而不是公益性的。

（4）企业是实行独立核算的经济组织。作为营利性经济活动，企业必须独立核算，即单独计算企业在生产经营活动过程中所发生的成本与费用，收支相抵后的盈余便是利润。

6.2.2　企业的职能

为客户创造价值是经营企业的本质。经营企业首先要明确谁是自己的客户，这些客户需要什么，用哪些产品或服务来满足，企业如何生产或提供这些服务，以及如何测量客户满意度从而持续改进。

一般认为运营、财务、营销是企业所具有的最核心的三大职能。

1. 运营

运营是将输入转化为有用的输出，由此增加价值。从这个角度，不难理解为什么把运营看作一个组织的核心。从根本上说，组织的存在就是为了创造价值，而运营涉及的正是创造价值的任务。迈克尔·哈默指出，运营方面的创新能够为组织提供相较于竞争者的长期的竞争优势。

运营系统由环境、战略、一系列输入、转化、输出及监控机制构成。

（1）环境包括那些处于运营系统以外，但以某种方式影响着运营系统的事物，由于这些影响，组织必须对环境加以考虑，即使它超出了系统决策者的控制范围。

（2）战略包括客户价值、组织使命、愿景和价值观、实现愿景的适当框架，以及组织核心能力。

（3）运营的输入远比人们想象的复杂，通常会涉及许多领域，如营销、财务、人力资源等。明显的输入包括设备、劳动力、资本、原材料、消耗品等；一项非常重要但不太明显的输入是"将输入转化为输出的知识"。

（4）运营的转化是系统中增加价值的部分，主要包括转变、运输、存储三种方式。其中，转变是从结构上加以改变，是一种物理变化，它构成了制造业的基本方式；运输是通过改变物品所处的场所来提供价值，人们需要把某些东西送来或带走，前者如鲜花，后者如垃圾；存储是把事物置于某种保护性环境中一段时间，来增加其价值。有诸多的方式来增加某一事物的价值，可以在空间、时间甚至在观念上加以改变。

（5）运营的输出主要包括产品和服务。产品是有形的货物，而服务是抽象的、无形的。但实际上，产品和服务互相依托，并不容易区分。

（6）组织所处的世界在不断变化，因而必须对运营系统加以监控，当系统与其目标不符时，采取相应的行动。

运营管理的职能大致可分为供应链管理、物流管理、库存管理、产能管理。

（1）供应链管理。供应链通常是指在为最终客户提供产品或服务的过程中所涉及的所有活动。其中涉及的每个组织，包括加工商、运输商、元件生产商、制造商、批发商、零售商、客户等，都是整个过程中的一个环节，从而使得整个过程恰似一个链条。供应链管理始于最初接收到的最终用户的订单，然后一直回溯到上游原材料供应商，最后终于向最终用户提供产品。供应链管理将供应链上的所有活动协调整合成一个无缝的过程，并且将链上的所有合作者连接起来，既包括组织内部的部门，也包括外部的供应商、运输商、第三方公司及信息系统供应商。供应链管理的目标在于以适宜的方式将适当的产品或服务在适当的时间送抵适当的场所，并且产出最大限度的利润。

（2）物流管理。物流管理是对货物、服务及信息从一点到另一点之间既有效率又有效果的流动所进行的计划及控制活动。它包含库存、配送网络、仓储、运输、信息处理，甚至生产，是一个包罗万象的概念。在物流管理中，运输和选址是需要重点考虑的要素。水运、铁路、公路、航空四类重要运输方式各有优缺点和适用场景，组织要综合考虑运输方式来实现距离或成本最小化。产品型组织要权衡运输成本与选址成本，可以在接近其市场之处选址，除了减少运输成本，还可以提升用户服务质量，接近市场便于用户与组织的联系，有利于组织响应新老客户的需求变化。服务型组织随着信息和通信技术的进步，选址可以更加灵活。

（3）库存管理。库存是一种促进生产设施有效运转的工具，总体来说，库存管理有五种类型。一是在途库存，指物料从一处运送到另一处；二是缓冲库存，目的是防备供应与需求的不确定性；三是预期库存，是应对将来可能发生的某些事件需要持有的库存；四是解耦库存，对解脱生产系统束缚起到减震缓冲作用；五是周期库存，使库存持有与订购总成本最小。

（4）产能管理。产能管理主要涉及生产设施的设立、扩展及收缩等战略性问题。要综合考虑规模经济和范围经济，设定多种输出的产能计划，还要考虑实施的方式和时机。渐进的方式风险小，但不能提供全面升级的机会；一步到位的方式风险又比较大。时机是指产能增加是在需求增长之前还是之后。需求增长之前增加产能，增加客户忠诚度，但要承担需求未实现的风险；需求增长之后增加产能，虽然风险小，但竞争会处于不利位置。

运营管理作为一门学科大致经历了初始阶段、系统化阶段和现代化阶段三个发展阶段。

（1）初始阶段。该阶段是从 18 世纪后半期到 19 世纪末，工业革命初期。当时的手工业正在由个体生产向手工作坊发展，并且在生产中引入了机器。亚当·斯密是第一个研究生产经济学的古典经济学家，1776 年，他在其经典著作《国富论》中系统地论述了劳动分工理论。埃尔·惠特尼第一个倡导零部件标准化和有效的质量管理，为互换部件的早期普及做出了贡献。查尔斯·巴贝奇在《论机器和制造业的经济》中，发展了亚当·斯密的理论。这一阶段的生产运作管理理论还不够全面，没有形成专门的学科。

（2）系统化阶段。该阶段是从 19 世纪末到 20 世纪 40 年代。由于生产技术的提高、生产规模的发展和资本的日益扩大，企业的管理职能逐渐与资本所有权分离，专门的管理阶层出现，同时生产管理也成为一门学科。代表人物包括弗雷德里克·泰勒、弗兰克·吉尔布雷斯、亨利·甘特，以及研究流水线作业的亨利·福特。

（3）现代化阶段。该阶段始于 20 世纪 50 年代末 60 年代初，爱德华·布曼和罗伯特·法特的《生产与运作管理分析》和埃尔伍德·布法的《现代生产管理》，标志着运营管理作为一门独立学科的出现。日本作为第二次世界大战后快速发展起来的经济体，对运营管理这门学科贡献很大，精益运营、JIT 这些理论和实践随着全球化的发展，在企业界产生了很大的影响。源自美国摩托罗拉公司的"六西格玛管理"也影响了很多企业。

2．财务

财务管理是在一定的整体目标下，关于资产的购置（投资）、资本的融通（筹资）和经营中现金流量及利润分配的管理。财务管理是企业管理的一个组成部分，它是根据财经法规制度，按照财务管理原则，组织企业财务活动、处理财务关系的一项经济管理工作。简单地说，财务管理是组织企业财务活动、处理财务关系的一项经济管理工作。

在财务管理的投资、筹资、经营三大职能中，财务会计关注企业经营过程，其重要职能是向与企业有利害关系的各方面及其他相关的机构提供对决策有用的会计信息。对决策有用的会计信息主要指企业经营成果、财务状况和资金流转等信息，这些信息分别通过资产负债表、利润表和现金流量表等会计报表加以反映。

（1）资产负债表可以看作某一特定日期会计人员对企业会计价值所"拍"的一个"快照"。它可以分为左右两个部分，左边是资产，右边是负债和股东权益，说明了企业拥有什么东西，以及这些东西是从哪里来的。资产负债表编制的基础和描述的内容在会计上表述为"资产=负债+股东权益"。

（2）利润表用来衡量企业在一个特定时期内的业绩。如果说资产负债表是一张"快照"，那么利润表就是记录了在两张"快照"之间做了什么的一段"录像"。利润表编制的基础和描述的内容在会计上表述为"收入−费用=利润"。

（3）现金流量表是在一个固定期（通常是每月或每季）内，一家企业的现金（包含银行存款）的增减变动情形。现金流量由三部分构成，即来自经营活动的现金流量、来自投资活动的现金流量和来自融资活动的现金流量。现金流量表提供了一家企业经营是否健康的证据，弥补了资产负债表信息量的不足，便于从现金流量的角度对企业进行考核，了解企业筹措现金、生成现金的能力。

财务管理的重要基本理论有以下五个。

（1）资本结构理论。该理论也称作 MM 理论，是研究企业筹资方式及结构与企业市场价值关系的理论。1958 年，莫迪利安尼和米勒提出：在完善和有效率的金融市场上，企业价值与资本结构和股利政策无关。莫迪利安尼因该理论于 1985 年获诺贝尔经济学奖，米勒也于 1990 年获诺贝尔经济学奖。

（2）现代资产组合理论。该理论是关于最佳投资组合的理论。1952 年，马科维茨（Markowitz）提出：只要不同资产之间的收益变化不完全正相关，就可以通过资产组合方式来降低投资风险。马科维茨因此获 1990 年诺贝尔经济学奖。

（3）资本资产定价模型（CAPM）。该模型是研究风险与收益关系的理论。夏普等人提出：单项资产的风险收益率取决于无风险收益率、市场组合的风险收益率和该风险资产的风险。夏普因此获得 1990 年诺贝尔经济学奖。

（4）期权定价理论。该理论是有关期权（股票期权、外汇期权、股票指数期权、可转换债券、可转换优先股、认股权证等）的公允价值如何确定的理论。1973 年，斯科尔斯提出了期权定价模型，又称 B-S 模型。自 20 世纪 90 年代以来，期权交易已成为世界金融领域的主旋律。斯科尔斯和莫顿因此获 1997 年诺贝尔经济学奖。

（5）有效市场假说。该假说是研究资本市场上证券价格对信息反映程度的理论。如果资本市场在证券价格中充分反映了全部相关信息，则称资本市场为有效率的。在这种市场上，证券交易不可能取得经济利益。该理论的主要贡献者是法玛（Fama），他在 2013 年获得诺贝尔经济学奖。

财务管理作为管理学的一个分支学科，大致经历了以下六个发展阶段。

（1）财务管理的萌芽时期。大约起源于 15 世纪末、16 世纪初。当时西方社会正处于资本主义萌芽时期，地中海沿岸的许多商业城市出现了由公众入股的商业组织，入股的股东有商人、王公、大臣和市民等。商业股份经济的发展客观上要求企业合理地预测资本需求量并有效筹集资本。

（2）筹资财务管理时期。19 世纪末至 20 世纪初，工业革命的成功促进了企业规模的不断扩大、生产技术的重大改进和工商活动的进一步发展，股份公司迅速发展起来并逐渐成为占主导地位的企业组织形式。股份公司的发展不仅引起了资本需求量的扩大，而且也使筹资的渠道和方式发生了重大变化，企业筹资活动得到进一步强化，如何筹集资本扩大经营，成为大多数企业关注的焦点。于是，许多企业纷纷建立了一个新的管理部门——财务管理部门，财务管理开始从企业管理中分离出来，成为一种独立的管理职能。当时企业财务管理的职能主要是预计资金需求量和筹措公司所需资金，融资是当时企业财务管理理论研究的根本任务。因此，这一时期被称为"融资财务管理时期"或"筹资财务管理时期"。

（3）法规财务管理时期。1929 年爆发的世界性经济危机和 20 世纪 30 年代西方经济整体的不景气，造成众多企业破产，投资者损失严重。为保护投资者利益，西方各国政府加强了证券市场的法制管理，如美国在 1933 年和 1934 年分别出台了《联邦证券法》和《证券交易法》，对企业证券融资做出严格的法律规定。此时财务管理面临的突出问题是与金融市场制度及相关法律规定有关的问题。财务管理首先研究和解释各种法律法规，指导企业按照法律规定的要求组建和合并公司，发行证券以筹集资本。因此，西方财务学家将这一时期称为"守法规财务管理时期"或"法规描述时期"，主要财务研究成果有美国人沃尔特·洛弗的《企业财务》和英国人泰勒·罗斯的《企业内部财务论》。这一时期特别强调企业内部财务管理的重要性。

（4）资产财务管理时期。20 世纪 50 年代以后，面对激烈的市场竞争和买方市场趋势的出现，财务经理普遍认识到，单纯靠扩大融资规模、增加产品产量已无法适应新的形势发展需要，财务经理的主要任务应是解决资金利用效率的问题，企业内部的财务决策上升为最重要的问题。因此，西方财务学家将这一时期称为"内部决策时期"。在此期间，资金的时间价值引起财务经理的普遍关注，以固定资产投资决策为研究对象的资本预算方法日益成熟。财务管理的重心由重视外部融资转向注重资金在企业内部的合理配置，这使企业财务管理发生了质的飞跃。由于这一时期资产管理成为财务管理的重中之重，因此也称为"资产财务管理时期"。现代资产组合理论和资本资产定价模型是这一时期的标志性成果。

（5）投资财务管理时期。自第二次世界大战结束以来，科学技术迅速发展，产品更新换代速度加快，国际市场迅速扩大，跨国公司增多，金融市场繁荣，市场环境更加复杂，投资风险日益增加，企业必须更加注重投资效益，规避投资风险，这对已有的财务管理提出了更高要求。20 世纪 60 年代中期以后，财务管理的重点转移到投资问题上，因此称为"投资财务管理时期"。1972 年，法玛和米勒出版了《财务管理》一书，这部集西方财务管理理论之大成的著作，标志着西方财务管理理论已经发展成熟。

（6）财务管理深化发展的新时期。20 世纪 70 年代末，企业财务管理进入深化发展的新时期，并且朝着国际化、精确化、电算化、网络化方向发展。自 20 世纪 90 年代中期以来，计算机技术、电子通信技术和网络技术发展迅猛；21 世纪，随着大数据、人工智能、云计算等新技术的出现，财务管理的伟大革命悄然到来。

3．营销

营销是选择目标市场并通过创造、传递和传播优质的客户价值来获得、保持和增加客户的艺术和科学。

常见的营销对象有产品、服务和体验三种。产品是大多数企业生产和营销的主要对象。随着经济的发展，服务所占的比例越来越大，发达国家的经济一般由 70%的服务和 30%的产品组成。通过组合几种服务和产品，能为客户创造、提供和营销体验。例如，迪士尼乐园采用的就是比较典型的体验营销。

主要的客户市场有个人市场、企业市场、全球市场、非营利组织和政府市场四类。个人市场需要投入大量时间打造强势品牌，以便将产品和服务销售给个人。企业市场主要依赖销售队伍、价格和企业在产品质量方面积累的声誉。全球市场要考虑不同文化、语言、法律和政治体系之间的差异及汇率波动等。非营利组织和政府市场通常采用投标形式，需要在低价和性能与质量方面取得平衡。

营销渠道有传播渠道、分销渠道、服务渠道三种。传播渠道包括报纸、杂志、广播、电视、广告牌、宣传单、互联网等。分销渠道包括分销商、批发商、零售商和代理商等。服务渠道包括仓库、运输、银行、保险等协助完成交易的部门。营销就是要设计传播、分销、服务的最佳组合。

营销的重点是做好目标市场定位和细分。企业不可能满足市场上每位客户的需求，并不是所有人都喜欢同样的产品。营销者需要细分市场，依据购买者的人口统计、心理和行为方面的差异，将客户区分为若干群体，然后判断哪些市场具有最大机会，即寻找目标市场；之后向每个特定目标市场提供产品或服务。由于传递了某种核心利益，这些产品或服务被定位在目标客户心中。

日常营销管理的任务大致可以分为以下八项。

（1）制订营销战略和营销计划。根据市场经验和核心能力识别潜在的长期机会，制订具体的营销计划，详细说明将采用的营销战略。

（2）捕捉营销洞察和监控营销绩效。建立一个可靠的营销信息系统，其微观营销环境包括影响公司生产和销售的所有人员；宏观营销环境包括影响销量和利润的各种因素，如人口统计、经济、技术、政治法律和社会文化等。另外，还需要建立一个可靠的市场调研系统，动态监测营销的各类指标。

（3）与客户保持密切联系。需要了解谁会购买，为什么购买，在哪里购买，什么时候购买，在功能和价格方面客户的追求是什么；还要做好市场细分，为目标市场提供差异服务。

（4）塑造强势品牌。了解品牌的优势和劣势，做好市场定位；密切关注竞争对手，预测他们的行动及自己如何快速反应。

（5）生产供应品。归根结底，营销计划的核心还是产品。同时，为了获得竞争优势，可能还要考虑提供各种服务。定价也是一项重要的营销决策。

（6）传递价值。将包含在产品和服务中的价值准确地传递到目标市场，并且为了使客户购买产品做好各种渠道活动。

（7）传播价值。设计大众传播计划，包括广告、促销、事件和公共关系等。同时，要利用更多的直接和互动的营销形式展开人员传播。

（8）长期成长。根据产品定位，在制订战略时，要考虑全球市场中的机遇与挑战；要建立营销组织，在计划实施过程中，有效控制各种意外和风险。

按照时间的先后次序，营销观念的演变大致经历了五个阶段。

（1）生产观念。这是最古老的商业观念之一，客户偏好那些随处可得的、价格低廉的产品，企业关注如何提高生产效率、降低成本和实现大量销售。

（2）产品观念。客户喜欢那些提供最优质量、最强性能、最新功能的产品，企业关注生产、改进优质产品。

（3）推销观念。如果卖方允许买方顺其自然，买方通常不会购买足够多的产品，因此，卖方必须主动销售、积极促销。当产品过剩时，企业往往采用推销观念，目标是销售按自己意图生产的商品；而不是按市场需求生产的商品。

（4）营销观念。从 20 世纪 50 年代开始，企业从推崇产品导向的生产和销售哲学转向客户导向的感知和反馈哲学。营销的任务不是为产品寻找合适的客户，而是为客户提供合适的产品。实现组织目标的关键是在选定的目标市场上，比竞争对手更有效地创造、传递和传播客户价值。

（5）全面营销观念。21 世纪出现的新趋势和新力量引导企业接受诸多新观念和实践。全面营销是一种基于对营销项目、过程和活动的广泛性、相互依赖性的认识、发展、设计和运用的观念，包括关系营销、整合营销、内部营销和社会责任营销。

6.3　企业经营管理概述

6.3.1　企业经营管理的层级

企业经营管理一般可分为高层管理、中层管理和基层管理三个层级。

（1）高层管理处于企业的最高层，主要负责组织的战略管理，并且在对外交往中以代表企业的"官方"身份出面。高层管理者拥有的头衔如董事会主席、首席执行官、总裁或总经理、副总经理等。

（2）中层管理直接负责或协助管理基层管理人员及其工作，负责日常管理工作，在公司中起到承上启下的作用。中层管理者通常拥有如部门或办事处主任、项目经理、地区经理、产品事业部经理或分公司经理等头衔。

（3）基层管理也称作一线管理，处于作业人员之上的层次，负责管理作业人员及其工作，基层管理者的头衔如工厂中的工段长、班组长，部门内的小组长等。

不论哪个层次的管理，其工作性质和内容不外乎计划、组织、领导和控制四个方面，只是在不同层级上管理职能的程度和重点不同。高层管理花在计划、组织和控制职能上的时间要比基层管理多，而基层管理花在领导职能（影响他人，与他人互动）的时间要比高层管理多。对于同一职能的工作内涵在不同层级也不完全相同，就计划工作而言，高层管理关心的是公司整体的长期战略；中层管理偏重的是中期、内部的管理性计划；而基层管理则更侧重短期业务的作业计划。

管理者需要特定的技能来履行他们的职责。罗伯特·卡茨的研究指出，管理者需要具备技术技能、人际技能、概念技能三种基本的技能。

（1）技术技能也就是我们常说的业务方面的技能。

（2）人际技能是与人沟通、激励、引导和鼓舞人们的热情和信心方面的技能。良好的人际技能可以使管理者有效处理人际方面的问题，使员工做出最大努力。

（3）概念技能是指对复杂事物的洞察、分析、判断、抽象和概括的能力。管理者应看到企业的全貌，了解企业与外部环境是如何互动的，了解企业内部各部分是如何相互作用的。

对于基层管理而言，技术技能最为重要，人际技能也非常有益，但概念技能的要求相对较低；对于中层管理，技术技能的重要性有所下降，人际技能的要求变化不大，概念技能的重要性有所上升；对于高层管理，概念技能和人际技能最为重要，技术技能的要求相对较低。

6.3.2　企业经营管理的组织架构

企业经营管理的组织架构通常包括 U 型组织、M 型组织、H 型组织和虚拟组织。

（1）U 型组织又称直线制组织，一般分为纯直线制和直线职能制两种。纯直线制组织的一切决策均由最高领导做出，比较适用任务明确而又要求领导集中、控制严格的情况，是一种树状组织。直线职能制组织通常包含最高领导者、职能部门和生产部门；职能部门只是在企业制订的规则基础上办理事务，而无权命令各生产部门；这种组织架构的优点是减少了最高领导者的负担，缺点是容易造成办事效率低下。

（2）M 型组织。M 型组织一般分为矩阵式组织和事业部制组织。在直线职能制组织中，当任务（如产品或项目）需要多个部门共同完成时，很容易造成任务的分割，每个功能似乎均有人负责，而又无人对整个任务或整个任务的过程负责。为了加强任务过程的责任制，许多企业采取了矩阵式组织结构，该组织结构由两个维度构成，一维是直线职能制组织，另一维是任务（如产品或项目）。事业部制组织实际上是由矩阵式组织引申而来的，主要用于规模比较大的企业；事业部一般按产品划分，每个事业部均有较大的自主权，但它们不是具有独立法人资格的子公司；事业部的有些事务可由企业统一管理，如后勤、财务等；同时，事业部有为全企业提供服务的义务。与 U 型组织的一元化领导相比，M 型组织在内部实现了多元化领导。

（3）H 型组织。无论是 U 型组织还是 M 型组织，从原理上讲都是一种树形结构，只有一个核心节点（最高领导者）。这类组织进一步发展就会成为一种网状的多头组织，即 H 型组织。

（4）虚拟组织。H 型组织进一步发展就是虚拟组织，这种组织是由多家企业组成的临时性组织，当一项任务来临时，各企业组成联盟；当任务完成时，联盟自动解散。虚拟组织是没有组织胜似组织，它是市场竞争发展的必然产物。

6.3.3 企业经营管理的管控模式

当企业发展到集团规模的时候，需要集团总部对下属子公司实施有效的管控。按照战略管理大师迈克尔·古尔德的观点，集团管控模式分为财务管控型、战略管控型和运营管控型。

（1）财务管控型是指集团对下属子公司的管理控制主要通过财务手段来实现。集团对下属子公司的具体经营运作管理基本不加干涉，也不会对下属子公司的战略发展方向进行限定，集团主要关注财务目标的实现，并且根据业务发展状况增持股份或适时退出。

（2）战略管控型是指集团的核心功能为资产管理和战略协调功能。集团与下属子公司的关系主要通过战略协调、控制和服务建立，集团很少干预子公司的具体日常经营活动。集团根据外部环境和现有资源制订整体发展战略，通过控制子公司的核心经营层，使子公司的业务活动服从集团整体战略活动。在一般情况下，这种情况比较适用于相关产业多元化发展的集团。

（3）运营管控型是指通过集团的业务管理部门对下属子公司的日常经营运作进行直接管理，特别强调集团经营行为的统一、集团整体协调成长和对行业成功因素的集中控制与管理。大部分房地产开发公司都属于这种情况，如房地产公司和下属项目子公司，大型房地产集团的区域中心和下属项目公司。

三种管控模式各具特点。运营管控型和财务管控型是集权和分权的两个极端，战略管控型则处于中间状态。有的集团从自己的实际情况出发，为了便于管控，将处于中间状态的战略管控型进一步划分为战略实施型和战略指导型，前者偏重于集权而后者偏重于分权。三种管控模式各有优缺点，在现实中，集团的内部管控往往是以一种模式为主导的多种模式的综合，如一些钢铁集团除对钢铁生产业务采取运营管控型模式外，还对金融、贸易、房地产等业务采取战略管控型模式。

第 7 章

企业主要经营管理活动

7.1 战略管理

7.1.1 企业战略管理概要

1. 企业战略管理的概念

"战略"一词来源于军事学，是为了达到打败对手的目标，根据对自己和对手的实力分析及客观环境中优势劣势的研究，对自己的军力、物资、后勤等各方面所做的合理部署和规划。战略的制订来源于一个三位一体的框架。一是目标，这是指导整个战略制订过程的基本问题，所有活动都应该围绕目标进行；二是资源，是指参加对抗的各方所拥有的可增加自身优势的各种财力、物力、人力的总和，它是战略制订的基础；三是外部环境，外部环境对战略的制订和实施具有重要影响作用，任何组织都是处于一定的外部环境中，环境的条件和变化必然会影响到它们的存在形态和行为方式。

这三个基本因素相互作用、相互制约，共同影响组织战略的制订和实施。

美国安德鲁斯教授认为，企业战略可以定义为：根据市场状况，结合自身的各类人力、物力、财力等资源，通过分析、判断、预测，设立远景目标，并且对实现目标的发展轨迹进行的总体性、指导性谋划的行为。该定义界定了企业诞生的使命、经营范围、远景目标、发展方向、经营方式等坐标，明确了企业的经营方针和行动指南。

2. 企业战略管理的特点

企业战略指导企业的全部活动，企业战略管理的重点是制订战略和实施战略，其任务就在于通过战略制订、战略实施和日常管理，在保持三者动态平衡的条件下实现企业的战略目标。

战略管理不是静态的、一次性的管理，而是一种连续的动态管理，需要根据外部环境变化、内部条件改变及执行结果反馈等进行迭代。

企业战略通常分为拓展型战略、稳健型战略和紧缩型战略。拓展型战略又称发展型战略，主要适用于已经具有一定市场地位、相对成熟的企业或是准备进入市场的新兴企业，需要投入大量的资源，以进一步提高现有产品的市场占有率或新产品的产品知名度。选择稳健型战略的主要原因是企业面临的内外部环境不能为其提供有力的竞争优势，目的是保持现有的市场占有率，需要企业投入的资源数量较少。紧缩型战略主要适合市场经济状况差，产品处于衰退期，或者企业经营状况惨淡等情况，需要企业投入的资源最少，采取该战略的企业面临的结果可能是退出现有市场，转向小市场，甚至直接进入清算期，企业进行结构重整，以便未来更好地发展。

7.1.2　战略制订过程

1. 战略环境分析

"战略分析"是战略管理的前提，也是催生组织战略的基础。它要界定组织的使命，明确组织成员应该恪守的价值观和组织文化，广泛收集战略制订需要的信息，并且专业化地对各种庞杂信息进行梳理、加工、归纳、分类，从中提取制订组织战略所最需要的各种依据。

常用的内外部环境综合分析方法是 SWOT 分析法。该方法研究各种主要内部环境优势（Strength）因素和劣势（Weakness）因素、外部环境机会（Opportunity）因素和威胁（Threat）因素，并且依据一定的次序，按照矩阵形式列出，形成环境分析矩阵。

通过对内部及外部环境的分析，了解企业自身所处的相对地位，具有哪些资源及战略能力；了解与企业有关的利益和相关者的利益期望，在战略制订、评价和实施过程中，这些利益相关者会有哪些反应，这些反应又会对组织行为产生怎样的影响和制约；以及企业所处的环境（包括宏观、微观环境）正在发生哪些变化，这些变化将给企业带来更多的机会还是更多的威胁。从而确定企业的战略远景及界定企业的当前业务，确定企业的发展期战略展望，用一种简洁清晰、激动人心、催人奋进的方式传播企业的战略展望等业务使命。

2. 战略目标制订

目标体系的建立是将企业的战略远景和前进方向转化为具体的业绩目标。战略目标体系包括提高企业的市场份额、提供卓越的客户服务、地理覆盖面比竞争对手更广等。同时也要给企业设定相应的财务业绩，包括收入增长、提高股东红利、扩大利润率和提高现金流等。

要建立长短期目标相结合的目标体系。长期目标可以给企业的管理者不断的压力，有助于得到更好的短期目标和提前采取适应长期目标的行动。短期目标可以表明企业管理部门的进展，也可以表明在今后二三年之内需要达到的业绩水平。目标必须要自上而下地制订，组织的各层次都要有目标。

3. 战略方案制订

战略方案需要解决以下几个问题：如何完成业绩目标，如何打败竞争对手，如何获取持续的竞争优势，如何长期保持企业的业务地位，如何使企业管理层将战略展望变为现实。战略方案制订的主要步骤包括：

（1）制订战略方案。企业可以从对企业整体目标的保障，对中下层管理人员积极性的发挥，以及企业各部门战略方案的协调等多个角度考虑，选择自上而下的方法、自下而上的方法或上下结合的方法制订战略方案。

（2）评估战略备选方案。评估备选方案通常使用两个标准：一是考虑选择的战略是否发挥了企业的优势并克服了劣势，是否利用了机会并将威胁削弱到最低程度；二是考虑选择的战略能否被企业利益相关者接受。需要指出的是，实际上并不存在最佳的选择标准，管理层和利益相关团体的价值观和期望在很大程度上影响着战略的选择。对战略的评估最终还是要落实到战略收益、风险和可行性分析的财务指标上。

（3）选择战略方案。当对多个战略方案的评价不一致时，通常考虑采用根据企业目标选择战略、聘请外部专家机构咨询、提交上级管理部门审批等方法进行战略选择。

（4）制订战略计划。制订有关研究与开发、资本需求和人力资源方面的计划。

7.1.3 战略方案的实施、评价与控制

1. 战略方案实施

战略方案实施主要涉及如何在企业内部各部门和各层次间分配及使用现有的资源；为了实现企业目标，还需要获得哪些外部资源及如何使用；为了实现既定的战略目标，需要对组织结构做哪些调整；如何处理可能出现的利益再分配与企业文化的适应问题；如何进行企业文化管理，以保证企业战略的成功实施等问题。

战略实施是一个自上而下的、动态的过程。企业的高层管理者在制订企业战略及目标后，将其传递给中层管理者，中层管理者将企业战略目标进行初步分解后传递给基层，由基层员工及传递中的各环节将目标分解、执行与落实。战略的实施是在"分析—决策—执行—反馈—再分析—再决策—再执行"的不断循环中付诸实践的，而不是一个简单的执行过程。

战略的实施过程一般分为四个相互关联的阶段。

（1）战略启动——去旧革新。企业战略是对企业整体进行的规划，不能以原有的组织文化、组织结构、组织制度等"旧"条件实现一个"新"战略。企业管理者必须制订新的企业口号、新的文化观念、新的企业制度，积极调动员工的积极性与主动性，努力将企业的战略目标变为大多数员工的目标，要进行合理的组织结构调整及资源配置。

（2）战略计划——合理分解。在该阶段，需要将企业战略分解为若干个目标单元，每个战略目标都有相应的政策措施、策略。每个目标阶段，都要进行合理的规划，全面统筹与安排，并且每个目标阶段都要注意必要的衔接。长期目标战略的实施可以适当宏观地加以概括，但短期目标战略一定要有具体而详细的说明，使战略最大限度地具体化，变成企业各部门可以具体操作的业务。

（3）战略运作——六大因素。企业需要根据自身条件制订相应的战略实施方式以应对各影响因素的作用。在一般情况下，企业战略的实施运作主要与企业的组织机构与运行机制、企业文化及价值观、企业管理者的素质及领导风格、企业内部的配合程度及资源配置、企业信息沟通程度、企业激励制度六个因素有关。

（4）战略控制与评估——测评查偏。战略是在变化的环境中实践的，企业只有加强对战略执行过程的控制与评估，才能适应环境的变化，完成战略任务。这一阶段主要是建立控制系统、监控绩效和评估偏差、控制及纠正偏差。

2．战略评价与控制

企业战略具有一定的风险性。企业所制订的战略在实施过程中可能会出现与战略目标不一致的情况，因而需要建立战略评价与控制体系，以保证企业战略尽可能地满足最初的要求，完成企业战略目标。

1）战略评价

战略评价指的是评估企业战略执行过程的业绩，监控企业内外部环境的变化情况，并且不断修正战略措施以期达到预期目标。战略评价主要包括绩效评价、环境监测、调整措施三项基本活动。

（1）绩效评价。对企业的实际业绩与预期业绩进行比较，可以说明两方面的问题：一是企业战略实施的实际业绩是否与预期业绩存在偏差；二是战略在实施过程中是否存在非操作性的错误，即企业战略的选择是否合理。

（2）环境监测。对企业所处的内外部环境进行监测，以确定环境变化是否对战略实施带来了相应的影响，如果有影响，则原企业战略的有效性就会大打折扣，此时就需要采取合理的措施进行必要的纠正，以保证企业战略与环境是适应与匹配的。

（3）调整措施。根据绩效评价和环境监测结果，深度分析和研判偏差出现的原因（执行层面问题还是战略本身问题），并且制订合理的调整措施。

2）战略控制

战略控制是企业战略成果显现的阶段。一旦企业已经确定选择了某一战略，企业战略管理活动的重点就是战略的实施与控制。

战略控制可以保证企业战略的顺利实施；提高企业战略实施的有效性；帮助企业发现不足，提供信息反馈。

战略控制过程一般可分为评价指标确定、环境变化评估、实际效果评价、战略合理调整四个阶段。

7.2　人力资源管理

7.2.1　人力资源管理概要

1．人力资源管理的概念

人力资源管理主要指对企业的各阶层、各类型的从业人员从招聘、录取、培训、使用、升迁、调动，直至退休的全过程的管理。其重点在于如何有效组织、管理已进入劳动过程的人力资源，充分发挥其功能，完成企业目标，推动经济和社会的发展。

2．人力资源管理的职责

人力资源管理的主要职责包括以下几个方面。

（1）工作分析。工作分析是通过对组织各类岗位的性质、任务、职责、劳动条件和环境，以及员工承担本岗位任务应具备的资格条件进行系统的分析与研究，制订岗位规范、工作说明书等人力资源管理文件。

（2）确定人力资源计划方案。通过分析人力资源现状，预测未来人力资源供给和需求状况，制订员工招聘、调配、培训、开发及发展计划方案，以及确定维持人力资源供需均衡的政策和相关措施等。

（3）招聘与录用员工。根据人力资源规划和岗位分析要求，制订员工招聘方案，开展招募、甄选及留用等一系列活动。

（4）培训员工。通过对员工的入职培训、在职培训等，帮助员工改善知识结构，提升工作技能，提高员工对组织的归属感和责任感，提高员工的工作效率、工作积极性和主动性。

（5）考评绩效。通过绩效考评了解员工的实际工作情况，是员工培训、晋升、计酬等人事决策的重要依据。绩效考评也是提升员工绩效的有益手段，通过提供工作反馈，促使其改进工作。

（6）薪酬管理。包括对基本工资、绩效工资、津贴、激励工资（奖金、分红、股权激励）等的分配和管理，它是人力资源管理活动的核心内容之一，是激发员工潜能的有力手段之一。

（7）处理劳动关系和提供劳动保障。依法实施各种劳动保护制度，确保劳动过程中员工的安全和身心健康，避免工作场所的各种有害因素对劳动者的伤害，维护员工的劳动力水平。

（8）帮助员工职业发展。鼓励和关心员工个人发展，帮助其制订职业发展计划并及时进行监督和考察，提高员工归属感，激发工作积极性和创造性，在实现职业发展的同时为组织带来更高效益。

人力资源的上述职责是相互联系、相互作用的整体，而不是简单的集合，任何一个环节出现问题，都会对组织的人力资源管理造成危害。

7.2.2 员工招聘

1．招聘途径

员工招聘一般分内部招聘和外部招聘。企业可以根据企业的战略、企业经营环境和岗位的重要程度，以及招聘职位的紧急程度，确定具体的招聘途径。招聘途径的选择也与企业的传统有关。

2．招聘程序

1）前期准备阶段

招聘的前期准备阶段主要包括制订招聘计划、确定招聘渠道、发布招聘信息、筛选简历、开展人才评测等方面内容。

2）面试、甄选阶段

（1）笔试。经过简历筛查，通知符合条件的应聘者进入笔试环节，笔试试卷依照岗位所需的专业知识技能命题，同时也应该考察应聘者的基础知识和综合能力。

（2）初次面试。初次面试为非结构化面试，招聘方就企业情况、员工薪资福利等做进一步说明，并且提出一些探索性、开放性问题，目的在于初步了解应聘者的背景、语言表达能力等。

（3）面谈。面谈考察方式可分为结构化面试和非结构化面试。结构化面试一般是根据特定职位的胜任特征要求，遵循固定的程序，采用专门的题库、评价标准和评价方法，通过考官小组与应聘者面对面的言语交流等方式，评价应聘者是否符合招聘岗位要求的人才测评方法。非结构化面试则没有固定的面谈程序，面谈者提问的内容和顺序都取决于面谈者的兴趣和现场应聘者的回答。这种面试方法给谈话双方以充分的自由，面试考官可以针对应聘者的特点进行有区别的提问，不同应聘者的回答可能不同。

一般来说，企业大都采用结构化和非结构化相结合的面试方式，使企业人力资源的多方位开发和管理形成良性循环。

3）录取及后期阶段

（1）录取试用。初步决定录取后，要对应聘者进行资格审核和体检，全部合格后进入试用阶段。试用的目的在于补救甄选中的偏差，试用期结束后由试用部门对试用员工提出考核意见。

（2）聘用。试用期结束后，如确认录用员工能够胜任企业岗位，并且在试用期内无违规现象，无不良道德记录，受到所在部门领导及同事认可，就能够转正，享受转正后待遇薪资；无法通过新员工转正考核的试用者，按照劳务合同相关规定，予以说明并辞退。

（3）招聘评估。可通过问卷、表单获取填写者的信息，提炼分析后得到相关信息。例如，可以从招聘渠道成效评估、用人部门对招聘工作的满意度，以及用人部门对新员工的满意度等方面进行调查。

7.2.3　员工培训

员工培训是指组织为了实现其战略发展目标，满足培养人才、提升员工职业素质的需要，采用各种方法对员工进行有计划的教育、培养和训练的活动过程。员工培训的目的是使员工更好地胜任岗位工作，进而提升企业的生产力和竞争力，实现企业和员工发展的双赢。

1. 员工培训的类型

（1）入职培训。入职培训是指针对新进员工、到新岗位任职的员工开展的培训，主要目的是把企业的价值观、行为准则、岗位职责传达给新员工，指导他们快速适应企业环境，尽快进入工作角色。

（2）在岗培训。在岗培训是指对企业内部具有劳动关系的员工进行的再教育培训，即员工不离开工作岗位的培训方式，通常是由管理人员在工作现场对员工进行培训和指导。在岗培训是一种员工充分参与、直接针对实际问题互动沟通的培训方法，也是提高企业员工全面素质的主要途径。

2. 员工培训的方法

（1）课堂讲授。课堂讲授是讲师将知识通过授课的方式传播给学员的教学方法，是员工培训中使用最广泛的方法。课堂讲授法易于操作，只需在确定培训内容后，选择培训讲师、培训场地，选定培训时间，召集需要培训的员工即可。

（2）会议研讨。会议研讨是由培训讲师组织学员以会议的形式对工作中的问题进行讨论并得出结论的方法，便于学员在研讨过程中互相交流、共同探讨，以此培养学员的团队精神和处理冲突、解决问题的能力。

（3）案例分析。指根据培训目的，把实际工作中出现的个案作为案例，通过相互讨论的方式让学员分析并研究对策，以此提高学员运用知识的能力和分析、解决问题的能力。案例分析的过程需要学员的高度参与，是一种信息双向交流的培训方式。

（4）角色扮演。由培训讲师规定一个模拟环境，让一部分学员扮演特定角色，模拟处理相关事务，其余学员观看表演；表演结束后，扮演者、观众和讲师共同讨论整个表演的情况。这种方法多用于人际关系培训、销售培训等。在角色扮演方式中，学员的参与性强、互动交流多，可以让学员更好地理解所扮演角色的工作内容，同时，通过亲身体验和观察其他学员的表演，有助于提高发现问题、解决问题的能力。

（5）网络自学。员工自己主动到网络学习平台查找需要的培训内容并安排时间自学。网络自学可以为企业降低培训成本，员工可以按照自己的节奏学习，充分发挥学习自主性。

（6）指导人传授。现代教育要求专业理论和动手实操相结合，而动手实操必须通过实际工作获得经验，这就需要指导人的传授和示范。在培养技术型员工时，采用这种学徒式的指导人传授方式很有效。

7.2.4　绩效与考核

1．绩效考核的程序

在管理实践中，绩效考核是由一系列具有先后次序的工作组成的，一般包括确定评价标准、实施评价、评价面谈和确定绩效考核改进方案。

评价标准必须要客观，不能过高或过低，应以完成工作所达到的可接受程度为标准，同时要尽可能对标准进行量化。实施评价是将工作的实际情况与评价标准进行比较，确定绩效的等级，并且发现需要改进的问题。评价面谈是评价方与被评价员工进行面对面交流，双方通过坦诚沟通形成对绩效考核的一致看法，并且就下一阶段的工作达成协议。评价面谈可以消除员工的不满意情绪，使其带着积极的心态继续今后的工作。确定绩效考核改进方案是根据实施评价结果及评价面谈情况对原绩效考核方案进行改进，使之更加切合实际。

2．绩效考核的方法

（1）民意测验法。民意测验法是请被考核者的同事、下级及有工作联系的人对被考核者从几个方面进行评价，从而得出被考核者的绩效考核结果。

（2）目标考核法。目标考核法是一种主要以工作成果为依据来对员工的绩效做出评价的方法，是目标管理原理在绩效考核中的运用，与组织的目标管理体系及工作责任制等相联系。这种方法要求管理者根据目标管理原理和工作责任制确定各部门及个人的工作目标，然后将员工的绩效同这个预先设定的目标相比较，得出超过、达到、有距离、差距很大等结论。

（3）等级法。等级评估要求将反映绩效的诸方面内容归纳为若干条目，如工作的产量和质量、与他人的合作程度、对客户的热诚、对企业的忠诚、学习能力、安全意识、按照指令行事的能力等。每项内容都有优、良、中、差的等级，即对员工绩效的各方面都有一个相对的评价，各项评价的总和即是对员工绩效的总评价。

（4）360 度绩效评估法。360 度绩效评估可以从多角度反馈被评估者的工作绩效，因而成为越来越多企业绩效评估阶段的主要实施方法。在这种考评模式中，评价者不仅包括被评价者的上级主管，还包括与其工作密切相关的人员，如同事、下属、客户等，同时包括被评价者本人的自评，即其通过不同层面群体搜集被评价者的评价信息。

7.2.5　薪酬福利

薪酬是指企业直接或间接支付给员工的各种报酬，是员工为企业提供劳动而得到的各种货币与实物报酬的总和。

（1）基本薪酬。基本薪酬就是我们常说的基本工资，它是企业依据员工所具备的技能、资历及工作本身的特征向员工支付的稳定性货币报酬。

（2）激励薪酬。激励薪酬也称为可变薪酬、诱惑薪酬或业绩薪酬，是指员工在达到了某个具体目标，绩效水准，或者创造某种盈利后所增加的薪酬收入部分。它是以员工、团队或组织的短期或长期绩效为依据而支付给员工个人或团体的薪酬。激励薪酬具有一定的可变性，和业绩密切联系在一起。

（3）福利薪酬。福利是企业为员工提供的各种与工作相关的补偿，包括物质补偿和服务补偿。福利薪酬主要有安全福利、保险福利、个人福利、带薪休假等。

7.3　财务管理

7.3.1　财务管理概要

1. 财务管理的概念

财务管理是组织企业财务活动、处理财务关系的一项经济管理工作。认识财务管理需要从分析企业的财务活动和财务关系开始。

企业财务活动是企业资金收支活动的总称。企业的生产经营过程一方面表现为物资的采购、储备、加工与出售的实物流动，另一方面表现为价值形态的资金流入与流出，这种资金收支活动就构成了企业的财务活动。企业财务活动包括企业筹资引起的财务活动、企业投资引起的财务活动、企业经营引起的财务活动和企业分配引起的财务活动。

企业财务关系是指企业在组织财务活动过程中与各有关方面发生的经济关系。企业的筹资活动、投资活动、经营活动、利润及其分配活动都会与企业内外方方面面发生联系，这些关系就是企业的财务关系。企业的财务关系包括企业同其所有者之间的财务关系、企业同其债权人之间的财务关系、企业同其被投资对象之间的财务关系、企业同其债务人之间的财务关系、企业与员工之间的财务关系、企业内部各部门之间的财务关系、企业与税务机关之间的财务关系等。

企业财务管理就是组织好企业的财务活动、处理好企业的财务关系，为企业生存发展提供资金支持的一种综合性的管理活动。与企业的其他管理职能相比，企业财务管理有自己的特点，首先，财务管理是一项综合性的管理工作；其次，财务管理与企业各方面都具有广泛的联系；最后，财务管理能迅速反映企业的生产经营状况。

2．财务管理的内容

财政部最新颁发的《企业财务通则》对企业财务管理内容和财务管理体制做出了系统的规定，对规范企业财务管理，依法协调处理各方利益关系具有重要的现实意义。《企业财务通则》规定："国有及国有控股企业（以下简称企业）应当确定内部财务管理体制，建立健全财务管理制度，控制财务风险。"企业财务管理的总体目标是围绕企业既定的财务战略，组织财务活动，处理财务关系，有效控制财务风险，最终实现企业价值最大化。

1）确定企业内部财务管理体制

企业内部财务管理体制是组织各种财务活动、处理各类财务关系的根本制度，也是构建企业内部财务相关制度的基础和框架。财务管理首先应当确定内部财务管理体制，明确企业财务管理上的基本规则及制度安排等各种财务关系，具体包含财务管理的主体、财务的责任和权限、财务关系、运行机制等。按照主体不同可以分为投资者（出资人）和经营者两个层次的财务管理体制。

（1）投资者（出资人）财务管理体制。投资者与企业是投资与被投资的关系，投资者最终拥有企业的财产所有权，拥有与此相联系的权利，这种权利主要包括决定投入资本、进行运营并最终决定收益分配的权利；最终决定企业的发展战略、经营计划、方针和政策的权力；选择合适的企业经营者并对其进行奖惩、激励的权利。同时，投资者应当维护企业法人财产权的独立性，并且承担与其投资相适应的有限责任。

（2）经营者财务管理体制。企业是一系列契约的组合体，是以营利为目，对投资者、债权人、国家、员工等一系列利益相关者承担相关责任和义务的法人主体。根据委托代理理论，企业经营者对企业的法人财产有权占有、使用、收益和处置。因此，企业应根据发展战略、市场状况，结合生产经营特点、组织形式、经营规模等，在企业内部各机构、组织、部门、层次之间采用不同的集权或分权模式分别设置不同的财务权限，同时还要明确相应的责任和利益，实现责权利对等。它更多地体现经营者财务管理的意图。

企业集团经济体系是一个控制系统，其在自我运行的同时，调控着物资系统、生产经营及资本流转系统。该系统活动要求以财务体制为保障。因此，在企业集团内部，母企业（集团企业）对子企业之间存在着投资者财务管理体制，母企业或子企业本身存在着经营者财务管理体制。前者主要对子企业的发展规模、经营策略、财务目标、投融资的决策及利润分配的政策起到决定性影响，后者是对企业的经营者、财务负责人、财务部门及其他机构的财务职责权限、管理方式等进行的制度安排。

2）建立健全企业内部财务管理制度

投资者和经营者根据国家的法律法规和企业章程的约定共同制订企业内部的各项财务管理制度，应该按照企业内部财务管理体制的要求制订实施办法。有别于国家制订的财务准则和制度，企业内部财务管理制度主要是对国家相关财经法规的具体落实，同时增加了企业内部的个性要求。

财务管理制度包含投资者和经营者两个层面。

（1）与投资者相关的财务管理制度，主要是体现投资者的意图，按照投资者的要求制订，主要是为了维护投资者权益，防止经营者损害投资者的利益，规范和约束经营者的财务行为。企业应该在章程、协议、制度等方面明确投资者与经营者不同的责任、权利、义务，同时约定企业的重大事项，特别是"三重一大"事项的财务管理程序与财务政策，这是企业处理一切财务关系的基本依据。

（2）经营者财务管理制度是按照企业生产经营特点和经营者管理要求制订的，主要功能在于规范经营者、其他员工及企业内部相关机构在资产营运、成本费用控制等具体财务活动中的行为，包括财务权限与责任、财务事项处理程序与方法，以保证企业的生产和经营有章可循。企业生产经营方面的主要制度包括现金管理、银行开户、银行管理、资产（包括固定资产、无形资产、存货）管理、应收款项管理、投资管理、成本控制、费用控制等。集团层面的财务管理制度还应该对权属企业进行管理，从集团层面明确集团的资金中心、投融资中心、信息中心、财务会计制度统一管理中心等作用的发挥，还需要对权属企业的投融资、担保、无形资产、大额资产处置和核销、对外捐赠、财务预算、收益分配和财务人才配备等方面制订集团统一的财务管理制度。

3）合理有效控制企业的财务风险

通常意义上的财务风险主要包括偿债风险、投资风险、融资风险和利润分配风险。在市场经济条件下，竞争日趋激烈，企业的财务管理活动大部分都是在有风险的情况下进行的。企业对财务风险的管理主要是建立预测、监控、化解、防范风险的机制，在充分预测、合理评估的基础上，采取一定的措施来消除、化解、转移、分散或承受风险，最终达到使企业财务活动在可控的风险中获得最高的报酬，实现财务目标。

企业财务管理应当以企业价值最大化为目标开展。评价现金流量的财务效果，应当综合考虑资金的时间价值因素；对购建或处置的资产，应当考虑风险与报酬的关系；在产品系列开发决策时，应当运用价值工程评估产品功能与产品成本的关系及其对销售的影响；在日常财务管理中，应当树立财务信誉，塑造企业形象，注重企业长远的经济利益，并且推进知识产权产业化，实现无形资产的经济价值；对企业并购重组，应当充分考虑商标、专利、专有技术、商誉等潜在无形资产的影响，利用资产评估方法正确评估企业的整体价值，维护企业及投资者的权益；在财务分析、考核经营业绩或评价决策效果时，应当权衡资金的成本水平。总之，通过财务上的合理运营，选择最优的财务策略，充分考虑货币的时间价值和风险报酬的关系，立足企业长远发展目标，使企业拥有的资本总价值达到最大。应将控制财务风险的措施、方法、程序、管理要求等，予以制度化。

7.3.2　财务会计

1. 筹资管理

企业筹资是企业根据生产经营、对外投资和调整资本结构等需要，通过一定的筹资渠道，应用一定的筹资方式，为企业经济有效地筹措和集中资本。满足资金需要的财务活动是企业维持简单再生产和扩大再生产的必要条件。企业初创时期，需要筹集注册资本；企业正常经营时期，为了扩大生产规模或调整资本结构，也需要筹集资本。企业筹资的基本目的是保障自身的生存与发展，但其具体的筹资活动通常受特定的筹资动机驱使。

企业筹资的具体动机多种多样，如为购买新设备筹资、为开发新产品筹资、为补充流动资金筹资、为偿还债务筹资、为企业并购筹资、为调整资本结构筹资等。这些具体的筹资动机归纳起来有三种类型，一是扩张性筹资动机，是指企业因扩大生产经营规模或增加对外投资而产生的追加筹资的动机；二是调整性筹资动机，是企业因调整现有资本结构的需要而产生的筹资动机；三是既为扩张规模又为调整资本结构而产生的筹资动机，称为混合性筹资动机。

企业筹资需要通过一定的渠道，并且运用一定的筹资方式来进行。企业的筹资渠道是指企业筹集资本来源的方向与通道，也就是企业筹集的资本从哪里来、经过什么途径得到。社会资本掌握在政府、企业、各种组织和个人手中，通过金融机构或资本市场予以聚集，提供给资金的需求者。我国企业的筹资渠道归纳起来主要包括政府财政资本、银行信贷资本、非银行金融机构资本、其他法人资本、民间资本、企业内部资本、国外和我国港澳台地区资本。

企业筹集资本需要运用一定的方式。企业筹资方式是指企业筹集资本所采取的具体形式和工具，体现着资本的属性和期限。不同的筹资方式可以提供不同属性和使用期限的资本，对企业的资本成本及企业的经营也会产生一定的影响。企业应该根据自身的特点和对资金需要的具体情况选择合适的筹资方式。一般而言，企业的筹资方式有以下几种。

（1）投入资本筹资。投入资本筹资是指非股份制企业以协议等形式吸收国家、其他企业、个人和外商等直接投入的资本，形成企业投入资本的一种筹资方式。投入资本筹资不以股票为媒介，适用于非股份制企业。

（2）发行股票筹资。发行股票筹资是股份有限企业筹集股权资本的基本形式，是股份有限企业按照企业章程，依法发行股票直接筹资，形成企业股本的一种筹资方式。

（3）发行债券筹资。发行债券筹资是企业按照债券发行协议，通过发售债券直接筹资，形成企业债权资本的一种筹资方式。

（4）发行商业本票筹资。发行商业本票筹资是大型工商企业或金融企业获得短期债权资本的一种筹资方式。

（5）银行借款筹资。银行借款筹资是各类企业按照借款合同从银行等金融机构借入各种款项的筹资方式。

（6）商业信用筹资。商业信用筹资是企业通过赊购商品、预收货款等商品交易行为筹集短期债权资本的一种筹资方式。

（7）租赁筹资。租赁筹资是企业按照租赁合同租赁资产，分期支付租金，从而达到筹资目的的一种特殊的筹资方式。

2．投资管理

企业投资是指企业将资金投入生产经营过程，期望从中取得收益的一种行为。在市场经济下，企业作为独立的经济实体，追求利润的最大化和企业价值的增长，企业总是通过投资行为来不断地扩大经营规模和经营范围，不断地寻找新的收入和利润来源，并且通过投资来分散经营风险。因此，投资活动在企业的经营活动中占据着重要地位，投资管理是企业财务管理的重要工作。

根据投资的方式，投资可分为直接投资和间接投资。直接投资是把资金投放于生产经营性资产，以便获取利润的投资。在一般的工业企业中，直接投资占有很大的比重。间接投资又称有价证券投资，是把资金投放于证券等金融资产以便取得股利或利息收入的投资。

根据投资回收时间的长短，投资可分为短期投资和长期投资。短期投资又称流动资产投资，是指能够在 1 年内或一个营业周期内回收的投资，主要指对现金、应收账款、存货、短期有价证券等的投资。长期投资是指在 1 年以上或超过一个营业周期才能回收的投资，主要包括对厂房、机器设备等固定资产的投资，也包括对无形资产和长期有价证券的投资。

根据投资的方向，投资可分为对内投资和对外投资。对内投资又称内部投资，是指将资金投放在企业内部购置各种生产经营用的资产。对外投资是指企业以现金、实物、无形资产等方式或是以购买股票、债券等有价证券的方式对其他企业的投资。

企业投资的根本目的是谋取利润，提高企业价值。企业的投资受到经济、政治、文化、法律、市场技术等各种环境因素的影响，是一个复杂的、充满不确定性的管理过程。企业要搞好投资管理，需要认真进行市场调查，把握好投资机会，做好项目的可行性分析，建立科学的决策程序，控制好投资项目的风险并做好资金规划和管理工作。

在企业实际运营过程中，投资可分为内部长期投资和对外长期投资。

1）内部长期投资

企业把资金投放到企业内部生产经营所需的长期资产上，称为内部长期投资。内部长期投资主要包括固定资产投资和无形资产投资。

（1）固定资产投资。固定资产指使用年限在 1 年以上，单位价值在规定的标准以上，并且在使用过程中保持原来物质形态的资产，如厂房机器设备、运输设备、办公设施等。固定资产按照经济用途可以分为生产用固定资产、销售用固定资产、科研开发用固定资产和生活福利用固定资产。固定资产投资具有回收时间长、变现能力差、投资次数较少、投资规模较大等特点。固定资产的投资管理包括投资项目的提出、投资项目的评价、投资项目的决策、投资项目的执行和投资项目的再评价等工作。一般的固定资产投资项目由基层和中层员工提出，经主管部门组织论证后实施。重要的固定资产投资项目，一般由企业的高层提出，成立专门的项目小组进行方案的设计、论证和实施。固定资产投资决策需要综合考虑固定资产投资的技术性和经济性，在保证技术先进的同时追求最大的投入产出效益，并且尽可能地控制投资风险。对固定资产投资项目的分析，一般采用折现现金流的方法，通过对投资方案投入和产出的预测，估计投资方案的现金流，根据现金流计算折现现金流指标。现金流是由于固定资产投资引起的企业在一定时间点上现金的流入和流出，现金流入减去现金流出就是净现金流，净现金流的大小和分布决定了投资的经济效益指标的大小。因此投资分析的基础是估计固定资产投资的现金流。

（2）无形资产投资。无形资产是企业所拥有的没有物质实体，可使企业长期获得超额收益的资产。随着技术和知识等生产要素在生产中的作用不断提高及竞争的加剧，无形资产的投资和管理成为企业一项重要的财务管理工作。无形资产一般包括专利权、专有技术、专营权、场地使用权、商标权、商誉等。无形资产没有实物形态，可以在一个较长的时期内为企业带来超额的收益。企业可以通过购买或自研开发等方式进行无形资产投资。对无形资产投资项目的分析，一般也采用折现现金流的方法，利用净现值或内部收益率等指标进行评价。与固定资产投资相比，无形资产投资的收益估计和预测更加困难，面临的不确定性更大。

2）对外长期投资

企业对外投资就是将资金投放于企业外部以获取投资收益的行为。企业对外投资具有多种目的，通过对外投资，企业可以优化资源配置，提高资产的利用效率。企业可以把多余的资金或闲置的资产通过直接或间接投资的方式投资于其他企业，提高资源的利用率。企业对外投资可以优化投资组合，实现资产和经营的多元化，降低和分散经营风险。有时，企业为了加强或巩固与上下游企业的关系，为了保证关键原材料的供应或提高销售能力，也通过对外投资来掌握上下游相关企业的部分经营权。另外，通过对外投资，企业还可以灵活地调整资产的结构，提高资产的流动性，增强企业的偿债能力。企业的对外投资形式多样，程序复杂，投资的收益和风险变动较大，回收时间较长，变现能力较差。因此，企业进行对外投资时需要兼顾投资的效益性、安全性和流动性，在保证投资的安全性、流动性的基础上，追求比较高的效益性。

企业的对外投资分为对外直接投资和对外间接投资。对外直接投资就是企业利用现金、实物资产和无形资产等对其他企业进行投资，如建立合资企业、合作企业、联营企业等。对外间接投资主要是对外证券投资，企业通过购买其他企业的有价证券进行投资，包括股票投资、债券投资和基金投资等。股票投资就是购买其他企业发行的股票，通过获得股利或资产增值取得收益，股票投资的风险比较高、收益比较大。债券投资就是企业购买由政府或其他企业发行的债券。债券分为政府债券、金融债券和企业债券。政府债券是指由中央政府或地方政府发行的债券，如国库券、国家重点建设债券、特种国债等。金融债券是由银行或非银行金融机构等为筹集信贷资金而向投资者发行的债券。企业债券是股份有限企业和有限责任企业为了募集长期资金而发行的债券。与股票投资相比，债券投资的收益率和风险都相对较低。基金投资在我国是一种新型的投资方式，它的收益和风险都介于股票投资和债券投资之间。

3．报表分析

财务报表是在一段时间内记录下来的所有业务往来数据的汇总。要想了解一家企业的经营情况，必须能够读懂三个主要的财务报表，即资产负债表、利润表、现金流量表。

在分析三大报表之前，简要介绍一些会计的基本概念。

（1）实体。某一特定实体的经营活动，是通过会计报表反映出来的。会计报表采用的衡量标准和尺度必须清楚。出具报表的实体可以是一家商店、一个工厂、一家公司或一个跨国集团。

（2）收付实现制，又称"收付实现基础"或"现收现付制"。在会计核算中，是以款项是否已经收到或付出作为计算标准，来确定本期收益和费用的。凡在本期内实际收到或付出的一切款项，无论其发生时间早晚或是否应该由本期承担，均作为本期的收益和费用处理。

（3）权责发生制，又称"应收应付制"。它是以本会计期间发生的费用和收入是否应计入本期损益为标准，处理有关经济业务的一种制度。凡在本期发生应从本期收入中获得补偿的费用，不论是否在本期已实际支付或未付的货币资金，均应作为本期的费用处理；凡在本期发生应归属于本期的收入，不论是否在本期已实际收到或未收到的货币资金，均应作为本期的收入处理。实行这种制度，有利于正确反映各期的费用水平和盈亏状况。

1）资产负债表

资产负债表是所有会计记录的基础，包括企业的所有资产、负债和所有者权益等信息。资产负债表显示了某一特定日期上述内容之间的平衡关系，也是企业在某一特定时点所拥有资产的总结。

资产负债表的构成如下。

（1）资产：指企业拥有的能对企业未来业务发展起作用的资源，包括现金、库存、应收账款、设备、厂房等。

（2）负债：指需要偿还的借款、负债和为他人提供产品和服务的明确的资金责任，包括银行债务、应付账款、客户购买产品的预付款和服务垫付款、应交税费、应付工资等。

（3）所有者权益：是所有者投资在企业中的累计资金金额。所有者投资的形式可以是现金、其他财产或企业收益部分的再投资。普通股、追加股本金由所有者投资，留存收益是所有者收益的再投资。

资产负债表是一张"平衡"表。会计平衡中贯穿始终的恒等式为

$$资产（A）=负债（L）+所有者权益（OE）$$

这一等式能够解释企业在一段时间内财务方面发生的所有变化。下面以一家企业的资产负债表为例，介绍资产负债表中各部分的关系，如表 7-1 所示。

表 7-1 某企业资产负债表（单位：万元）

资产		负债及所有者权益	
流动资产		流动负债	
现金	5000	应付账款	80000
应收账款	10000	应付工资	5000
库存	100000	应付税费	2000
流动资产合计	115000	流动负债合计	87000
长期资产（非流动资产）		长期负债（非流动负债）	
设备	30000	银行负债	10000
减一年累计折旧	−3000	负债合计	97000
长期资产	27000		
—	—	所有者权益	
—	—	普通股（1000 股流通股）	15000
—	—	留存收益	30000
—	—	所有者权益合计	45000
总资产	142000	总负债及所有者权益	142000

资产负债表的一个重要特征是：资产和负债均按各自流动性程度的不同而按顺序列出，即从最具有流动性的资产开始。流动性是指资产变现（现金）的能力。现金、应收账款、库存属于流动资产，因其在下个经营期（通常指一年）内易于变现（有流动性），所以首先列出。由于设备不易卖掉，所以就归为固定的、长期的资产，也称为非流动资产，在资产负债表中列在流动项之后。

就负债而言，欠供应商的应付账款、欠雇员的应付工资及应付税费，均属流动负债。这些是短期负债，需在一年内付清。银行负债是长期负债，也称为非流动负债，有数年的还款期限。

营运资本是会计和金融中的常用词，是指企业在日常业务中必须接触到的资产和负债。营运资本是最具有流动性的资产，能为阅读企业财务报表的人提供了解企业清偿债务能力的线索。因此，营运资本是指企业的流动资产和流动负债。衡量企业偿债能力的净营运资本是用"总流动资产"减"总流动负债"得出的。

所有者权益是指企业对所有者承担的长期责任。企业有责任和义务根据企业经营的好坏为投资的所有者带来收益。在清偿债务时，其优先级排在负债之后。

2）利润表

利润表描述了某一特定时段内的业务活动和往来，这段时间也许是一个月、一个季度或一年。在产品销售后，企业有销售收入及与收入有关的相应支出。当用权责发生制把收入和支出合理地匹配后，两者之间的差别就是利润。下面以一家企业的利润表为例，介绍利润表中各部分的关系，如表 7-2 所示。

表 7-2 某企业利润表（单位：万元）

项目	金额
销售收入	5200000
销货成本	3900000
毛利	**1300000**
减：销售、总务、管理费用	**1256000**
其中：工资	1000000
租金	150000
公用设施	75000
广告	18000
设备分摊成本（折旧）	3000
其他	10000
营业利润（息税前）	**44000**
减：利息费用	1000
税前利润	**43000**
减：所得税	13000
净利润	**30000**

毛利=销售收入-销货成本。销货成本=期初库存+本期采购-期末库存，是销售产品和服务的"直接成本"。营业利润=毛利-销售、总务、管理费用，是缴纳利息和税费之前的利润，也称息税前利润。会计师们在计算营业利润时不包括利息，是因为企业在类似项目上投资所用的资金，可能是从银行以不同条件借到的贷款中的不同部分，也可能是所有者的资金，所有者的红利未被扣除。所有者的红利是从利润表最下面的净利润中扣除的。

净利润=营业利润−利息费用−所得税。

在利润表中，利息费用单独划出，营业利润就能充分反映出"经营"企业的成本，而不是"融资"成本。与营业利润中不含利息的逻辑一样，人们也将税务费用单独列出，这样营业利润中就不涉及非营业费用。不同的税务安排造成的税务费用也大不相同，所以税费也列在经营结果之后作为一个扣减项，之后得到的才是衡量利润最终标准的净利润。净利润是企业收益的底线，也是新闻媒介衡量企业成败的标准。

3）现金流量表

现金流量表是避免流动资金出现问题的管理工具。通过利润表和资产负债表，得出企业现金流量的情况。下面列出的是现金流量表回答的最主要问题：现金流量和收入之间是什么关系？如何保证能有红利？如何清偿债务？经营产生的现金如何使用？管理层强调的财务计划在现金流量中有无反映？

通过使用现金流量表，管理者可以通过经营活动、投资活动和融资活动三种业务活动来规划并管理现金来源和需求。

下面以一家企业的现金流量表为例，介绍现金流量表中各部分的关系，如表7-3所示。

表 7-3　某企业现金流量表（单位：万元）

项目	金额
经营活动	
净利润	30000
加：非现金成本	
折旧（设备已分担成本）	3000
	33000
运营资本调整	0
本年度增减	0
流动资产	
应收账款（增）减	（10000）
库存（增）减	（100000）
流动负债	
应付账款（供应商）增（减）	80000
应付工资增（减）	5000
应付税款增（减）	2000
	（23000）
经营活动现金流	**10000**
投资活动	
购买设备	（30000）
投资活动现金流	（30000）
融资活动	
从银行借款	10000
售出股票给所有者	15000

（续表）

项目	金额
分红给所有者	0
融资活动现金流	**25000**
本年度现金	**5000**
年初现金	1000
年末现金	**6000**

现金流量表说明的是企业一年内现金的净变化，年末现金在现金流量表底部列出。对企业的管理者来说，找到现金在哪里发生变化是至关重要的。例如，企业看似盈利，但是否必须靠大量举债借款方能维持？企业的业务是否大量占用现金，而在利润表上显示的利润却很少？这是资产负债表和利润表都回答不出来，但又都是非常重要的问题，也是现金流量表之所以存在的必要原因。

企业经营情况良好，经营活动就能带来现金收益。经营情况可在经营活动部分中被反映出来。企业是否需要将大量的资金，投在诸如新设备或新技术之类的固定资产上？企业是否由于经营不断需求现金而被迫出售企业资产？这类问题在投资活动部分中能被反映出来。为了维持经营已投资的业务，企业是大量借款，还是求助于投资者筹集资金？现金流量表在很大程度上能反映企业经营状态的好坏。

7.3.3 管理会计

管理会计用会计数据分析和管理企业的经营状况。管理会计需要先编制出企业在某一时间段内的经营预算，再对实际结果与预算的"差距"进行分析，并找出原因。

1．预算管理

1）预算的概念

预算是企业在预测、决策的基础上，以数量和金额的形式反映企业在未来一定时期内经营、投资、财务等活动的具体计划，是为实现企业目标而对各种资源和企业活动所做的详细安排。预算是一种可据以执行和控制经济活动的、最为具体的计划，是对目标的具体化，是将企业活动导向预定目标的有力工具。

2）预算的作用

预算的作用主要表现在以下三个方面：一是通过引导和控制经济活动，使企业经营达到预期目标；二是实现企业内部各部门之间的协调；三是作为业绩考核的标准。

3）全面预算的基本体系

全面预算的基本体系，是指以本企业的经营目标为出发点，通过对市场需求的研究和预测，以销售预算为起点，进而延伸到生产、成本费用及资金收支等各方面的预算，最后编制预计财务报表的一种预算体系。

全面预算的基本内容主要由业务预算、专门决策预算、财务预算三部分组成。

（1）业务预算。业务预算是全面预算的基础，主要包括与企业日常经营活动相关的销售预算、生产预算、直接材料预算、直接人工预算、制造费用预算、产品成本预算、销售费用预算和管理费用预算。其中销售预算是业务预算的编制起点，根据"以销定产"的原则，确定生产预算并考虑所需要的销售费用预算。在编制生产预算时，除要考虑计划销售量外，还需要考虑现有存货和期末存货。产品成本预算主要反映产品的单位成本和总成本，是直接材料预算、直接人工预算和制造费用预算的汇总。

（2）专门决策预算。专门决策预算是指企业不经常发生的、一次性的重要决策预算。专门决策预算直接反映相关决策的结果，是实际中选方案的进一步规划，主要包括根据长期投资决策结论编制的与购置、更新、改造、扩建固定资产决策有关的资本支出预算，以及与资源开发、产品改造和新产品试制有关的生产经营决策预算等。

（3）财务预算。财务预算是指企业在计划期内，反映有关预计现金收支、财务状况和经营成果的预算，主要包括现金预算和预计财务报表。财务预算是依据业务预算和专门决策预算而编制的，是整个预算体系的主体，是全部预算的综合反映。

2．成本管理

成本是管理会计中最重要的指标之一，与许多内容都息息相关。成本核算是指将企业在生产经营过程中发生的所有耗费，按照一定的对象进行归集、分配，计算确定各成本核算对象的总成本、单位成本等，并且向有关使用者提供成本信息的活动。

1）成本的分类

（1）按照固定费用/变动费用分类。固定费用是指在一个较短的管理周期（一般是一年以内）中，不论销售额如何变动都会产生的成本。代表性的固定费用包括店铺租金、工厂折旧费、正式员工的人工费等。但固定费用中也有随着年数增加在一定程度上与销售额等比例增长的费用。变动费用则是指在一个较短的管理周期中，与销售额成比例发生的成本。代表性的变动费用包括采购费用、原材料费、一部分的水电费等。

（2）按照直接费用/间接费用分类。直接费用是指某特定的产品和服务或相关部门产生的非常明确的成本，如原材料费、专业生产线的人工费等。间接费用则是指特定的产品和服务及相关部门产生的不明确的成本，如生产多种产品的工厂的折旧费和管理部门的人工费等。

2）ABC 成本法

成本管理是按照现行的会计制度，依据一定的规范计算材料费、人工费、管理费、财务费等的一种核算方法。这种方法有时不能反映出所从事的活动与成本之间的直接联系。而 ABC 成本法相当于一个滤镜，它对原来的成本方法重新做了调整，使得人们能够看到成本的消耗和所从事工作之间的直接联系，这样人们就可以分析哪些成本投入是有效的，哪些成本投入是无效的。

ABC 成本法是以作业为核心，确认和计量耗用企业资源的所有作业，将耗用的资源成本准确计入作业，然后选择成本动因，将所有成本作业分配给成本计算对象（产品或服务）的一种成本计算方法。ABC 成本法把直接成本和间接成本作为产品（服务）消耗作业的成本同等对待，拓宽了成本的计算范围，使计算出来的产品（服务）成本更加真实准确。

3．财务共享

1）财务共享的概念

所谓财务共享，主要指的是基于信息技术的重要作用，在对企业财会业务进行处理的过程中，充分应用程序化的途径对财务事务加以处理。在管理学中，财务共享服务模式被视作共享服务的一个延续，而共享服务又是随着跨国集团多层级、多组织机构的管理而逐渐发展而来的，它最早诞生于 20 世纪 80 年代的美国，目前已经进入我国企业，并且作为一种企业财会管理手段而被广泛应用。

2）财务共享的作用

（1）提升财务服务效率。财务共享服务模式将分散在不同分（子）企业的共同业务提取出来，放在财务共享服务中心完成，将业务流程标准化，使企业的财务工作效率得以提升。

（2）强化财务管控。在财务共享服务模式下，服务中心通过制订统一的财务核算标准和核算流程，实时生成各分（子）企业的财务信息，并且通过网络为各分（子）企业和集团总部的管理者提供监控支持。

（3）降低财务管理成本。财务共享服务模式通过提高财务运作效率和客户满意度，加强风险监控、优化财务流程，提升财务报告质量，为制订财务政策、编制预算提供更多的依据。

（4）完善财务体系。在财务共享服务模式得到成功实施后，企业还需要构建一套包括营销财务、产品财务、研发财务、海外财务、子企业财务在内的完整的财务体系。借助这套财务体系，集团的各项战略和财务管理需求就可直接传递至业务单位的核心决策层。

7.4 供应链与物流管理

7.4.1 供应链管理

1．供应链及供应链管理的概念

对供应链最普遍的定义是，从原材料采购到产品交付（中间包括运输、制造、销售）所涉及的各种原材料、供应商、生产商和批发/零售商等所形成的网络。很多企业为扩大生产，将供应商活动的控制与协调及售后服务也包括了进来。供应链管理最早于 20 世纪 80 年代应用于制造业，运用系统思想，将生产制造过程中所涉及的活动（物流、信息流、资金流等）和参与方（供应商、生产商、分销商、零售商、客户等）进行统一集成化管理，使其达到最优组合，实现最高效率和最优绩效。

2．供应链的类型

按照不同的划分标准，可以把供应链划分为多种不同的类型。

（1）按照供应链的运行范围，可以将供应链划分为企业内部供应链和外部供应链。企业内部供应链是指企业内部产品生产和流通过程中所涉及的采购部门、生产部门、仓储部门、销售部门等组成的供需网络。外部供应链则是指涵盖企业的和与企业相关的产品生产和流通过程中所涉及的供应商、生产商、零售商及最终客户等组成的供需网络。

（2）按照供应链的稳定状况，可将供应链划分为稳定供应链和动态供应链。在相对稳定、单一的市场需求基础上建立的供应链具有较强的稳定性；在变化相对频繁、复杂的需求基础上建立的供应链则具有较高的动态性。

（3）根据供应链容量与客户需求的关系，可以将供应链划分为平衡的供应链和倾斜的供应链。当供应链的生产能力刚好满足市场需求时，供应链处于相对平衡状态；而当市场变化加剧，造成供应链成本增加、库存增加、浪费增加等现象时，企业不是在最优状态下运作，供应链则处于倾斜状态。

（4）根据功能性的不同，可以将供应链划分为效率性供应链和响应性供应链。效率性供应链主要体现供应链的物质转换效能，即以最低的成本将原材料转化为零部件、半成品、产品，并且完成在供应链中的运输、配送等活动；响应性供应链主要体现供应链对市场需求的响应功能，要求供应链能对未知的市场需求做出快速反应。

3．供应链管理的内容

根据供应链管理活动的重要性和相互间关系，可以将供应链管理的内容分为运作层、业务层、战略层三个层次。

（1）运作层。这是实施供应链管理的基础，主要包括各种供应链管理方法和技术，如信息技术、采购与物流技术、生产运作技术、库存管理方法等。要想提高企业的供应链管理水平，首先必须建立和完善各种供应链管理方法和技术，形成规范、高效的运作层管理。只有完善运作层的管理和操作，才能保障业务层和战略层的顺利实施。

（2）业务层。这是实施供应链管理的关键，主要指企业运用供应链管理的思想完善内部的价值链，并且以供应链战略为指导，通过将非核心业务外包，集中发展自己的核心业务，提高企业的核心竞争力。业务层是对战略层的执行，并且指导运作层的操作，起到承上启下的作用。

（3）战略层。这是实施供应链管理的核心，主要是从战略的高度，通过业务流程重组和选择合作伙伴，设计和构建供应链，结成战略联盟，协调供应链中各成员间的利益关系，最终达到"共赢"的目的。战略层的活动着重从企业外部提高企业的竞争力，通过与供应链中其他企业的合作，共同提高整个供应链的竞争力，使供应链中的各企业共同发展、分享利益。战略层的管理真正体现了供应链管理思想的实质，是供应链管理的核心。

4．供应链管理的趋势

随着市场环境的改变，企业不断发展和完善供应链管理已成为其提高自身市场竞争力的全新手段。供应链管理也在实践中出现了全球化供应链、敏捷化供应链、绿色化供应链、柔性化供应链、集成化供应链、虚拟企业化供应链等一些新的发展趋势。

7.4.2　物流管理

1．物流管理的概念

我国 2001 年发布的国家标准《物流术语》中对物流管理的定义为："物流是物品从供应地向接收地的实体流动过程。根据实际需要，将运输、储存、装卸、搬运、包装、流通加工、配送、信息处理等基本功能实现有机结合。"

2．物流的基本活动

物流的基本活动通常包括运输、仓储、装卸搬运、包装、配送等环节。

（1）运输。运输是物流各环节中最主要的部分之一，是物流服务实现的关键所在，在很长一段时间里，物流的概念几乎等同于运输。运输的方式主要包括公路运输、铁路运输、水路运输、航空运输及管道运输等。

（2）仓储。仓储同样是物流活动实现的关键环节之一。企业生产出的产品，在其到达最终消费者之前，一般都要经过储存的过程。在整个物流过程中，商品的仓储可能出现在企业的仓库、转运过程中的仓库、销售者的仓库等。通过仓储服务，可以克服商品的季节性因素，消除生产者与最终客户之间在时间上的间隔，实现时间效益。

（3）装卸搬运。装卸是指物品在指定地点以人力或机械装入或卸下运输设备的物流活动。搬运则是指在同一场所内，对物品进行以移动为主的物流活动。装卸搬运连接了运输、仓储等各物流环节，是连接物流各环节的纽带，是物流服务得以顺利实现的保证。

（4）包装。包装通常是物流的起点，商品包装的状况在很大程度上制约物流系统的运行状况。企业在对产品进行包装的时候，要按照商品的数量、形状、重量、尺寸等特性进行包装，包装不仅影响装卸搬运、堆码存放、计量清点的效率，而且还决定着交通运输的效率和仓库的利用效率。包装一般可以分为运输包装和销售包装两类。

（5）配送。配送是指在经济区域内，按照客户的需求，将物品按时送达指定地点的物流活动。配送是物流活动中一种特殊的、综合的活动形式，是商流与物流的紧密结合。配送与一般的商品运送不同，是"配"与"送"的有机结合，更加注重时间性、数量性及物品的配套性。配送要求在送货之前必须依据客户需求对其进行合理的组织与计划，从而实现现代物流要求的"低成本、快速度"的"送"。

另外，物流信息是反映物流各种活动内容的知识、资料、图像、数据、文件的总称。物流信息是连接运输、仓储、装卸搬运、包装、配送等各物流环节的纽带，只有各物流环节之间的信息沟通及时通畅，才能实现各物流环节之间的无缝对接，才能实现物流活动的时间效率和管理效率，从而实现整个物流系统运作效率的提高。

3. 企业物流模式

企业物流模式有多种分类方法。按参与方进行分类，可分为企业自营物流、第三方物流、第四方物流等；按技术应用进行分类，可分为绿色物流、智能物流等。

（1）企业自营物流。企业自行组建物流配送系统，经营管理企业的整个物流运作过程。在自营物流模式下，企业会自建仓库、组建运输车队，也会向仓储企业购买仓储服务，向运输企业购买运输服务，但是这些服务只限于一次或一系列分散的物流功能，而且是临时性的纯市场交易的服务。

（2）第三方物流。国家标准《物流术语》中将第三方物流定义为："由供方与需方以外的物流企业提供物流服务的业务模式。"第三方物流提供商通过与供方或需方的合作来提供专业化的物流服务，它不拥有商品所有权，不参与买卖过程。

（3）第四方物流。1998 年，美国埃森哲咨询企业提出了第四方物流的概念。第四方物流提供商本身不承担具体的物流活动，它是一个供应链的集成商，通过调配和管理企业自身及具有互补性的服务供应商的资源、能力和技术，为客户提供一整套综合的供应链解决方案。

（4）绿色物流。国家标准《物流术语》中对绿色物流的定义是："在物流过程中抑制物流对环境造成危害的同时，实现对物流环境的净化，使物流资源得到最充分利用。"因此，绿色物流要求在开展物流活动时以降低对环境的污染、减少资源消耗为目标，利用先进物流技术规划和实施运输、仓储、装卸搬运、流通加工、配送、包装等物流活动。

（5）智能物流。智能物流是利用集成智能化技术，使物流系统能模仿人的智能，具有思维、感知、学习、推理判断和自行解决物流中某些问题的能力。智能物流的未来将会体现出智能化、一体化、层次化、柔性化与社会化等特点。

7.5 产品研发与生产管理

7.5.1 产品研发管理

1. 新研发产品分类

产品研发是指构思、研究、生产、销售满足市场需要的产品的过程，新产品研发大致可分为以下六种类型。

（1）全新型产品。市场上从未出现过的新产品。

（2）改进型产品。包含性能和质量等方面的改进，以提供更多的附加价值；具体包括产品的功能、特性、材质及包装等方面的改进，以达到功能、结构的完善和品质的提升，从而满足客户日益增长的需要。

（3）新品种型产品。该种产品对当前市场而言并不属于新产品，但是对有些企业来说是新产品。也就是企业参考已经出现在市场上的该类产品的功能，自行开发、制造产品，从而初步进入发展比较完善的市场。

（4）补充型产品。企业针对自身已推出的产品进行补充，属于某种产品的一部分。开发这些产品的目的是扩展目标市场，为不同的市场需求提供相适应的产品。

（5）重新定位型产品。该种产品可以让老产品在新的领域获得运用，如将产品重新定位于新市场或在与之前完全不同的领域上运用。

（6）降低成本型产品。该种产品与原产品相比投入的成本更低，但性能与之前基本相同。因为企业运用改进产品设计、制造工艺、降低原材料成本、提升产出效率等手段，降低了产品价格却依旧保留了产品的原本功能。从市场的角度看这类产品并非新产品，但是它在产品和设计制造上与原产品相比具有较大的差别。

2. 产品研发方式

企业进行产品开发和管理，要选择适合的研发方式。根据产品设计复杂程度、创新程度、企业技术力量和开发资金等，企业可以采用自主研发、技术引进、自研与技术引进相结合等方式。同时，随着新产品开发不断复杂化，在跨部门特征日益明显，各学科和领域之间的相互补充日益重要的背景下，合作研发这种新的研发模式也应运而生。

（1）自主研发。企业自己组织技术力量进行新产品开发，很多大型企业都是采用这种研发方式。

（2）技术引进。企业从国内外先进企业进行技术引进，包括图样和设计资料、培训设计人员等。

（3）自研与技术引进相结合。企业派出技术团队与国内外技术先进企业联合研发新产品。

（4）合作研发。合作研发是指企业、科研院所、高等院校、行业基金会和政府等组织机构为了克服研发中的高额投入和不确定性，规避风险，缩短产品研发周期，应对紧急事件的威胁，节约交易成本而组成的伙伴关系。它是以合作创新为目的，以组织成员的共同利益为基础，以优势资源互补为前提，通过契约或隐形契约约束联合行动而自愿形成的研发组织体。该组织体在形成之后，有明确的合作目标和合作期限，共同遵守契约规定的合作行为规则、成果分配规则和风险承担规则。

企业研发新产品选用哪种方式，主要取决于技术力量、开发周期、创新程度、复杂程度和开发资金五方面要素。

（1）选用自主研发方式的条件。当企业开发技术力量雄厚，开发的新产品虽具有一定复杂性和较高的创新性，但开发周期长（有足够研制开发时间）且开发资金雄厚时，可选用自主研发的方式。

（2）选用技术引进研发方式的条件。当新产品复杂程度高，国内外已有成熟的产品设计和制造技术时，企业迫于竞争急于投放市场，而自身的技术力量不足，但研发资金又比较充裕时，可采用技术引进的方式来研发产品。这种研发方式最大的优点是开发周期短，投放市场速度快；缺点是费用高，若不组织好消化吸收和创新，则可能导致引进的技术很快就会落后，又需花费很多资金再次进行新技术引进的问题。

（3）选用自研与技术引进相结合方式的条件。当新产品开发周期短，急于投放市场，企业自己有一定的技术力量，但又满足不了开发新产品的时间要求，同时企业有一定数量的开发经费时，就可采用自研与技术引进相结合的方式来开发新产品。采用这种方式有两种不同的做法：一是自研为主，引进为辅；二是引进为主，自研为辅。这种方式往往同时具有上述两种研发方式的优点。如果能找到合作单位，"自研和技术引进相结合"是一种很好的产品研发方式。更重要的是，通过研发过程能够培养锻炼出一支技术队伍，为以后新产品的研发打下良好的基础。

（4）选用合作研发的条件。当新研制产品技术复杂、创新性强，属于世界级或世界先进水平，无成熟技术可以引进，研发风险较大，单独依靠企业自身难以完成时，企业可通过合作研发方式与科研院所、高等院校、行业基金会和政府等组织机构合作，充分发挥各机构在理论研究、技术探索、实验验证等方面的优势，合作攻破关键技术，研发新产品。从长远看，如果企业关注产品的长期发展，投入时间较长，并且拟进入新领域或成为某领域领先者，应尽可能地采用这种研发方式。

3. 产品研发管理模式

产品研发管理是指从产品概念创意开始，到设计定型，直至批量生产全过程的管理。在当今高度竞争且快速变化的商业环境中，产品研发已成为企业持续发展的关键。为了确保成功，产品的研发过程需要一个系统的、结构化的管理模式，主要包括以下几方面。

（1）需求分析。在产品研发的初始阶段，需求分析是至关重要的。这个阶段需要深入了解客户的需求和期望，同时分析市场趋势和竞争环境。通过这种方式，产品研发团队可以确定产品的核心功能和特性，为后续的设计和开发提供明确的方向。

（2）设计与规划。这一阶段主要是确定产品策略、品牌定位、市场布局，以及制订详细的产品开发计划和预算。同时，这一阶段也需要进行项目规划和风险管理，以便为产品的研发过程奠定坚实的基础。

（3）技术研究与开发。技术研究与开发阶段是产品研发的核心环节。在这个阶段，研发团队需要充分发挥其专业技能，进行技术攻关和原型设计。此外，这一阶段还需要进行必要的技术验证和测试，以确保产品的稳定性和可靠性。

（4）样品制作与测试。一旦技术研究和开发阶段完成，接下来就是样品制作与测试阶段。这个阶段需要协调供应链和生产厂家，确保样品的质量和按时交付。同时，通过严格的测试环节，可以验证产品的性能和稳定性，确保产品能在实际使用环境中发挥预期的性能。

（5）生产与质量管理。当样品通过测试后，就进入了生产与质量管理阶段。这个阶段的目标是确保产品的批量生产过程能保持高质量，同时控制生产成本和提高生产效率。为此，企业需要建立严格的质量管理体系，并且通过对生产过程的持续优化，提高产品的质量和稳定性。

（6）市场推广与销售。在这个阶段，企业需要针对目标客户群体进行有效的市场推广，以提高产品的知名度和市场份额；同时，还需要制订合理的销售策略，确保产品能在市场中取得良好的表现。此外，这个阶段还需要收集客户反馈，以便对产品进行持续优化和改进，并且做好售后服务，提升客户满意度。

7.5.2　生产管理

1．生产管理的概念

生产管理是对企业生产活动进行计划、组织和控制等管理活动的总称，是企业管理系统的一个子系统。

广义的生产管理包括与企业生产过程有关的一切管理活动，如产品需求预测、产品方案的确定、原材料采购与加工、劳动力的配备、设备的配置与维修、生产计划的安排与日常生产的组织、生产成本与安全生产等。狭义的生产管理是指与企业生产过程直接相关的部分，即从企业接收订货开始，包括合同处理、组织原材料申请、生产作业计划编制、制造命令的制订与下达、生产过程的控制与调整、生产实绩的收集整理，直至组织产品出厂为止。

从企业管理的层次看，经营决策处于管理的上层，生产管理处于管理的中层，相对于经营决策，生产管理在企业管理中处于执行性的地位。

企业的生产管理需要遵循计划管理、事前管理、重点管理、例外管理、科学管理等原则。

2．生产管理的类型

1）按生产特征分类

（1）单件小批量生产。产品种类多、数量少，甚至只生产单件产品，生产专业化程度较低，一般依据订货合同确定产品的种类、质量、价格、数量等。一些大型的工业设备也属于该种生产类型，如大型机电设备、船舶等。

（2）批量生产。产品种类较多，各种产品的数量不等，生产具有重复性，介于大量生产与单件生产之间。根据产量的大小及工作专业化程度的高低，批量生产又可细分为大批生产、中批生产和小批生产。

（3）大量生产。产品品种单一，产量较大，生产的重复程度和专业化程度高。一般来说，市场需求量大、通用性强、用途广泛的产品较为适合大量生产方式。

2）按需求特征分类

（1）订货生产。订货生产方式是指企业完全根据客户提出的订货要求进行生产，即没有订单就不组织生产，企业基本上没有成品库存。生产管理的重点是按"期"组织生产，保证产品如期完成。

（2）存货生产。存货生产方式是指企业以一定的订单和科学的市场预测为基础，有计划地、连续均衡地进行生产。管理的重点是抓好供、产、销之间的衔接，防止库存积压或脱销，要按"量"组织生产，保证计划顺利完成。

3）按工艺特征分类

（1）连续生产。连续生产的特点是长时间连续不断地按照产品加工的工艺路线组织生产一种或几种产品，工序之间没有在制品储存，所使用的生产设备等都是固定的、标准化的。

（2）间断生产。有些产品需要由多种零部件加工装配完成，而这些零部件的加工过程是彼此独立的。因此，整个产品所需要的零部件要间断地投入生产，各工序之间需要有一定的在制品储备，将所有的零部件装配完全后才成为产品。

3．企业生产运作方式

1）大规模定制（MC）

1970 年，美国未来学家阿尔文·托夫勒提出了以类似标准化和大规模生产的成本和时间，提供客户特定需求的产品和服务的生产方式设想。1987 年，斯坦·戴维斯首次将这种生产方式称为"Mass Customization"，即大规模定制（MC）。

大规模定制是根据客户的个性化需求，以低成本、高质量和高效率的大批量生产方式提供定制产品和服务的生产方式。其基本思路是基于产品零部件和产品结构的相似性、通用性，利用标准化、模块化等方法降低产品的内部多样性，增加客户可感知的外部多样性，通过产品和过程重组将产品定制生产转化或部分转化为零部件的批量生产，从而迅速向客户提供低成本、高质量的定制产品。

2）精益生产方式（LP）

精益生产（Lean Production）方式是由美国麻省理工学院在研究日本丰田生产方式的基础上提出的。精益生产是指以客户需求为拉动，快速反应，即时制造，消灭故障，消除一切浪费，向零缺陷、零库存进军；其内容包括精益思想和精益工具，具有追求零库存、快速对市场做出反应、企业内外环境和谐统一、强调人力资源的重要性等特点。

3）敏捷制造（AM）

敏捷制造（Agile Manufacturing）的概念于 20 世纪 90 年代提出，是指企业制造系统在满足高质量和低成本的同时，能够对市场变化、技术发展及社会环境变化做出快速反应来满足市场需求。

4）计算机集成制造系统（CIMS）

计算机集成制造（Computer Integrated Manufacturing）的概念由美国的约瑟夫·哈林顿博

士于 1973 年首次提出，他给出了两个基本观点：一是企业生产的各环节是一个不可分割的整体，要紧密连接，统筹考虑；二是整个经营过程实质是一个数据的采集、传递和加工处理的过程，其最终形成的产品可以看作数据的物质表现。CIMS 是把人的经营知识及能力、信息技术、制造技术综合应用，以提高制造企业的生产率和灵活性为目标，由此将企业所有的人员、功能、信息和组织诸方面集成为一个整体，逐步实现全过程计算机化的综合人机系统。

5）企业资源计划（ERP）

ERP 即企业资源计划（Enterprise Resource Planning），是一种包括物资、资金、人员、时间等全部企业资源要素，支持企业计划、组织和控制管理的全过程，实现企业采购管理、生产管理、库存管理、销售管理、资金管理、人力管理等企业生产经营各方面的企业管理信息系统。ERP 的发展经历了 MRP、MRP Ⅱ、ERP 和新一代 ERP 四个阶段。

7.6 市场营销管理

7.6.1 市场营销概述

市场营销是指企业发现或挖掘准客户和众多商家的需求，通过整体形象或自身产品形态的营造去推广、传播和销售产品。也就是深挖产品本身的内涵，切合准客户及众多商家的需求，从而让客户深刻了解该产品进而购买的过程。

市场营销的范围是从商品生产领域到流通领域，再到最后的消费领域。市场营销是在创造、沟通、传播和交换产品中，为客户、合作伙伴及整个社会带来价值的一系列活动、过程和体系。

7.6.2 市场营销战略

1. 市场细分战略

市场细分亦称市场细分化，是美国学者温德尔·史密斯在 20 世纪 50 年代中期提出的，其核心意义是将一个整体的市场根据客户需求的差异性，划分为若干个具有共同特征的子市场，并且确定企业的目标市场的活动过程。

2. 目标市场选择战略

细分市场的目的就是便于选择目标市场。可供企业选择的目标市场营销战略主要有以下两种。

（1）无差异性营销战略。当企业面对的是同质市场或同质性较强的异质市场时，可以采用这一战略开展市场营销活动。这一战略对那些拥有广泛应用价值、能够大量生产、大量销售的产品基本上都是适用的。

（2）差异性营销策略。这是企业面对异质市场时可以选择的一种目标市场营销战略。这种战略的基本特点是，企业在对异质市场进行细分的基础上，从整体市场中选择多个乃至全部细分市场作为自己的目标市场，并且根据每个目标市场的需要分别制订相应的市场营销组合方案，提供特定的产品，在多个市场上有针对性地开展营销活动。

3．市场定位战略

根据美国营销专家菲利浦·科特勒的观点，市场定位是指企业设计出自己的产品和形象，从而在目标客户心中确定与众不同的、有价值的定位。市场定位的含义主要包括：第一，不仅仅局限于产品营销而有着更为广阔的应用范围；第二，不是对产品本身做实质性的改变，而是对市场的发现；第三，关键是找出产品在客户心中的位置并得到客户的认可，从而使企业形成巨大的竞争优势。

7.6.3 市场营销策略

20 世纪 50 年代初，根据需求中心论的营销观念，美国学者麦卡锡教授把企业开展营销活动的可控因素归纳为四类，即产品（Product）、价格（Price）、渠道（Place）和促销（Promotion），由此提出了市场营销的 4P 理论。

（1）产品策略。产品是企业市场营销组合中的重要因素，是实现商品价值交换的基础。狭义的产品一般是指生产者生产出来的，用于满足客户物质需要的有形实体；而广义的产品概念不仅包括产品的物质属性，同时也包括产品的非物质属性。企业在营销活动中，通过向市场提供某些产品或服务用以满足客户的需求，并且以此为基础综合运用多种营销策略来开展与竞争对手的激烈竞争。

（2）价格策略。价格策略是企业最重要的策略之一，是市场营销组合中为企业提供收益的因素，是市场竞争中的一种重要手段。在大多数情况下，就商品型产品而言，价格一直是购买者选择的主要因素，确定合理的定价和价格政策，是企业面临的具有现实意义的问题。

（3）渠道策略。营销渠道是指配合生产、分销和消费某些生产者的商品和服务的所有企业和个人，包括产品供、产、销过程中所有相关的企业和个人，如供应商、生产商、中间商、代理商、辅助商及最终客户等；而分销渠道是指某种商品和服务从生产者向客户转移的过程中，取得这些商品和服务的所有权或帮助所有权转移的所有企业和个人，包括生产者、中间商、代理商、最终客户。

（4）促销策略。促销是指企业将有关产品或服务的信息通过各种方式传递给目标客户，从而促使目标消费者了解、信赖并采取行动购买本企业的产品，以达到增加销售的目的。促销一般包括广告、人员推销、营业推广和公共关系等具体活动。促销的本质是通过传播，实现企业同其目标市场之间的信息沟通，以达到促进销售的最终目的。

7.6.4 营销计划

营销过程是一个循环过程。为了实现制订的目标，需要不断地修改营销计划，以使各部分内在一致且互为补充。一个计划只有在其各部分相互衔接时才有意义，做出一个各部分内在一致且互为补充的营销计划是一项了不起的成就。

制订营销计划包括客户分析、市场分析、竞争对手调查和自身优势分析、分销渠道分析、制订"初步"营销组合、经济评估等步骤。这些步骤的顺序并非一成不变，可以根据实际情况重新调整。

7.7　项目管理

7.7.1　项目管理概述

项目管理是一种在一段明确的时间之内，为达到一个既定目标，依靠某种特殊形式建立起来的临时性组织机制，为了更好地使用既定有限资源，有效运用计划、组织、领导、控制等手段的系统管理法。

项目管理涉及项目组织和项目控制两方面内容。项目组织是项目管理者按照项目的特征和流程，对参与项目的工作人员、设施等使用的资源、数据进行科学分配，引导各成员完成与之对应的工作，从而保证项目可以按原定计划顺利进行。项目控制是项目管理者参考跟踪项目时获得的数据，与项目目标进行比较，了解项目的完成情况，对所需资源和项目进度进行适当调整。项目控制能够在项目实践当中及时跟踪项目工作的进展，有利于保证项目按照原定的流程、技术、指标进行，同时反馈项目目前具体的执行情况，保障项目之后的各环节可以照常执行并顺利完成。

7.7.2　项目管理主要内容

项目范围管理是指在项目管理过程中所开展的计划和界定一个项目或项目阶段所必须完成的工作，它使项目目标的测量和控制有了一个参考标准，同时有助于分派项目成员的职责。其根本目的是通过界定和控制项目的工作范围和内容来确保项目的成功。主要内容包括项目启动的确定和控制、项目范围的规划、项目范围的界定、项目范围的确认、项目范围变更的控制和项目范围的全面管理和控制。

项目时间管理也称工期管理或进度管理，是为确保项目按既定时间完成而开展的一系列项目管理活动和过程。其根本目的是通过做好项目的工期计划和工期控制等管理工作来确保项目的成功。主要内容包括项目活动的定义、项目活动的排序、项目活动资源的估算、项目工期计划的估算和项目进度计划的管理和控制。

项目成本管理是指在项目进行过程中为确保项目能够在规定的预算内完成而开展的项目管理工作。其根本目的是全面管理和控制项目成本，确保项目成功。主要内容包括项目资源计划、项目成本估算、项目成本预算和项目成本控制等。

项目质量管理是指以实现质量目标要求（可交付成果）为向导，采用一系列先进的科学思想、原理和方法，对整个项目的各相关功能活动进行的计划、控制、改进等一系列管理活动。其根本目的是通过对项目的工作和产出物进行严格的控制和有效的管理来确保项目的成功。主要内容包括项目质量计划、项目质量保证和项目质量控制等。

项目人力资源管理是指基于对项目目标、范围、计划、执行状况及各种内外因变量进行系统分析统筹，采用科学的方法或工具，对项目过程中的所有人员给予有效的协调、控制与管理，最终确保项目目标的达成。其根本目的是通过对项目组织和项目所需人力资源进行科学有效的管理来确保项目的成功。

项目沟通管理是指在项目管理过程中为确保有效且及时地生成、收集、储存、处理和使用项目信息，以及合理地进行项目信息沟通而开展的项目管理工作。其根本目的是通过对项目所需的信息和项目相关者之间的沟通进行有效的管理来确保项目的成功。主要内容包括项目沟通计划编制、信息发布、绩效报告和管理收尾四个方面。

项目风险管理是指项目管理组织针对项目有可能遇到的风险预先进行处理、管制或控制，以达到防止灾害发生的管理过程，是对项目目标的主动控制。其根本目的是通过对项目所面临的风险进行有效的识别、管制和控制，来降低项目损失的管理工作。主要内容包括项目风险识别、项目风险评估、项目风险应对和项目风险监控。

项目采购管理是指为实现项目目标而从外部获取货物与服务所需的过程。其根本目的是通过对项目所需的物质资源和服务的获得与使用进行有效的管理来确保项目的成功。主要内容包括项目采购计划编制、询价计划编制、询价、供方选择、合同管理和合同收尾。

项目干系人管理包括识别项目的相关利益者或对项目有影响的全部人员与组织，分析这些人对项目的期望和影响，制订相应的管理策略来有效地调动他们的参与热情来参与项目的决策和执行，并且保持与这些干系人的持续沟通以解决实际发生的问题。

项目整合管理是指在项目管理过程中为确保各种项目工作能够协调与配合而开展的一种整体性的项目管理工作。其根本目的是协调项目各方面的工作，以确保整个项目的成功，而不仅仅是某一个项目阶段或某个项目单项目标的实现。主要内容包括项目章程的编制、项目范围说明书的编制、项目计划的制订、项目计划的实施、项目监控、项目变更控制、项目审计、项目绩效评价和项目收尾。

7.7.3　项目管理过程

项目管理过程通常被认为由项目的启动、计划、执行、控制、收尾五个过程组成。

（1）项目启动过程。项目启动是指判断、分析并启动新项目，研究与分析项目可行性，以得到的结果为基准判断是否启动项目。在启动过程中要设置项目经理，规定参与项目的全体成员各自的工作范围和承担的责任，制订项目的目标、范围等。

（2）项目计划过程。项目计划可以直接反映出项目的工作内容、谁负责做、怎样完成、在何时做、在何处做、所需资源数量等信息。当项目根据项目计划执行时，还会在原定计划的基础上再加以修正和完善，使得项目计划为项目提供更好的指导。

（3）项目执行过程。项目执行是在执行项目计划的过程中，按照计划对项目环节进行安排，并且实施项目的各项内容。在执行项目时应集中调配、调整项目所需的人力、物力等资源，执行过程应着重于传递项目的信息。

（4）项目控制过程。项目控制过程可以使项目管理者监控项目当前的执行情况，尽快察觉与目标之间的差距并及时采取修正措施，保障项目始终按照原定目标发展。其目的是控制项目执行过程中出现的不同变动因素，使其在合理、可接受的范围内。项目控制过程主要包括项目范围变更、质量标准、状态报告和风险应对。

（5）项目收尾过程。项目收尾过程是总结并评价项目过程中完成的工作内容，根据结果了解整个项目的优点和缺陷，以便吸取经验和教训。项目收尾通常以表彰会、公布绩效评估、召开发布会等方式呈现。

7.7.4　项目管理方法

可以在管理中运用的技术方法有很多。其中，运筹学及其各分支，如数学规划、决策论、预测技术、网络技术及价值工程等技术方法在项目管理中的应用最为广泛。

（1）数学规划。数学规划又称规划论，是研究在约束条件下，按照某一衡量指标寻求最优方案的方法。数学规划在项目管理中的应用领域较广，主要是解决管理中计划安排、资源分配和最佳结合等问题。例如，线性规划可用于资源的合理分配、合理投资、建设规模和选点布局、安排生产计划和合理配比等问题。

（2）决策论。决策论是运用数学方法寻找与选择最佳决策方案的理论和方法。决策问题的类型通常有确定型决策、不确定型决策和风险型决策三种。确定型决策是研究环境条件为确定情况的决策，因而所选择的每个行动方案其结局也是确定的。对这类决策问题，当决策变量很多、难以直观判断解决时，可以运用线性规划、非线性规划、动态规划等方法求得最优解或满意解。不确定型决策是研究环境条件不确定，可能出现多种情况，而各种情况出现的概率也无法估计的决策。这类决策往往在特定情况下的收益是已知的，可以列出收益矩阵表，针对决策事务分别运用最大最小准则、最大最大准则、最小最大准则等，确定决策方案。风险型决策是研究环境条件不确定，但各种情况能以某种概率出现的决策。这类决策问题可以按照期望收益最大准则或期望机会损失最小原则，运用收益矩阵法和决策树法来解决。

（3）预测技术。预测技术是根据过去和现在的数据资料，去探索事物未来可能的发展趋势，用于指导未来的行动的方法。常用的预测方法有平滑预测法和回归预测法，其中平滑预测法包括滑动平均值法、指数平滑法等；回归预测法包括一元线性回归预测法、多元线性回归预测法、可线性化的非线性回归预测法等。预测结果正确与否，其精准程度如何，关系到能否正确设计管理的决策方案和行动计划。

（4）网络技术。网络技术又称统筹法，是一种以网络图为基本工具，安排计划与组织管理的科学方法。它将所有任务按相互之间的联系和时间顺序，绘制成由节点、工作、线路组成的网络图，对网络中的各项任务进行参数计算和分析，分清主次，明确关键，以便在实施中进行控制和调整。运用网络技术，可以达到时间使用优化、资源配置优化、作业流程优化、工作成本优化等目的。因此，网络技术可广泛地应用于管理的计划、组织、协调、控制等职能中。

（5）价值工程。价值工程是对所研究对象的功能与费用进行系统分析，以最低的总费用实现最佳综合效益的思想方法和管理技术。其基本观点有：实现必要的功能，既不能过盛也不能过少；综合考虑功能与费用之间的关系，使功能与费用之比尽可能高；寿命周期费用最低。在项目管理中，项目设计与论证、物资设备的购置与维修等，均可运用价值工程的理论与方法解决，从而达到以最小的人力、财力和物力消耗，获得最大的综合效益的目的。

7.8　支撑类活动

7.8.1　物资与设备管理

1．物资管理

1）物资管理的概念

"物资"，是物质资料的简称，包括生活资料和生产资料。物资（Materials）、资金（Money）、机器（Machine）、劳动力（Manpower）、管理（Management），并称为企业五大要素。

我国物资管理中的物资是指用于生产消费的生产资料，包括物质生产过程中的劳动工具和劳动对象，如原料、机器设备、燃料、材料、工具等，是工业生产过程中必不可少的要素。

物资管理是从整个企业的角度来解决物资问题，其中包括协调不同供应商之间的关系，使得不同物资之间的配合性及性能表现符合产品设计要求；还包括提供不同供应商之间及各供应商与企业各部门之间的交流平台，控制物资流动率等。

2）物资管理的目标

物资管理通过用料申请计划、采购、运输、仓储、保管、领料等一系列活动，主要解决物资供需之间存在的时间、空间、品种、数量、规格及价格和质量等方面的矛盾，衔接好生产中的各环节，确保生产的顺利进行。物资管理的目标体现在以下方面。

（1）保证供应。物资管理是联结供应商和生产消费的纽带和中间环节，企业对物资进行集中、系统管理的目的就是依据生产部门及其他用料部门的实际需要，按量按质、及时齐备地集中组织物资供料，以确保生产的顺利进行，使得有限的储备资金能充分发挥作用。

（2）加速流动。物资流动时间的长短，对生产总过程时间的长短有着重大影响，也对资金利用的多少有着重大的影响。物资管理要加速物资的流动速度，首先是要加强物资的计划管理，按计划采购、仓储、供料及物资作业；其次，需要合理地选择供应方式、供应批次，按照物资合理流向，组织物资活动，使得物资以最短的路径、最少批量、最快速度到达用料部门手中。

（3）降低费用。物资管理过程的费用包括两部分：一部分是物资作业费，如物资运输、仓储、装卸、包装、流通加工等费用；另一部分是管理费，包括与采购过程相关联的，以及库存、供料管理及核算等方面的费用。为了降低物资管理过程的费用，就必须对物资进行系统的管理，减少物资的积压，削减库存，制订合理的采购批量及批次，改善物资作业管理和物资管理方式，以尽可能少的费用，做好物资的系统管理工作。

（4）控制消耗。为了提高产品的利润空间，必须要合理地使用物资，因此需要降低其在生产中的消耗和在物资流通过程中的损耗。物资主要是在生产的过程中消耗，靠生产部门加强其工艺管理，采用先进的技术来实现降耗。物资流通过程中的非工艺性损耗也不可忽视，因此在物资管理过程中必须按需组织供应，避免库存积压。同时也要加强物资消耗定额、储备定额管理，集中组织物资采购、仓储、供料，提高物资的利用率，使生产过程能够以最少的物资消耗，生产出成本尽可能低的产品。

（5）示范效应。物资管理不仅是一项管理业务，其好坏也有可能影响全局。企业的物资管理效果好，能充分显示企业领导加强管理的决心，增强全体员工搞好企业的信心，避免企业经营管理中可能遇到的一些风险，有利于全面加强企业管理。

2．设备管理

1）设备及设备管理的概念

设备是人们为了从事生产活动，为投入的劳动力和原材料所提供的必需的相关劳动资料（劳动工具）的总称。具体来讲，设备包括机器、仪表、工业炉窑、车辆、船舶施工机械等。其中最有代表性的是机器。

设备管理，是指根据企业经营方针和目标，从设备的调查研究入手，对有关设备的规划、设计、制造、选购、安装、调试、使用、维护、大修改造，直至报废的全过程，相应地进行一系列技术、经济组织管理活动的总称。

设备管理是一门集管理科学、技术科学和经济学三方面理论于一体的综合性很强的应用技术学科，其基础理论涉及系统论、控制论、信息论、运筹学、管理经济学、故障物理学、摩擦学、可靠性工程、组织行为学、人机工程学等许多领域。

2）设备管理的主要内容

从设备管理的业务性质划分，设备管理可分为技术管理和经济管理。设备技术管理的内容主要包括前期管理（规划、选型决策、采购、合同管理、安装、测试、初期管理等）；设备台账管理（资产、档案管理）；设备状态管理（状态监测和诊断、点检管理）；设备维修管理（维修模式设计、维修计划、维修质量验收等）；设备环保与安全管理；设备润滑管理；备品备件、材料管理；改造、更新管理；合同化维修管理（委外合同维修价格生成、合同生成、合同管理、检验验收等）；专业管理（压力容器、化学腐蚀设备管理，液压、气动系统管理，安全装置管理，计算机网络管理，核反应装置管理，故障、事故管理及设备精度管理）。设备经济管理的内容主要包括投资方案技术经济分析与评估；设备经济寿命与折旧；寿命周期费用、寿命周期效益、设备综合效率分析；外协项目价格体系管理；备件结构模型与备件流动资金管理。

从设备一生的各阶段划分，设备管理可分为三个时期：一是设备前期管理阶段，主要包括设备的规划、设计、制造、安装调试等；二是设备中期管理阶段，即设备运行使用管理阶段，主要包括设备从投产开始的运行、维护、点检、检修、备件供应等，该阶段是设备为企业创造效益的时期；三是设备后期管理阶段，主要包括设备报废、资产处置等。上述三个时期的设备管理构成了对设备一生的全过程管理，称为设备寿命周期管理。在设备寿命周期管理中，设备中期的运行、检修、备件三大管理是其中最重要的管理，因为这一阶段跨越时间最长，涉及管理内容最多，与企业其他方面的管理（如生产管理、质量管理等）关系也最密切，因此许多企业把这三大管理称为"三大支柱"管理。

7.8.2　风险与审计

1．风险管理

1）风险和风险管理的概念

解读风险构成了风险管理的基石。"风险"至今尚未有统一定义，归纳起来有两种主流观点。其中一种主流观点是主观学说，其主张者认为"风险是损失的不确定性"。主观学说主要强调风险"不确定性"和"损失"的概念。"不确定性"属于主观的、个人的、心理上的一种观念，其结果有损失的一面，亦有盈利的一面，损失面带给人们的是恐惧和失败，盈利面带给人们的是希望和成功。主观学说的学者指出关于"损失"的不确定性才是风险，而不确定性的范围包括了是否发生不确定、发生时间不确定、发生的情况不确定和发生结果的程度不确定等。由于主观学说定义的风险纯属于个人对客观事物的主观估计，因此也无法以客观的尺度予以衡量。

风险定义的另一种主流观点是客观说，其主张者将风险定义为"在特定环境和特定时期内发生的变量"。客观说的特征包括：一，风险是客观存在的，不以人的意志为转移，人们可以规避、控制、转移风险，但是不能够从根本上消灭风险；二，风险虽然是客观的，对同一环境中的任何人都以同样的程度存在，但不确定性的程度则是风险分析者的主观判断，不同的人对同一风险的认识可能不同。

关于风险管理的定义，国内学者陈秉正将风险管理定义为：风险管理是通过对风险进行识别、衡量和控制，以最小的成本使风险损失达到最低的管理活动。另一位学者许瑾良则认为，风险管理就是应用一般的管理原理去管理一个组织的资源和活动，并且以合理的成本尽可能减少灾害事故损失和对组织、环境的不良影响。

在国外，对风险管理的系统研究以梅尔与赫尔奇斯《企业风险管理》（1963）、威廉姆斯与汉斯《风险管理与保险》的出版为标志。后者指出风险管理是通过对风险的识别、衡量和控制，以最低的成本将风险导致的各种不利后果减少到最低限度的科学管理方法。

随着经济的迅速发展和社会的不断进步，人们对风险管理的认识发生了巨大的甚至是根本性的转变。任何风险管理都应像所有控制系统一样，包括三项要素：一，风险管理的目标；二，风险信息的收集与解释；三，影响人们行为与调整系统架构所采取的措施。就管理的目标和对风险的解释而言，可以分为客观实体派与主观构建派，两者的目标有所不同。客观实体派管理的目标是降低风险水平，并且将风险视为客观存在的实体。主观构建派管理的目标是如何与风险共存，并且视风险由人们特定的文化社会因素建构而成。风险客观实体派与主观构建派对风险的不同思维，是互补而非替代。前者，使我们管理风险而知其然；后者，则可使我们知其所以然。

2）风险管理的步骤与方法

不论什么类型的风险，其管理过程一般都包括以下五个关键步骤：第一，识别各种可能减少企业价值（导致损失）的重大风险；第二，衡量潜在的损失频率和损失程度；第三，选择适当的风险管理方法，其目的是增加股东的企业价值；第四，实施选定的风险管理方法；第五，持续地对企业风险管理方法和风险管理战略的实施情况和适用性进行监督。

对于风险管理方法，一般可以分为三类，即损失控制、损失融资和内部风险抑制。损失控制是指通过降低损失频率并（或）减少损失程度（规模）来减少期望损失成本的各种行为，有时也将损失控制称为风险控制。通常把主要作用是降低损失频率的行为称为损失防止手段，而把主要作用是降低损失程度的行为称为损失降低手段。损失控制有两种常用的方法：第一种是企业可以通过减少风险行为的数目降低风险（如降低有风险的产品的产量），但是这种战略有一个最大的缺陷，那就是它虽然考虑了风险行为的损失，却因此丧失了风险行为可能带来的收益；第二种是提高对给定风险行为水平的预防能力，其目的是使风险行为变得更安全并降低风险的损失频率和损失程度，但为此必须支付一定的成本。损失融资是用获取资金支付或抵偿损失的办法，也称为风险融资。通常有四种损失融资的手段，即自留（指企业自己承担了部分或全部损失）、购买保险合同、套期保值和其他的和约化风险转移手段。内部风险抑制主要有分散化和信息投资两种形式。其中，分散化是指通过分散化组合降低风险的策略，"不要将所有鸡蛋放在一个篮子里"的经典格言形象地说明了这一方法。信息投资是指在信息的获取、分析、利用方面予以投资，充分占有信息，保证获取的信息准确、真实、客观，能够通过数据模型分析，预测风险并进行评价，从而降低风险损失。

2．内部审计

迄今为止，内部审计诞生已有百余年历史，企业内部审计的职能一直在不断地变化，不断地发展，不断地丰富。那么，发展到今天的企业内部审计应该具有哪些职能呢？回答这个问题应从两个角度去考虑，一是企业内部审计的本质和内涵；二是现代企业对内部审计的需求。前者是决定内部审计职能的内在因素——内因，解决了内部审计能提供哪些职能的供给问题；后者是决定内部审计职能的外在因素——外因，解决了现代企业需要内部审计提供哪些职能的需求问题。当两者有效对接，即供给与需求达到平衡时，两者的交叉部分就是企业内部审计应该具有的职能。

企业内部审计采用系统化、规范化的方法，以独立、客观的态度对企业的内部控制和风险管理进行检查和评价，并且在此基础上以改进建议等方式提供咨询服务，目的是发现并预防错误和舞弊、提高企业的经营效率、增加企业的价值，以帮助企业实现既定的目标。

按照内部审计的不同目标，可以将内部审计概括为两大类型，即监督主导型和服务主导型。前者侧重内部审计监督职能的发挥，后者则偏向评价和咨询等服务职能的发挥。内部审计由"监督主导型"向"服务主导型"转变是社会经济发展的必然趋向。

7.8.3　企业制度与文化

1．企业制度

近年来，企业常常通过建立内部制度而更好地实现规范化管理。由此一来，不仅可以较好地提升企业经济效益，而且能促使企业发挥应有的社会功能，积极服务于社会和民众，对推动企业健康稳定发展有着重要的现实意义。

1）建立健全企业内部制度的原则

（1）合法性。国家制定的宪法和法律法规是人民大众的智慧结晶和全国人民践行经验的合理总结。无论是法律法规，还是宪法，均带有方向性和规律性原则，是全国人民在日常生活中都应遵守的行为规范。我国根据宪法各项原则并结合企业实际情况，按照立法程序相继颁布了《中华人民共和国合同法》《中华人民共和国合伙企业法》《中华人民共和国劳动法》《中华人民共和国工会法》等基本法律，保护企业发展的合法权益和企业员工的合法利益。与此同时，我国宪法明确规定，任何组织和个人都不能拥有超越法律和宪法的权利，一旦违法就必须予以追究。企业内部产生的各项制度都必须基于国家宪法和法律法规建立，如果背离宪法和法律法规，必然会偏离方向，给企业和社会造成损失。

（2）系统性。企业内部制度是提高企业基础管理水平，形成企业核心竞争力的前提，在一般情况下，可以将其分为管理制度、工作流程及考核标准三大类。建立企业内部制度是一项系统且复杂的工程，如果要对各岗位员工在各时段的行为进行约束，就需要在建立企业内部制度时巧妙构思和充分考虑，经全面布局后使内部制度更趋于完整。企业内部各种组织管理都无法脱离严谨的制度，所有员工在各岗位从事的各项工作都应具备完整的规程和标准，使企业实现制度化管理并按照规定流程工作，以及按照标准进行考核，进一步提高企业的生产效益和管理水平。

（3）层次性。建立健全企业内部管理制度除了要充分考虑系统性，更要考虑层次性。层次性可以从纵向和横向两方面加以区分。首先从纵向分析，不同企业有不同制度，班组和车间也有不同制度，上层要全面，下层要细化，不能一刀切；其次从横向分析，各类企业应考虑不同侧重点，针对企业重点岗位的工作流程、管理制度、考核标准都应具有充足的论证，使制度更加严谨，从而将企业管理推向全新的台阶。

（4）渐进性。任何事物变化都具有显著的无限性特点，同时人们的认知又是有限的，因此企业内部各项制度不能单单集中于一方面且无变化，而是需要根据劳动条件、劳动工具、劳动者整体素质等的变化而实时变化。对不适合社会经济形势发展且脱离企业实际发展需要的各项制度，要及时变革创新并加以改善，从而使企业内部制度始终保持科学有效且公平公正的状态。同时，更要在企业制度建设过程中大力提倡以人为本、科学创新的理念，提高企业管理效果，提升企业市场竞争力。

（5）客观性。企业各项制度、标准、规程是否公平合理、客观、宽严适度取决于企业内部制度建设完善与否，更取决于是否能得到企业广大员工认可。要做到宽严适度和公平合理就需要始终坚持实事求是的思想理念，从企业劳动条件、生产设施及劳动者整体素质等客观条件着手，提倡换位思考和对事不对人，经反复比较和科学论证才能使制订的企业内部制度更加具有实效性和可操作性。对于不经调查研究和比较分析，仅凭企业管理者个人经验制订的内部制度，不仅无法得到员工认可，而且对企业管理也起不到积极的效果。

2）建设企业内部制度的措施

（1）建立现代企业制度。企业法制化管理体系主要体现在现代企业制度，法人治理结构是现代企业制度的表现形式。其中法人治理结构包括董事会、股东大会、监事会和经理层等，在此过程中需要严格区分董事会和经理层的各项职能。企业法明确规定董事会和股东大会的各项职权范围，经理层作为企业执行机构，负责执行股东大会、董事会和监事会提出的各项决策。在建立法人治理结构的过程中，既明确了企业具有的决策能力、管理能力，也提出了企业行使权利所要承担的责任，使企业领导者在决策、执行、监督等多方面相互制衡，有利于企业决策程序趋于合理及规范。而内部管理的标准化、科学化及内部监督的透明化和民主化对减少企业发展中的人为阻力，提高企业工作效率均有重要的促进作用。

（2）完善企业管理制度。制度是保证企业法制化管理实现高效率和高效益的关键途径。管理工作对制度有较强的依赖性，如果在运行中缺乏科学合理的制度作为保障，必然会导致企业管理工作实施受到影响。因此可以将法制化管理理念恰当地引入企业管理工作当中并认真执行，可以使其更好地适应快速变化的企业环境，从中也体现人性化管理理念。完善企业管理制度要从两方面着手：一方面，基于法制化管理理念制订相应的量化制度，适当对岗位与部门的职责、绩效进行量化，进一步保证考核工作顺利开展。必要时还可建立激励制度并将其和绩效考核紧密结合，促使员工积极、主动参与工作，更要增强管理和制度的公平、公正及公开性。例如，设定员工工作岗位时需要设定相应评定标准，准确规定在工作中需要完成哪项指标。另一方面，清理制约企业发展的传统制度，及时清除企业传统制度中存在的不合理内容，并且在此基础上结合精细化管理理念对制度进行改善，发挥制度优势，进一步促进企业长远稳定发展。企业管理者和员工应始终明确各自岗位的职责，根据岗位要求制订科学合理的规章制度，避免在日常工作中出现职能交叉的情况。

（3）健全企业监督制度。企业法制化管理的保障在于监督机制健全，完善监督机制可以保证企业法制化管理得以实现，如果缺乏监督机制，则会导致法制化管理流于形式，无法实现预期的管理目标。监督体系除了可以较好地监督和制约企业高层领导的管理决策，还可以监督企业生产经营全部过程及中层干部和基层员工的行为准则。企业执行力在激烈的市场竞争中将决定企业的兴衰成败，加强监督制度管理可以有效提高企业执行力，保证企业各项事务顺利推进。

2．企业文化

企业和文化的关系是经济和文化的关系，在现实企业经济活动中，企业的一切经济活动同时就是文化活动的表现。

1）企业文化的定义

企业文化是企业在生产经营实践中逐步形成的，为全体员工所认同并遵守的，带有本组织特点的使命、愿景、宗旨、精神、价值观和经营理念，以及这些理念在生产经营实践、管理制度、员工行为方式与企业对外形象的体现的总和。

企业文化是企业的灵魂，是推动企业发展的不竭动力。它包含着非常丰富的内容，其核心是企业的精神和价值观。这里的价值观不是泛指企业管理中的各种文化现象，而是企业或企业中的员工在从事商品生产与经营中所持有的价值观念。

2）企业文化的特征

（1）系统性。企业文化具有系统性特征。根据系统论的观点，企业文化是一个开放的复杂巨系统，是由相互联系、相互依赖、相互作用的部分和层次构成的有机整体。企业文化具有开放性，是一个开放的系统，其内部资源与外部资源始终处于相互作用、相互交流的过程中；企业文化具有复杂性，是一个复杂系统，包括不同层次的各子系统；企业文化具有自组织性，是一个不断制造知识和利用知识的复杂自组织系统，其发展是一个自创生、自生长、自适应、自复制的自组织过程，是自发形成、维持和演化成一种有序的企业文化结构的过程；企业文化还具有巨量性，即子系统数目巨大，企业文化系统包含了企业所有的成员，无论是管理层还是普通员工，只要存在于企业内部，都包含于企业文化系统之中。此外，企业文化还涉及企业运行的方方面面，如招聘、培训、生产等，而在不同的企业活动中，各要素之间相互作用又形成了数目很大的子系统。企业文化作为一个系统来说，具备衡量复杂巨系统的指标。

（2）人文性。企业文化的人文性，就是从企业文化的角度来看，企业内外一切活动都应是以人为中心的。从企业内部看，企业应该是使员工能够发挥聪明才智，实现事业追求，相互之间和睦相处、舒畅生活的大家庭。从企业外部看，企业生产经营的最终目的是满足广大人民的需要，是为了促进人类社会的发展。企业文化强调人的社会性，强调以人为中心，强调人的价值观念在企业运作中的重要地位和作用。企业文化注重群体精神，倡导平等、友善、信任、互助、合作的人际关系，注意人的自尊和自我实现等高层次追求。

（3）目的性。企业文化具有鲜明的目的性，它紧紧围绕企业自身，为其终极目标服务。企业文化与该企业生存发展同生死、共存亡；企业文化的形成与实践的主体是该企业的员工，员工的切身利益与企业盈利程度息息相关。当企业的某个具体目的与社会发展目标相悖时，企业的目的性必须做出适当的调整和修改。

（4）独特性。每个企业的企业文化都有其区别于其他企业的独特之处。尽管有许多企业处于同一个民族文化的环境中，它们的企业文化都具有民族文化的烙印，但每个企业都由于其特殊的历史、人员结构及领导风格等原因而形成了各自不同的企业文化，因此可以说没有两个企业文化完全相同的企业。企业文化的重要特点是企业的文化个性，没有个性就没有企业文化。

（5）可塑性。企业从整体和长远的利益考虑，积极倡导新的价值观念、新的道德观念和行为规范，使企业文化不断地更新。企业文化与企业领导人的个性特点及本人价值观休戚相关，由于企业领导是不断变化的，这也影响着企业文化的不断变化。大的形势变化和内部危机产生，都会使企业文化建设出现问题，但是企业文化可以通过企业员工的努力，培育和重塑起来。

（6）共识性。企业文化代表企业共同的价值判断和价值取向，即多数员工的共识。当然，共识通常是相对而言的。在现实生活中，由于员工的素质参差不齐，追求呈现多元化，观念更是复杂多样，因此，企业文化通常只能是相对的共识，即多数员工的共识。

（7）社会性。企业文化是社会文化主流的一个文化支流，企业文化属于社会文化的一个组成部分并与社会文化紧密相关，彼此之间相互影响。企业文化有自己独特的个性，但在社会大文化背景下，处于绝对的从属地位，脱离社会文化的企业文化没有生存的可能，与社会文化背道而驰的企业文化必然遭到取缔。

（8）时代性。企业文化是时代的产物。它作为管理科学的最新成果，是在一定的历史文化、现代科学技术和现代意识影响下形成和发展起来的，也就必然受到当时当地的政治、经济、文化的影响，带上那个时代的特征。

3）企业文化的功能

（1）凝聚功能。企业文化像一根纽带，把员工个人的追求和企业的追求紧紧联系在一起，像磁石一般，将分散的员工的个体力量聚合成团队的整体力量。企业文化比企业外在的硬性管理办法本能地具有一种内在凝聚力和感召力，使每个员工产生浓厚的归属感、荣誉感和目标服从感。企业文化的这种凝聚功能，尤其在企业的危难之际和创业之时，更显示出其巨大的力量。

（2）优化功能。优秀的企业文化能体现卓越、成效和创新意识。具有优秀文化的集体是一所"学校"，为人们积极进取创造良好的学习、实践环境和条件，具有提高人员素质的教化功能。它可以使人树立崇高理想，培养人的高尚道德，锻炼人的意志，净化人的心灵。优秀的企业文化一旦形成，就会产生一种无形力量，对企业经营管理起到优化作用。当领导者和员工的行为有悖于企业道德规范时，它可以自动加以监督和纠正。

（3）激励功能。管理的核心是人，管理的目的是要把蕴藏在人体内的聪明智慧和才能充分挖掘出来。企业文化能够最大限度地激发员工的积极性和首创精神，使他们以主人翁的姿态，关心企业的发展，贡献自己的聪明才智。在企业文化的激励下，员工积极工作，将自己的劳动融入集体事业，共同创造，分享企业的荣誉和成果，自身又会得到自我实现及其他高层次精神需要的满足，从中受到激励。所以，一种积极的企业文化具有良好的激励功能，能够使员工士气步入良性循环轨道，并且长期处于最佳姿态。

（4）约束功能。企业文化对员工行为具有无形的约束力。它虽然不是明文规定的硬性要求，但它以潜移默化的方式，形成一种群体道德和行为准则（非正式规则体系）后，某种违背企业文化的言行一经出现，就会受到群体舆论和情感压力的无形约束，从而使员工产生自控意识，达到内在的自我约束。

（5）协调功能。企业文化充当着企业"协调者"的角色。企业文化的形成使得企业员工有了共同的价值观，对众多问题的认识趋于一致，增加了相互间的共同语言和信任，使大家在较好的文化氛围中相互交流和沟通，减少各种摩擦和矛盾，使企业内部的关系更为密切、和谐，各种活动更加协调，个人在工作中心情也比较舒畅。

（6）辐射功能。企业文化比较集中地体现了企业的基本宗旨、经营哲学和行为准则，优秀的企业文化通过企业与外界的每一次接触，企业员工在社会上的每一次言行，向社会大众展示着本企业的管理风格、良好的经营状态和积极的精神风貌，为企业塑造良好的整体形象，树立信誉，扩大影响。

第 *8* 章

企业常用管理学方法与工具

2015 年，刘强教授提出的智能制造"三不要理论"风靡微信朋友圈："不要在落后的工艺基础上搞自动化，不要在落后的管理基础上搞信息化，不要在不具备数字化、网络化基础时搞智能化。"在现代社会，高度分工已逐渐成为一个显著特征。高度分工带来了空前的效率，但也导致管理复杂度呈级数增加，因此信息化中的大部分问题的本质仍然是管理，要深刻理解信息化工作，就应当充分了解管理学方法和工具。

8.1 战略分析工具

8.1.1 SWOT 分析法

SWOT 分析法又称态势分析法，它是由旧金山大学的管理学教授海因茨·韦里克于 20 世纪 80 年代初提出的，是一种能客观而准确地分析和研究一个企业现实情况的方法。其中，S 代表 Strength（优势），W 代表 Weakness（劣势），O 代表 Opportunity（机会），T 代表 Threat（威胁）。SWOT 分析就是将与研究对象密切相关的各种主要内部优势、劣势和外部的机会、威胁等，通过调查列举出来，并且依照矩阵形式排列，然后用系统分析的思想，把各种因素相互匹配起来加以分析，从中得出一系列决策性的结论，有利于领导者和管理者做出较正确的决策和规划。运用这种方法，可以对研究对象所处的情形进行全面、系统、准确的研究，从而根据研究结果制订相应的发展战略、计划及对策等。SWOT 分析法常常被用于制订企业发展战略和分析竞争对手情况，在战略分析中，它是最常用的方法之一。

从整体上看，SWOT 可以分为 SW 和 OT 两部分，SW 用来分析内部条件，OT 用来分析外部条件。通过分析找出对自己有利的、值得发扬的因素，以及对自己不利的、需要避开的因素，发现存在的问题，找出解决办法，并且明确以后的发展方向。

8.1.2 波特五力分析模型

波特五力分析模型是迈克尔·波特于 20 世纪 80 年代初提出的，是企业在制订竞争战略时经常利用的战略分析工具。该模型认为，行业中存在着决定竞争规模和程度的五种力量，这五种力量综合起来影响着产业的吸引力及现有企业的竞争战略决策。波特五力分析模型如图 8-1 所示。

1．供应商的议价能力（店大欺客）

供应商主要通过提高投入要素价格与降低单位价值质量的能力，来影响行业中现有企业的盈利能力与产品竞争力。供应商力量的强弱主要取决于他们提供给购买者的是什么投入要素，当供应商所提供的投入要素价值在购买者产品总成本中占有较大比重、对购买者产品生产过程非常重要或严重影响购买者产品的质量时，供应商对购买者的潜在议价能力就大大增强。一般来说，满足如下条件的供应商会具有比较强的议价能力。

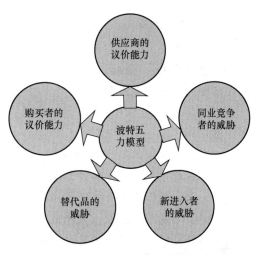

图 8-1　波特五力分析模型

（1）供应商行业由一些具有比较稳固市场地位且不受市场激烈竞争影响的企业所控制，其产品的购买者很多，以至于每个购买者都不可能成为供应商的重要客户。

（2）供应商的产品具有一定特色，以至于购买者难以转换或转换成本太高，或者很难找到可与供应商的产品相竞争的替代品。

（3）供应商能够方便地实行前向联合或一体化，而购买者难以进行后向联合或一体化。

2．购买者的议价能力（客大欺店）

购买者主要通过议价与要求提供较高的产品或服务质量的能力，来影响行业中现有企业的盈利能力。影响购买者议价能力的主要原因如下。

（1）购买者的总数较少，而每个购买者的购买量较大，占了供应商销售额的很大比例。

（2）供应商行业由大量相对来说规模较小的企业组成。

（3）购买者所购买的是一种标准化产品，同时向多个供应商购买产品也完全可行。

（4）购买者有能力实现后向联合或一体化，而供应商不可能实现前向联合或一体化。

3．新进入者的威胁

新进入者在给行业带来新生产能力、新资源的同时，还希望在已被现有企业瓜分完毕的市场中赢得一席之地，这就有可能会与现有企业发生原材料与市场份额的竞争，最终导致行业中现有企业的盈利水平降低，严重的话还有可能危及这些企业的生存。

新进入者形成威胁的严重程度取决于两方面的因素，一是进入新领域的障碍大小；二是现有企业对新进入者的反应情况。进入新领域的障碍主要包括规模经济、产品差异、资本需要、转换成本、销售渠道开拓、政府行为与政策、不受规模支配的成本劣势、自然资源、地理环境等方面的因素，其中有些障碍是很难借助复制或仿造的方式来突破的。现有企业对新进入者的反应情况主要是指采取报复行动的可能性大小，这取决于有关企业的财力情况、报复记录、固定资产规模、行业增长速度等。总之，新企业进入一个行业的可能性大小，取决于新进入者主观估计进入所能带来的潜在利益、所需花费的代价与所要承担的风险这三者的相对大小情况。

4．替代品的威胁

两个处于不同行业中的企业，可能会由于所生产的产品是互为替代品的关系，而产生相互竞争的行为，这种源自替代品的竞争会以各种形式影响行业中现有企业的竞争战略，主要体现为以下几个方面。

（1）现有企业产品售价及盈利潜力的提高，将由于存在着能被买方容易接受的替代品而受到限制。

（2）由于替代品生产者的侵入，使得现有企业必须提高产品质量，通过降低成本来降低售价，或者使其产品更具特色，否则其销量与利润增长的目标就有可能受挫。

（3）源自替代品生产者的竞争强度，受买方转换成本高低的影响。替代品价格越低、质量越好、转换成本越低，其所能产生的竞争压力就越强；而这种来自替代品生产者的竞争压力的强度，可以通过考察替代品销售增长率、替代品企业生产能力与盈利扩张情况来加以描述。

5．同业竞争者的威胁

大部分行业中的企业，相互之间的利益都是紧密联系在一起的，作为企业整体战略一部分的企业竞争战略，其目标都在于使得自己的企业获得相对于竞争对手的优势，所以，在实施中就必然会产生冲突与对抗现象，这些冲突与对抗就构成了现有企业之间的竞争。现有企业之间的竞争常常表现在价格、广告、产品介绍、售后服务等方面，其竞争强度与许多因素有关。

一般来说，出现下述情况将意味着行业中现有企业之间竞争的加剧。①行业进入障碍较低，势均力敌的竞争对手较多，竞争参与者范围广泛；②市场趋于成熟，产品需求增长缓慢；③竞争者企图采用降价等手段促销；④竞争者提供几乎相同的产品或服务，购买者转换成本很低；⑤一个战略行动如果取得成功，其收入相当可观；⑥行业外部实力强大的企业在接收了行业中实力薄弱的企业后，发起进攻性行动，结果使得刚被接收的企业成为市场的主要竞争者；⑦退出障碍较高，即退出竞争要比继续参与竞争的代价更高。在这里，退出障碍主要受经济、战略、情感及社会政治关系等方面的影响，具体包括资产的专用性、退出的固定费用、战略上的相互牵制、情感上的难以接受、政府和社会的各种限制等。

实际上，波特五力分析模型一般用来作为一种理论思考工具，而不是可以实际操作的工具。该模型的理论建立在以下三个假设上。

（1）制订战略者需要了解整个行业的信息，在现实中这显然是难以做到的。

（2）同行业之间只有竞争关系，没有合作关系。但现实中企业之间存在多种合作关系，不一定是你死我活的竞争关系。

（3）行业的规模是固定的，因此，只有通过夺取对手的份额来占有更大的资源和市场。但现实中企业之间往往不是通过吃掉对手而是通过与对手共同做大行业的蛋糕来获取更大的资源和市场。同时，市场可以通过不断的开发和创新来增大容量。

8.2　市场营销工具

8.2.1　4P/6P/11P 理论

1．4P 理论

4P 市场营销理论（简称"4P 理论"）产生于 20 世纪 60 年代的美国，是随着营销组合理论的提出而出现的，是四个基本要素的组合，即产品（Product）、价格（Price）、渠道（Place）、推广（Promotion）。

（1）产品（Product），注重产品的功能，要求产品有独特的卖点，把产品的功能诉求放在第一位。

（2）价格（Price），根据不同的市场定位，制订不同的价格策略，产品的定价依据是企业的品牌战略，注重品牌的含金量。

（3）渠道（Place），企业并不直接面对客户，而是注重经销商的培育和销售网络的建立，企业与客户的联系是通过分销商来进行的。

（4）推广（Promotion），包括品牌宣传（广告）、公关、推广等一系列的营销行为。

4P 理论的优势在于更全面，更"强大"，营销者不仅仅懂营销，也懂产品、财务和售后服务。4P 理论也有其局限性，最主要的问题是 4P 理论只站在企业角度看问题，而不是站在客户角度，但 4P 理论诞生于贫乏经济时代，当时"分配"仍然是重要的因素，因此 4P 理论发挥了重要的作用。

2．6P 理论

20 世纪 80 年代以来，世界经济发展走向滞缓，市场竞争日益激烈，政治和社会因素对市场营销的影响和制约越来越大。4P 理论不仅受到企业本身资源及目标的影响，而且受到企业外部不可控因素的影响和制约，大市场营销策略应运而生。1986 年，美国著名市场营销学家菲利普·科特勒教授提出了大市场营销策略，在原 4P 理论的基础上增加两个 P，即政治力量（Political Power）和公共关系（Public Relations），简称"6P 理论"。

3．11P 理论

在 6P 理论基础上，菲利普·科特勒教授又提出了 11P 理论，即在 6P 之外再增加战略 4P 和人（1P），并且将原来的 4P 称为战术 4P。该理论认为，企业在战术 4P 和战略 4P 的支撑下，运用政治力量和公共关系这 2P，可以排除通往目标市场的各种障碍。

新增的 5P 如下。

（1）探查（Probing）：通过调研了解市场对某种产品的具体需求和竞争格局。

（2）细分（Partitioning）：按照影响客户需求的因素进行市场细分。

（3）优先（Prioritizing）：选出目标市场和当前客户。

（4）定位（Positioning）：通过为产品赋予特色功能确立竞争优势。

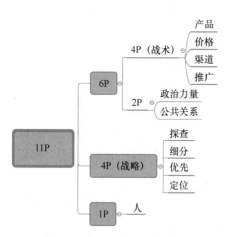

图 8-2　从 4P 到 11P 的演化

（5）人（People）：包括企业员工和客户，企业不仅要调动员工工作积极性，还要吸引客户积极参与到营销过程中。

从 4P 到 11P 的演化如图 8-2 所示。

8.2.2　4C/4R/4V 理论

1. 4C 理论

"以客户为中心"的商业世界是一个充满"个性化"的社会，客户的个性化需求差异太大成为企业所面临的最大挑战之一。随着"以客户为中心"时代的来临，传统的营销组合 4P 理论已无法完全顺应时代的要求，于是营销学者提出了新的营销组合理论。

美国教授 Lauterborn 于 1990 年提出了一种与传统 4P 理论相对应的新营销组合 4C 理论，即客户（Consumer）、成本（Cost）、便利（Convenience）和沟通（Communication）。4C 理论强调企业首先应该把追求客户满意放在第一位，产品必须满足客户需求，然后需要降低客户的购买成本，产品和服务在研发时就要充分考虑客户的购买力，其次应该充分关注客户购买过程中的便利性，最后还应以客户为中心实施有效的营销沟通。

4C 理论的营销要素与传统的 4P 理论存在对应关系，且二者是互补关系，如图 8-3 所示。4C 理论中用"客户"替代"产品"，强调要先研究客户的需求与欲望（Consumer's needs and wants），然后去设计、生产和销售客户确定想要的服务和产品；用"成本"替代"价格"，强调要分析客户为满足其需求与欲望所愿意付出的成本（Cost and Value to satisfy consumer's needs and wants），再去制订价格策略；用"便利"取代"渠道"，强调制订分销策略时要尽可能考虑客户购买的便利性（Convenience to buy）；用"沟通"取代"推广"，强调与客户进行多种方式的双向沟通（Communication with consumer）。

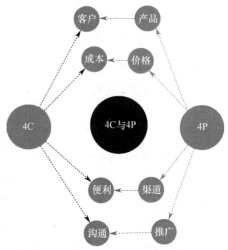

图 8-3　4P 和 4C 关系示意

2. 4R 理论

4R 理论以关系营销为核心，注重企业和客户关系的长期互动，是重在建立客户忠诚度的一种理论。它既从企业的利益出发又兼顾客户的需求，是一个更为实际、有效的营销制胜术。艾略特·艾登伯格于 2001 年在其著作《4R 营销》一书中提出了 4R 营销理论。

（1）关联（Relevancy）：认为企业与客户是一个命运共同体，建立并发展与客户之间的长期关系是企业经营的核心理念和最重要的内容。

（2）反应（Reaction）：在相互影响的市场中，对经营者来说最难实现的问题不在于如何控制、制订和实施计划，而在于如何站在客户的角度及时地倾听，以及从推测性商业模式转变为高度响应需求的商业模式。

（3）关系（Relationship）：在企业与客户的关系发生了本质性变化的市场环境中，抢占市场的关键已转变为与客户建立长期而稳固的关系。为与此相适应，产生了五个转向：从一次性交易转向强调建立长期友好的合作关系；从着眼于短期利益转向重视长期利益；从客户被动适应企业单一销售转向客户主动参与到生产过程中来；从相互的利益冲突转向共同的和谐发展；从管理营销组合转向管理企业与客户的互动关系。

（4）回报（Reward）：任何交易与合作关系的巩固和发展，都是经济利益问题。因此，一定的合理回报既是正确处理营销活动中各种矛盾的出发点，也是落脚点。

4R 理论以关系为导向概括了营销的新框架，根据市场不断成熟和竞争日趋激烈的形势，着眼于企业与客户的互动与双赢，不仅积极地适应客户的需求，而且主动地创造需求，运用优化和系统的思想去整合营销，通过关联、关系、反应等形式与客户形成独特的关系，把企业与客户联系在一起，形成竞争优势。其反应机制为互动与双赢、建立关联提供了基础和保证，同时也延伸和升华了便利性。"回报"兼容了成本和双赢两方面的内容，追求回报，企业必然实施低成本战略，充分考虑客户愿意付出的成本，实现成本的最小化，并且在此基础上获得更多的市场份额，形成规模效益。

3．4V 理论

进入 20 世纪 90 年代以来，企业和客户之间信息不对称的状态得到改善，沟通的渠道更加多元化，越来越多的跨国公司开始在全球范围内进行资源整合。在这种背景下，营销观念和方式也在不断丰富与发展，吴金明等国内学者综合性地提出了 4V 营销组合理论，即差异化（Variation）、弹性化（Versatility）、价值化（Value）、共鸣（Vibration）。4V 营销理论更加重视产品或服务中的无形要素，通过品牌、文化等来满足客户的情感需求。

1）（客户）差异化

客户是千差万别的，在个性化时代，这种差异更加显著。管理大师彼得·德鲁克在描述企业的定义时曾这样说，"企业的宗旨只有一个，这就是创造客户。"从表面看，企业向不同的客户提供的是同一种商品，但实际上，客户购买的目的完全不同。例如，同样是购买汽车，有的人购买的是纯粹的交通工具，有的人则附加了地位、声望这些车外之物；同样是买服装，中老年人注重更多的是冬暖夏凉这些功能，而年轻人则可能把款式和是否流行作为首选内容。客户对商品看法的差异决定了他是否会成为最终客户。而从生产者的角度来讲，产品是否为客户所欢迎，最主要的是能否把自己的产品与竞争对手区别开来，让客户一见钟情。因此，在某种意义上，创造客户就是创造差异。有差异才能有市场，才能在强手如林的同行业竞争中立于不败之地。差异化营销正是迎合了这种需要，所谓差异化营销，就是企业凭借自身的技术优势和管理优势，生产出性能、质量优于市场上现有水平的产品；或者是在销售方面，通过有特色的宣传活动、灵活的推销手段、周到的售后服务，在客户心目中树立起不同一般的良好形象。

对一般商品来说，差异总是存在的，只是大小强弱不同而已。而差异化营销所追求的"差异"是产品的"不完全替代性"，即在产品功能、质量、服务、营销等方面，本企业为客户所提供的是部分对手不可替代的。为了形成"鹤立鸡群"的局面，差异化营销一般包括产品差异化、形象差异化和市场差异化三个方面。

（1）产品差异化是指某一企业生产的产品，在质量、性能上明显优于同类产品，从而形成独立的市场。

（2）形象差异化是指企业实施品牌战略和 CI（Corporate Identity）战略而产生的差异。企业通过强烈的品牌意识、成功的 CI 战略，同时借助媒体的宣传，使企业在客户心目中树立起良好的形象，从而对该企业的产品产生偏好。

（3）市场差异化是指由产品的销售条件、销售环境等具体的市场操作因素而产生的差异，包括销售价格差异、分销渠道差异和售后服务差异等。

2）（功能）弹性化

一个企业的产品在客户中的定位有三个层次：一是核心功能，它是产品之所以存在的理由，主要由产品的基本功能构成，如手表是用来计时的，手机是用来移动通话的；二是延伸功能，即功能向纵深方向发展，如手机的存储、上网、照相、启动家庭智能电器等功能；三是附加功能，如手机的美学功能等。产品的功能沿着"单功能—多功能—全功能"的方向向前发展。总之，产品的功能越多，其所对应的价格就越高（根据功价比原理），反之亦然。

功能弹性化是指根据客户消费要求的不同，提供不同功能的系列化产品供给，增加一些功能就变成豪华奢侈品（或高档品），减掉一些功能就变成中、低档消费品。客户根据自己的习惯与承受能力选择具有相应功能的产品。20 世纪八九十年代，日本许多企业盲目追求多功能或全功能，造成功能浪费，使产品缺乏弹性，而导致的营销失败就是典型的案例。

3）价值化

从产品的价值构成角度分析，其价值包括基本价值与附加价值两个组成部分。前者由生产和销售某产品所付出的物耗和活劳动消耗决定；后者则由技术附加、营销或服务附加和企业文化与品牌附加三部分构成。从发展趋势来分析，产品物耗和社会必要劳动时间的活劳动消耗在价值构成中的比重将逐步下降；而高技术附加价值、品牌或企业文化附加价值与营销附加价值的比重在显著上升。当前优秀企业之间的产品竞争已不仅仅局限于产品的基本价值，而更强调产品的高附加价值。因而，当代营销新理念的重心在于"附加价值化"。

为此应从三个角度入手：一是提高技术创新在产品中的附加价值，把高技术含量充分体现在"价值提供"上，从技术创新走向价值创新。二是提高营销与服务在产品中的附加价值，高附加值产品源于服务创新与营销新理念。针对客户满意的"价值提供"则更强调服务创新，服务创新能力不但是衡量企业能否实现客户"价值最大化"的重要标志，也是衡量企业自身能否实现"利润最大化"的"预警器"。三是提高企业文化或品牌在产品中的附加价值。在 21 世纪，客户从表面上看仍是购买企业产品的使用价值，实质上是购买企业的价值；从表面上看是消费企业所提供的产品，实质上是消费企业的文化。

4）共鸣

共鸣是企业持续占领市场并保持竞争力的价值创新给客户所带来的"价值最大化"，以及由此所带来的企业的"利润最大化",强调的是将企业的创新能力与客户所珍视的价值联系起来,通过为客户提供价值创新使其获得最大限度的满足。客户是追求"效用最大化"者,"效用最大化"要求企业必须从价值层次的角度为客户提供具有最大价值创新的产品和服务,使其能够更多地体验到产品和服务的实际价值效用。这里所强调的价值效用,实质上就是客户追求"需求满足"的一种期望价值和满意程度,是企业对客户基于价值层面上的一种"价值提供",这种"价值提供"构成了价值创新的核心内容。因此,只有实现企业经营活动中各构成要素的价值创新,才能最终实现客户的"效用最大化",只有当客户能持续得到这种"价值最大化"的需求满足时,才能成为该企业的长期客户,从而在企业与客户之间产生共鸣。

首先,4V营销理论强调企业要实施差异化营销,一方面使自己与竞争对手区别开来,树立自己的独特形象;另一方面也使客户相互区别,满足客户个性化的需求。其次,4V营销理论要求产品和服务有更大的柔性,能够针对客户的具体需求进行组合。最后,4V营销理论更加重视产品或服务中的无形要素,通过品牌、文化等满足客户的情感需求。

8.2.3 销售漏斗理论

销售漏斗是科学反映机会状态及销售效率的一个重要的销售管理模型。当日常销售信息进入系统后,系统可自动生成对应的销售漏斗图,通过对销售漏斗的分析可以动态反映销售机会的升迁状态,预测销售结果。通过对销售升迁周期、机会阶段转化率、机会升迁耗时等指标的分析评估,可以准确评估销售人员和销售团队的销售能力,发现销售过程中的障碍和瓶颈;同时,通过对销售漏斗的分析可以及时发现销售机会的异常。销售漏斗是一个科学有效的管理手段和方法,尤其对直销模式的销售管理能够带来极大的帮助。

销售漏斗是一个直观的销售机会状态统计报表。它把每个阶段的销售机会数量用一个横条图表示,因为每个阶段的销售机会数量不同,所以横条图也有长有短。横条图按照"阶段靠前的在上"的规则排列。在一般情况下,整个销售机会中阶段越靠前数量越多,阶段越靠后数量越少,所以整个图形为一个漏斗状,因此称为销售漏斗,如图 8-4 所示。漏斗的底部就是我们所期望成交的客户。处在漏斗上部的潜在客户成交率为 0~40%;处在漏斗中部的潜在客户成交率为 50%~70%;处在漏斗下部的潜在客户成交率为 75%~100%。

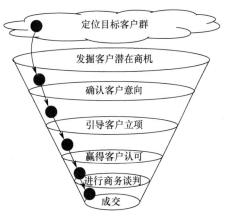

图 8-4 销售漏斗示意

在销售管理过程中使用销售漏斗时,需要根据企业当时的产品特点、客户特点、销售周期和购买过程来确定漏斗中的阶段划分,阶段所代表的成交可能性,以及阶段需要完成的任务。通常为了统一管理,在某个特定的阶段,销售人员应该完成一些客户拜访,与客户有若干次电话沟通,或者与客户有一些邮件往来。当这些拜访的内容和目的,电话的内容、目的和反馈,以及邮件的内容、目的和反馈都符合预期时,才可以进行阶段的变化。

当确定了以上内容后，根据销售漏斗阶段的变化，就可以轻松追踪到销售人员对销售过程的执行，对销售过程的控制也变得非常透明，管理者可以清晰容易地掌握当时企业的销售状况。

销售漏斗的意义在于，通过直观的图形方式，指出企业的客户资源从潜在客户阶段，发展到意向客户阶段、谈判阶段和成交阶段的比例关系，即转换率。销售漏斗是从国外引进的概念，很多企业在选择 CRM 软件的时候，非常重视销售漏斗的功能；其实，销售漏斗真正能起到作用的前提条件是各阶段的数据是完整的、真实的、持续的；否则，销售漏斗无法起到指导作用。

8.2.4　SIVA 理论

舒尔茨和德夫提出了一种新的以客户为中心的架构，简称 SIVA，即解决方案（Solution）、信息（Information）、价值（Value）和途径（Access）。解决方案指"我"如何解决自己的问题；信息指"我"可以通过什么方式来了解更多信息；价值指"我"需要牺牲什么来解决这个问题；途径指如何得到解决方案。

舒尔茨认为传统的 4P 理论应该被 SIVA 理论代替，营销人员不再主导一切，权力移交到客户手上，客户或潜在客户成了发送信息的人，而不是索取信息的人，组织变成了接收者与呼应者。客户表达需求，不断寻找、修正并最终确定自己的解决方案的过程，实际上就是在由 S、I、V、A 构成的网络路径中不断地调整方向、选择新路径并最终找到入口（途径）的过程。客户在这个历程中的每次驻足和跳转，都是营销者和客户建立品牌沟通的机会；营销者需要利用和把握好每次个性化的品牌对话机会，为客户提供实时信息支持，帮助客户缩短决策路径，快速到达入口。

SIVA 理论的重点在于以客户为核心，以搜索引擎的广泛使用为驱动力，品牌扮演的角色是帮助客户找到答案。当 SIVA 理论与搜索平台结合时，便能为客户提供实时的解决方案。信息在不断更新，以客户希望的方式出现，同时客户还可以参与进来，去评估、修改问题，以至重新搜索。简言之，SIVA 理论可以在搜索平台上得到完整体现。

SIVA 理论代表着从 4P 理论随时代向前的一个巨大的飞跃。其假设是在现代这个供过于求、信息混杂的世界，客户已经不是用明确的方式寻找满足他们需求的产品，而是寻求任何能够成功解决他们问题的方式，于是他们就会寻找能指引其找到适合的解决方式的信息。在寻找解决方式的时候，客户更易受情感的影响，因此聪明的商人会想方设法制造一些积极的感觉，以及散播关于这个解决方式的相关信息。客户只有在觉得提供给他们的价值是值得的时候，才会购买产品。

8.3　企业管理工具

8.3.1　平衡计分卡

平衡计分卡（Balanced Score Card，BSC）是常见的绩效考核方式之一。它是从财务、客户、内部运营、学习与成长四个层面，将组织的战略落实为可操作的衡量指标和目标值的一种新型绩效管理体系。

平衡计分卡的主要贡献是打破了只注重财务指标的业绩管理方法。平衡计分卡认为，传统的财务会计模式只能衡量过去发生的事情（落后的结果因素），但无法评估组织前瞻性的投资。在工业时代，注重财务指标的管理方法还是有效的，但在信息社会里，传统的业绩管理方法并不全面，组织必须通过在客户、供应商、员工、组织流程、技术和革新等方面的平衡投资，获得持续发展的动力。平衡计分卡包含五项平衡，即财务指标与非财务指标之间的平衡、企业长期目标与短期目标之间的平衡、结果性指标与动因性指标之间的平衡、企业组织内部群体与外部群体之间的平衡、领先指标与滞后指标之间的平衡。

平衡记分卡的设计包括财务、客户、内部经营管理过程（流程）、学习与成长四个层面，如图 8-5 所示。这几个层面分别代表了企业三个主要的利益相关者：股东、客户、员工。每个层面的重要性都取决于层面的本身和指标的选择是否与公司战略相一致。每个层面都有其核心内容。

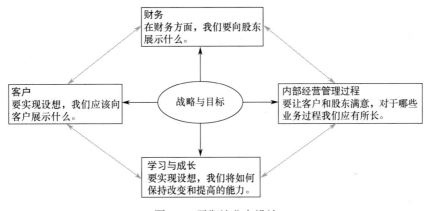

图 8-5　平衡计分卡设计

（1）财务层面。财务业绩指标可以显示企业的战略及其实施和执行是否对改善企业盈利做出贡献。财务目标通常与获利能力有关，其衡量指标有营业收入、资本报酬率、经济增加值等，也可能是销售额或现金流。

（2）客户层面。客户层面指标通常包括客户满意度、客户保持率、客户获得率、客户盈利率，以及在目标市场中所占的份额。客户目标使业务单位的管理者能够阐明客户和市场战略，从而创造出色的财务回报。

（3）内部经营管理过程层面。在这一层面上，管理者要确认组织擅长的关键内部流程，这些流程帮助业务单位提供价值主张，以吸引和留住目标细分市场的客户，并且满足股东对卓越财务回报的期望。

（4）学习与成长层面。前三个层面揭示了企业的实际能力与实现突破性业绩所必需的能力之间的差距。为了弥补这个差距，企业必须投资于员工技术的再造并且理顺组织程序和日常工作。学习与成长层面的衡量指标包括员工满意度、员工保持率、员工培训和技能等，以及这些指标的驱动因素。

平衡计分卡不仅是一种管理手段，也体现了一种管理思想。

（1）只有量化的指标才是可以考核的，必须将要考核的指标进行量化。

（2）组织愿景的达成要考核多方面的指标，不仅是财务要素，还应包括客户、业务流程、学习与成长要素。

自平衡计分卡方法提出之后，其对企业全方位的考核及关注企业长远发展的观念受到了学术界与企业界的充分重视，许多企业尝试引入平衡计分卡作为企业管理的工具。

8.3.2　工作分解结构

工作分解结构（Work Breakdown Structure，WBS）是一种以可交付成果和项目目标为导向，对项目工作内容进行逐级分解细化的方法和结果。WBS 是项目管理中计划制订、资源配置、成本预算、风险控制、采购实施等工作的重要基础。工作（Work）是可以产生有形结果的工作任务，分解（Breakdown)是一种逐级分解细化的过程，结构（Structure）是按照一定方式（如树状）对相关内容进行有效组织的方法，WBS 分解示意如图 8-6 所示。

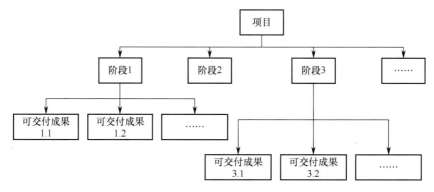

图 8-6　WBS 分解示意

1．主要概念

（1）WBS 工作包。WBS 工作包（Work Package）是 WBS 最底层的工作任务或活动，既能够可靠地估算工作成本和持续时间，又便于有效管理。例如，管道安装工作包含管道支架制作与安装、管道连接与安装、严密性检验等几项活动；包含运输/焊接/管道制作等人工费用、管道/金属附件材料费等成本；过程中产生的报告/检验结果等文档；以及被分配的工班组等责任包干信息等。正是上述这些组织/成本/进度/绩效信息使工作包乃至 WBS 成为项目管理的基础。因此，只有当 WBS 被分解到工作包层次后才能成为一个有效的管理工具。

（2）WBS 元素。WBS 元素实际上就是 WBS 上的一个个"节点"，这些节点代表了独立的、具有隶属关系或汇总关系的"可交付成果"。WBS 元素一般由描述输出成果的名称组成，工作包就是最底层的 WBS 元素。

（3）WBS 字典。WBS 字典用于描述和定义 WBS 元素中各类工作的相关文档。WBS 字典相当于对某一 WBS 元素的规范，即 WBS 元素必须完成的工作及对工作的详细描述；工作成果的描述和相应规范、标准；元素上下级关系及元素成果输入输出关系等。工程量清单规范就是典型的工作包级别的 WBS 字典。

2．创建方法

创建 WBS 是指将复杂项目分解为一系列明确定义的且可有效管理的工作任务或工作

包，并且指导后续计划制订、计划执行等工作的过程。WBS 创建方法主要有以下两种。

（1）类比方法。参考类似项目的 WBS 创建新项目的 WBS。

（2）自上而下方法。从项目目标开始，逐级分解项目工作内容，直到参与者满意地认为项目工作内容已经充分地得到定义且可有效管理。该方法通过将项目工作内容分解细化到适当的细节水平，对项目工期、成本和资源需求的估计将比较准确。

创建 WBS 时需要满足以下几点要求。

（1）某项工作任务必须在 WBS 工作包中出现，且不能出现在多个 WBS 工作包中。

（2）每个 WBS 元素工作任务是下级层级中所有 WBS 工作包工作任务的总和。

（3）一个 WBS 工作包只能由一个人负责；当有多人参与时，也只能由一个人负责，其他人只能是参与者。

（4）项目成员应积极参与创建 WBS，并且确保 WBS 创建方法的一致性。

（5）每个 WBS 元素都必须文档化，以确保准确理解已包括和未包括的工作内容。

（6）WBS 必须在根据项目范围说明书正常维护项目工作内容的同时，也能适应无法避免的变更。

（7）WBS 工作包所需要的工作量应不超过 80 小时，时间跨度应不超过两周。

（8）WBS 的层次应不超过 10 层，建议 4～6 层。

3．分解方式

WBS 工作内容有多种分解方式，如按产品的物理结构分解、按产品或项目的不同功能分解、按项目的实施过程分解、按项目的地域分布分解、按项目的各个目标分解等。

4．创建过程

创建 WBS 的过程非常重要，因为在项目分解过程中，项目经理、项目成员和所有参与项目的职能经理都必须考虑该项目的所有方面。创建 WBS 主要包括以下过程。

（1）获得并确认项目的范围说明书或工作说明书。

（2）召集有关人员，集体讨论项目范围及工作内容，确定 WBS 创建方法与分解方式。

（3）对项目工作内容进行逐级分解细化。如果有现成的模板，则应该尽量利用。

（4）画出 WBS 层次结构图。

（5）将主要的项目成果细分为更小的、易于管理的工作包。工作包必须详细到可以对该工作包进行估算（成本和工期）、安排进度、做出预算、分配负责人员或组织单位。

（6）建立一个编码系统，对 WBS 节点及相关成果、涉及资源等进行统一编码。

（7）验证上述分解的正确性。随着其他计划活动的进行，需要不断地对 WBS 进行更新或修正，直到覆盖所有工作。

5．检验标准

检验 WBS 是否定义完全，项目的所有任务是否都被完全分解主要依据以下标准。

（1）每个任务的状态和完成情况是可以量化的。

（2）明确定义了每个任务的开始和结束。

（3）每个任务都有一个可交付成果。

（4）项目工期易于估算且在可接受期限内。

（5）项目成本易于估算且在可接受范围内。

（6）各项任务是独立的，执行过程互不影响。

（7）各项任务是能被描述的，其责任人能够准确理解并高效执行。

8.3.3　PDCA 循环

PDCA 循环是美国质量管理专家休哈特博士首先提出的，之后由戴明采纳、宣传并获得普及，所以又称戴明环。全面质量管理的思想基础和方法依据就是 PDCA 循环。PDCA 循环的含义是将质量管理分为四个阶段，即计划（Plan）、执行（Do）、检查（Check）、处理（Act）。在质量管理活动中，要求把各项工作按照做出计划、计划实施、检查实施效果的顺序完成，然后将成功的纳入标准，不成功的留待下一循环去解决。这一工作方法是质量管理的基本方法，也是企业管理各项工作的一般规律，PDCA 循环示意如图 8-7 所示。

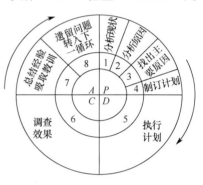

图 8-7　PDCA 循环示意

（1）计划（P），包括方针和目标的确定，以及活动规划的制订。

（2）执行（D），根据已知的信息，设计具体的方法、方案和计划布局；再根据设计和布局，进行具体运作，实现计划中的内容。

（3）检查（C），总结执行计划的结果，分清哪些做对了，哪些做错了，明确效果，找出问题。

（4）处理（A），对总结的结果进行处理，对成功的经验加以肯定并予以标准化；对失败的教训也要进行总结并引起重视。对没有解决的问题，应提交下一个 PDCA 循环解决。

以上四个阶段不是运行一次就结束的，而是周而复始地进行；一个循环解决一些问题，未解决的问题进入下一个循环，这样阶梯式上升。

PDCA 循环可以使我们的思想方法和工作步骤更加条理化、系统化、图像化和科学化。它具有如下特点。

（1）大环套小环、小环保大环、推动大循环。PDCA 循环作为质量管理的基本方法，不仅适用于整个工程项目，也适用于整个企业和企业内的科室、工段、班组乃至个人。各级部门根据企业的方针目标，都有自己的 PDCA 循环，层层循环，形成大环套小环、小环里面又套更小的环的结构。大环是小环的母体和依据，小环是大环的分解和保证。各级部门的小环都围绕着企业的总目标朝着同一方向转动。通过循环把企业上下或工程项目的各项工作有机地联系起来，彼此协同，互相促进。

（2）不断循环、不断提高。PDCA 循环就像爬楼梯一样，一个循环运转结束，生产的质量就会提高一步；然后再进入下一个循环，再运转、再提高；从而不断循环，不断提高。

（3）循环式上升。PDCA 每循环一次，品质水平和治理水平均更进一步。PDCA 循环不是在同一水平上循环，而是每循环一次，就解决一部分问题，取得一部分成果，工作就前进一步，水平就提高一点。每通过一次 PDCA 循环，都要进行总结，提出新目标，再进行下一次 PDCA 循环，使品质治理的车轮滚滚向前。

8.3.4　SMART 目标管理原则

SMART 是一种目标管理原则，也是确定关键绩效指标的重要原则，无论是制订团队的工作目标还是员工的绩效目标，都必须完全符合该原则，S、M、A、R、T 缺一不可。

1．明确性（Specific）

明确性就是要用具体的语言清楚地说明要达成的行为标准。明确的目标几乎是所有成功团队的一致特点。很多团队不成功的重要原因之一就是因为目标定得模棱两可，或者没有将目标有效地传达给相关成员。

实施要求：目标设置要有衡量标准、达成措施、完成期限及资源要求，使考核人能够很清晰地看到部门或科室月计划要做哪些事情，以及计划完成到什么程度。

2．可衡量性（Measurable）

可衡量性是指目标应该是可度量的，应该有一组量化的数据，作为衡量是否达成目标的依据。

实施要求：目标的衡量标准遵循"能量化的量化，不能量化的质化"原则。使制订人与考核人有一个统一的、标准的、清晰的、可度量的标尺，杜绝在目标设置中使用形容词等概念模糊、无法衡量的描述。

3．可实现性（Attainable）

目标是要能够被执行人所接受的，如果上司利用一些行政手段，利用权力的影响力，一厢情愿地把自己所制订的目标强压给下属，下属典型的反应就是一种心理和行为上的抗拒："我可以接受，但是否完成这个目标，有没有最终的把握，这个可不好说"。一旦当这个目标真完成不了的时候，下属有一百个理由可以推卸责任："你看我早就说了，这个目标肯定完成不了，但你坚持要压给我"。

实施要求：目标设置要坚持员工参与、上下左右沟通的原则，使拟定的工作目标在组织及个人之间达成一致。既要使工作内容饱满，也要具有可达性，可以制订出跳起来"摘桃"的目标，但不能制订出跳起来"摘星星"的目标。

4．相关性（Relevant）

相关性是指实现此目标与其他目标的关联情况。如果实现了这个目标，但与其他的目标完全不相关，或者相关度很低，那这个目标即使达到了，意义也不是很大。

因为工作目标的设定，是要和岗位职责相关联的，不能"跑题"。例如，让前台学点英语以便接电话的时候用得上，这时候提升英语水平与前台接电话的服务质量就有关联，即学英语这一目标与提高前台工作水准这一目标直接相关。

5．时限性（Time-based）

时限性是指目标是有时间限制的。例如，我将在 2020 年 5 月 31 日之前完成某事，5 月 31 日就是一个确定的时间限制。没有时间限制的目标没有办法考核，而且可能带来考核的不公。例如，上级和下级对目标轻重缓急的认识程度不同，上级着急，但下级不知道；到头来上级暴跳如雷，而下级觉得委屈。

实施要求：目标设置要有时间限制，根据工作任务的权重、事情的轻重缓急，拟定出完成目标项目的时间，并且定期检查项目的完成进度，及时掌握项目进展的变化情况，以方便对下级进行及时的工作指导，以及根据工作计划的异常情况变化及时地调整工作计划。

8.3.5　KPI 管理

关键绩效指标（Key Performance Indicator，KPI）是通过对组织内部流程的输入端、输出端的关键参数进行设置、取样、计算、分析，衡量流程绩效的一种目标式量化管理指标，是把企业的战略目标分解为可操作的工作目标的工具，是企业绩效管理的基础。关键绩效指标是用于衡量工作人员工作绩效表现的量化指标，是绩效计划的重要组成部分。

一项工作职责的完成涉及很多的因素，但是我们在进行绩效考评时不可能面面俱到，只能选择其中最关键的成功因素。KPI 管理符合一个重要的管理原理——"二八原理"。在一家企业的价值创造过程中，存在着"二八原理"，即 20% 的骨干人员创造企业 80% 的价值；而且在每位员工身上，"二八原理"同样适用，即 80% 的工作任务是由 20% 的关键行为完成的。因此，必须抓住 20% 的关键行为，对之进行分析和衡量，这样就能抓住绩效评价的重心。

实施 KPI 管理的主要益处可总结为以下几点。

（1）实施 KPI 管理有利于绩效评估的提高。KPI 去掉了许多与工作完成不大相关或根本不相关的因素，只对与工作完成相关的关键因素进行考核，这样既省时也节约了不少成本，并且由于指标数量较少，增强了绩效评估过程的可控性，大大减少了绩效考评中出现错误的可能性，从而提高了绩效评估的效率。

（2）实施 KPI 管理有助于企业战略目标的完成。KPI 是在对企业战略目标层层分解，层层落实后制订的。通过 KPI 的牵引，使员工个人工作目标、职能部门目标与企业战略目标达到同步。这样可以使员工明白自己所做工作对企业战略目标的贡献，企业员工团结一致，为达到企业战略目标而共同努力，同时使企业内部各部门的业务执行流程高效运行，减少了企业内部的协调成本，提高了员工和部门的工作效率。

（3）实施 KPI 管理有利于员工更加有效地完善自我。KPI 可帮助员工在工作中分清轻重主次，明确自己在具体岗位上需要完成哪些工作任务，以及通过哪些具体的过程去完成。对于老员工，通过 KPI 考核，可使他们明白自己哪些具体方面需要改进；对于新员工，通过 KPI，可使其更容易了解自己所需做的工作，加速员工与组织的融合，从而使员工在企业中不断提高自己的工作能力，完善自我。

8.3.6　OKR 方法

OKR（Objectives and Key Result）是一套明确和跟踪目标及其完成情况的管理工具和方法。OKR 由英特尔公司创始人安迪·葛洛夫发明，1999 年由约翰·道尔引入谷歌后发扬光大，在 Facebook、LinkedIn 等企业广泛使用。2014 年，OKR 传入中国，2015 年后，百度、华为、字节跳动、佐佳咨询等企业都逐渐使用和推广 OKR。

OKR 主要目的是明确组织的"目标",以及明确达成每个目标所需要的"关键结果",旨在确保不同的员工同向努力,在既定的条件下分别做出可衡量的贡献。OKR 可以在整个组织中共享,这样团队就可以在整个组织中明确目标,有利于高效协同和集中精力。

OKR 和 KPI 都是组织行为,都有量化指标,都有引导纠偏功能;但它们又同中有异。通过与 KPI 的对比,可以更好地理解 OKR:

(1) OKR 强调关键结果,KPI 强调绩效考核。OKR 将关键结果看作达成目标的一系列手段,强调关键结果的量化而非目标的量化,确保关键结果始终服务于目标。员工、团队、企业可以在执行过程中更改关键结果,甚至鼓励这样的思考。这样既可避免执行过程与目标愿景的背离,也可解决有些目标无法量化的问题。因此,OKR 与绩效考核分离,不能直接与薪酬、晋升关联。KPI 的思路是先制订目标,再将目标量化,通过对人的高效考核来完成组织目标,通过对 KPI 考核牵引员工的个人工作目标与组织目标同步。

(2) OKR 强调对项目的推进,KPI 强调对人的高效组织。OKR 致力于如何更有效率地完成一个有野心的项目,是"监控我要做的事",其作用是时刻提醒每个人当前的任务是什么,适合完成有探索性的、实现路径不确定的项目;而 KPI 则强调如何保质保量地完成预定目标,是"要我做的事",其作用是告诉每个人工作的标准是什么,需要制订者对流程及产能完全了解,需要流程的参与者与组织同心同德,适合有成熟流程的项目。

8.3.7　价值链分析法

价值链分析法是由美国哈佛商学院教授迈克尔·波特提出的,是一种寻求确定企业竞争优势的工具,即运用系统性方法来考察企业各项活动及活动之间的相互关系,从而找寻具有竞争优势的资源。

价值链思想认为企业的价值增加过程,按照经济和技术的相对独立性,可以分为既相互独立又相互联系的多个价值活动,这些价值活动形成一个独特的价值链。价值活动是企业所从事的物质上和技术上的各项活动,不同企业的价值活动划分与构成不同,价值链也不同。

价值链的含义可以概括为以下三点:一是企业各项活动之间都有密切联系,如原材料供应的计划性、及时性和协调性与企业的生产制造有密切的联系;二是每项活动都能给企业带来有形或无形的价值,如售后服务这项活动,如果企业密切注意客户所需或做好售后服务,就可以提高企业的信誉,从而带来无形价值;三是价值链不仅包括企业内部活动,更重要的是,还包括企业外部活动,如与供应商之间的关系,与客户之间的关系。

价值活动可分为基本活动和辅助活动两种,基本活动是涉及产品的物质创造及其销售、转移给购买者和售后服务的各种活动;辅助活动是通过提供外购、技术、人力资源、财务、行政等活动以保障基本活动有序进行的各类支持性活动。对制造业来说,价值链的基本活动包括内部后勤、外部后勤、市场营销、服务等;辅助活动包括企业基础设施建设(企业运营中各种保证措施的总称)、人力资源管理、技术开发、采购等。

每项活动都包括直接创造价值的活动、间接创造价值的活动、质量保证活动三部分。

（1）直接创造价值的活动：涉及直接为购买者创造价值的各种活动，如零部件加工、安装、产品设计、销售等。

（2）间接创造价值的活动：确保直接活动持续进行成为可能的各种活动，如设备维修与管理、工具制造、原材料供应与储存、新产品开发等。

（3）质量保证活动：确保其他活动质量的各种活动，如监督、视察、检测、核对、调整和返工等。

每种产品从其最初的原材料投入到到达最终的客户手中，都要经过无数个相互联系的作业环节，这就是作业链。下面从内部、纵向和横向三个角度展开分析。

（1）内部价值链分析。这是企业进行价值链分析的起点。企业内部可分解为许多单元价值链，产品在企业内部价值链上的转移完成了价值的逐步积累与转移。每条单元链上都要消耗成本并产生价值，而且它们之间有着广泛的联系，如生产作业与内部后勤的联系、质量控制与售后服务的联系、基本生产与维修活动的联系等。深入分析这些联系可减少那些不增加价值的作业，并且通过协调和最优化两种策略的融洽配合，提高运作效率、降低成本，同时也为纵向和横向价值链分析奠定基础。

（2）纵向价值链分析。它反映了企业与供应商、销售商之间的相互依存关系，这为企业增强其竞争优势提供了机会。企业通过分析上游企业的产品或服务特点及其与本企业价值链的其他连接点，往往可以十分显著地影响自身成本，甚至使企业与其上下游共同降低成本，提高相关企业的整体竞争优势。例如，施乐公司通过向供应商提供其生产进度表，使供应商能将生产所需的元器件及时运过来，同时降低了双方的库存成本。在对各类联系进行分析的基础上，企业可计算出各作业活动的成本、收入及资产报酬率等，从而识别出哪项活动较具竞争力、哪项活动价值较低，由此再决定向其上游或下游并购的策略或将自身价值链中一些价值较低的作业活动出售或实行外包，逐步调整企业在行业价值链中的位置及范围，从而实现价值链的重构，从根本上改变成本结构，提高企业竞争力。如果从更广阔的视野进行纵向价值链分析，就是产业结构的分析，这对企业进入某一市场时如何选择入口及占有哪些部分，以及在现有市场中外包、并购、整合等策略的制订都有极其重大的指导作用。

（3）横向价值链分析。这是企业确定竞争对手成本的基本工具，也是企业进行战略定位的基础。例如，通过对企业自身各经营环节的成本测算，对不同成本额的企业可采用不同的竞争方式，面对成本较高但实力雄厚的竞争对手，可采用低成本策略，扬长避短，争取成本优势，使得规模小、资金实力相对较弱的小企业在主干企业的压力下能够求得生存与发展；而相对于成本较低的竞争对手，可运用差异性战略，注重提高质量，以优质服务吸引客户，而非盲目地进行价格战，使自身在面临价格低廉的小企业挑战时，仍能立于不败之地，保持自己的竞争优势。

8.3.8 标杆管理法

标杆管理也称为基准管理，该方法较好地体现了现代管理中追求竞争优势的本质特性，因此具有强大的实效性和广泛的适用性。如今，标杆管理已经在市场营销、成本管理、人力资源管理、新产品开发、教育部门管理等各方面得到了广泛的应用。其中杜邦、柯达、通用、福特、IBM 等知名企业在日常管理活动中均应用了标杆管理法。在我国，海尔、李宁、联想等知名企业也通过采用标杆管理的方法取得了巨大成功。

标杆管理就是寻找一个具体的先进榜样解剖其各先进指标，研究它背后的成功要素，向其对标学习，发现并解决企业自身的问题，并且最终赶上或超越这个榜样的一个持续渐进的学习、变革和创新的过程。

在 19 世纪 70 年代，美国施乐公司率先导入标杆管理并获得了巨大成功，此后世界 500 强企业中 95%以上都不同程度地开展了标杆管理的应用实践，均取得了骄人的成绩。

1. 定义

标杆管理又称"基准管理"，其本质是不断寻找最佳实践，并且以此为基准不断地"测量分析与持续改进"。标杆管理是创造模板的工具，它可以帮助企业创造自身的管理模式或工作模板，是实现管理创新并获得竞争优势的最佳工具。

2. 标杆环

"标杆环"由立标、对标、达标、创标四个环节构成，这四个环节前后衔接，围绕"创建规则"和"标准本身"的不断超越，形成持续改进、螺旋上升的良性循环。

（1）立标：包含两重含义，一是选择行业内外最佳的实践方法，并且以此作为基准和学习对象；二是在企业内部培养、塑造最佳学习样板，可以是具体方法、某个流程、某个管理模式，甚至是某个先进个人，成为企业内部其他部门或个人的榜样，即试点工作。

（2）对标：对照标杆进行测量分析，发现自身的短板、寻找差距，并且分析与尝试自身的改进方法，探索达到或超越标杆水平的方法与途径。

（3）达标：改进落实，在实践中达到标杆水平或实现改进成效。

（4）创标：运用标杆四法（剪刀思维法、责任层级法、要素建模法、协同创标法）进行创新并实施知识沉淀，超越最初选定的标杆对象，形成新的、更先进的实践方法；然后进入新一轮标杆环流程，直至成为行业标杆。

8.3.9　约束理论

约束理论（TOC）最早是于 20 世纪 80 年代，由以色列企业管理大师艾利·高德拉特博士提出的。他在 20 世纪 70 年代末先提出了"最优生产技术"（Optimized Production Technology，OPT），然后在此基础上发展成约束理论。约束理论是在管理活动中关于进行改进和如何最好地实施这些改进的一套管理理念和管理原则，可以帮助企业或组织识别出在实现目标的过程中存在着哪些制约因素，即"瓶颈"，并且进一步指出如何实施必要的改进措施以消除这些瓶颈，从而更有效地实现企业目标。

约束理论的管理思想是首先抓"重中之重"，使最严重的制约因素凸显出来，从技术上消除了"避重就轻""一刀切"等管理弊病发生的可能，避免了管理者陷入大量的事务处理当中而不能自拔的情形。但在实现过程中，瓶颈并非是一成不变的，其会随着环境的改变而产生变化，如实际生产过程中出现机器故障、刀具磨损、临时插单、急件、物料短缺、交货期变动、工艺路线改变等都会使瓶颈不断发生改变。对瓶颈的持续改善，短期要"抓大放小"，长期则要大小问题齐抓共管，从而使得企业的整体管理水平持续提高。

约束理论认为企业的真正目标只有一个，即企业始终都能赚钱，并且由此提出新的运作指标体系。

（1）运行费用。库存转化为有效产出过程中的一切花费，包括所有间接费用和直接费用。

（2）有效产出。单位时间内生产产品并实现了销售而获得的利润，是衡量企业在单位时间内能够产出、销售产品而最终获利能力的指标。在数学计算中，有效产出等于单位时间内实现的销售收入减去取得相应收入而发生的销售成本。约束理论区别产出品和卖出品，生产出来但未销售出去的产品算作库存。

（3）库存。一切暂时不用的资源，包括为满足未来需要而提前准备的原料、未销售的产成品、加工过程中的在制品和一时不用的零部件及扣除折旧后的固定资产等。库存占用了资金，耗费了人力、物力，并且占用场地，从而产生了机会成本及维持库存所需的管理费用。

由此，约束理论认为企业要实现利润最大化的目标，必须在增加有效产出的同时，减少不必要的库存和运行费用。约束理论强调必须把企业看成一个系统，从整体的角度考虑和处理问题。ERP 系统中的 APS 就是基于约束理论和业务规则开发出来的。当代的管理会计也非常重视约束理论的应用。约束理论还提出了一系列的思维方法，如关键链、战略与战术等，这些都已经在 ERP 系统实施过程中有所应用。

第四部分
Part **4**/ **信息技术基础知识**

第 *9* 章

企业信息化通用技术基础

9.1 基本通信技术

1．通信系统组成

通信就是信号通过传输媒体进行传递的过程，而实现信息传递所需要的全部设备就构成了通信系统。通信系统要解决两大问题：一是如何表示信息，即信息采用什么样的符号进行编码；二是如何传输信息，即如何根据传输媒体的物理特性来传输编码数据。

通信系统由以下几部分组成。

（1）信源。信源也称信息源，按照输出信号的性质划分，可以分为模拟信源和数字信源。模拟信源输出连续的信号，如声音的强度、温度的高低变化等都是模拟信号。数字信源输出离散的值，每个离散值代表一个符号，如计算机、电传机产生的数据等。

（2）发送设备。发送设备用于将信源产生的信号编码、调制成能够在传输媒体中传送的信号形式并送往传输媒体。

（3）传输媒体。传输媒体是指从发送设备到接收设备之间，信号传递所经过的物理媒体。传输媒体可以是有线的，如同轴电缆、双绞线、光纤等；也可以是无线的，如微波等。无论哪种传输媒体，由于其固有的物理特性，信号在传递过程中都会产生干扰和信号的衰减。

（4）接收设备。接收设备用于信号的识别，它将接收到的信号进行解调、译码操作，还原为原来的信号，提供给接收者。

（5）接收者。接收者将从接收设备得到的信息进行利用，从而完成一次信息的传递过程。

2．通信媒体

通信媒体就是传输媒体，数据传输的特征和质量是由传输媒体的特征和信号的特征决定的，各种传输媒体在带宽、延迟、成本和安装维护等方面各不相同。

常用的通信媒体包括以下几种。

（1）双绞线：由螺旋状扭结在一起的两条绝缘导线组成，线对的扭结可以有效地减少串扰。双绞线有屏蔽和非屏蔽两种类型。其中屏蔽双绞线具有较高的带宽，因成本高而较少出现；非屏蔽双绞线因成本低而使用广泛。双绞线既可以传输模拟信号，也可以传输数字信号。

（2）同轴电缆：以硬铜线为芯，外包一层绝缘材料，这层绝缘材料用密织的网状导体环绕，网外又覆盖一层保护性材料。其网状环绕导体可以将被传输的电磁信号反射回中心导体，也可以屏蔽掉外界干扰信号对传输信号的影响。同轴电缆又分为基带同轴电缆和宽带同轴电缆。基带同轴电缆用来传输数字信号，信号占据整个频宽，电缆上只有一个信道，主要用于局域网。宽带同轴电缆用于频分多路复用的模拟信号的传输，还可以用于不使用频分多路复用的高速数字信号和模拟信号的传输，闭路电视所使用的 CATV 电缆就是宽带同轴电缆。

（3）光纤：光导纤维的简称，是一种能够传导光信号的极细的传输介质。光纤由纤芯、覆层和保护层三个部分构成。纤芯为光通路，由纯净的玻璃和塑胶材料制成，每路光纤包括两根，一根用于接收，一根用于发送。覆层包围着纤芯，由多层反射玻璃纤维构成，光密度比纤芯低，可将光线反射回纤芯。保护层起保护作用，防止光纤受到弯曲、外拉、折断和温度等影响。与同轴电缆相比，光纤可提供极宽的频带且功率损耗小、传输距离长、传输率高、抗干扰性强，是构建安全性网络的理想选择。

（4）无线通信：利用物理学的电磁波理论，电磁波在自由空间传播，被接收天线感应，从而达到信息传输的目的。电磁波是发射天线感应电流而产生的电磁振荡辐射。无线通信不需要架设或铺埋电缆或光纤，而是通过大气进行传输，目前主要有微波、红外线、激光三种无线传输技术。

地球表面是曲面的，而微波又是直线传播的，因此微波在地面的传播距离有限，为了使微波通信传输更远的距离，需要建立若干中继站。在中继站内，配备信号放大器并安装双向天线，这些双向天线以点到点方式聚集其他点发出的微波，信号放大器将信号放大后发送给下一个中继站。卫星传输就是微波传输的一种，需要通过在地球上空的同步地球卫星作为中继来转发微波信号，才可以打破地面微波传输距离的限制。

红外线和激光与微波一样，有很强的方向性，沿直线传播，不同的是要把传输的信号分别转换为红外光信号和激光信号，直接在空间传播。

这三种技术都需要在发送方和接收方之间有一条视线（Line of Sight）通路，因此有时也被统称为视线媒体。这三种视线媒体都不需要铺设电缆，特别适用于连接不同建筑物内的局域网。

3．数据传输模式

传输模式（Transmission Mode）是指数据从一台设备传送到另一台设备的方式，根据不同的分类方法，可以分为串行通信和并行通信、同步通信和异步通信，以及单工通信、半双工通信和全双工通信。

1）串行通信和并行通信

串行通信（Serial Communication）也称串行传输（Serial Transmission），是指代表数据字符的比特在单个通信信道上，以每次一个比特的方式顺次地传输，即利用一条线路逐个传送比特位的传输方式。

并行通信（Parallel Communication）也称并行传输（Parallel Transmission），是指表示数据字符的所有比特在各单独的信道上同时传输，即每个比特使用一条独立的线路，同时可以传输多个比特，这些线路通常被捆扎在一条电缆里。

与并行传输相比，串行传输使用的线路少，因此价格较低，长距离传输更加可靠。而并行传输由于使用多条线路，价格昂贵，因此并不适合长距离通信。并行传输的传输速度非常快，主要用于两个短距离设备之间的通信，如主机与打印机、显示器、硬盘等外围设备。

2）同步通信和异步通信

同步通信（Synchronous Communication）是指在数据传输过程中，发送方和接收方需要保持同步，即发送方必须等待接收方确认后才能继续发送下一组数据，发送和接收节点彼此间"处于同步"（in sync）状态。同步通信在传输数据时采用比特流分组方式，即不是独立地发送每个字符，而是将多个字符组合起来一起发送。这些组合称为数据帧，简称帧（Frame）。同步通信是基于同步的时钟节拍来发送数据信号的，因此在一个串行的数据流中，各数据项（也称作信号码元）之间的相对位置都是固定的（同步的）。接收端为了从收到的数据流中正确地区分出每个信号码元，首先必须建立准确的时钟信号。数据帧通过传输特定的控制字符或同步序列来实现接收端与发送端之间的同步，因此传输效率较高。

异步通信（Asynchronous Communication）是指通过在封装的数据流中使用特殊的开始和停止比特，实现接收端从收到的数据流中正确区分每个信号码元。键盘和计算机的通信就是一个异步传输的例子，用户每按一次键就发送一个字符对应的比特串（字符的编码，如 ASCII 码）。由于按键的速度是不确定的，因此内部硬件必须能够在任何时刻接收输入的字符。为此，异步通信通过开始比特通知接收方数据已经到达了，这就给了接收方响应、接收和缓存数据比特的时间；终止比特表示一次传输的结束，它在传输一个信号码元后出现。

3）单工通信、半双工通信和全双工通信

对于点对点之间的通信，按照消息传送的方向与时间关系，可分为单工通信、半双工通信和全双工通信三种。

单工通信（Simplex Communication）：通信的信道是单向的，数据信号只能单方向传输，发送端与接收端是固定的，即发送端只能发送信息；接收端只能接收信息，如电视信号传输。

半双工通信（Half-duplex Communication）：发送方和接收方可以互相通信，但是同一时刻不能同时进行发送和接收的操作，即同一时刻仅在一个方向传输，如无线对讲机通信。因此，也可以将半双工通信理解为一种切换方向的单工通信。

全双工通信（Full-duplex Communication）：传输的双方可以同时发送和接收数据，即在两者之间的传输通道中，允许两个方向的数据流动，如固定电话或手机通信。

4. 通信信道的数据速率和吞吐量

数据速率指单位时间内在信道上传输的信息量；吞吐量指信道所能承载的数据总量。

在模拟通信中，带宽（Bandwidth）指通信信道的总容量，是信道能够承载的最高频率和最低频率的差值。带宽越大，在给定频率范围内能够承载的信号就越多。

在数字通信中，带宽指数据速率（Data Rate），表示在给定的时间内传输媒体可以传输的数据总量。数据速率以比特每秒（bit/s）为单位，不同类型信道的数据速率差别很大。例如，局域网的数据速率是 4Mbit/s 到 1000Mbit/s；调制解调器拨号连接的数据速率是 300bit/s 到 56000bit/s；广域网的数据速率是 1.5Mbit/s 到 622Mbit/s，甚至更高。

吞吐量（Throughput）是一个容易与带宽混淆的概念。带宽表示通信信道的理论数据速率，而吞吐量是指通信信道的实际数据速率。在实际使用中，通信信道的数据传输总量会受到许多外部因素的影响，如节点的处理能力、输入/输出处理器的速度、操作系统的开销、通信软件的开销、给定时间网络上的业务量等，因此吞吐量一般小于带宽。

9.2 计算机网络技术

计算机网络是指将地理位置不同的具有独立功能的多台计算机及其外部设备，通过通信线路连接起来，在网络操作系统、网络管理软件及网络通信协议的管理和协调下，实现资源共享和信息传递的计算机系统。

1. 主要功能

计算机网络最重要的三个功能为数据通信、资源共享和分布处理。

1）数据通信

数据通信是计算机网络最基本的功能。它用来快速传送计算机与终端、计算机与计算机之间的各种信息，包括文字信件、新闻消息、咨询消息、图片资料、报纸版面等。利用这一特点，可以将分散在各地区的单位或部门用计算机网络联系起来，进行统一的调配、控制和管理。

2）资源共享

资源是指网络中所有的软件、硬件和数据资源。"共享"是指网络中的用户都能够部分或全部地使用这些资源，从而极大地节约系统的投资费用。资源共享包括硬件资源共享、软件资源共享和数据资源共享。

（1）硬件资源共享。在计算机网络环境下，可以提供对处理资源、存储资源、输入输出资源等昂贵设备的共享，如巨型计算机、具有特殊功能的处理部件、高分辨率的激光打印机、大型绘图仪及大容量的外部存储器等，从而使用户节省投资，也便于集中管理和费用分担。

（2）软件资源共享。软件资源共享是指在网络环境下，人们可以将某些重要的或大型的软件安装到网络的特定计算机上，而无须在每台计算机上安装一套。网络中的计算机可以通过网络来使用安装在这个特定计算机上的软件。一方面节省了资源，另一方面可以更好地进行软件版本的控制。

（3）数据资源共享。随着计算机的发展，其应用领域越来越广，在一个企业或组织内部各部门，以及组织之间都分散有大量的数据，数据资源共享就是统一使用这些数据，提高数据的使用效率。在计算机网络中，人们可以建立基于整个企业，甚至行业的基础数据库，为需求者提供数据资源服务。

3）分布处理

分布处理是当某台计算机负担过重时，或者该计算机正在处理某项任务时，网络可将新任务转交给空闲的计算机来完成，这样处理能均衡各计算机之间的负载，提高处理问题的实时性；同时，也可将任务的不同部分交给不同的计算机分开处理，充分利用网络资源，扩大计算机系统的整体处理能力，增强实用性。

大型企业在解决复杂问题时，通过计算机网络可实现网络中各主机之间的协同计算。各主机在网络系统的合理调度和管理下，可以协同工作来完成一个靠单个主机无法完成的大型任务，使得在某个时刻负荷特别重的主机可以将任务转给其他空闲的主机处理；尤其对于地理跨度大的远程网络，还可以利用时间差来均衡日夜负荷不均的情况。

2．网络体系结构参考模型

为减少协议设计的复杂性，大多数网络都按层（Layer）或级（Level）的方式来组织，每一层都建立在它的下层之上。不同的网络，其层的数量、名称、内容和功能等都不尽相同。然而，在所有的网络中，每一层的目的都是向它的上一层提供一定的服务，而把如何实现这一服务的细节对上层加以屏蔽。层和协议的集合被称为网络体系结构。

网络体系结构标准化具有重大意义，它通过标准化的层次结构、通信协议及接口，使得在异种网络独立工作的计算机系统之间可以互联，实现了网络资源和用户资源的共享。在网络体系方面，有两个重要的参考模型，即 OSI 参考模型和 TCP/IP 参考模型。

1）OSI 参考模型

OSI 参考模型即开放系统互连参考模型（Open System Interconnection Reference Model），它提供了一组描述网络的详细标准，是网络协议标准开发的框架。

OSI 参考模型正式定义了网络体系结构的分层概念，说明了在数据传输的处理过程中的每个阶段所发生的行为。在 OSI 参考模型中，每一层都为上一层提供服务并为其上一层提供一个访问接口；不同主机的相同层称为对等层；对等层之间的通信要遵守一定的规则，如通信内容、通信方式等，这个规则称为协议；主机上运行的多个协议的集合称为协议栈，主机之间利用其接收和发送数据。OSI 参考模型如图 9-1 所示。

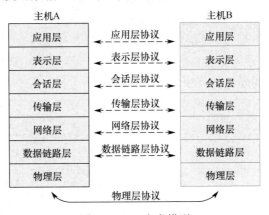

图 9-1　OSI 参考模型

从图 9-1 可以看出，OSI 参考模型共分为七层，从下往上，即最低层（第一层）到最高层（第七层）分别是物理层（Physical Layer）、数据链路层（Data Link Layer）、网络层（Network Layer）、传输层（Transport Layer）、会话层（Session Layer）、表示层（Presentation Layer）和应用层（Application Layer）。每层由两部分构成：一是服务定义，定义了本层所提供的服务类型；二是协议规范，描述了控制特定服务实现的规则。

2）TCP/IP 参考模型

TCP/IP（Transmission Control Protocol / Internet Protocol）参考模型开发背后的思想是，互连不同的分组网络而使主机无须知晓任何有关其连接起来的中间网络的信息。1982 年，美国高级研究计划署 ARPA 将 TCP/IP 参考模型确定为 ARPAnet 的协议族，同时美国国防部也宣布其为军用标准。TCP/IP 参考模型产生了互联网的第一个定义，即互联的网络集合。

TCP/IP 参考模型将网络分为四层，其与 OSI 参考模型相应层级的对应关系，如图 9-2 所示。TCP/IP 参考模型的应用层作为用户的一个通信界面，提供特定的应用服务，如文件传输、电子邮件等。传输层负责端到端的数据传输，该层定义了 TCP 和 UDP 两个协议。网络互联层将用户的消息从源主机传送到目的主机，该层的主要协议是 IP 协议，其负责节点之间的路由分组。网络接口层负责连接主机到本地网络硬件。

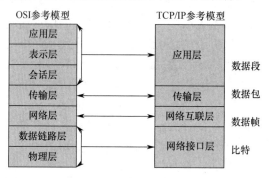

图 9-2　TCP/IP 参考模型与 OSI 参考模型对应关系

TCP/IP 参考模型有大量的协议支持，因此得到了更广泛的应用，如图 9-3 所示。在传输层，为了使源主机和目的主机上的对等实体进行会话，定义了 TCP 和 UDP 两种服务质量不同的协议，其中，TCP（Transmission Control Protocol，传输控制协议）是一种可靠的、面向连接的协议，它将上层发出的字节流无差错地发往互联网上的其他主机；UDP（User Datagram Protocol，用户数据协议）是一种不可靠的、无连接的协议，适用于不需要对报文进行排序和流量控制的场景，如视频会议等。

应用层	FTP、TELNET、HTTP			SNMP、TFTP、NTP
传输层	TCP			UDP
网络互联层	IP			
网络接口层	以太网	令牌环网	802.2	HDLC、PPP、FRAME-RELAY
			802.3	EIA/TIA-232E2A/T2A-449、V.35、V.21

图 9-3　TCP/IP 参考模型的协议支持

TCP/IP 参考模型将 OSI 参考模型中的会话层和表示层的功能合并到应用层实现。应用层面向不同的网络应用引入了不同的应用层协议。基于 TCP 的应用层协议有 FTP（文件传输协议）、HTTP（超文本传输协议）、TELNET（虚拟终端协议）等；基于 UDP 的应用层协议有 TFTP（简单文件传输协议）、SNMP（简单网络管理协议）、NTP（网络时间传输协议）等。

3．基本分类

1）按网络的交换方式分类

按网络的交换方式，计算机网络可以分为电路交换网、报文交换网和分组交换网三种。

（1）电路交换网。电路交换（Circuit Switching）方式类似于传统的电话交换方式，用户在开始通信前，必须申请建立一条从发送端到接收端的物理通道，并且在双方通信期间始终占用该信道。

（2）报文交换网。报文交换（Message Switching）方式的数据单元是一个完整报文，其长度并无限制。报文交换采用存储转发原理，报文中含有目的地址，每个中间节点要为途经的报文选择适当的路径，使其能最终到达目的端。

（3）分组交换网。分组交换（Packet Switching）方式也称包交换方式，1969 年首次在 ARPAnet 上使用，通常将分组交换网的出现作为计算机网络新时代的开始。在分组交换方式中，发送端先将数据划分为一个个等长的单位（称为分组），这些分组逐个由各中间节点用存储转发的方式进行传输，最终达到目的端。由于分组长度有限，因此可以在中间节点的内存中进行存储处理，其转发速度可大大提高。

2）按网络的拓扑结构分类

按拓扑结构，计算机网络可以分为总线结构、星形结构、环形结构等。

（1）总线结构。总线结构是采用一根传输线作为传输介质，所有的节点都通过网络连接器（如 T 型头）串联在该传输线上（称为总线）。总线上的任意一个节点发送信息以后，将带有目的地址的信息包发送到总线上，该信息沿总线传播，与总线相连的任意一台计算机都可以接收到该信息，这些节点检查信息包的目的地址是否与自己的相同；若相同，则接收该信息。常见的使用总线结构的网络是 10Base2 网络，在 10Base2 网络中，将 T 型头的公共端接到计算机的网卡上，将带有 BNC 接头的网线分别连接到 T 型头的两端。

（2）星形结构。星形结构的网络是最早采用的，也是现在最为流行的拓扑结构形式。星形结构由中央节点和通过点到点通信链路连接的各节点组成。中央节点采用集中式通信控制策略，因此中央节点相当复杂，而各节点的通信处理负担就很小。常见的使用星形结构的网络是 10BaseT 网络，在 10BaseT 网络中，所有的计算机通过双绞线连接到集线器（Hub）上。

（3）环形结构。环形结构由节点和连接节点的链路组成一个闭合环。每个节点都能够接收从在链路中传送的数据，并且以同样的速率串行地把该数据沿环传送给下一个节点。每个节点都检查链路上传来的数据，如果其目的地址与自己相符，则接收该数据。

3）按网络的分布范围分类

按网络的地理分布范围，计算机网络可以分为局域网、城域网和广域网。

（1）局域网。局域网（Local Area Network，LAN）是指地理分布范围较小的计算机网络，一般用于短距离内的计算机通信，可以是一栋大楼内或是一组相邻的建筑物之间，或者是一个办公室内部计算机之间的互联。一般来说，LAN 具有价格低、可靠性高、安装方便和管理方便等优点。

（2）城域网。城域网（Metropolitan Area Network，MAN）是在一个城市网内建立的计算机通信网，主要采用光缆作为传输媒介。城域网是为一个城市而不是某个特定的部门服务，因此城域网主要用于通信子网的建设，包括城市骨干网和城市接入网。

（3）广域网。广域网（Wide Area Network，WAN）使用通信专线或公共通信线路在长距离的传输线路上传送信号，通常跨越很大的物理范围，能连接多个城市。广域网的架构具有技术复杂性强、应用多样化的特点。广域网的通信子网主要使用分组交换技术，可以利用分组交换网、卫星通信网和无线分组交换网，将分布在不同地区的局域网或计算机系统互联起来，达到资源共享的目的。

9.3 互联网与 Web 技术

1．主要技术标准

Web 主要技术标准由成立于 1994 年 10 月的 W3C 组织制订，其致力于创建 Web 相关技术标准并促进 Web 向更深、更广的方向发展。

Web 主要包括以下技术标准。

（1）HTTP（Hyper Text Transfer Protocol）即超文本传输协议，是一个简单的请求—响应协议，运行在 TCP 协议之上。它规定了客户端可能发送给服务器什么样的请求消息及得到什么样的响应消息。请求和响应消息头以 ASCII 形式表示，消息内容具有一个类似 MIME（Multipurpose Internet Mail Extensions）的格式。

（2）HTML（HyperText Markup Language）/XHTML（The Extensible HTML）即超文本标记语言/可扩展超文本标记语言，是一种标记语言，包括一系列标签，通过这些标签，可以将网络上的文档格式统一，使分散的 Internet 资源（文字、图形、动画、声音、表格、链接等）连接为一个逻辑整体。

（3）XML（Extensible Markup Language）即可扩展标记语言，是为分布式、异构的数据交换提供的功能标准，将数据本身和数据的表现分离、数据值和语义分离。XML 包括一族技术标准，如 XML Schema、XML Namespace、XLST、XPath、XLink、XML Base 等，XML 技术族的出现使得程序能够自动处理 Web 数据和信息，并且为 Web 服务（WSDL、SOAP、UDDI 等）提供了一种公共基础技术。

（4）CSS（Cascading Style Sheets）即层叠样式表，其提供网页结构与表现形式的分离机制，用于控制 HTML 和 XML 内容的表现形式，取代 HTML 表格式布局、帧和其他表现，为设计人员提供更丰富的样式定义，简化网站管理，提高网站开发工作效率。

（5）DOM（Document Object Model）即文档对象模型，其为 HTML、XML 等数据载体和信息载体在内存中的处理提供了一种基本的对象模型，可快速连接到文件的结构、格式和事件等，不依赖任何程序设计语言和网页描述语言，为有效处理 HTML 和 XML 数据提供了一种兼容不同浏览器、平台、语言的标准的、独立的接口。

（6）ECMAScript 是由 European Computer Manufactures Association（欧洲计算机制造商协会）制订的脚本语言标准，也被称为 JavaScript。

（7）MathML（Mathematical Markup Language）为在 Web 上实现一种跨平台的数学描述机制提供了工具性语言。

（8）PNG（Portable Network Graphics）是一种可移植的、对图形像素无影响的、便于图像压缩的图像文档格式，是使用最广泛的 Web 图像格式之一。

（9）SVG（Scalable Vector Graphics）为 Web 上的大量矢量图提供图像内容管理机制，包括图像内容查询、定制和使用等功能。

（10）RDF（Resource Description Framework）是有关构建语义网络的推荐标准，其提供一种技术标准来描述 Web 上的词汇、编码和元数据等对象，并且建立这些对象和 Web 上丰富资源之间的联系。

2. 主要技术架构

Web 主要技术架构包括 C/S 架构、B/S 架构、App 系统开发架构及 Widgets 架构。

（1）C/S（Client/Server）架构即客户机/服务器架构，是最基础的计算机应用技术体系，包括能提供各类服务（如文件服务、打印服务、复制服务、搜索服务、邮件服务、图像服务、通信服务、内容服务等）的服务器系统和提出服务请求的客户机系统两个平等的组成部分，C/S 架构中的计算机在不同请求场景中既可以是服务器，也可以是客户机。

（2）B/S（Browser/Server）架构：即浏览器和服务器架构，它是随着 Web 技术的兴起，在 C/S 架构体系上发展起来的一个变种，或者说是为满足更标准、更智能的信息内容交互而产生进化的一种技术架构体系，其本质上相当于在 C/S 架构基础上，加上通用浏览器客户端和 Web 技术标准的具体实现。在这种架构下，用户工作界面通过 WWW 浏览器实现（替代了通用 C/S 架构中专有化的客户端工作界面），极少部分事务逻辑在浏览器端实现，主要事务逻辑在服务器端实现，大大减轻了通用 C/S 架构中客户端电脑的负载，减轻了系统维护和升级的成本与工作量，提升了用户需求响应速度，降低了使用总成本。

（3）App（Application）系统开发架构即应用系统开发架构，指智能手机的第三方应用程序开发，主要包括 Web App、原生（Native）App 和 Hybrid App 三类。Web App 是依托浏览器跨操作系统平台运行的 B/S 应用。原生 App 是一种基于智能移动设备本地操作系统所支持的程序语言编写的 C/S 应用程序，可以很好地使用本地设备的性能及交互体验能力，主流的原生 App 包括安卓 Android App 系统、苹果 iOS App 系统两类。Hybrid App 是一种用原生 App 技术搭建应用框架，应用内容由 Web App 技术开发实现的混合移动应用模式，进行 Hybrid App 开发的设计者通过良好的设计可以兼具实现 Web App 和原生 App 两者的技术应用优势。

（4）Widgets 架构是一种自包含的代码包，可以用来建立大部分流行的图形用户接口，是所有使用标准窗口部件建立的程序的基础，是一种典型的自治小应用程序，可以在客户端显示和更新远端数据，允许单独下载和安装在客户机或移动设备上。

3. 主要开发技术

Web 主要开发技术经历了静态页面展示、动态内容展示与交互、基于 MVC 模式的集成开发框架等主要发展阶段。

（1）静态页面展示。

采用 HTML 技术实现，主要是文本和图片（包括 GIF 动态图片）展示，使用任何一个简单的编辑软件即可直接修改对应的 HTML 源文件，能够实现只做信息展示的静态内容网站，无法同用户进行动态交互。

（2）动态内容展示与交互：主要采用 CGI 技术和各类脚本语言。

使用 C/C++或其他具有标准输入、输出和环境变量的开发语言并遵循通用网关协议（Common Gateway Interface）标准编写 CGI 程序，从 Web 服务器端调用 CGI 程序处理客户端用户请求后，可以返回动态 HTML 数据，实现客户端 Web 页面内容的动态交互和改变。由于 CGI 对每个请求都会启动一个进程进行处理，因此在性能上扩展性不高。早期的动态网站主要采用 CGI/Perl 脚本技术实现内容的动态交互功能。

随着互联网应用的快速发展带来的 Web 网站的频繁修改需求，Web 开发技术在 20 世纪 90 年代中期得到进一步发展，ASP/JSP/PHP 等各类脚本语言与 HTML 紧密结合的技术由于能够构造伸缩性良好、安全的 Web 应用程序而逐步替代了 CGI 技术。其中 ASP 采用 VBScript 脚本编程，JSP 采用 Java 编写脚本，PHP 本身就是开源的脚本语言。它们都可以在一个比较通用的参考架构下，实现静态内容和动态数据分离，固定部分形成模板，将动态数据刷新加载到模板上，从而更好地组织 Web 应用的内容，执行效率比 CGI 更高。

（3）基于 MVC 模式的集成开发框架。

进入 21 世纪以来，随着"互联网+"应用的爆发式需求，为解决直接将脚本语言嵌入 HTML 导致的可维护性差的问题，引入了 MVC（Model-View- Controller）模式来简化 Web 开发。ASP 发展为 ASP.Net，JSP 和 PHP 也有丰富的 MVC 框架。随着基于 J2EE/.NET 开发平台和开发语言的成熟及开源社区的快速发展，主要 Web 集成开发框架层出不穷，形成了百家争鸣的态势。例如，基于 Java、C++、Rust、.Net 等主流开发语言的 Vert.x&SpringBoot、ActFramework、SpringBoot&SpringMVC、Silicon Web、Actix&Diesel、AspCore&Kestrel 等 Web 集成开发框架；基于 Ruby、Python、PHP、Lua、Node.js 等脚本开发语言的 Ruby on Rails、Sinatra&Sequel、Django、CodeIgniter、Laravel、Lapis、Koa、Express 等 Web 集成开发框架，以及基于各种新型语言的 Amber、Ktor、Gin、Echo 等 Web 集成开发框架，不一而足。Web 应用程序的开发人员通过使用这些开发框架环境，可以实现更加模块化的、功能更强大的应用程序，为大型 Web 应用提供更好的稳定性、安全性、分布式等特性支持。

随着客户端开发技术的规范化，为简化客户端开发，MVC 模式也被应用到前端框架开发中。可供选择的 Web 前端开发框架非常丰富。例如，React 是一个用于构建用户界面的 JavaScript 库，通过组件化开发来提高应用开发效率和性能，其 API 设计简单明了，适用于构建大型应用，能够快速渲染出复杂的用户界面组件，但由于采用 JSX 语法和庞杂生态系统的库和组件，开发者需要的学习成本较高；Vue 是一个轻量级的前端框架，API 设计非常直观和简单，可以实现高效的用户界面渲染，并通过提供一些组件和第三方库来支持快速构建复杂应用，其核心库非常精简，学习成本低；Angular 提供了一个完整的 MVC 框架，具有依赖注入、双向数据绑定、模块化、组件化、应用可维护性好等很多优点，适用于大型应用构建，但由于需要掌握知识点多，开发者学习成本也相对较高。

同时，随着智能手机和移动应用的普及及业务功能的复杂化趋势，异步化技术也得到发展。例如，Ajax（Asynchronous Javascript and XML）是一套综合了多项技术的异步 JavaScript 和 XML 浏览器端网页开发技术，其采用局部刷新技术，解决了每次数据更新都需要重载整个页面的问题，响应速度更快，真正用 Web 应用取代了 Web 页面；Netty 是提供异步的、事件驱动的网络应用程序框架和工具，用以快速开发高性能、高可靠性的网络服务器和客户端程序。

4．移动互联网技术

移动互联网是一种通过智能终端，采用移动无线通信方式获取业务和服务的新兴技术，是移动通信和互联网融合的产物，是将互联网的技术、平台、商业模式和应用与移动通信结合并实践的活动的总称。移动互联网继承了移动通信随时随地随身和互联网分享、开放互动的优势，是整合二者优势的升级版。移动互联网是 Web 2.0 的重要组成部分，也是 Web 3.0 的核心基础之一。

从系统构成上，移动互联网可分为终端/设备层、接入/网络层和应用/业务层，其显著特征是多样性。应用/业务层提供的应用和业务种类多样，对通信模式和服务质量的要求也各不相同；接入/网络层支持多种无线接入模式，根据覆盖范围不同，可分为 WPAN 接入、WLAN 接入、WMAN 接入、WWAN 接入等；终端/设备层的终端种类繁多，注重个性化和智能化，一个终端上通常会同时运行多种应用。

从功能构成上，移动互联网包含终端、软件和应用三个层面，为用户提供自适应的、个性化的、能够感知周围环境的服务。终端层由高度集成化的硬件/固件组成的终端产品构成，如智能手机、平板电脑、电子书、MID 等。软件层包括操作系统、中间件、数据库和安全软件等，其中操作系统完成上层协议与下层硬件资源之间的交互，以及 IP 服务协议、传输协议、机制协议、联网协议、控制与管理协议等互联网协议族的实现及网络层到链路层的适配功能；中间件提供建模服务、存在服务、移动数据管理、配置管理、服务发现、事件通知和环境监测等多个通用服务。应用层包括休闲娱乐、工具媒体、商务财经、多媒体应用、智能商务、移动支付等不同的应用与服务，各种应用通过开放的 API 获得用户交互支持或移动中间件支持。

9.4　数据存储与大数据技术

1．文件系统技术

文件系统是操作系统在存储设备上对文件进行组织和管理的机制和方法，负责对文件存储设备的空间进行组织和分配，负责文件存储并对存入的文件进行保护和检索。文件系统通过 API 或 GUI 为开发者或最终用户提供建立、存入、读出、修改、转储、撤销等文件控制功能。主要的文件系统包括 Windows 系列操作系统下的 FAT、exFAT、NTFS、ReFS 等，Linux 系列操作系统下的 EXT、Btrfs、ReiserFS、JFS、XFS 等，Unix 系列操作系统下的 ZFS、UFS 等，苹果操作系统下的 HFS，光盘的 CDFS，磁盘的 RAW，针对虚拟服务器环境的 VMFS 等。

2．导航数据库技术

导航数据库主要基于层级模型和网络模型设计实现。层级模型呈树形结构，只有一个根节点，其余每个节点都只有一个父节点。该模型的优点是结构简单清晰，缺点是只能表示 1 对 N 的关系。网络模型是基于集合理论，在层级模型的基础上加入多对多关系的一种模型，虽然该模型弥补了层级模型的主要缺点，但同时导致自身结构变得复杂，增加了应用难度。层级模型的典型数据库产品是 IBM 公司研制的 IMS（Information Management System），网络模型的数据库产品包括 UNIVAC 上的 DMS1100、HONEYWELL 机器上的 IDS 等。目前，导航数据库已经基本被关系型数据库取代，仍在使用的基本出于历史遗留原因。

3．关系型数据库技术

关系型数据库是指采用了关系模型来组织数据的数据库，以表（由行和列组成）的形式存储数据，一组表就组成了数据库。用户通过结构化查询语言 SQL 来查询检索和处理数据库中的数据。关系型数据库的主要特征是结构化数据存储、支持纵向扩展、标准化查询、标准化的数据模型、读写一致性等，其具备严格的事务完整性 ACID 规则，即强调原子性（Atomicity）、一致性（Consistency）、隔离性（Isolation）和持久性（Durability），可以满足对事务性要求较高或需要进行复杂数据查询的数据操作，而且可以充分满足数据库操作的高性能和操作稳定性的要求。主要的关系数据库产品包括 Oracle、SQL Server、MySQL、PostgreSQL、DB2、Sybase、Informix、Microsoft Access 等。

4．数据仓库技术

数据仓库（Data Warehouse）由数据仓库之父比尔·恩门（Bill Inmon）于 1990 年提出，是为企业所有级别的决策制订过程提供所有类型数据支持的战略集合。数据仓库的主要功能是将组织通过联机事务处理（OLTP）系统累积下来的大量数据，通过数据清洗和加工的处理过程，完成系统的分析整理，以供联机分析处理（OLAP）、数据挖掘（Data Mining）等分析方法使用并支持决策支持系统（DSS）、主管资讯系统（EIS）等的创建，帮助决策者快速有效地自大量数据中分析出有价值的信息或知识，辅助决策者快速应对外部环境变化，帮助企业建构商业智能（BI）。

数据仓库系统包括从各类数据源获取数据的 ETL 系统、数据存储和管理系统（存储和管理基本数据与聚合数据）、OLAP 服务器（包括基于关系型数据库的在线分析处理 ROLAP、基于多维数据库的在线分析处理 MOLAP 和混合型线上分析处理 HOLAP）、前端工具（包括各种报表工具、查询工具、数据分析工具、数据挖掘工具、各种基于数据仓库或数据集市的应用开发工具）等，选择数据仓库产品需要厂商提供包含以上技术内容及适用行业数据模型基础在内的系统化解决方案。主要的数据仓库厂商包括 BO、Oracle、IBM、CA、Sybase、Informix、NCR、Microsoft、SAS 等。同时，随着大数据技术的发展，企业如果有自主的信息技术开发能力，也可基于开源大数据技术框架开发自己需要的数据仓库解决方案。

5．面向对象数据库技术

面向对象数据库系统（OODBS）是把面向对象的方法和数据库技术结合起来，支持完整的面向对象概念和控制机制，可以使数据库系统的分析、设计最大限度地与人们对客观世界的认识相一致，为满足新的数据库应用需要而研究产生的新一代数据库系统。

面向对象数据库系统赋予数据库设计和应用开发人员很强的面向对象能力，大大扩展了数据库系统的应用领域，提高了开发人员的工作效率和应用系统的质量。尽管目前已进行了大量的研究开发工作，有一些可支持面向对象的数据库系统，但面向对象数据库的成熟仍有赖于许多关键问题的解决。例如，很多关系型数据库可以方便解决的问题，如各种完整性约束等，面向对象数据库系统并没有做得很好，仍存在缺乏统一对象模型的标准、查询语言复杂等问题。这些问题使得面向对象数据库技术的发展前景不被看好。

6．大数据技术

大数据技术是用于获取、存储、管理和分析具有海量的数据规模、快速的数据处理、多样的数据类型和低价值密度等特征的数据集合的技术和软件工具的组合，它与云计算技术密不可分，必须依托云计算的分布式处理、分布式数据库和云存储、虚拟化技术等对分布式的海量数据进行数据处理。通过大数据技术的处理模式，可以将大量结构化数据、非结构化数据和半结构化数据开发为适应海量、高增长率和多样化的信息资产，进而实现更强的决策力、洞察发现力和流程优化能力，最终实现数据增值。大数据技术体系包括分布式文件系统，批处理计算，流处理计算，NoSQL 数据库系统，NewSQL 数据库系统，大规模并行处理（MPP）数据库，大数据分析、挖掘与机器学习等。企业还需要有一个大数据平台整合所有这些需要的大数据组件和企业应用系统，最终形成自己所需的大数据技术应用平台。

（1）分布式文件系统：分布式文件系统（Distributed File System）是指文件系统管理的物理存储资源不一定直接连接在本地节点上，而是基于客户机/服务器模式通过计算机网络与网络节点相连。分布式文件系统可以支持大量的数据横跨成百上千个节点存储，但对用户而言只是一个文件系统，透明地管理这些分布式数据。主要的系统级分布式文件系统包括 NFS、AFS、KASS、DFS 等，而适用不同领域数据管理需求的应用级分布式文件系统则包括 FastDFS、GFS、HDFS、Ceph、GridFS、mogileFS、TFS 等，其中 HDFS 是大数据技术领域最知名、应用最广泛的分布式文件系统。

（2）批处理计算：大数据的批处理计算引擎主要用于操作大容量静态数据集，并且在计算过程完成后返回结果，适合需要访问全套记录才能完成的计算工作，经常被用于对以"天"为单位产生的历史数据进行计算，但不适合对处理时间要求较高的场合，因为批处理计算需要花费的时间大概是几十分钟甚至更长的时间。常见的批处理计算框架包括MapReduce、Spark 等，其中由于 Spark 包含的 Spark Streaming 也支持流处理计算，因此Spark 属于批处理和流处理计算都支持的混合处理引擎。

（3）流处理计算：大数据流处理计算引擎会对随时进入系统的数据进行计算（也称实时计算），与批处理模式相比，流处理模式无须针对整个数据集执行操作，而是对通过系统传输的每个数据项执行操作，适用于需要对实时产生的大量数据进行即时计算的应用场景，如对遍布城市的监控摄像头进行人脸识别和嫌犯追踪等。常见的流处理计算框架包括Storm、Flink、Spark Streaming 等，其中 Flink 可以同时支持流处理计算和批处理计算。

（4）NoSQL 数据库系统：NoSQL（Not Only SQL）数据库是为解决大规模数据集合、多种数据类型和高并发的社交网络应用带来的大数据应用挑战而产生的，它提倡运用非关系型的数据存储，具备分布式、不保证遵循 ACID 原则、支持海量数据的柔性管理、支持 BASE（最终一致性和软事务）等特征。依据存储模型不同，NoSQL 数据库主要可分为基于键值（Key-Value）存储模型、基于列分组存储模型、基于文档模型和基于图模型等几类。典型的键值数据库包括 Dynamo、Dynomite、Flare、Lightcloud 、Oracle BDB、Redis、Riak、Scalaris、TokyoCabinet、Tyrant、Voldemort 等，可满足极高的读写性能需求；基于列分组存储模型的数据库包括 Cassandra、Hbase、Hypertable、Voldemort 等，可满足高可扩展性和可用性的面向分布式的计算需求；基于文档模型的数据库包括 CouchDB、MongoDB、ThruDB 等，可满足海量存储的访问需求；基于图模型的数据库包括 Infinite Graph、InfoGrid、Neo4j 等，专注于社交网络、推荐系统构建关系图谱等需求。

（5）NewSQL 数据库系统：NewSQL 是关系型数据库厂商针对 NoSQL 的不足而推出的同时满足事务性需求（OLTP）和分析型需求（OLAP）的一类新型数据库系统，是对各种新的可扩展/高性能数据库的统称。这类数据库通过构建全新的数据库平台、优化 SQL 存储引擎、提供数据库分片的中间件系统等技术手段，使得 NewSQL 数据库不仅具有 NoSQL 的海量数据的存储管理能力，还保持了传统数据库的 ACID 和 SQL 支持等特性。主要的 NewSQL 系统包括 Akiban、Clustrix、CockroachDB、dbShards、Drizzle、CodeFutures、GenieDB、Google Spanner、MemSQL、NimbusDB、NuoDB、RethinkDB、ScalArc、ScaleBase、ScaleDB、Schooner、TiDB、TokuDB、Translattice、VoltDB 等，以及带有 NDB 的 MySQL 集群和带有 Handler Socket 的 MySQL。

（6）大规模并行处理数据库：大规模并行处理数据库是基于大规模并行处理的由网格计算方法构建的数据库管理系统，它将每个查询分解为由大规模并行处理网格节点并行执行的一组子查询协调计算，可扩展性好，能够处理大量数据，从而比传统关系数据库系统运算更快。大规模并行处理数据库主要由执行引擎、存储引擎和管理功能模块组成。目前大规模并行处理数据库主要分成两类，一类是传统的大规模并行处理关系型数据库，如 Teradata、Greenplum、Vertica、Netezza、Sybase IQ、TD Aster Data 等；另一类是借鉴了大规模并行处理数据库设计思想的 SQL on Hadoop 类方案，如 Impala、HAWQ、SparkSQL 等。

（7）大数据分析、挖掘与机器学习工具：应用产生海量数据后，还需要使用大数据分析、挖掘与机器学习工具来开发数据的价值。大数据分析、挖掘工具众多，如基于 Hadoop 的数据仓库工具 Hire、支持多数据源的 Spark SQL 等；主要的机器学习框架如 TensorFlow、Mahout 及 MLlib 等，内置了主要的机器学习和数据挖掘算法。

大数据是一个非常庞大的技术生态系统，尤其是基于 Hadoop 的大数据技术生态最为丰富，其有大量的技术产品并还在不断发展中。例如，专门将关系数据库中的数据导出并导入到 Hadoop 平台的 Sqoop；针对大规模日志进行分布式收集、聚合和传输的 Flume；MapReduce 工作流调度引擎 Oozie；资源调度系统 Yarn 等，它们都是基于 Hadoop 大数据技术生态不可或缺的一部分。当然，非 Hadoop 的大数据技术产品也在不断发展丰富，以满足大数据领域不断发展的应用需求。总的来说，目前大数据技术从技术实现深度和应用支持广度上还需不断发展，才能满足不同领域快速发展的大数据管理应用需求。

7．时序数据库

随着物联网的发展，传感器等产生了大量的数据，这些数据往往都是时间顺序的。在其他一些应用场景，如金融领域的股票交易汇率、DevOps 的监控数据等，它们也都属于时序数据。

基于这些场景产生了时序数据库的概念，时序数据库可以对时间属性进行特殊的索引，实现数据的快速查询及更高的压缩，如 InfluxDB 是一个使用 Go 语言开发的分布式时序、时间和指标数据库，无须外部依赖，特别适合处理和分析资源监控数据。

有人在物联网项目中已经尝试使用了 InfluxDB 存储大型中央空调设备产生的数据。与传统数据库管理系统相比，InfluxDB 的存储空间减少了近 70%，存储和查询效率也有大幅度提升，并且通过 InfluxDB 集成的聚合函数和连续查询功能，可以自动生成数据的日报表、月报表、年报表，极大减轻了开发成本和系统复杂度。

9.5　高性能计算与云计算

9.5.1　高性能计算

高性能计算（High Performance Computing，HPC）是计算机科学的一个分支，其主要从体系结构、并行算法和软件开发等多个方面研究开发比传统计算机更强大计算性能的技术。高性能计算通常使用多个处理器（作为单个机器的一部分）或多台计算机（作为单个计算资源）来提升综合计算能力，因此其关键技术是如何实现众多计算节点（单个处理器或单台计算机）的大规模集成和高效协同计算。

1．体系架构

"扩展性"和"成本"是推动高性能计算体系架构进步的两个关键因素，在其发展过程中，先后出现了向量机、多处理器并行向量机、大规模并行处理（MPP）机、对称多处理（SMP）机、分布式共享存储（DSM）计算机、星群（Constellation）系统、集群（Cluster）系统等多种主流体系架构，并且分别在不同的时期占据着应用的主流。目前，集群系统为主要应用模式。

集群是通过一组松散集成的计算机软件和/或硬件连接起来并高度紧密地协作完成计算工作。集群系统中的单个计算机通常称为节点，节点之间通过内部网络连接。高性能计算集群采用将计算任务分配给集群的不同计算节点的方式来提高计算能力。比较流行的高性能计算集群采用 Linux 操作系统和其他一些标准软件来完成并行运算。这类集群通常被称为 Beowulf 集群，其需要运行特定的程序以发挥高性能计算集群的并行能力，而这类程序一般使用 MPI（Message Passing Interface）等特定的运行库。

相比 MPP 等专有高性能计算系统，集群系统具有标准化程度高、灵活性高、可扩展性好、性能高、性价比高、投资风险小等明显优势，正是因为这些优势，集群在高性能计算领域发展迅猛，目前已经成为高性能计算的主流架构。

2．并行计算编程模型

当前主流的高性能计算集群架构主要使用并行计算编程模型。从进程或线程的交互方式角度划分，并行计算编程模型主要包括共享内存（Share Memory）编程模型和消息传递（Message Passing）编程模型。

1）共享内存编程模型

共享内存编程模型一般应用在共享内存体系架构上，具有并行效率高、实现简单（特别是采用编译制导的 OpenMP 模型）等优点，但它的可移植性和可扩展性较差。当前高性能计算集群架构的计算节点通常都是采用多路多核架构，因此，共享内存编程模型可以在单个集群计算节点内实现并行计算。

2）消息传递编程模型

消息传递编程模型是分布式内存编程模型的一种，主要应用在分布式内存体系架构下，目前以 MPI 模型为主流代表，如图 9-4 所示。消息传递编程模型的特点是多地址空间、进程级并行、可移植性好、可扩展性好，可以广泛应用在高性能计算集群架构上，实现集群跨节点并行计算，但其编程相对困难。MPI 的一个最成熟和使用最广泛的软件版本是MPICH。MPI 程序也被称为 SPMD（Single Program Multiple Data）程序，即用相同的程序对不同的数据进行处理。

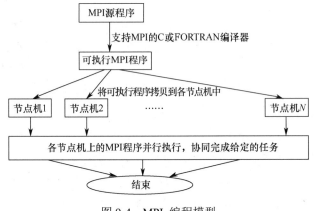

图 9-4　MPI 编程模型

当前高性能计算集群的多层次架构，使集群系统同时具备了共享内存和分布式共享内存两种体系架构的特点。共享内存编程模型与消息传递编程模型相结合的 MPI+OpenMP 混合编程模型得到了广泛的应用。混合编程模型提供了节点间和节点内的两级并行机制，它的优势在于结合了进程级的粗粒度并行（如区域分解）和线程级的细粒度并行（如循环并行）的优点。实践证明，在很多情况下，其执行效率和可扩展性高于纯 MPI 和纯 OpenMP 程序。

3．计算模式

1）并行计算

并行计算是相对于串行计算而言的，它是指一种能够让多条指令同时执行的计算模式，有多种分类方式。并行计算可分为时间并行和空间并行，时间并行指利用多条流水线同时作业；空间并行指使用多个处理器执行并发计算，以减少解决复杂问题所需要的时间。并行计算也可分为数据并行和功能并行，数据并行是通过对数据的分解实现相同子任务的并行作业；功能并行是通过对任务的分解实现相同数据不同任务的并行作业。并行计算还可分为利用网络组成多台计算机的并行结构和利用共享存储器组成多处理器的并行计算机两大类。

2）分布式计算

分布式计算是把需要进行大量计算的数据或任务分解成许多小的数据块或子任务，由多台联网计算机分别处理，并且在上传处理结果后，将结果统一合并得出数据结论。

相对并行计算来说，分布式计算与其相同之处是，都是将复杂任务简化为多个子任务，然后在多台计算机同时计算。不同之处是，分布式计算是一个较为松散的结构，实时性要求不高，可以跨越局域网在因特网部署运行，而并行计算需要在各节点之间通过高速网络进行较为频繁的通信，节点之间具有较强的关联性，主要部署在局域网内。在分布式计算的算法中，主要关注的是计算机的通信而不是算法的步骤，因为分布式计算的通信代价比单节点对整体性能的影响权重要大得多，分布式计算是网络发展的产物，是由并行计算演化出的新模式。

3）网格计算

20 世纪 90 年代中期，在分布式计算发展到一定阶段后，出现了网格计算，其目的是利用分散的网络资源解决密集型计算问题。网格计算是指通过利用多个独立实体或大量异构的计算机资源（处理器和磁盘存储），采用统一开放的标准化访问协议及接口，实现非集中控制式的资源访问与协同式的问题求解，以达到系统服务质量高于其每个网格系统成员服务质量的累加（总和）。

相对于简单分布式计算，网格计算关注的焦点是支持跨域计算与异构资源整合的能力，其作用是为了获得更强大的计算能力。它将一个需要巨大计算量的任务细化成多个相互之间不关联的子任务，然后通过网格软件，从纳入网格中的所有计算机资源中寻找空闲资源，将子任务分发给空闲节点进行计算。子节点在完成计算后会将结果返回进行汇总，然后再接收下个任务。如果子节点在运算过程中发生崩溃，没能及时返回结果，也不会影响整个项目的进行，其承担的任务会被调度系统分配给其他的节点继续完成，因此作业调度是网格的核心价值。在一般情况下，网格是针对某种具体的需求而开发出来的，用于完成特定的任务，因此会出现各种各样的网格，如生物网格、地理网格、国家教育网格等，这些项目多由国家行为推动。

9.5.2　云计算

随着设备存储和计算能力的提升与成本的下降，多核、多处理器技术的诞生和普及，以及网络服务和 Web 2.0 应用的广泛使用，且各行各业积累的海量专业数据亟须得到有效利用和共享，基于此，云计算得到了普遍关注和发展。

云计算是一种按需提供资源服务、按使用量付费的计算模式，它通过一个虚拟化、动态化、规模化的资源池为用户提供高可用性、高效性、弹性的计算资源、存储资源与数据功能服务。云计算具备以下关键特点：一是基于分布式并行计算技术；二是能够实现规模化、弹性化的计算存储；三是用户服务的虚拟化与多级化；四是受高性能计算与大数据存储驱动；五是服务资源的动态化、弹性化。

与网格计算相比，云计算更注重资源与服务能力的抽象，而网格计算关注的是计算和存储能力的提供。与分布式计算相比，云计算是一种成熟稳定的商业资源，它能为用户提供可量化计算的像水电资源一样便捷的计算资源，目的不再是单纯追求强大的计算能力，而更像是为了按需分配资源。

高性能计算云（HPC Cloud）可能给未来高性能计算市场带来的影响最大。这种基于云计算理念构建的 HPC 服务，主要面向对计算规模和性能要求较低的中低端 HPC 用户，在平摊了设备购置和运维成本的同时，向用户屏蔽了复杂的高性能计算机技术细节，降低了高性能计算机的使用门槛。公有云提供商是这一趋势的主要推动者，亚马逊 AWS 首先推出 HPC 服务，用户可以创建数千处理器规模的虚拟高性能计算机系统，2011 年，亚马逊的一台虚拟 HPC 系统获得了世界 Top500 排名中的第 42 位，Linpack 效率接近 70%。2015 年年底，阿里云也发布了我国首个云上高性能计算平台（HPC in Cloud）。

高性能计算云可能成为未来超算中心的重要运营模式之一，如果越来越多的 HPC 用户形成购买 HPC 服务而非自建系统的习惯，则势必形成计算资源的聚集，未来的中低端 HPC 市场可能被云计算中心所主导。

9.6　软件技术

1. 软件分类

1）操作系统软件

操作系统是管理和控制计算机硬件与软件资源的计算机程序，是用户与计算机之间的接口，同时也是计算机硬件与其他软件的接口。操作系统能管理计算机系统的硬件、软件及数据资源，控制程序运行，提供良好的人机交互界面，为其他应用软件提供必要的服务和相应接口，并且使得计算机系统的所有资源最大限度地发挥作用。操作系统一般应具有CPU 管理、存储管理、外部设备管理、文件管理、作业管理五方面功能。

操作系统按使用功能可分为批处理、分时、实时操作系统等；按用户数目可分为单用户（单任务、多任务）、多用户、单机、多机操作系统；按硬件结构可分为网络、分布式、并行、多媒体操作系统等；按应用领域可分为桌面、服务器和嵌入式操作系统等。操作系统具有很强的通用性，具体使用哪一种，要视硬件环境和用户的需求而定。

2）中间件软件

中间件是基础软件的一大类，属于可复用软件的范畴。它位于操作系统、网络和存储之上，应用软件之下，总的作用是为处于自己上层的应用软件提供运行与开发的环境，帮助用户灵活、高效地开发和集成复杂的应用软件。按照 IDC 的标准定义，中间件是一种独立的系统软件或服务程序，分布式应用软件借助这类软件在不同的技术之间共享资源。中间件位于客户机/服务器的操作系统之上，管理计算资源和网络通信，具体可分为终端仿真/屏幕转换中间件、数据访问中间件（如主数据系统等）、远程过程调用中间件、消息中间件、交易中间件和对象中间件六类。

3）应用软件

应用软件从应用场景可分为桌面式、移动和嵌入式应用软件。从功能角度可参考 ISA-95

标准划分，如制造类企业应用软件可按产品研制实现层次从下到上分为五级（其他行业可参考）。

2. 软件开发语言（编程语言）

软件开发语言是用于开发各种类型软件（如操作系统软件、中间件软件、应用软件等）的核心生产工具。随着软件应用需求的持续增长，软件开发语言得到快速发展，从 1951 年至今，人类共发明了超过 2500 多种通用或专用的软件开发语言，其中主要的软件开发语言约有 250 多种，应用范围较广的主流通用软件开发语言约有 10 余种。

1）主要分类

从应用领域的角度看，软件开发语言可以分为低级语言、高级语言、脚本语言等类型。

（1）低级语言

低级语言是接近计算机底层编程的开发语言，程序代码直接操控硬件，程序运行效率高，但由于不符合人类语言逻辑，其学习和编程难度大，开发实现效率低。主要的低级语言包括计算机最原始的、可由 CPU 直接执行的、由 0 和 1 代码构成的机器语言，以及用人类容易记忆的语言和符号表示一组 0 和 1 代码的汇编语言等。

（2）高级语言

高级语言更接近人类语言逻辑，其学习和编程难度相对低级语言较为容易，代码可读性和开发实现效率高，但程序运行效率和对硬件的操控性等方面比低级语言低。

按高级语言技术实现的类型，可以分为编译型语言、解释型语言和混合型语言三类。

编译型语言是通过编译器将程序源代码编译成机器码之后才能在计算机上执行的语言，一般需要经过编译、链接两个步骤。编译是把源代码编译成机器码，链接是把各模块的机器码和依赖库链接起来生成可执行文件。编译型语言程序执行效率高，可以脱离语言环境独立运行，但在跨操作系统平台时需要重编译生成不同的可执行文件，代表语言包括 C、C++、Pascal、Object-C、Swift 等。

解释型语言不需要编译，是在运行程序时依托解释器或虚拟机进行逐行翻译后在计算机上执行的语言。解释型语言有良好的跨操作系统平台兼容性，可以快速部署，但依赖对应的解释器或虚拟机运行，在执行性能上不如编译型语言，代表语言包括 JavaScript、Python、Erlang、PHP、Perl、Ruby 等。

混合型语言也称半编译型语言，它平衡了编译型语言和解释型语言的优缺点，编译时不生成机器码，而是生成依托语言运行库的中间码或依托虚拟机的字节码，然后由运行库框架或虚拟机综合采用缓存、再编译或解释等不同机制优化其在计算机上的执行。代表语言包括 Java、C#等。

按高级语言运行时是否可改变自身代码结构，可以分为动态（编程）语言和静态（编程）语言。动态（编程）语言是运行时可以根据某些条件引入新函数、对象，甚至代码，或者已有函数可以在运行时被删除，以及进行其他代码结构上变化的语言，即运行时代码可以动态改变自身结构。代表语言包括 Object-C、C#、JavaScript、PHP、Python、Erlang 等。静态（编程）语言是运行时结构不可改变的语言，代表语言包括 Java、C、C++等。

（3）脚本语言

脚本语言是为了缩短编译型高级语言从编写到运行的时间而创建的，广泛存在于计算机系统各层次中，用于批处理、工作控制、任务自动化、文档处理、数据查询、专用领域编程。脚本语言在实现机制上和编译型高级语言相同，且与高级语言之间存在相互交叉，二者之间没有明确界限。代表语言包括 JavaScript、Python、VBScript、PHP、SQL 等。

2）发展历程

软件开发语言技术经历了面向机器、面向过程、面向对象、面向构件、面向服务和平台化等发展阶段，各阶段技术特征相互交叉、融合并迭代发展。

（1）面向机器阶段：以汇编语言为代表，以解决科学计算为主要应用，这个时期的核心是"机器"，要求开发者了解计算机的内部结构、各种运算指令等计算细节。开发者的思维局限在计算、控制等狭窄领域。

（2）面向过程阶段：以 C、Basic、Fortran 等语言为代表，采用"自顶向下、逐步求精"的设计思想站在解决应用问题的角度来设计软件，这个时期的核心是"算法"，关心的是怎样用程序或数学模型来解决问题。面向过程使得开发者的思维由"机器"上升到"应用问题"的层面。

（3）面向对象阶段：以 C++、Java、C#等语言为代表，以"对象"为中心进行分析和设计。面向对象是目前软件开发的主导思想，其核心是"系统"，软件系统不再是孤立的问题，而是代表项目或产品。面向对象使得开发者的思维由单一问题上升到整个系统。同期，C/S、B/S 等多层体系架构逐渐形成，关系型数据库技术发展迅速。在该阶段，企业信息系统开发需求大量释放并应用运行，解决了各业务领域的信息化需求。

（4）面向构件阶段：以 COM/DCOM、CORBA、EJB 等技术为代表，目的是通过一些技术实现将已经开发出的模块稳定复用或组装，以便于用工业化思想来生产软件。构件化开发是构件技术发展的更高层次，关注的是把应用系统分解成构件或实现构件组装的过程。

（5）面向服务阶段：主要实现松耦合应用系统之间的整合集成以解决"信息孤岛"问题，是面向对象技术发展的升华，体现的是粗粒度、松耦合及更高层次上的抽象，以"组织和流程"为核心进行系统设计，要求信息化建设的思维角度从软件系统上升到整个企业或行业，强调组织级、项目间的协作和复用关系。

（6）平台化阶段：提供 SOA 软件（标准化构件服务、业务组件）的自动化工厂，具有云计算弹性、灵活、可扩展、低代码、按需供应、自动化服务的特征。用户使用平台来开发业务组件及组装组件，摆脱最佳实践的约束，实现与企业需求相吻合的最佳匹配。在该阶段，云计算、大数据、移动应用、物联网、人工智能等技术成为信息技术发展热点，平台化技术可以为开发、集成、运行、管理等各方面提供支撑。

3）市场主流

目前市场应用范围较广的通用编程语言包括以下几种。

（1）Java：Java 是一种混合型（半编译型）的面向对象的编程语言，具有简洁、分布式、解释性、健壮、安全、可移植、高性能、多线程和动态等特性。Java 是重要的网络编程语言，有一定的学习曲线，可广泛应用于桌面图形用户界面开发、企业级 Web 应用软件开发，以及安卓、iOS 等移动 App 开发和视频游戏开发等领域。

（2）C#：C#是一种由 C 和 C++衍生出来的、面向对象的、运行于.NET Framework 之上的高级编程语言，具备安全、稳定、简单、现代、通用等特点。C#是微软公司.NET 网络框架的重要编程语言，全面集成.NET 库，提供出色的功能与支持库访问能力，并且与 COM 直接集成，学习曲线非常陡峭。它可用于创建多种应用程序，如交互式动态网站、开发工具，甚至编译器等，主要用于 Windows 应用开发、企业级业务应用开发、中间件软件开发等。

（3）VB.NET：VB.NET 是一种从 Visual Basic 语言演变而来，运行于.NET Framework 之上，能高效生成类型安全和面向对象的应用程序、混合型（半编译型）编程语言，它将.NET Framework 和公共语言运行库的强大功能相结合，相对容易掌握，可以用于开发面向 Windows、Web 和移动设备的程序。

（4）C：C 语言是一种面向过程、抽象化的通用型命令式编程语言，能够以简易的方式编译，具有低级语言兼容能力、目标程序效率高、可移植性好、体形小巧等特点。大部分编程语言都脱胎于 C 语言，了解 C 语言有助于快速掌握其他语言，但掌握 C 语言需要经历复杂的学习曲线。C 语言最初构建的目的是编写系统软件，可广泛用于操作系统、基础软件，以及硬件、嵌入式领域等底层开发。

（5）C++：C++是 C 语言的一个超集，是一种面向对象的编程语言，也可支持面向过程的程序开发。它在 C 语言基础上扩展，具备类及派生类、多态性等特点，具有灵活的调整空间，可充分发挥计算机性能，是最出色的大规模应用编程语言。C++规模极为庞大，完全掌握需要艰难的学习曲线，可广泛用于应用软件、搜索引擎、操作系统、视频游戏、嵌入式软件和编译器等程序开发领域。

（6）Objective-C：Objective-C 是将 smalltalk 类消息收发机制添加到 C 语言中的一种通用型面向对象的编程语言，具有苹果公司开发库支持、更高的运行时动态程序支持等特点，目前是苹果公司在 OSX 及 iOS 系统上使用的主要编程语言，但使用范围有限，学习曲线也较高，主要用于构建 MacOS 与 iOS 系统，以及其上应用的开发。

（7）Rust：Rust 语言是一种专注于并发安全，支持函数式和命令式及泛型等多范式、面向对象的、针对多核体系的编程语言，它致力于解决高并发和高安全性系统问题，语法与 C++语言类似，也具有艰难的学习曲线，适用于大型系统场景，能够充分利用多核系统计算带来的性能提升。

（8）JavaScript：JavaScript 是一种使用频率最高的客户端脚本语言，具有运行速度快、简单易学、与其他多种语言协作性好等特点，可用于动态网页开发。

（9）Ruby：Ruby 是一种动态、响应式、面向对象的脚本编程语言，具有简单、易于学习、广泛的工具及功能库支持等特点，性能表现基本可满足大部分应用需求。Ruby 是最适合新手入门的语言之一，可用于桌面 GUI 开发、Web 开发等。

（10）Lua：Lua 是一种使用 C 语言开发实现的脚本语言，具备简洁、轻量、可扩展的特性，主要目的是为应用程序提供灵活的扩展和定制功能，由于没有提供库功能，因此不适合作为开发独立应用程序的语言使用，但可以很方便地嵌入到其他开发语言中使用。

（11）Python：Python 是一种服务器端、解释型、开源、非编译脚本语言，可单独使用，也可作为 Django 等框架的组成部分，具有易于学习、功能库支持、物联网支持等特点，可用于 Web 开发、视频游戏开发、桌面 GUI 开发、软件开发等。

（12）PHP：PHP 是一种服务器端脚本语言，也可作为通用型编程语言使用，具有易于学习，功能丰富，可与各类数据库、文件系统及图片顺畅协作等特点，主要用于 wordpress 插件开发、Web 开发、包含数据库功能的页面开发等。

（13）node.js：node.js 是一个基于 Chrome V8 虚拟机引擎的 JavaScript 运行环境，也是一种异步化的、基于 JavaScript 的脚本开发语言，具有 RestfulAPI、单线程、非阻塞 IO、事件驱动等特点，在处理 I/O 密集型业务中优势凸显，支持开发高性能服务器端程序，主要用于大型高流量网站 Web 应用、移动 Web 应用、应用程序监控、媒体流、远程控制等桌面及移动应用开发。

3．软件工程技术

软件工程是研究和应用如何把适宜的管理技术和软件技术方法结合起来，通过适当的资源（人员、软硬件、时间等）使用，以系统化的、学科化的、可定量的方法去开发、运行和维护满足用户需求的软件产品的一系列工程活动。

从过程框架模式演进的角度看，软件工程经历了从瀑布模式到敏捷模式，再到 DevOps 一体化模式的发展演变过程。

（1）瀑布模式：该模式要求项目组成员严格按照软件工程的开发过程、管理过程、质量保证过程等要求执行，要求编写大量的过程文档，因此开发周期较长，工作量较大，因此称为重量级方法。软件从需求提出到交付使用主要涉及软件组织的三大部门，即软件开发构造部门、软件技术运维部门、软件质量保证部门。在软件发展初期，软件的需求主要在规模和复杂度上增长，人们聚焦的重点是重量级方法的不断完善。由于交付周期长，以季度、年，甚至几年为单位，所以三大部门间的隔离是可接受的。自 20 世纪 70 年代以来，重量级方法围绕规模化和复杂度方面的重点需求得到不断完善和快速发展，产生了 ISO9000、CMM、RUP 等标准体系。

（2）敏捷模式：从 20 世纪 90 年代末到 21 世纪初，由于软件应用领域的拓展和成长，软件交付周期不断缩短到以月、季度为单位，重量级方法在软件开发构造部门的主体活动中产生了明显的不适应性。在这种情况下，仅靠完善、深化重量级方法已经不足以满足实际的市场需求，轻量级开发方法应运而生，其主要目的是通过加快软件开发构造部门生产活动的迭代速度来适应新的交付要求，在此期间，一些构造自动化技术也应运而生。由于开发模式的变化，三大部门间的冲突加剧了，具体体现为各方对文档的要求的冲突问题、更新速度加快引起的技术运维部门的培训问题、质量要求在构造过程中的符合性问题等，但通过开发协同管理工具可有效解决这些冲突。

（3）DevOps 一体化模式：自 2009 年以来，随着"互联网+"的深入拓展建设，软件在规模化和复杂度方面持续增长，在交付周期上发展到了以周、天为单位，甚至在线热更新的需求成为必须。为适应新需求，DevOps 应运而生。DevOps 是一个完整的打通三大部门间隔离、面向 IT 开发、运维和质量保证的工作流，以虚拟化、微服务、云计算等 IT 自动化技术和工具为基础，来优化程序开发、测试、系统运维等所有环节。

　　总体来说，瀑布模式的思路是通过让所有的活动去适应过程框架来规范工程活动，侧重软件定义和软件构造阶段，以季度或年为软件的发布周期；敏捷模式的思路是让所有过程去适应快速迭代开发、交付部署与互动的工程活动需求，侧重重塑过程，实现软件定义、构造、运维和演进等各阶段活动的持续迭代演进，以月或季度为软件发布周期；DevOps一体化模式是以按时频繁交付部署和运行产品与服务为目标建立的一组过程、方法与系统的统称，用于促进开发构建、技术运维和质量保证部门之间的沟通、协作与整合，侧重软件全生命周期过程的高速、频繁迭代演进，实现持续部署交付，有时一天内软件甚至要在线部署多次。

　　软件工程在发展演变过程期间，众多软件工程活动自动化和工程过程自动化技术也逐步发展成熟，为加速软件工程端到端流程的执行与融合起到了关键支撑作用，主要技术可以归纳为持续集成（Continuous Integration，CI）、持续交付（Continuous Delivery，CD）、持续部署（Continuous Deployment，CD）三类技术。这三类技术把软件开发工作流程分为编码、构建、集成、测试、交付、部署六个阶段，如图 9-5 所示。

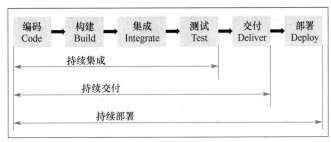

图 9-5　软件开发工作流程的六个阶段

　1）持续集成

　　持续集成是一种软件开发实践。团队开发成员频繁地将新代码集成到主代码库，每个成员每天至少集成一次，也就意味着每天可能会发生多次集成。每次集成都通过自动化的构建（包括编译、发布、自动化测试）来验证，从而尽早地发现集成错误。持续集成从瀑布模式诞生以来就一直在不断发展，并且在各种软件工程模式中得以应用，如图 9-6所示。

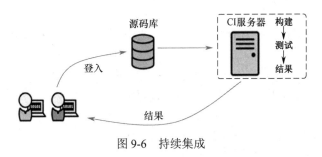

图 9-6　持续集成

　2）持续交付

　　持续交付在持续集成的基础上，将集成后的代码部署到更贴近真实运行环境的"类生产环境"中，交付给质量团队或用户以供评审。如果评审通过，代码就进入生产阶段。持续交付自敏捷模式诞生以来得到快速发展，同时也可在各种软件工程模式中进行应用，如图 9-7 所示。

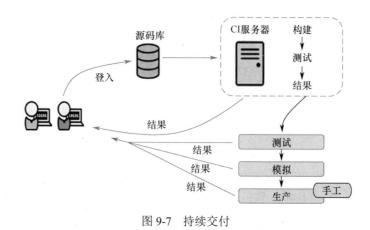

图 9-7　持续交付

3）持续部署

持续部署是指在交付的代码通过评审后，自动部署到生产环境中。持续部署是持续交付的最高阶段，主要用来支持 DevOps 一体化模式的需要，如图 9-8 所示。

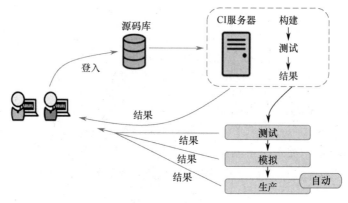

图 9-8　持续部署

从以上分析可以看出，具体的软件工程过程与模式的选用并不是由软件开发团队规模、软件复杂度等单项因素简单决定，而是由软件全生命周期相关方的综合需求来最终决定。当前随着软件交付周期的日益加快，敏捷模式已经成为大多数软件开发团队的首选项。但是，交付和部署频度要求只是影响软件工程过程与模式选择的一个非常重要的因素，没有一种模式是过时的，最终需要结合需求的稳定性、市场交付周期与质量要求、运行模式、自身具备的条件等各方面情况选择适合的开发模式。

4．软件定义（SDx）

所谓软件定义，就是用软件去定义系统的功能，用软件给硬件赋能，实现系统运行效率和能量效率的最大化。软件定义的本质就是在硬件资源数字化、标准化的基础上，通过软件编程去实现虚拟化、灵活、多样和定制化的功能，对外提供客户化的专用智能化、定制化服务，实现应用软件与硬件深度融合。其核心 API 解除了软硬件之间的耦合关系，推动应用软件向个性化方向发展，硬件资源向标准化方向发展，系统功能向智能化方向发展。软件定义有三大特点与发展趋势，即硬件资源虚拟化、系统软件平台化、应用软件多样化。

软件定义主要包括以下三种方式。

（1）软件定义存储（Software-Defined Storage，SDS）：通过软件管理存储，将关注点放在复制、去重复化和快照而非存储硬件上，实现了存储相关任务和物理存储硬件的隔离。使用抽象技术将存储服务和底层硬件分离，由于不再依赖于底层物理系统，因此可更加高效地利用存储资源，基于策略的自动化管理可以帮助简化管理任务。软件定义存储通常和虚拟化存储相关，但却有着关键性区别，软件定义存储将存储容量及服务和硬件分离，而虚拟化存储只能实现存储容量的独立。

（2）软件定义网络（Software-Defined Network，SDN）：将网络控制功能从物理硬件中分离出来，使用软件应用程序作为控制器，可实现网络功能由软件定义和管理。SDN 允许管理员从控制台管理网络流量，而不是单独管理每台交换机。常规网络中的交换机通常在同一个方向、使用同样的路径和同样的方式发出数据包，而在 SDN 中，管理员可以根据不同需求更改网络交换机策略，还可以定义包优先级，以及限制特定的数据包等。

（3）软件定义数据中心（Software-Defined Data Center，SDDS）：SDDS 是一种虚拟化网络、存储、CPU 和安全的解决方案，以服务方式交付数据中心的所有基础设施元素。其中，整个基础设施的计划、部署、配置和操作都从硬件中抽象出来，通过软件方式完成这些任务，包括网络虚拟化、存储虚拟化和服务器虚拟化三个组成部分。

9.7　集成技术

1. 门户集成

门户集成技术主要包括单点登录、消息集成、功能集成、界面集成等关键技术手段，用以实现企业内外部业务系统及互联网在数据资源、协同流程方面的整合，以及信息合理聚集、统一访问和有效利用。

1）统一认证与单点登录

统一认证指用户仅需一次性标识自己就可获取对多个系统的访问权；单点登录（Single Sign On，SSO）指用户仅需在门户系统登录一次，就可以访问被授权访问的功能或其他应用系统。总体上，通过统一认证与单点登录技术，用户只需记住一个账号即可一次性登录认证授权范围内的多个系统的权限并进行访问。

一般而言，统一认证可以由门户系统自身通过表单方式、用户名和密码、SSL 安全套接字、Token 认证、WAP 身份认证等多种方式实现，或者进一步结合第三方电子认证服务以提升认证安全性。

单点登录一般通过门户系统提供 API 接口让应用系统实现与门户单点登录服务交互来完成自动登录验证（需要建立物理或逻辑上统一的用户目录进行支持），或者通过 URL+用户名+密码、表单自动填写等定制开发技术，以及整合第三方软件的方式完成门户与应用系统间的自动登录验证，可以结合具体需要进行选择。

2）Portlet 技术

Portlet 是门户系统实现消息集成、功能集成和界面集成的主要技术标准，按照该技术标准可以独立地开发、部署、管理和显示应用程序，具有多个状态及事件和消息传递能力，从而提供对基于 Web 的内容、应用程序和其他资源的集成访问。

通过内联框架（Iframe）Portlet、远程门户 Web 服务（Web Service for Remote Portlet，WSRP）、HTML 解析库（HTML Parser）Portlet、XML 解析库（XML Parser）Portlet、JSR168（Java Specification Request）等 Portlet 技术和 TCP/IP、Http/Https、XML、JSON、JSR170、RSS、微件（Web Widget）、仪表盘（Dashboard）等技术的综合集成开发应用，可以实现门户和应用系统间在应用前端和展现层的消息集成、功能集成和界面集成，支撑实现业务系统数据与门户站点内容的聚集应用。

2. 服务集成

服务集成是一种集成架构技术，它优化了专用集成接口在应用系统之间进行一对一或点对点的集成实现方式，一方面可以解决要集成的应用系统数量增多时带来的接口数量以指数倍速度增加的问题；另一方面，基于服务集成的面向服务的架构（Service-Oriented Architecture，SOA）是一种粗粒度、松耦合的服务集成架构，服务之间通过简单、精确定义的接口进行通信，不涉及底层编程接口和通信模型，能够帮助软件工程师站在一个新的层次和角度理解企业级架构中的各种组件的开发、部署形式，进而实现"柔性化"的软件系统，帮助企业系统架构师更迅速、更可靠、更具重用性地构建整个业务系统，可以更加从容地面对企业业务的急剧变化，从而降低实施企业信息系统集成的成本和风险。

SOA 服务集成并不是一种全新的解决方案，而是可以看作 B/S 模型、XML/Web Service 技术之后的自然延伸，也在一定程度上源于早已有之的企业架构理论，是技术与架构的自然进化。SOA 服务集成架构的实现方案也一直在不断进步发展，几个典型实现方案包括 Web 服务系统（Web Service）、基于远程过程调用（Remote Procedure Call，RPC）的分布式系统、基于面向消息的中间件（Message Oriented Middleware，MOM）的分布式系统、微服务系统等。这些方案都可以构造 SOA 基础架构的关键部分——企业服务总线（Enterprise Service Bus，ESB），进而实现异构环境中的服务、消息及基于事件的交互，并且具有适当的服务质量级别和可管理性。

1）Web 服务系统

Web 服务系统是一个平台独立的、低耦合的、自包含的、基于可编程的 Web 应用程序，是利用一组 SOA 标准实现的服务平台，用于开发分布式的、交互操作的应用程序，使得运行在不同计算机上的不同应用无须借助附加的、专门的第三方软件或硬件，就可实现数据交换或功能集成。通过 Web 服务系统来实现 SOA，可以通过一个中立平台来获得服务，同时由于 Web 服务规范有最广泛的软件商支持，因此可以获得更好的通用性。

2）基于 RPC 的分布式系统

基于 RPC 的分布式系统可以看作 SOA 架构的原型实现系统，具有客户端和服务端同步通信、进程对象生命周期紧密耦合、单消息通道等特点，能够高速且高稳定地处理大量用户的访问需求。同时，通过与 SOAP 的互操作性结合，可以使基于 RPC 的分布式系统完全符合 SOA 架构特征，从而更好地满足企业应用需求。基于 RPC 的分布式系统主要包括通用对象请求代理体系结构（Common Object Request Broker Architecture，CORBA）、分布式组件对象模型（Distributed Component Object Model，DCOM）、远程方法调用（Remote Method Invocation，RMI）等。

3）基于 MOM 的分布式系统

基于 MOM 的分布式系统具有支持异步通信、进程对象生命周期无关、多对多通信等特征，它通过提供消息传递和消息队列模型，可在分布式环境下扩展进程间的通信，并且支持多种通信协议、语言、应用程序、硬件和软件平台。基于 MOM 的分布式系统主要包括 IBM 的 MQSeries、BEA 的 MessageQ、基于 JMS 标准的系列中间件平台等。

4）微服务系统

微服务系统本身也是 RPC 系统的一类，是在基于 RPC 的 SOA 服务架构基础上，进一步深化业务领域建模和进行彻底的组件化和服务化开发的技术系统，它使得原有的单个业务系统可以拆分为多个可以独立开发、设计、运行的小应用，这些小应用之间通过服务完成交互和集成。同时，微服务系统和容器（Kubernetes、Docker 等）、虚拟化等技术结合在一起能够更好地支持 DevOps 一体化模式的落地实现。主要的微服务系统实现框架有 Pivotal 公司的 Spring Cloud、阿里巴巴的 Dubbo、腾讯的 Tars、微博的 Motan、Apache 的 Thrift、Google 的 gRPC 等。

3．业务流程集成

流程是一组将输入转化为输出的相互关联或相互作用的活动。业务流程集成技术，是从早期的工作流管理、EAI、流程自动化、流程建模、流程优化等技术中发展起来的业务流程管理（Business Process Management，BPM）技术。

企业运行于流程之中，企业所有的经营管理及业务活动都表现为各种流程，这些流程最终输出的是企业交付给用户的产品或服务，企业流程管理最终决定企业价值和目标的实现，决定企业资源配置的绩效，决定企业的实际收益。由于企业业务流程管理的重要性和基础性，在企业管理学相关的业务流程变革领域，从业务流程改进 BPI、业务流程重组 BPR、业务流程革新中逐步发展起来的业务流程管理 BPM，则是一种以规范化构造端到端的卓越业务流程为中心，以持续提高组织业务绩效为目的的系统化方法，需要流程集成技术的支撑。

因此，BPM 通常涵盖信息技术和企业管理两方面内容，通过一组 IT 服务和业务流程管理工具（如流程的发掘、分析、定义、执行、监视和管理）、一套可以改变和优化企业信息系统的建设思维和方法，以流程驱动为核心，实现企业端到端全流程信息化管理。

围绕 BPM 全生命周期的技术标准包括业务流程建模语言（Business Process Modeling Language，BPML）规范、业务流程执行语言（Business Process Execution Language，BPEL）规范、业务流程建模与标注（Business Process Modeling Notation，BPMN）规范、工作流参考模型（Workflow Reference Model，WRM）标准、工作流过程定义语言（Workflow Process Definition Language，WPDL）规范、XML 流程定义语言（XML Process Definition Language，XPDL）规范、业务流程定义元模型（Business Process Definition MetaModel，BPDM）规范、业务流程规范模式（Business Process Specification Schema，BPSS）标准

等，这些标准共同支持实现面向工作流、文档、业务规则、数据交换、消息交换的业务流程集成与协同应用。

支持 BPM 相应技术标准的主要产品包括 IDN Scheer ARIS、H3 BPM、K2 BPM、IBM BPM、Oracle BPM、Microsoft Biz Talk Server、Bea WebLogic Integration、顶点 BPM、星汉 BPM、炎黄盈动 BPM、Colloa BPM、FlowPortal BPM、Ultimus BPM 等。

4．数据集成

数据集成是把不同来源、格式、特点的数据按照需要进行传输与交换，或者把不同来源的数据进行收集、整理、清洗、转换后在逻辑或物理上进行整合集中，连通信息孤岛，为企业提供全面的数据共享方式，从而支持企业实现应用之间的业务协同或基于数据创建一个具有更多功能的业务应用。数据集成和业务流程集成密不可分、相辅相成，从企业业务信息化角度看，流程集成的最终目的是使业务数据化，而数据集成的最终目的则是使数据业务化，两者互为基础、融合驱动。通过数据集成，使数据驱动型企业能够随机应变地应对内外部需求的变化，甚至挖掘新需求，并且迅速采取行动和充分利用机遇。

在企业数据集成领域有很多成熟技术可以综合利用，简单的数据集成通过门户集成或服务集成技术完成，但企业要系统开展数据集成工作则会涉及包括主数据管理技术、共享数据库技术、联邦式数据库技术、数据仓库技术、内容管理技术、大数据技术等多种技术和方法的综合应用，这些技术都在不同的着重点和应用上为企业解决数据共享和应用问题提供丰富的支持。

1）主数据管理技术

主数据管理通过一组规则、流程、技术和解决方案，实现对企业人员、财务科目、物资、产品、供应商、用户等基础数据的一致性、完整性、相关性和精确性的有效管理，是一种企业数据标准应用技术。通过建立企业主数据标准和主数据管理信息系统，可以为企业所有相关用户及应用系统提供准确、一致的基础数据的统一管理、应用和维护。主数据管理是数据集成的基础技术，为数据集成的后续工作打好数据规范性、唯一性的基础，从而有效降低整体集成成本，提高总体集成效率。

2）共享数据库技术

共享数据库是一种通过数据复制实现应用系统间数据接口集成或实现数据在共享库集中存储并进行分析应用的数据集成技术。通过定义共享的数据交换接口或信息模型，建立独立于任何具体应用系统的共享数据库，可以实现不同应用之间的数据集成交换或信息共享，这种集成方式需要将应用的数据库中需要集成交换或共享的信息复制到一个共享的公共数据库中。

3）联邦式数据库技术

联邦式数据库可以实现对相互独立运行的多个数据库的互操作。联邦式数据库通过对各数据源的数据进行标识并编成目录，确定元数据模型，然后按照数据交换格式进行一一映射，从而实现数据在各数据库之间的分布、传输和共享。联邦式数据库将多个数据库集成为一个统一视图的虚拟数据库，需要建立一个中间件层来连接支持各分布式数据库和应用，使用户方便地进行数据检索和分析，而无须改变源数据和应用。

4）数据仓库技术

数据仓库是一种面向结构化数据的数据聚合技术，它通过数据 ETL 过程和数据建模来建立一个面向主题的、集成的、相对稳定的、反映历史变化的数据集合，用于支持企业建立数据挖掘和辅助决策支持系统。数据仓库技术的主要问题是当数据更新频繁时会导致数据的不同步，比较适合纯粹的 OLAP 应用。如果需要兼顾数据更新频繁或实时性要求高的 OLTP 应用需求，则需要考虑大数据技术方案。

5）内容管理技术

内容管理是一种面向非结构化数据的数据聚合技术，它支持用户提交、修改、审批、发布包括文件、表格、图片、数据库中的数据，甚至视频在内的内容到互联网、城域网或企业局域网。同时，内容管理还支持将第三方信息来源，如文本文件、HTML 网页、Web 服务、关系数据库等内容自动抓取到自身的内容库中，并且结合门户集成技术将内容以个性化的方式提供给内容使用者。

6）大数据技术

具体内容参见 9.4 节。

9.8　新一代信息技术

9.8.1　人工智能技术

人工智能是机器智能化的技术组合，是通过计算机程序、算法等手段让机器拥有人类智能的技术。它的主要目的是让机器能够拥有和人类相似甚至超越人类的推理、认知、规划、学习、交流、感知、移动和操作物体的能力。对人工智能而言，最重要三个因素分别是算法、数据和计算能力。人工智能的发展主要包括计算智能、感知智能、认知智能三个阶段。

第一阶段：计算智能

在这个阶段，计算机具有快速计算和记忆存储的能力，如深蓝、AlphaGo、AlphaGo Zero 等计算机已经能战胜人类。

第二阶段：感知智能

在这个阶段，计算机具有视觉、听觉、触觉等感知与运动能力，如自动驾驶、智能语音等。

第三阶段：认知智能

在这个阶段，计算机具有能理解、会思考的能力，如 Watson 系统的自然语言理解。科幻片中的智能机器人是认知智能所期望达到的未来。

人工智能的关键技术体系包括机器学习、生物特征识别、计算机视觉、人机交互、自然语言处理和智能开发框架等，如图 9-9 所示。现有的人工智能技术在图像理解（识别）、人脸识别及语音识别领域已发展成熟，识别准确率已超过人类极限。

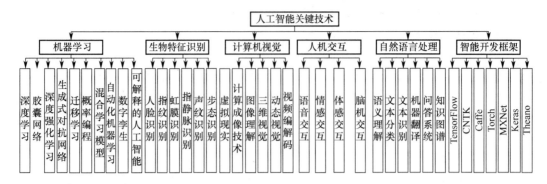

图 9-9　人工智能关键技术体系

（1）机器学习。机器学习（Machine Learning）研究计算机模拟或实现人类的学习行为，以获取新的知识或技能，是人工智能技术的核心。机器学习领域包括深度学习、胶囊网络、深度强化学习、生成式对抗网络、迁移学习、概率编程、混合学习模型、自动化机器学习、数字孪生、可解释的人工智能等。

（2）生物特征识别。生物特征识别技术是指通过个体生理特征或行为特征对个体身份进行识别认证的技术。生物特征识别技术涉及的内容十分广泛，包括人脸、指纹、虹膜、指静脉、声纹与语音、步态等多种识别技术。

（3）计算机视觉。计算机视觉是使用计算机模仿人类视觉系统的科学，让计算机拥有类似于人类的提取、处理、理解和分析图像及图像序列的能力。自动驾驶、机器人、智能医疗等领域均需要通过计算机视觉技术从视觉信号中提取并处理信息。根据解决的问题，计算机视觉可分为虚拟现实、计算成像技术、图像理解、三维视觉、动态视觉、视频编解码六大类。

（4）人机交互。人机交互技术主要研究人与计算机之间的信息交换，主要包括人到计算机和计算机到人的两部分信息交换，是人工智能领域重要的外围技术。人机交互是与认知心理学、人机工程学、多媒体技术、虚拟现实技术等密切相关的综合学科。人机交互技术除传统的基本交互和图形交互外，还包括语音交互、情感交互、体感交互及脑机交互等技术。

（5）自然语言处理。自然语言处理是计算机科学领域与人工智能领域中的一个重要方向，研究实现人与计算机之间用自然语言进行有效通信的各种理论和方法，涉及的领域较多，主要包括语义理解、文本分类、文本识别、机器翻译、问答系统和知识图谱等。

（6）智能开发框架。智能开发框架是目前人工智能学习算法和模型最主要的开发系统，主流包括 TensorFlow、CNTK、Caffe、Torch、MXNet、Keras、Theano 等。

9.8.2　区块链技术

1. 基本概念

区块链的概念起源于比特币，最早由中本聪（Satoshi Nakamoto）于 2008 年提出并发布。区块链技术最初作为比特币的底层支撑技术，其去中心化特性在比特币应用实例中得到了充分验证，后来逐步与比特币脱离，开始扩展到金融、供应链、产权等应用领域。由于发展时间不长，区块链目前尚未形成统一的定义。本书认为，区块链技术是一种新型的去中心化协议或规则，基于密码技术和共识机制，形成可共享、可信任、可公开、可验证、含时间戳、不可伪造和篡改的公共账本（由多个区块形成的链条），能安全存储各类交易或应用数据，可自动执行智能合约或可编程代码，无须任何中心化机构的审核。

2．体系模型

鉴于涉及内容的多样性和复杂性，区块链技术体系模型尚未形成统一共识。本书认为，区块链技术体系模型可由九个技术要素组成，包括用户、应用数据、区块、区块链、P2P 网络、共识机制、业务规则、应用服务、密码技术，如图 9-10 所示。

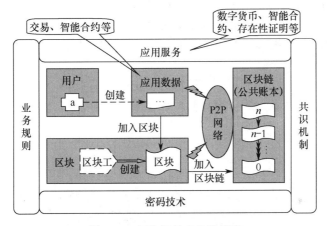

图 9-10　区块链技术体系模型

区块键技术的实现主要包括以下几个过程或环节。

（1）按照应用需求，预先设计好业务规则、共识机制、P2P 网络协议、密码技术、应用服务等规则，并且在软件系统中付诸实现。业务规则用于实现特定应用时预设的各种业务策略，主要包括数字货币发行策略、区块工激励机制、区块创建策略（如周期、难度）等。共识机制用于在去中心模式下，使所有区块链节点就区块链相关事宜尽快达成共识。P2P 网络是一种去中心化网络，基于互联网构建，通过 P2P 协议将所有 P2P 节点（包括用户及区块工等）高效连接起来，实现应用数据、区块及区块链的及时传播。密码技术主要用于对区块链体系中涉及的数据和隐私进行技术层面的安全保护。应用服务是指对外提供的业务层面的功能服务，主要包括数字货币（或密码货币）、智能合约、存在性证明等。

（2）用户按照需要自主创建应用数据，使用其私钥进行数字签名，并且将该应用数据及时传播给其他 P2P 节点。用户是指应用数据的参与者或创建者，其身份常用一对公私钥对来表示（称为用户账户）。应用数据是指需要通过区块链体系全程记载和安全存储的最小数据对象。

（3）区块工从 P2P 网络中收集应用数据，遵循共识机制创建区块，并且将该区块及时传播给其他 P2P 节点。区块是指一定时间范围内大部分应用数据的集合；区块的创建者称为区块工。

（4）所有 P2P 节点接收到新区块后，应按照预设的业务规则独立进行合法性验证，并且将通过验证的新区块加入区块链。区块链是指所有区块按照时间戳先后顺序连接而成的一条完整的链条。区块链等同于公共账本，作为公开的信任数据，可以被任何人访问。

3. 发展阶段

目前主流观点认为区块链技术的发展可以分为三个阶段。

（1）区块链 1.0 阶段。该阶段区块链主要应用于数字货币，包括数字货币的发行、转移、汇兑和支付等。典型特征是数字货币，成熟应用实例为比特币，而且基于比特币开源项目，又衍生出几百种其他类型的去中心化数字货币。

（2）区块链 2.0 阶段。该阶段区块链主要应用于数字货币以外的金融领域。典型特征是智能合约，成熟应用实例为以太坊，应用范围比数字货币要广泛，包括支付清算、股权、债券、信贷等。

（3）区块链 3.0 阶段。该阶段区块链主要应用于数字货币、金融领域以外的其他领域，包括医疗健康、知识产权、慈善公益、政府监管等。典型特征是可编程资产，可以覆盖人类社会的大部分活动。

4. 主要分类

区块链最初的设计思想是基于 P2P 网络并面向所有用户，不涉及权限管理问题。但后来随着应用领域的不断扩展，为适应复杂的应用场景，开始根据业务需求对用户范围及权限进行限制和管理。按照用户范围与许可方式，可将区块链分为三类。

（1）公有区块链。所有人都可成为用户，按照自主需求创建应用数据或交易，等待被区块工加入区块。只要拥有所需资源（如计算资源），所有人均可成为区块工，并且按照预先约定的共识机制来参与区块创建。所有用户都有权访问公共账本中的所有数据。没有中心化的服务器系统和管理机构，所有节点完全平等，可自由选择加入或退出区块链网络，如比特币、以太坊等。

（2）私有区块链。一般在企业或机构内部使用，用户仅限于内部人员。应用数据的创建和访问具有严格的权限管理，只有获得权限的用户才能创建应用数据和访问公共账本。有权创建区块的节点也限制在一定范围内。

（3）联盟区块链。由多个机构联合发起，共同确定用户范围。介于公有区块链与私有区块链，具有部分去中心化的特点，并且保持了区块链的其他特性。应用数据创建和区块创建均有严格的权限管理。

9.8.3 边缘计算技术

边缘计算相对于云计算而言，也称雾计算，是一种分散式计算架构。它将应用程序、数据资料与服务的运算，由网络中心节点移往网络逻辑上的边缘节点来处理，可以加快数据的处理与传送速度，减少网络延迟。

1．基本概念

云计算适用于非实时、长周期数据、战略决策等场景，而边缘计算在实时性、短周期数据、本地决策等场景方面有不可替代的作用。边缘计算是在靠近数据源头的网络边缘侧，融合网络、计算、存储、应用核心能力的分布式开放平台，就近提供边缘智能服务，满足行业数字化在敏捷连接、实时业务、数据优化、应用智能、安全与隐私保护等方面的关键需求。它可以作为连接物理世界和数字世界的桥梁，使能智能资产、智能网关、智能系统和智能服务。

边缘计算与云计算是行业数字化转型的两大重要支撑，两者在网络、业务、应用、智能等方面的协同将有助于推动行业数字化转型在更广泛的应用场景中创造更大的价值，如表 9-1 所示。

表 9-1　边缘计算与云计算协同点

序号	协同点	边缘计算	云计算
1	网络	数据聚合（TSN+OPC UA）	数据分析
2	业务	Agent	业务编排
3	应用	微应用	应用生命周期管理
4	智能	分布式推理	集中式训练

2．系统架构

基于模型驱动的工程（Model-Driven Engineering，MDE）方法设计的边缘计算参考架构 2.0 如图 9-11 所示。

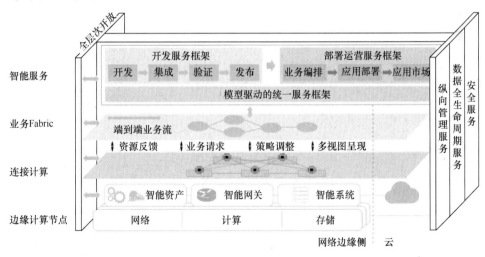

图 9-11　边缘计算参考架构 2.0

从横向层次来看，架构具有以下特点。

（1）智能服务基于模型驱动的统一服务框架，通过开发服务框架和部署运营服务框架实现开发与部署智能协同，能够实现软件开发接口的一致性和部署运营的自动化。

（2）智能业务编排通过业务 Fabric 定义端到端业务流，实现业务敏捷。

（3）连接计算（Connectivity and Computing Fabric，CCF）实现了架构极简，是边缘计算的基础，对业务屏蔽边缘智能分布式架构的复杂性，具备丰富的连接功能，如各种网络接口、网络协议、网络拓扑、网络部署与配置、网络管理与维护等；实现 OICT 基础设施部署运营自动化和可视化，支撑边缘计算资源服务与行业业务需求的智能协同，支持所连接物理对象的多样性及应用场景的多样性，需要充分借鉴吸收网络领域先进的研究成果，如 TSN、SDN、NFV、NaaS、WLAN、NB-IoT、5G 等，同时还要考虑与现有各种工业总线的互联互通。

（4）边缘计算节点（Edge Computing Node，ECN）兼容多种异构连接，支持实时处理与响应，提供软硬一体化安全；边缘计算产品需适配工业现场相对恶劣的工作条件与运行环境，如防电磁、防尘、防爆、抗振动、抗电流/电压波动等。在工业互联场景下，对边缘计算设备的功耗、成本、空间也有较高的要求。边缘计算产品需要考虑通过软硬件集成与优化，以适配各种条件约束，支撑行业数字化多样性场景。

边缘计算参考架构在每层都提供了模型化的开放接口，实现了架构的全层次开放。边缘计算参考架构通过纵向管理服务、数据全生命周期服务、安全服务，实现业务的全流程、全生命周期的智能服务。

第 *10* 章

企业信息化常用系统与产品

10.1 操作系统

10.1.1 Windows

1. 系统简介

Windows 操作系统，是由美国微软（Microsoft）公司研发的操作系统，从 1983 年开始研发，最初的研发目标是在 MS-DOS 的基础上提供一个多任务的图形用户界面（GUI），第一个版本 Windows 1.0 问世于 1985 年，后续微软对其不断进行更新升级，提升易用性，使 Windows 成为应用最广泛的操作系统。

Windows 采用了图形用户界面，与 MS-DOS 需要输入指令的使用方式相比，更为人性化。随着计算机硬件和软件的不断升级，Windows 也在不断升级，其架构从 16 位、32 位，再到 64 位，系统版本从最初的 Windows 1.0 到大家熟知的 Windows 95、Windows 98、Windows 2000、Windows XP、Windows Vista、Windows 7、Windows 8、Windows 8.1、Windows 10、Windows 11 和 Windows Server 服务器企业级操作系统，微软一直致力于 Windows 操作系统的开发和完善。

2. 发展历程

Windows 操作系统分为桌面版、服务器版、移动版三类。

1）桌面版

Windows 1.0 是 Windows 系列的第一个产品，基于 MS-DOS 操作系统，于 1985 年问世，具有首次支持鼠标、同时执行多个程序、256 种颜色显示等功能。

1987 年 12 月 9 日，Windows 2.0 发布，这仍是一个基于 MS-DOS 操作系统、看起来像 Mac OS 图形用户界面的版本。该版本支持同时显示多个窗口，新增 386 扩展模式，跳出了 640K 基本地址内存的束缚。

1990 年 5 月 22 日，微软发布了具有划时代意义的 Windows 3.0，该版本支持虚拟设备驱动、16 位色显示、图形版文件管理器、SDK 等功能。1992 年 4 月，Windows 3.1 诞生，该版本新增多媒体、True Type 字体等功能。1993 年，Windows for Workgroups 3.11 发布，该版本支持以太网、Novell Netware、工作组等网络功能。1994 年，Windows 3.2 发布，该版本支持中文版。

1995 年 8 月 24 日，微软推出了 Windows 95，这是第一个不要求先安装 MS-DOS 的 32 位操作系统，但仍内置 MS-DOS。该版本大部分内核代码都重新改写，具有全新的图形界面，提高了用户的可学性、可用性和效率。1996 年 10 月，Windows 95 OSR2 版（Windows97）推出，支持 FAT32、改进的拨号网络、IE3.0 等功能。1998 年 6 月 25 日，Windows 98 发布，这是 Windows 95 的改进版。

1996 年 4 月，Windows NT 4.0 发布，这是 NT 系列的一个里程碑，其面向工作站、网络服务器和大型计算机，在 OS/2 NT 的基础上开发。OS/2 最初由微软和 IBM 联合研制，后来双方因意见分歧开始各自开发自己的版本，IBM 继续发布 OS/2 版本，而微软改名为 Windows NT，即 Windows NT 3.1（于 1993 年发布），其中 NT 表示新技术（New Technology）。

1999 年 12 月 19 日，Windows 2000 英文版发布，中文版于次年 2 月发布。在 Windows NT4.0 基础上开发，早期称为 Windows NT 5.0。桌面版本（Professional 版本）在 2001 年 10 月被 Windows XP 取代，而服务器版本则在 2003 年 4 月被 Windows Server 2003 取代。

2000 年 9 月 14 日，Windows ME（Windows Millennium Edition）发布，庆祝千禧年。它在 Windows 9X 基础上开发，主要针对的是家庭和个人用户。该版本只延续了短短一年，就被 Windows XP 取代。

2001 年 10 月，Windows XP 发布，XP 代表 experience，包括个人用户的家庭版 Windows XP Home Edition 和商业用户的专业版 Windows XP Professional。

2006 年 11 月 2 日，Windows Vista 向 OEM 和企业用户发布；2007 年 1 月 30 日，向普通用户出售，这是 Windows 历史上间隔时间最久的一次发布。

2009 年 10 月，微软推出了 Windows 7，它在 Windows Vista 基础上开发，核心版本为 Windows NT 6.1。

2012 年 10 月 26 日，微软推出了 Windows 8，支持个人电脑（X86 构架）及平板电脑（X86 构架或 ARM 构架）；2013 年 10 月 17 日发布 Windows 8.1。

2015 年 7 月 29 日，微软发布计算机和平板电脑操作系统 Windows 10。

2021 年 6 月 24 日，微软推出新的 Windows 11，这是近六年来首次推出新的 Windows 操作系统。

2）服务器版

1993 年，Windows NT 3.1 Server 推出，这是面向分布式图形应用程序的完整的交叉平台系统，可运行于 Intel x86、Digital、Alpha、SiliGraphics MIPS 及 Power PC 等主要计算机系统。

Windows Server 2003 是 Windows NT4.0 Server 的后续版本，它继承了 Windows Server NT 和 Windows Server 95/98 的优点。

Windows Server 2008 是一个相当于 Windows Vista 的服务器版本。

Windows Server 2012 是 Windows 8 的服务器版本，也是 Windows Server 2008 R2 的继任者，支持虚拟化技术、Hyper-V、云计算、构建私有云等新特性。

Windows Server 2019 是长期服务频道（LTSC）用户的内部部署的重要版本。

3）移动版

20 世纪末，Windows CE 推出，后又于 2003 年、2005 年分别推出 Windows Mobile 2003 和 Windows Mobile 5.0。2007 年，推出 Windows Mobile 6.5。

2010 年 10 月，Windows Mobile 正式停止支持并关闭 MarketPlace，转向 Windows Phone。

2010 年 10 月 21 日，Windows Phone 7.0 发布；2011 年 9 月 27 日，发布升级版 Windows Phone 7.5，首次支持简体中文；2012 年 6 月 21 日，发布 Windows Phone 8，其舍弃了老旧的 Windows CE 内核，采用 Windows NT 内核；2014 年 4 月 2 日，发布了 Windows Phone 8.1。

2016 年 3 月 18 日，Windows 10 Mobile 版本 1511 正式版首次发布；同年 8 月 17 日，Windows 10 Mobile 版本 1607 正式版首次发布。

2019 年 1 月 8 日，Windows 10 Mobile 最后一个正式版本 Build 10.0.15254.547 发布；同年 2 月 28 日，微软停止 Windows 10 Mobile 的电子钱包功能；同年 12 月 10 日，微软停止对 Windows 10 Mobile 的支持。

至此，微软停止了移动版的开发。

3．主要功能或特性

（1）人机操作性优异。操作系统负责管理计算机硬件与软件资源，提供人与系统交互的操作界面，如果没有良好的人机操作性，就难以吸引广大用户使用。在手机领域，诺基亚手机曾经占据手机市场半壁江山，操作系统互动性良好是其成功的重要因素之一，而其迅速衰败的原因也是因为操作系统的落伍。Windows 操作系统能够作为个人计算机的主流操作系统，其优异的人机操作性是重要因素。Windows 操作系统界面友好，窗口制作美观，功能操作易学，多代系统之间有良好的继承性，计算机资源管理效率较高。

（2）支持的应用软件较多。微软公司公开 Windows 操作系统的各种开发接口标准，吸引了大量商业公司在该操作系统上开发应用软件。这些应用软件门类全、功能完善、用户体验性好。例如，Windows 操作系统有大量的多媒体应用软件，可以搜集、管理多媒体资源，用户只需要使用这些基于操作系统开发出来的应用软件就可以享受多媒体带来的快乐。

（3）硬件支持良好。硬件的良好适应性是 Windows 操作系统的又一个重要特点。Windows 操作系统支持多种硬件平台，为硬件生产厂商提供了宽泛、自由的开发环境，激励了这些硬件公司选择与 Windows 操作系统相匹配，也激励了 Windows 操作系统不断完善和改进；同时，硬件技术的提升，也为操作系统功能拓展提供了支撑。另外，Windows 操作系统支持多种硬件的热插拔，方便了用户的使用，受到了广大用户的认可。

10.1.2　Linux

1．系统简介

Linux 是一套可以免费使用和自由传播的类 Unix 操作系统，是一个基于 POSIX 和 Unix 的多用户、多任务、支持多线程和多 CPU 的操作系统。它能运行主流的 Unix 工具软件、应用程序和网络协议，支持 32 位和 64 位硬件。Linux 继承了 Unix 以网络为核心的设计思想，是一个性能稳定的多用户网络操作系统。

严格来讲，Linux 操作系统指的是"Linux 内核+各种软件"；Linux 这个词只表示 Linux 内核，但实际上人们已经习惯了用 Linux 来形容整个基于 Linux 内核，并且使用 GNU 工程各种工具和数据库的操作系统。

Linux 操作系统存在着许多不同版本，但它们都使用了 Linux 内核，可安装在计算机等硬件设备中，如手机、平板电脑、路由器、视频游戏控制台、台式计算机、大型机和超级计算机。国内主要的 Linux 操作系统包括红旗、中标、共创、拓林思等；国外主要的 Linux 操作系统包括 RedHat、Ubuntu、SUSE 等。其中，RedHat（红帽）于 1995 年 1 月由 Bob Young 创办，其以 GNU/Linux 为核心，集成了 400 多个源代码开放的程序模块，冠以品牌 RedHat 在市场上出售，这在经营模式上是一种创举。

2．发展历程

1991 年 9 月 17 日，Linux 内核 0.01 版在芬兰大学和研究网络 FUNET 的 FTP 服务器（ftp.funet.fi）上发布，有 10239 行代码；1991 年 10 月 5 日，发布了内核 0.02 版。

1994 年 3 月，Linux 1.0 内核发布，代码达到 17 万行，按照完全自由免费协议发布，随后正式采用 GPL 协议。

1996 年 6 月，Linux 2.0 内核发布，大约有 40 万行代码，可以支持多个处理器。此时的 Linux 已经进入了实用阶段，全球大约有 350 万人使用。

2001 年 1 月，Linux 2.4 内核发布，它进一步提升了 SMP 系统的扩展性，同时集成了很多用于支持桌面系统的特性，如 USB、PC 卡（PCMCIA）、硬件即插即用等。

2003 年 12 月，Linux 2.6 内核发布，支持多处理器配置，64 位计算等新功能，并且在性能、安全性和驱动程序等方面进行了改进。

2011 年 7 月，Linux 3.0 内核发布，至 2015 年 2 月升级至 3.19 版。

2015 年 4 月，Linux 4.0 内核发布，至 2018 年 12 月升级至 4.20 版。

2019 年 3 月，Linux 5.0 内核发布，至 2021 年升级至 5.10 版。

3．主要功能或特性

Linux 的基本思想有两点：一是一切都是文件；二是每个软件都有确定的用途。其中第一点是指系统中的所有都归结为文件，包括命令、硬件和软件设备、进程等，对于操作系统内核而言，都被视为拥有各自特性或类型的文件。至于说 Linux 是基于 Unix 的，在很大程度上也是因为这两者的基本思想十分相近。

Linux 是一款免费的操作系统，用户可以通过网络或其他途径免费获得，并且可以任意修改其源代码。这是其他的操作系统做不到的。正是由于这一点，来自全世界的无数程序员参与了 Linux 的修改、编写工作，程序员可以根据自己的兴趣和灵感对其进行改变，这让 Linux 吸收了无数程序员思想的精华，从而不断壮大。

Linux 有以下几个特点。

（1）完全兼容 POSIX1.0 标准。这使得在 Linux 下通过相应的模拟器可以运行常见的 DOS、Windows 程序，为用户从 Windows 转到 Linux 奠定了基础。许多用户在考虑使用 Linux 时，总会想到在 Windows 下常见的程序是否能正常运行的问题，这一点消除了他们的疑虑。

（2）多用户、多任务。Linux 支持多用户，各用户对其文件设备有特殊的权利，保证了各用户之间互不影响。多任务则是现在计算机最主要的一个特点，Linux 支持多个程序同时并独立地运行。

（3）良好的界面。Linux 同时支持字符界面和图形界面。在字符界面，用户可以通过键盘输入相应的指令来进行操作，同时，Linux 也提供了类似于 Windows 图形界面的 X-Window 系统，用户可以使用鼠标对其进行操作。X-Window 环境与 Windows 环境相似，可以说是一个 Linux 版的 Windows。

（4）支持多种平台。Linux 可以运行在多种硬件平台上，如具有 X86、680x0、SPARC、Alpha 等处理器的平台。此外，Linux 还是一种嵌入式操作系统，可以运行在掌上电脑、机顶盒或游戏机上。2001 年 1 月份发布的 Linux 2.4 版内核已经能够完全支持 Intel 64 位芯片架构。同时，Linux 也支持多处理器技术，多个处理器同时工作，使系统性能大大提高。

10.1.3　iOS

1．系统简介

iOS 是由苹果公司开发的移动操作系统。苹果公司最早于 2007 年 1 月 9 日在 MacWorld 大会上公布了这个系统，它最初是设计给 iPhone 使用的，后来陆续应用到 iPod touch、iPad 及 Apple TV 等产品上。iOS 与苹果的 Mac OS X 操作系统一样，属于类 Unix 的商业操作系统。原本这个系统命名为 iPhone OS，因为 iPad、iPhone、iPod touch 都使用该系统，所以在 2010 年 WWDC 大会上宣布更名为 iOS。

2．发展历程

2007 年 1 月 9 日，苹果公司在 MacWorld 展览会上正式发布 iPhone，并且于同年 6 月发布第一版 iOS 操作系统，最初名称为 iPhone Runs OS X。2008 年 3 月 6 日，发布第一个测试版开发包，将 iPhone Runs OS X 更名为 iPhone OS。2010 年 6 月，将 iPhone OS 更名为 iOS，同时获得了思科 iOS 的名称授权。

2012 年 2 月，iOS 应用总量达到 552247 个，其中游戏类应用最多，达到 95324 个，比重为 17.26%；书籍类应用以 60604 个排在第二位，比重为 10.97%；娱乐类应用排在第三位，总量为 56998 个，比重为 10.32%。

2012 年 9 月 20 日，发布 iOS 6 正式版，增加了超过 200 项新功能。2013 年 9 月 19 日，发布 iOS 7 正式版，这个版本重新设计了界面，并且对整个系统和每个内置应用都进行了更新。2014 年 9 月 17 日，发布 iOS 8 正式版。2015 年 9 月 17 日，发布 iOS 9 正式版。2016 年 9 月 14 日，发布 iOS 10 正式版，新增骚扰电话识别、本地化地图等中国特色功能。

2017 年 9 月 20 日，发布 iOS 11 正式版，新增 AR 功能。2018 年 9 月 18 日，发布 iOS 12 正式版。2019 年 9 月 20 日，发布 iOS 13 正式版，新增隐私保护登录方式、"深色"模式等功能。2020 年 9 月 17 日，发布 iOS 14 正式版，更新了核心使用体验。2021 年 7 月 20 日，发布 iOS 14.7 正式版，支持 MagSafe 外接电池。2021 年 9 月 14 日，发布 iOS 14.8 正式版，提供了重要的安全性更新。

10.1.4　Android

1．系统简介

Android 是一种基于 Linux 的自由及开放源代码的操作系统，主要用于移动设备，如智能手机和平板电脑，由谷歌（Google）公司和开放手机联盟开发。Android 操作系统最初由 Andy Rubin 开发，主要支持手机。2005 年 8 月由谷歌公司收购注资。2007 年 11 月，谷歌公司与 84 家硬件制造商、软件开发商及电信运营商组建开放手机联盟，共同研发改良 Android 系统。第一部 Android 智能手机发布于 2008 年 10 月。后来，Android 系统逐渐扩展到平板电脑及其他领域上，如电视、数码相机、游戏机、智能手表等。

2. 发展历程

2003 年 10 月，Andy Rubin 等人创建 Android 公司并组建 Android 团队。

2005 年 8 月 17 日，谷歌公司低调收购了成立仅 22 个月的 Android 公司及其团队。Andy Rubin 成为谷歌公司工程部副总裁，继续负责 Android 项目。

2007 年 11 月 5 日，谷歌公司正式向外界展示了这款名为 Android 的操作系统，并且宣布与 84 家硬件制造商、软件开发商及电信运营商组成开放手机联盟（Open Handset Alliance）来共同研发改良 Android 系统，这一联盟将支持谷歌发布的手机操作系统及应用软件。随后谷歌公司以 Apache 免费开源许可证的授权方式，发布了 Android 的源代码。

2008 年，在谷歌公司 I/O 大会上，谷歌公司提出了 AndroidHAL 架构图；同年 8 月 18 日，Android 获得了美国联邦通信委员会（FCC）的批准；2008 年 9 月，谷歌公司正式发布了 Android 1.0 系统，这也是 Android 系统最早的版本。

2009 年 10 月 26 日，Android 2.0 发布，主要更新包括优化硬件速度；"Car Home" 程序；支持更多的屏幕分辨率；改良的用户界面；新的浏览器的用户接口和支持 HTML5；新的联系人名单；更好的白色/黑色背景比率；改进 Google Maps 3.1.2；支持 Microsoft Exchange；支持内置相机闪光灯；支持数码变焦；改进的虚拟键盘；支持蓝牙 2.1；支持动态桌面的设计。

2011 年 2 月 2 日，Android 3.0 发布，主要更新包括平板电脑适配性优化；全新设计的 UI 增强网页浏览功能；In-app Purchases 功能；经过优化的 Gmail 电子邮箱；全面支持 Google Maps；将 Android 手机系统与平板系统再次合并以方便开发者；任务管理器可滚动；支持 USB 输入设备（键盘、鼠标等）；支持 Google TV；支持 XBOX 360 无线手柄；支持更容易地定制屏幕 Widget 插件。

2011 年 10 月 19 日，Android 4.0 发布，主要更新包括全新的 UI；全新的 Chrome Lite 浏览器，如离线阅读、可同时打开 16 个标签页、隐身浏览模式等；支持截图功能；更强大的图片编辑功能；自带照片应用（可堪比 Instagram）可以加滤镜、加相框，360 度全景拍摄，照片根据地点排序等；Gmail 增加手势、离线搜索功能；支持 People 功能，以联系人照片为核心，集成了 Twitter、Linkedin、Google+ 等通信工具；支持用户自定义添加第三方服务；新增流量管理工具，可具体查看每个应用产生的流量，限制使用流量，到达设置标准后自动断开网络。

2014 年 10 月 15 日，Android 5.0 发布。该版本使用一种新的 Material Design 风格，对桌面图标及部件的透明度进行了调整，支持各种桌面小部件重叠摆放。界面加入了五彩缤纷的颜色、流畅的动画效果，呈现出一种清新的风格，统一了 Android 设备的外观和使用体验，包括手机、平板还是多媒体播放器。

2015 年 9 月 30 日，Android 6.0 发布。该版本对软件体验和运行性能进行了大幅度优化，使设备续航时间提升 30%。

2016 年 8 月 22 日，Android 7.0 发布。

2017 年 8 月 22 日，Android 8.0 发布。

2018 年 5 月 9 日，Android 9.0 发布。该版本更改了通知栏样式，并且引入人工智能技术提高帮助功能。

2019 年 3 月 13 日，Android 10.0 发布。该版本主要更新包括将通知栏电量数字调整到下方；长按通知栏信息会显示"阻止""静默显示""保持通知"三个选项；新增原生录屏功能、桌面模式等。

3．主要功能或特性

1）分层架构

Android 的系统架构与其操作系统一样，采用了分层架构。从高层到低层分别是应用程序层、应用程序框架层、系统运行库层、Linux 内核层、硬件抽象层。

（1）应用程序层。Android 会与一系列核心应用程序包一起发布，该应用程序包包括客户端、SMS 短消息程序、日历、地图、浏览器、联系人管理程序等。所有的应用程序都是使用 Java 语言编写的。

（2）应用程序框架层。开发人员可以完全访问核心应用程序所使用的 API 框架。该应用程序框架设计简化了组件的重用；任何一个应用程序都可以发布它的功能块，并且任何其他的应用程序都可以使用其所发布的功能块（需要遵循框架的安全性）。同样，该应用程序重用机制也使用户可以方便地替换程序组件。

（3）系统运行库层。Android 包含一些 C/C++库，这些库能被 Android 系统中不同的组件使用。它们通过 Android 应用程序框架为开发者提供服务，包括从 BSD 继承的系统 C 库，基于 Open Core 的多媒体库等。

（4）Linux 内核层。Android 运行于 Linux Kernel 之上，但并不是 GNU/Linux。因为在一般 GNU/Linux 中支持的功能，Android 大都没有支持，包括 Cairo、X11、Alsa、FFmpeg、GTK、Pango 及 Glibc 等都被移除了。Android 以 Bionic 取代 Glibc，以 Skia 取代 Cairo，以 opencore 取代 FFmpeg。

（5）硬件抽象层。Android 的硬件抽象层（HAL）是能以封闭源码形式提供硬件驱动的模块。HAL 的目的是把 Android 框架与 Linux Kernel 隔离开，让 Android 不至于过度依赖 Linux Kernel，以达成 Kernel 独立的概念，也让 Android Framework 的开发能在不考量驱动程序实现的前提下发展。

2）开发组件

Android 开发四大组件分别是：Activity（活动），用于表现功能；Service（服务），后台运行服务，不提供界面呈现；Broadcast Receiver（广播接收器），用于接收广播；Content Provider（内容提供者），支持在多个应用中存储和读取数据，相当于数据库。

（1）Activity：在 Android 中，Activity 是所有程序的根本，所有程序的流程都运行在 Activity 中，Activity 是开发者遇到的最频繁（也是 Android 中最基本）的模块之一。在 Android 程序中，Activity 一般代表手机屏幕的一屏。如果把手机比作一个浏览器，那么

Activity 就相当于一个网页，可以向 Activity 中添加一些按钮、复选框等控件。在一般情况下，一个 Android 应用是由多个 Activity 组成的，这多个 Activity 之间可以进行相互跳转。例如，按下一个按钮后，可能会跳转到其他的 Activity，与网页跳转稍微有些不一样的是，Activity 之间的跳转有可能返回值。例如，从 Activity A 跳转到 Activity B，那么当 Activity B 运行结束的时候，有可能会给 Activity A 一个返回值。这样做在很多时候是相当方便的。

（2）Service：Service 与 Activity 的级别相似，但是 Service 不能自动启动，只能在后台运行，并且可以与其他组件进行交互。Service 是一种程序，可以运行很长时间，但是没有用户界面。例如，在播放音乐的时候如果想上网了，那么，打开 Android 浏览器，这时虽然已经进入了浏览器程序，但是，歌曲播放并没有停止，而是在后台继续播放。这个播放就是由播放音乐的 Service 控制的。当然这个播放音乐的 Service 也可以停止，例如，当播放列表中的歌曲全部播完，或者用户按下了停止音乐播放的快捷键时。Service 可以在多场合的应用中使用，如检测 SD 卡上文件的变化，或者在后台记录地理位置的改变等。

（3）Broadcast Receiver：在 Android 中，Broadcast 是一种广泛运用的在应用程序之间传输信息的机制，Broadcast Receiver 就是对发送出来的 Broadcast 进行过滤接收并响应的一类组件。可以使用 Broadcast Receiver 让应用对一个外部事件做出响应。例如，当电话呼入这个外部事件到来的时候，可以利用 Broadcast Receiver 进行处理；或者当一个程序下载完成的时候，也可以利用 Broadcast Receiver 进行处理。Broadcast Receiver 不能生成 UI，对用户不可见。Broadcast Receiver 通过 Notification Manager 来通知用户这些事情发生了。Broadcast Receiver 既可以在 Android Manifest.xml 中注册，也可以在运行时的代码中使用 Context.register Receiver()进行注册；只要是注册了，当事件来临的时候，即使程序没有启动，系统也可以在需要的时候启动程序。各种应用还可以通过使用 Context.sendBroadcast()将它们自己的 Intent Broadcasts 广播给其他应用程序。

（4）Content Provider：Content Provider 是 Android 提供的第三方应用数据的访问方案。在 Android 中，对数据的保护是很严密的，除了存储在 SD 卡中的数据，一个应用所持有的数据库、文件等内容，都是不允许其他应用直接访问的。Android 当然不会真的把每个应用都做成一座孤岛，它为所有应用都准备了一扇窗，这就是 Content Provider。应用想对外提供的数据，可以通过派生 Content Provider 类，封装成一个 Content Provider，每个 Content Provider 都用一个 URI 作为独立的标识。这种方式看起来像 REST 服务模式，但实际上，它比 REST 更为灵活。REST 服务也称"RESTful Web service"，是一种基于 HTTP 协议，通过 URI 访问网络资源的服务模式，使用 HTTP 协议的 POST、GET、PUT、DELETE 四种方法来实现资源的新增、查询、修改、删除四种操作。与 REST 类似，URI 也可以有两种类型，一种是携带 ID 的，另一种是列表的。但开发者不需要按照这个模式操作，携带 ID 的 URI 也可以返回列表类型的数据，不用 REST 也可实现类似功能。

3）主要优势

Android 的优势包括开放性、丰富的硬件支持、方便开发等。

（1）开放性：开放性是指 Android 平台允许任何移动终端厂商加入开放手机联盟。显著的开放性可以使其拥有更多的开发者，随着用户和应用的日益丰富，一个崭新的平台也很快走向成熟。开放性对于 Android 的发展而言，有利于积累人气，这里的人气包括用户和厂商，而对于用户来讲，最大的受益正是丰富的软件资源。开放的平台也会带来更大竞争，用户将可以用更低的价格购得心仪的手机。

（2）丰富的硬件支持：丰富的硬件支持也是 Android 平台的优势。众多硬件厂商会推出千奇百怪的，功能特色各具的产品。功能上的差异和特色，却不会影响到数据同步，甚至软件的兼容。

（3）方便开发：方便开发是指 Android 平台提供给第三方开发商一个十分宽泛、自由的环境，不会受到各种条条框框的限制，可想而知，会有多少新颖别致的软件诞生。

10.2　中间件软件

10.2.1　WebLogic

1．系统简介

WebLogic 是美国 Oracle 公司出品的应用服务器（Application Server）软件系统，是一个基于 Java EE 架构的中间件。WebLogic 是用于开发、集成、部署和管理大型分布式 Web 应用、网络应用和数据库应用的 Java 应用服务器。它将 Java 的动态功能和 Java Enterprise 标准的安全性引入大型网络应用的开发、集成、部署和管理中。WebLogic 最早由 WebLogic 公司开发，后并入 BEA 公司，最终 BEA 公司又并入 Oracle 公司。

WebLogic 是商业市场上主要的 Java EE 应用服务器软件之一，是世界上第一个成功商业化的 Java EE 应用服务器。同时，此产品还延伸出 WebLogic Portal、WebLogic Integration 等企业用的中间件。

2．发展历程

1997 年 11 月，最早的 WebLogic 版本 Tengah 发布。1998 年 1 月 WebLogic Tengah 3.0 发布。

2001 年 3 月，WebLogic Server 6.0 发布。2002 年 6 月，WebLogic Server 7.0 发布。

2003 年 7 月，WebLogic Server 8.1 发布。2006 年 11 月，WebLogic Server 9.0 发布，内部代号 Diablo。

2007 年 3 月，WebLogic Server 10.0 发布，支持 J2EE5。2009 年 7 月，WebLogic Server 11g 发布，支持 J2EE6。2011 年 12 月，WebLogic Server 12c（12.0）发布。

2020 年 4 月，WebLogic Server 14c（14.1.1.0.0）发布。

3．主要功能或特性

（1）通用性：对业内多种标准全面支持，包括 EJB、JSP、JMS、JDBC、XML 和 WML，使 Web 应用系统的实施更为简单，并且保护了投资，同时也使基于标准的解决方案的开发更加简便。

（2）可扩展性：WebLogic Server 以其高扩展的架构体系闻名业内，包括客户机连接的共享、资源池，以及动态网页和 EJB 组件群集。BEA WebLogic Server 既实现了网页群集，也实现了 EJB 组件群集，而且不需要任何专门的硬件或操作系统支持。网页群集可以实现透明的复制、负载平衡及表示内容容错，如 Web 购物车；EJB 组件群集则处理复杂的复制、负载平衡和 EJB 组件容错，以及状态对象（如 EJB 实体）的恢复。

（3）快速开发：凭借对 EJB 和 JSP 的支持，以及 WebLogic Server 的 Servlet 组件架构体系，可加速 Web 应用系统的开发与市场投放速度。当这些开放性标准与 WebGain Studio 配合时，可简化 Web 应用系统的软件开发与系统部署。

（4）灵活性：与领先数据库、操作系统和 Web 服务器紧密集成。

（5）可靠性：其容错、系统管理和安全性能已经在全球数以千计的关键任务环境中得以验证。

10.2.2 WebSphere

1．系统简介

WebSphere 是 IBM 公司出品的应用服务器，是一个基于 Java EE 架构的中间件。它包含了编写、运行和监视全天候的、工业强度的、随需应变的 Web 应用程序和跨平台、跨产品解决方案所需的整个中间件基础设施，如服务器、服务和工具等。WebSphere 提供了可靠、灵活和健壮的软件。

WebSphere Application Server 是基础模块，其他所有产品都在它之上运行。WebSphere Process Server 基于 WebSphere Application Server 和 WebSphere Enterprise Service Bus，为面向服务的体系结构（SOA）的模块化应用程序提供了基础，并且支持业务流程驱动的应用程序。高性能环境还使用 WebSphere Extended Deployment 作为其基础设施的一部分。其他 WebSphere 产品则提供了广泛的其他服务。

WebSphere 是一个模块化的平台，基于业界支持的开放标准，可以通过受信任和持久的接口，将现有资产插入 WebSphere。WebSphere 可以在多种平台上运行，包括 Intel、Linux 和 Unix。

2．发展历程

2004 年 12 月，WebSphere 6.0 版本发布。

2011 年 6 月，WebSphere 8.0 版本发布。

2016 年 6 月，WebSphere 9.0 版本发布。

3．主要功能或特性

（1）随需应变：随需应变业务的业务流程跨企业，并且与关键合作伙伴、供应商和用户进行端到端集成，能够快速响应任何用户需求、市场机遇或外部威胁。可以使用 WebSphere 构建和监视基础设施以支持随需应变业务，以及构建和扩展在基础设施上运行的应用程序。IBM 提供了广泛的工具和功能来构建、运行、管理和优化 WebSphere 应用程序。WebSphere 工具套件基于 Java EE 和 Eclipse 等行业开放标准，并且使用公共的安装、管理、安全和编程模型。

（2）交互功能：人员集成功能允许用户、雇员和业务合作伙伴随时随地与业务信息、应用程序和业务流程交互。例如，使用这些功能，可以实现呼叫中心功能的自动化，然后授权选定的雇员、用户和业务合作伙伴从他们的个人计算机、移动电话等设备访问这些功能。

（3）流程集成：企业可以使用流程集成功能对业务流程进行建模、编排、监视和优化，以使它们与战略业务目标保持一致。例如，对某个关键业务流程建模，然后模拟、细化这个流程，使之与人交互，再将它投入生产应用并进行监视和优化，从而可以在业务需求发生变化时快速和智能地调整。

（4）信息集成：信息集成功能允许企业创建不同来源的结构化和非结构化信息的一致和统一的视图，以及管理和同步相关信息。例如，创建跨所有信息资产的自由格式的搜索，这些资产包括 Web 站点、关系数据库、文件系统、新闻组、门户、协作系统和内容管理系统等。

（5）程序集成：应用程序集成功能提供广泛的服务来支持跨应用程序的可靠和灵活的信息流，这些应用程序可能是在不同的企业服务器和平台上运行，并且使用不同的语言。例如，简单地在应用程序之间交换消息，或者针对更复杂的业务需求创建一个灵活的、面向服务的体系结构，以支持跨应用程序的系统性信息交换。

（6）基础设施：WebSphere 应用程序基础设施能够构建、部署、集成和增强新的和现有的应用程序。例如，使遗留系统支持 Web 和扩展它们，并且使它们能够在 Java 环境中运行。

（7）加速器：如果要立即着手开发应用程序，可以使用加速器。这些预构建的解决方案能够弥补某些方面的经验或专业技术的不足，并且确保为将来的扩展提供坚实的基础。

10.2.3　Apache

1．系统简介

Apache HTTP 服务器是 Apache 软件基金会的一个开放源码的 Web 服务器，通常简称为 Apache，可以在绝大多数计算机操作系统中运行，如 Unix、Windows、Linux 等。由于其跨平台性和安全性，Apache HTTP 服务器被广泛使用，是最流行的 Web 服务器软件之一。它可以通过简单的 API 扩展，将 Perl/Python 等解释器编译到服务器中。

Apache 是一个模块化的服务器，源于 NCSAhttpd 服务器，经过多次修改，成为世界上最流行的 Web 服务器软件之一。Apache 取自"a patchy server"的读音，意思是充满补丁的服务器，因为它是自由软件，所以不断有人为它开发新的功能、新的特性，并且修改原来的缺陷。Apache 的特点是简单、速度快、性能稳定，并且可作为代理服务器使用。

Apache HTTP 服务器最初用于小型或试验 Internet 网络，后来逐步扩充到各种 Unix 系统中，尤其对 Linux 的支持相当完美。Apache 支持 SSL 技术，支持多个虚拟主机。由于 Apache 是以进程为基础的结构，进程要比线程消耗更多的系统开支，不太适合于多处理器环境，因此，在一个 Apache Web 站点扩容时，通常是增加服务器或扩充集群节点而不是增加处理器。很多著名的网站如 Amazon、Yahoo、W3 Consortium、Financial Times 等都使用 Apache。它的成功之处主要在于源代码开放，有一支开放的开发队伍，支持跨平台应用，以及可移植性强等方面。

2．发展历程

Apache 最初由伊利诺伊大学香槟分校的国家电脑应用中心开发，此后 Apache 被开放源代码团体的成员不断发展和加强。

Apache 开始是 Netscape 网页服务器之外的开放源代码选择，后来它开始在功能和速度上超越其他的基于 Unix 的 HTTP 服务器。自 1996 年 4 月以来，Apache 一直是 Internet 上最流行的 HTTP 服务器，2005 年 11 月市场占有率接近 70%。2014 年 3 月发布 Apache HTTP Server 2.4.9，2021 年 9 月发布 2.4.49 版本。

3．主要功能或特性

Apache HTTP server 有以下特性。

（1）支持最新的 HTTP/1.1 通信协议。

（2）拥有简单的基于文件的配置过程。

（3）支持通用网关接口（CGI）。

（4）支持基于 IP 和基于域名的虚拟主机。

（5）支持多种方式的 HTTP 认证。

（6）集成 Perl 处理模块。

（7）集成代理服务器模块。

（8）支持实时监视服务器状态和定制服务器日志。

（9）支持服务器端包含指令。

（10）支持安全套接层（SSL）。

（11）提供用户会话过程的跟踪。

（12）支持 FastCGI。

（13）通过第三方模块支持 JavaServlets。

10.2.4　Tomcat

1．系统简介

Tomcat 是 Apache 软件基金会的一个核心项目，由 Apache、Sun 和其他一些公司及个人共同开发而成。Tomcat 技术先进、性能稳定，而且免费，因而深受 Java 爱好者的喜爱并得到了部分软件开发商的认可，成为目前比较流行的 Web 应用服务器。

Tomcat 是一个开放源代码的 Web 应用服务器，属于轻量级应用服务器，在中小型系统和并发访问用户不是很多的场景下被普遍使用，是开发和调试 JSP 程序的首选。

Tomcat 是 Java Servlet、JSP、Java Expression Language、Java WebSocket 等技术的开源实现，而这些技术都是基于 JCP（Java Community Process）组织制定的 JSR（Java Specification Requests）规范。

2．发展历程

Tomcat 最初是由 Sun 公司的软件构架师詹姆斯·邓肯·戴维森开发的，后来他帮助将其变为开源项目，并且由 Sun 公司贡献给 Apache 软件基金会。

2004 年，Tomcat 3.3.X 版本发布。3.3 以前的版本属于 Jakarta 的子项目，之后 Tomcat 从该项目中独立出来直接隶属 Apache 软件基金会。

2019 年，Tomcat 9.0.X 版本发布。

3．主要功能或特性

（1）可移植性：Tomcat 可以在多种操作系统下运行，包括 Windows、Linux、Unix 等。

（2）轻量级：Tomcat 的核心代码非常小巧，安装包只有几十 MB 大小，占用系统资源较少，启动速度也非常快。

（3）易用性：Tomcat 提供了一个 Web 应用程序管理界面，可以方便地部署，管理和监控应用程序，也可以通过命令行方式进行操作。

（4）可扩展性：Tomcat 支持扩展，可以通过添加插件来增强其功能。

（5）安全性：Tomcat 提供了多种安全特性，包括 SSL/TLS、数字证书访问控制等，可以保障 Web 应用程序的安全性。

10.3　数据库管理系统

1．Oracle

Oracle 数据库是 Oracle 公司研发的一款关系型数据库管理系统。Oracle 数据库系统是目前世界上流行的关系数据库管理系统，具有可移植性好、使用方便、功能强等特点，适用于各类大、中、小、微机环境，是一种高效率、高可靠性、适应高吞吐量的数据库解决方案。

Oracle 数据库以分布式数据库为核心，可以采用客户机/服务器或浏览器/服务器架构。

2．SQL Server

SQL Server 是微软公司推出的关系型数据库管理系统，具有使用方便、可伸缩性好、与相关软件集成度高等优点，可跨越多种平台使用。

SQL Server 是一个全面的数据库平台，使用集成的商业智能（BI）工具提供企业级的数据管理，为关系型数据和结构化数据提供了更安全、更可靠的存储功能，可以构建和管理用于业务的高可用和高性能的数据应用程序。

3．DB2

DB2 是 IBM 公司开发的关系型数据库管理系统，它有多种不同的版本，包括 DB2 工作组版（DB2 Workgroup Edition）、DB2 企业版（DB2 Enterprise Edition）、DB2 个人版（DB2 Personal Edition）和 DB2 企业扩展版（DB2 Enterprise-Extended Edition）等，这些产品基本的数据管理功能是一样的，区别在于支持远程用户的能力和分布式处理能力不同。

个人版适用于单机使用，即只能由本地应用程序访问。工作组版和企业版提供了本地和远程用户访问 DB2 的功能（远程用户要安装应用程序开发组件）。企业版除包括工作组版中的所有组件外，再增加对主机连接的支持。企业扩展版允许将一个大的数据库分布到同一类型的多个计算机上，这种分布式功能尤其适用于大型数据库的处理。

DB2 可运行在 OS/2、Windows NT、Unix 操作系统上，通常将运行在这些平台上的 DB2 产品统称为 DB2 通用数据库，这主要是强调这些产品的运行环境类似，并且共享相同的源代码。DB2 通用数据库主要组件包括数据库引擎（Database Engine）、应用程序接口和一组工具。数据库引擎提供了关系数据库管理系统的基本功能，如管理数据、控制数据的访问（包括并发控制）、保证数据完整性及数据安全等。所有数据访问都通过 SQL 接口进行。

4．MySQL

MySQL 是一种开放源代码的关系型数据库管理系统，是最流行的关系型数据库之一，使用 SQL 进行数据库管理。

由于 MySQL 是开放源代码的，因此任何人都可以在 GPL（General Public License）的许可下下载并根据个性化的需要对其进行修改。MySQL 因为其在速度、可靠性和适应性等方面的特点而备受关注。

10.4　云计算平台

10.4.1　VMware

1．系统简介

VMware 虚拟机是 VMware 公司开发的系统虚拟化软件，它可以在一台计算机上同时运行多个 Windows、DOS、Linux 系统，通常简称为 VMware。与"多启动"系统相比，VMware 采用了完全不同的概念。多启动系统在一个时刻只能运行一个系统，在系统切换时需要重新启动计算机。

尽管虚拟化技术能够大幅度提升计算资源的使用效率，但是事实上这些资源并不是免费的。无论 VMware 虚拟机为企业提供什么样的价值，都会占用内存、CPU 计算时间、存储和网络 I/O 等资源。在企业接受 VMware 虚拟机技术并制订自己的 VMware 虚拟机策略之后，管理员需要理解虚拟机生命周期的概念及如何部署基础架构，并且根据内部策略对整个虚拟机生命周期进行管理。这样可以保证企业能够在更加高效和节约成本的情况下合理利用硬件计算资源。

2．发展历程

1999 年，VMware 发布第一款产品 VMware Workstation。

2001 年，VMware 发布 VMware GSX Server（托管）和 VMware ESX Server（不托管），进入服务器市场。

2003 年，VMware 发布 vCenter，确立了它在高性能和高可用方面的优势。

2009 年，VMware 发布 vSphere 1.0 云操作系统，可用于管理大型基础架构池。

2020 年，VMware 发布 vSphere 7.0，这是十年来 vSphere 的最大演进，vSphere 7.0 被重构为采用 Kubernetes API 的开放平台。

3．主要功能或特性

（1）不需要分区或重启就能在同一台计算机上使用两种以上的操作系统。

（2）完全隔离并保护不同操作系统的操作环境，以及所有安装在操作系统上的应用软件和资料。

（3）不同的操作系统之间可以进行互动操作，包括网络、应用、文件分享及复制粘贴功能等。

（4）支持复原（Undo）功能。

（5）能够设定并随时修改操作系统的操作环境，如内存、磁盘空间、周边设备等。

（6）支持热迁移，具有高可用性。

10.4.2 KVM

1．系统简介

KVM 是 Kernel-based Virtual Machine 的简称，是一个开源的系统虚拟化模块，自 Linux 2.6.20 之后集成在 Linux 的各主要发行版本中。它使用 Linux 自身的调度器进行管理，所以相对于 Xen，其核心源码很少。KVM 目前已成为学术界使用的主流虚拟机监视器（Virtual Machine Monitor，VMM）之一。

KVM 的虚拟化需要硬件支持，如 Intel VT 技术或 AMD-V 技术的 CPU，是基于硬件的完全虚拟化；而 Xen 早期是基于软件模拟的半虚拟化，新版本则是基于硬件支持的完全虚拟化。Xen 本身有自己的进程调度器、存储管理模块等，所以代码量较为庞大。广为流传的商业系统虚拟化软件 VMware ESX 系列则是基于软件模拟的完全虚拟化。

2．发展历程

2008 年 9 月，Redhat 收购了一家名为 Qumranet 的以色列小公司，由此为 Redhat 带来了 KVM 虚拟化技术。

2009 年 9 月，Redhat 发布其企业级 Linux 的 5.4 版本（RHEL 5.4），在原本的 Xen 虚拟化机制之上，将 KVM 添加了进来。

2010 年 11 月，Redhat 发布其企业级 Linux 的 6.0 版本（RHEL 6.0），这个版本将默认安装的 Xen 虚拟化机制彻底去除，仅提供 KVM 虚拟化机制。

2010 年，IBM 和 Redhat 联合惠普公司和英特尔公司，成立了开放虚拟化联盟（Open Virtualization Alliance），目前，开放虚拟化联盟的成员已经增加至近 300 个，联盟发展十分迅速。IBM 全线硬件都针对 Redhat Linux 和 KVM 进行了大量的优化，有 60 多名开发者专注于开发 KVM 相关的代码。

3．主要功能或特性

（1）具备 Linux 操作系统的功能，如安全防护、内存管理、进程调度、设备驱动、网络堆栈等。

（2）可以在 Linux 和 Windows 平台上运行，并且支持跨平台互操作。

（3）操作简便，通过单个虚拟化平台，可以创建、启动、停止、暂停、迁移数百个虚拟机。

（4）性能卓越，各种应用在 KVM 上的运行速度比其他虚拟机都快。

（5）代码开源，能更灵活地与各种产品集成。

（6）总拥有成本更低，节省运营费用。

10.4.3　XenServer

1．系统简介

XenServer 是 Citrix 公司基于 Xen 的虚拟化服务器，是一种全面且易于管理的服务器虚拟化平台，运行于强大的 Xen Hypervisor 之上，是为了高效地管理 Windows 和 Linux 虚拟服务器而设计的，可提供经济高效的服务器整合和业务连续性。Xen 技术被看作业界最快速、最安全的虚拟化软件。

XenServer 是在云计算环境中经过验证的企业级虚拟化平台，可提供创建和管理虚拟基础架构所需的所有功能。免费版 XenServer 配备有 64 位系统管理程序和集中管理、实时迁移及转换工具，可创建一个虚拟平台来最大限度地提高虚拟机密度和性能。

2．发展历程

2010 年 4 月，XenServer 4.0 发布。2011 年 4 月，XenServer 4.1 发布。

2013 年 4 月，开源虚拟机 Xen 成为 Linux 基金会项目。

2014 年 3 月，XenServer 4.4 发布，该版本能更好地支持 ARM 架构。

2019 年 4 月，XenServer 7.0 发布。

3．主要功能或特性

（1）高可用性：为虚拟机环境提供了全自动系统故障恢复机制。为 IT 管理员提供了多级保护机制，确保最先启动最关键的工作负载，然后在容量允许的情况下启动低优先级工作负载。

（2）高级存储管理：StorageLink 技术与领先存储平台进行了深度集成，利用现有的管理功能和进程，可降低虚拟环境中存储管理的成本和复杂性。

（3）自动化实验室管理：自动化实验室管理功能可帮助减少开发、支持培训机构通常使用的非生产环境的管理复杂性、时间和成本。

（4）动态供给服务：供给服务可加速虚拟环境中服务器工作负载的发布速度，由于利用单个服务器镜像就可不限次数地供给工作负载，因而大幅提高了 IT 灵活性，简化了后续 IT 管理。

（5）增强 Microsoft Hyper-V：提供强大的高级虚拟化管理功能集，以增强虚拟环境的可扩展性、可管理性和灵活性。

10.4.4　OpenStack

1．系统简介

OpenStack 是由 NASA（美国国家航空航天局）和 Rackspace 合作研发并发起的，以 Apache 许可证授权的自由软件和开放源代码项目。

OpenStack 是一个开源的云计算管理平台项目，由几个主要的组件组合起来完成具体工作。它支持几乎所有类型的云环境，项目目标是提供实施简单、可大规模扩展、丰富、标准统一的云计算管理平台。OpenStack 通过各种互补的服务提供了基础设施即服务（IaaS）

的解决方案，每个服务提供 API 以进行集成。

OpenStack 是一个旨在为公共及私有云的建设与管理提供软件的开源项目。它的社区拥有超过 130 家企业及 1350 位开发者，这些机构与个人都将 OpenStack 作为 IaaS 资源的通用前端。OpenStack 项目的首要任务是简化云的部署过程并为其带来良好的可扩展性。

OpenStack 可帮助服务商和企业内部实现类似于 Amazon EC2 和 S3 的 IaaS 云服务。OpenStack 除了有 Rackspace 和 NASA 的大力支持，还有 Dell、Citrix、Cisco、Canonical 等重量级公司的贡献和支持，发展速度非常快，有取代另一个业界领先开源云平台 Eucalyptus 的态势。

OpenStack 虽然有些方面还不太成熟，然而它有全球大量的组织支持，大量的开发人员参与，发展迅速。国际上已经有很多使用 OpenStack 搭建的公有云、私有云、混合云，如 RackspaceCloud、惠普云、MercadoLibre 的 IT 基础设施云、AT&T 的 CloudArchitec、戴尔的 OpenStack 解决方案等。OpenStack 很可能在未来的 IaaS 资源管理方面占据领导位置，成为公有云、私有云及混合云管理的"云操作系统"标准。

2．发展历程

OpenStack 的开发周期是每年固定发布两个新版本，并且每个新版本发布时，开发者与项目技术领导者已经在规划下个版本的细节。

2010 年，第 1 个版本 Austin 发布。

2014 年 4 月，第 9 个版本 Icehouse 发布。

2019 年，第 20 个版本 Train 发布。

3．主要功能或特性

OpenStack 覆盖了网络、虚拟化、操作系统、服务器等各方面，包括计算、对象存储、镜像服务、身份服务、网络和地址管理、块存储、UI 界面、测量、部署编排、数据库服务等功能。

（1）计算：Nova 是一套控制器，用于为单个用户或群组管理虚拟机实例的整个生命周期，根据用户需求提供虚拟服务。它负责虚拟机的创建、开机、关机、挂起、暂停、调整、迁移、重启、销毁等操作，配置 CPU、内存、网络等。

（2）对象存储：Swift 是一套在大规模可扩展系统中通过内置冗余及高容错机制实现对象存储的系统，它可为 Glance 提供镜像存储，为 Cinder 提供卷备份服务。

（3）镜像服务：Glance 是一套虚拟机镜像查找及检索系统。它支持多种虚拟机镜像格式，包括 VMware（VMDK）、Amazon 镜像（AKI、ARI、AMI），以及 VirtualBox 所支持的各种磁盘格式（ISO、QCOW2、Raw、VDI、VHD），有创建镜像、上传镜像、删除镜像、编辑镜像基本信息的功能。镜像元数据的容器格式包括 Amazon 的 AKI、ARI 及 AMI 信息，标准 OVF 格式及二进制大型数据。

（4）身份服务：Keystone 为 OpenStack 其他服务提供身份验证、服务规则和服务令牌的功能，管理域、项目、用户、组、角色等。

（5）网络和地址管理：Neutron 提供云计算的网络虚拟化技术，为 OpenStack 其他服务提供网络连接服务；为用户提供接口，可以定义网络、子网、路由等，支持 DHCP、DNS、负载均衡、L3 等服务。

（6）块存储：Cinder 为运行实例提供稳定的数据块存储服务，它的插件驱动架构有利于块存储设备的创建和管理，如创建卷、删除卷，或者在实例上挂载和卸载卷等。

（7）UI 界面：Horizon 是 OpenStack 中各种服务的 Web 管理门户，用于简化用户对服务的操作，如启动实例、分配 IP 地址、配置访问控制等。

（8）测量：Ceilometer 像一个漏斗一样，能把 OpenStack 内部发生的几乎所有的事件都收集起来，然后为计费和监控及其他服务提供数据支撑。

（9）部署编排：Heat 提供了一种通过模板定义的协同部署方式，实现云基础设施软件运行环境（计算、存储和网络资源）的自动化部署。

（10）数据库服务：Trove 为用户的 OpenStack 环境提供可扩展和可靠的关系型数据库和非关系型数据库引擎服务。

10.5　软件开发工具

10.5.1　Java EE

1．系统简介

Java EE 架构是使用 Java 技术开发企业级应用的一种事实上的工业标准（Sun 公司出于其自身利益的考虑，至今没有将 Java 及其相关技术纳入标准化组织的体系），它是 Java 技术在不断适应和促进企业级应用过程中的产物。Sun 公司推出 Java EE 的目的是克服传统 C/S（客户机/服务器）架构的弊病，迎合 B/S（浏览器/服务器）架构的潮流，为使用 Java 技术开发服务器端应用提供一个平台独立的、可移植的、多用户的、安全的和基于标准的企业级平台，从而简化企业应用的开发、管理和部署。

目前，Java 平台有三个版本：适用于小型设备和智能卡的 Java ME、适用于桌面系统的 Java SE 和适用于企业级应用的 Java EE。Java EE 是一个标准，而不是一个现成的产品。各平台开发商按照 Java EE 规范开发了不同的 Java EE 应用服务器，用于部署 Java EE 企业级应用。

2．发展历程

1995 年 5 月，Java 语言诞生。1997 年 2 月，JDK 1.1 发布。1998 年 12 月，Java 2 企业平台 J2EE 发布（J2EE 1.2）。1999 年 6 月，Sun 公司发布了 Java 的三个版本，即标准版（J2SE）、企业版（J2EE）和微型版（J2ME）。

2000 年 5 月 8 日，JDK 1.3 发布。2000 年 5 月 29 日，JDK 1.4 发布。2001 年 9 月，J2EE 1.3 发布。

2002 年 2 月，J2SE 1.4 发布，此后 Java 的计算能力有了大幅提升。2004 年 9 月，J2SE

1.5 发布，这是 Java 语言发展史上的又一里程碑。为了表示该版本的重要性，J2SE 1.5 更名为 Java SE 5.0。

2005 年 6 月，JavaOne 大会召开，Sun 公司发布 Java SE 6。此时，Java 的各种版本已经更名，以取消其中的数字"2"：J2ME 更名为 Java ME，J2SE 更名为 Java SE，J2EE 更名为 Java EE。

2006 年 12 月，Sun 公司发布 JRE 6.0。2009 年 12 月，Sun 公司发布 Java EE 6。2009 年 4 月 20 日，Oracle 收购 Sun。2017 年 10 月，Oracle 公司发布 Java EE 8。2019 年 2 月，Oracle 公司发布 JDK 12。

3. 主要功能或特性

（1）JDBC（Java DataBase Connectivity）：JDBC 提供连接各种关系型数据库的统一接口，由一组用 Java 语言编写的类和接口组成。它为工具/数据库开发人员提供了一个标准的 API，据此可以构建更高级的工具和接口，使开发人员能够用纯 Java API 编写数据库应用程序。

（2）EJB（Enterprise JavaBeans）：EJB 使得开发人员能方便地创建、部署和管理跨平台的基于组件的企业应用。

（3）Java RMI（Java Remote Method Invocation）：Java RMI 用于开发分布式 Java 应用程序，使一个 Java 对象的方法能被远程 Java 虚拟机调用。这样，只要双方的应用程序都是用 Java 编写的，远程方法调用就既可以发生在对等的两端，也可以发生在客户机和服务器之间。

（4）JNDI（Java Naming and Directory Interface）：JNDI 提供从 Java 平台到目录服务的统一的无缝连接。这个接口屏蔽了企业网络所使用的各种命名和目录服务。

（5）JMAPI（Java Management API）：JMAPI 为异构网络上系统、网络和服务管理的开发提供一整套丰富的对象和方法。

（6）JMS（Java Message Service）：JMS 提供企业消息服务，如可靠的消息队列、发布和订阅通信，以及推拉（Push/Pull）技术等。

（7）JTS（Java Transaction Service）：JTS 提供存取事务处理资源的开放标准，这些事务处理资源包括事务处理应用程序、事务处理管理及监控等。

（8）JMF（Java Media Framework）：JMF 可以帮助开发人员把音频、视频和其他一些基于时间的媒体放到 Java 应用程序或 Applet 小程序中，为多媒体开发人员提供捕捉、回放、编解码等工具，是一个弹性的、跨平台的多媒体解决方案。

（9）Annotation：Annotation 提供一种机制，将程序的元素（如类、方法、属性、参数、本地变量、包等）与元数据联系起来。这样编译器就可以将元数据存储在 Class 文件中，虚拟机和其他对象可以根据这些元数据决定如何使用这些程序元素或改变它们的行为。

（10）JavaBeans：JavaBeans 是一个开放的、标准的组件体系结构，它独立于平台，但使用 Java 语言。一个 JavaBean 是一个满足 JavaBeans 规范的 Java 类，通常定义了一个现实世界的事物或概念。JavaBeans 的主要特征包括属性、方法和事件。通常，在一个支持 JavaBeans 规范的开发环境中，可以可视地操作 JavaBeans，也可以使用一个已有的 JavaBean

构造出新的 JavaBean。JavaBeans 的优势还在于 Java 带来的可移植性。EJB 将 JavaBeans 概念扩展到 Java 服务端组件体系结构，这个模型支持多层的分布式对象应用。

（11）JavaFX：JavaFX 能用于开发富互联网应用程序（Rich Internet Application，RIA）。JavaFX Script 编程语言（简称 JavaFX）是 Sun 公司开发的一种声明性的（Declarative）静态类型脚本语言，可以直接调用 Java API。这使得用 Java 技术创建和管理大型程序变为可能。

（12）Java 管理扩展（Java Management Extensions，JMX）：JMX 是一个为应用程序、设备、系统等植入管理功能的框架。JMX 可以跨越一系列异构操作系统平台、系统体系结构和网络传输协议，灵活地开发无缝集成的系统、网络和服务管理应用。

（13）JPA（Java Persistence API）：JPA 通过 JDK 5.0 注解或 XML 描述对象—关系表的映射关系，将运行期的实体对象持久化到数据库中。

10.5.2　.Net

1. 系统简介

.NET 框架是微软公司开发的一个支持多种语言的组件开发和执行环境，它提供了一个跨语言的统一编程环境。.NET 框架的目的是使开发人员更容易地建立 Web 应用程序和 Web 服务，使互联网上的各应用程序之间可以使用 Web 服务进行沟通。从层次结构上看，.NET 框架包括三个主要组成部分，即公共语言运行库（Common Language Runtime，CLR）、服务框架（Services Framework）和上层的两类应用模板——传统的 Windows 应用程序模板（Win Forms）和基于 ASP.NET 的面向 Web 的网络应用程序模板（Web Forms 和 Web Services）。

2. 发展历程

2003 年，.NET 1.0 发布。2005 年，.NET 2.0 发布。2008 年，.NET 3.0 发布。2010 年，.NET 4.0 发布。2020 年，.NET 5.0 发布。

3. 主要功能或特性

（1）跨操作系统：可在 Windows、macOS 和 Linux 操作系统上运行。

（2）跨体系结构：可在 x64、x86 和 ARM 等多个体系结构上以相同的行为运行代码。

（3）支持命令行工具：包括可用于本地开发和持续集成方案中的易于使用的命令行工具。

（4）部署灵活：可以在应用中包含或并行安装不同版本的.NET，并且可搭配 Docker 容器使用。

（5）开放源代码：.NET 平台是开放源代码的，使用 MIT 和 Apache2 许可证。

（6）多种语言支持：可以使用 C#、Visual Basic 和 F#语言编写适用于.NET 的应用程序和库。

10.5.3　LAMP

1. 系统简介

LAMP 是一组自由软件的首字缩写。它们分别是 Linux、Apache、MariaDB 或 MySQL、

PHP/Perl 或 Python，其中 Linux 是操作系统，Apache 是网页服务器，MariaDB、MySQL 是数据库系统，PHP/Perl、Python 是脚本语言。

虽然这些开放源代码程序本身并不是专门设计成与另外几个程序一起工作的，但由于它们低廉的价格和使用的普遍性，这个组合开始流行起来。目前，大多数 Linux 发行版本中都捆绑了这些软件。当这些软件一起使用的时候，它们表现得像一个具有活力的"解决方案包"（Solution Packages）。

2．发展历程

1998 年，Michael Kunze 在一篇为德国计算机杂志而写的文章中使用了缩略语"LAMP"，意在展示一系列的自由软件成为商业软件包的替换物。由于 IT 世界众所周知的对缩写的爱好，Kunze 提出"LAMP"这一容易被市场接受的术语来普及自由软件的使用。

3．主要功能或特性

Linux 操作系统、Apache 网页服务器、MySQL 数据库、Perl/PHP 或 Python 编程语言，组成 LAMP 的所有产品均是开源软件，这是国际上成熟的架构框架，很多流行的商业应用都采用这个架构。与 Java EE 架构相比，LAMP 具有 Web 资源丰富、轻量、快速开发等特点；与微软的.NET 架构相比，LAMP 具有通用、跨平台、高性能、低价格等优势。因此 LAMP 无论是性能、质量还是价格，都是企业搭建网站的首选平台。

10.6　软件测试工具

10.6.1　LoadRunner

1．系统简介

LoadRunner 是一种预测系统行为和性能的负载测试工具。通过模拟大量用户实施并发负载及实时性能监测的方式来查找和发现问题，LoadRunner 能够对整个企业架构进行测试。企业使用 LoadRunner 能最大限度地缩短测试时间，优化性能和加速应用系统的发布周期。LoadRunner 适用于各种体系架构的自动负载测试，能预测系统行为并评估系统性能。

此外，LoadRunner 支持广泛的协议和技术，能测试各种应用程序，如 Web 应用、移动应用等。

2．发展历程

1989 年，Mercury Interactive 公司发布 LoadRunner 1.0。2006 年，HP 公司收购 Mercury Interactive 公司。

2018 年，HP 公司发布 LoadRunner 12.0。

2020 年，HP 公司发布 LoadRunner 14.0。

2023 年，HP 公司发布 LoadRunner 17.0。

3．主要功能或特性

（1）支持 Kafka 协议测试脚本开发。

（2）支持 Web 请求的对应文本内容关联，支持在脚本录放过程中添加 Web 请求头部信息。

（3）支持 Azure Key Vault 认证，确保密钥管理的安全性。

（4）支持 Gremlin 混沌工程测试。

（5）支持 UTF8 编码。

（6）支持数据导出和收集。

10.6.2　JUnit

1．系统简介

JUnit 是一个基于 Java 语言的单元测试框架，由 Kent Beck 和 Erich Gamma 建立，并且逐渐成为源于 Kent Beck 的 xUnit 家族中最为成功的一个。JUnit 有其自己的扩展生态圈，多数 Java 开发环境都已经集成了 JUnit 作为单元测试的工具。

2．发展历程

JUnit 起源于 1997 年，最初版本是由两位编程大师 Kent Beck 和 Erich Gamma 在一次飞机之旅上完成的。由于当时 Java 测试过程缺乏成熟的工具，因此两人在飞机上就合作设计实现了 JUnit 雏形，旨在成为更好用的 Java 测试框架。如今 20 多年过去了，JUnit 经过各版本的迭代演进，已经发展到了 5.x 版本。

3．主要功能或特性

（1）JUnit 是一个回归测试框架（Regression Testing Framework），继承 TestCase 类，可以用于自动测试。

（2）JUnit 测试是程序员测试，即所谓的白盒测试，因为程序员知道被测试的软件如何完成功能和完成什么样的功能。

（3）JUnit 是在极限编程和重构中被极力推荐使用的工具，因为在实现自动单元测试的情况下，可以大大提高开发的效率。

（4）JUnit 可以用于测试期望结果的断言。

（5）JUnit 可以用于共享共同测试数据的测试工具。

（6）JUnit 可以用于方便地组织和运行测试的测试套件。

（7）JUnit 可以作为图形和文本的测试运行器。

10.6.3　BugFree

1．系统简介

BugFree 是借鉴微软公司的研发流程和 Bug 管理理念，使用 PHP+MySQL 独立编写的一个 Bug 管理系统。它简单实用、免费且开放源代码（遵循 GNU GPL）。命名为 BugFree 有两层意思：一是希望软件中的缺陷越来越少，直到没有；二是表示它是免费且开放源代码的，可以自由使用和传播。

如何有效地管理软件产品中的 Bug，是每家软件企业必须面临的问题。遗憾的是，很多软件企业还停留在作坊式的研发模式中，其研发流程、研发工具、人员管理等方面都不尽如人意，无法有效地保证质量并控制进度，很难做到使产品可持续发展。在这种情况下，就可以用 BugFree 来管理 Bug，以不断提高产品质量。

2．发展历程

2005 年，BugFree 1.0 发布。2009 年，BugFree 2.0 发布。2013 年，BugFree 3.0 发布。2020 年，BugFree 3.0.5 发布。

3．主要功能或特性

BugFree 是一个工具，掌握其中蕴含的软件研发的流程思想，才能用好这个工具。BugFree 忠实地记录着每个问题的处理过程，不断提醒存在的问题，并且永远不会丢失和忘记。如果参与过较大的软件项目或产品的研发，就会理解它对软件可持续发展是至关重要的；而且研发规模越大，BugFree 的作用就越大。

BugFree 可对 Bug 从创建到关闭的全生命周期过程进行有效管理，并且支持 Bug 指派时的邮件通知功能。

Bugfree 是免费且开源的，其源代码规模很小，一个中等水平 PHP 程序员在几周内就可以看懂所有的源代码，随后就可以根据自身需求进行个性化定制了。

第五部分
Part 5/ 企业信息化应用实践

第11章

组织体系与评价考核

11.1 组织体系建设案例

组织体系是企业信息化建设的重要保障。本章以大型制造类集团企业 CIO 制度体系与队伍建设为例，讲述企业信息化组织体系建设的过程与做法。

11.1.1 企业基本情况

大型制造类集团企业通常由总部、科研院和生产基地等二级单位及其他企业制、股份制企业组成，所属企业的地域分布广。

11.1.2 CIO 制度体系建设

1. 建设背景与意义

我们处在一个信息化的时代，信息技术正在高速发展。国际先进企业早已把信息化作为企业的核心竞争力，利用信息化手段建成了先进的协同研制体系，使用世界一流的数字化工具和方法，全面实现了协同研发和资源共享。3D 环境下的协同设计、数字化模装、基于配置的精细化管理等信息化工具和管理系统已成熟应用，实现了无纸化研制、虚拟化试验，某些产品已经完全实现计算机仿真，研制能力不断提高，研制周期不断缩短，研制成本不断降低。

随着信息化的不断深入，不少集团企业的信息化建设都已经步入了深水区，信息化与业务发展、产品研制的结合更加密切，需要克服的困难和协调的问题越来越多，信息系统的整合、集成和资源共享应用不断增多，技术难度大大提高，对系统开发能力、运维能力和项目管理能力的要求都大幅提高，对信息化队伍能力也提出了更高的要求。

CIO 制度是企业加强信息化组织领导的一种制度安排。在企业信息化深入发展的进程中，对统筹与集成的要求越来越迫切，需要通过信息化创造的协同能力构建与整合企业资源，以此适应内外部环境的快速变化。这一过程需要触及相关组织的变革和流程的优化。CIO 体系的建立能更好地加强企业信息化的组织领导职能，充分发挥跨部门协调作用，用更强的力度推进统筹与集成，通过推进信息技术应用推动企业发展，为企业创造更大价值。建立集团企业以 CIO 为统领的信息化队伍，还能够有效促进信息化与工业化的深度融合，更强有力地支撑集团企业信息化建设。

2．CIO 制度体系的内容

1）CIO 的设置要求

（1）集团总部设置 CIO。

（2）企业等各二级单位设置 CIO。按照"成熟一个开展一个"的原则，先行在条件成熟的试点单位设立，其他单位根据条件逐步设立。

2）CIO 体系的构成

（1）职能系统。集团企业所属各单位按照机构、职能、人员和责任"四落实"要求，确定本单位信息化管理机构和编制。规模较大的单位按照需要设置独立的信息化管理机构或在负责部门内设置专职负责信息化工作的领导。设置 CIO 的单位，其信息化管理机构也是 CIO 的办事机构。

（2）工程师系统。集团企业所属各单位设置信息化工程师队伍，专业从事信息化建设及应用。信息化工程师队伍一般包括信息化总工程师、信息化副总工程师、信息化主任工程师、信息化副主任工程师等。

CIO 体系构成如图 11-1 所示。

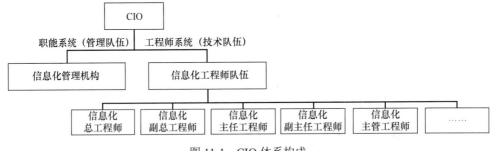

图 11-1　CIO 体系构成

3）CIO 的主要职责

（1）负责组织制订企业信息化战略及规划，评估企业信息化价值，推进企业信息化文化建设。

（2）负责组织企业物流、信息流、资金流的整合，推动解决信息应用瓶颈，挖掘企业信息资源，为决策提供有效信息支撑。

（3）协助推进企业业务流程重组，运用信息技术重建企业的决策体系和执行体系。

（4）组织开展重大信息系统的选型和实施。

（5）负责推进企业信息化的宣传教育、培训和队伍建设。

（6）负责企业信息化评价及考核。

4）信息化职能系统的主要职责

（1）负责组织编制信息化总体规划、年度计划，并且提出工作方案。

（2）参与企业流程优化或再造管理，负责组织从信息化发展角度提出方案意见。

（3）组织编制信息化管理的有关规章、规范和标准。

（4）负责对企业信息化工作进行指导、监督检查和考核评价。

（5）负责制订信息化预算并进行监督管理。

（6）负责项目需求方与承建方的技术协调。

（7）负责信息化技术研究与交流合作管理。

（8）负责组织企业信息化方面的宣传教育和培训。

（9）负责组织企业信息化队伍的建设及激励考核。

5）信息化工程师系统的主要职责

（1）负责信息化发展战略及规划的分析论证。

（2）负责信息化总体架构设计。

（3）负责信息化重大项目实施方案论证。

（4）负责信息化建设及应用项目的项目建议书、可行性研究性报告、实施方案、系统集成方案等的审查、实施过程评估和系统验收。

（5）提出信息化项目软硬件设备统一选型建议。

（6）参与信息化工作年度计划、经费预算等审查。

（7）负责专业技术应用创新。

（8）负责本专业基础技术和标准规范的规划、论证、研究和应用。

（9）负责信息系统的建设和运行维护。

6）任职资格及聘任

（1）CIO 任职资格及聘任

集团企业所属各单位按照集团 CIO 体系建设要求，从本单位领导班子成员中选择对管理科学和信息技术有较高造诣、熟悉企业实际情况的领导干部兼任 CIO，也有的集团企业设置专职 CIO。根据工作需要可选聘一位专职 CIO 助理协助 CIO 工作。

（2）信息化职能系统任职资格及聘任

熟悉国家、集团企业和本单位信息化管理等方面的政策、法规、制度、要求等，能严格按规定办事，具备较强的组织协调能力，由所在单位聘任。

（3）信息化工程师系统任职资格及聘任

熟悉国内外信息化现状和发展趋势，熟悉国家、集团企业和本单位信息化管理等方面的政策、法规、制度、要求等，能严格按规定办事；具备相应的专业理论知识和履行相应职责的实际工作能力及技术水平，有良好的团队协作和敬业精神。

① 信息化总工程师选聘资格：具备信息化方面、企业管理和所在行业的业务基础知识，了解企业或业内的信息技术水平，在行业内具有较长时间的工作经验，具备工程或信息化专业系列正高级以上专业技术职务任职资格。

② 信息化副总工程师选聘资格：根据信息化的不同领域，分为负责工程信息化总体技术、数字化工程与分析技术、生产信息化技术、试验信息化技术、管理信息化技术、网络与信息安全技术等副总工程师。一般应担任过主任工程师职务或作为项目负责人从事本专业工作 6 年以上，具备工程或信息化专业系列副高级以上专业技术职务任职资格。

③ 信息化主任（副主任）工程师选聘资格：根据信息化的不同领域，分为负责工程信息化总体技术、数字化工程与分析技术、生产信息化技术、试验信息化技术、管理信息化技术、网络与信息安全技术等主任（副主任）工程师。主任工程师一般应担任副主任工程师 2 年以上或作为项目负责人从事本专业工作 3 年以上。副主任工程师一般应担任主管工

程师 2 年以上或从事本专业工作 5 年以上。

7）CIO 体系工作机制

（1）工作任务分配

① 依据工作责任制，各级单位的 CIO 对本级工作负责，各级 CIO 向本级及下级信息化总工程师、信息化副总工程师、信息化主任工程师及信息化职能系统等 CIO 体系各级人员逐级分配任务。

② 按照分级管理原则，上级向下级分配具体任务，下级执行上级分配的任务，信息化职能系统负责协助调度、监督、考核。

③ 各级 CIO 每年年底提出下一年度工作策划和计划，报领导审定后执行。

④ 下级不得擅自调整由 CIO 或上级安排的任务，根据外界条件变化确需调整的，需要报 CIO 或上级同意后执行。

（2）日常管理

① 建立信息化工作例会制度，根据需要定期对 CIO 体系各级工作完成情况进行协调、考核。

② 召开信息化职能系统月度工作例会，对月度重点任务进行协调处理。

③ 建立重大项目快速协调机制，不定期召开各种协调推进会，专项处理各领域、各项目问题。

④ 各领域副总工程师与主任工程师主管工程师不在同一单位时，由副总工程师和主任工程师所在单位 CIO 及信息化职能系统协调进行调度管理。

（3）工作完成情况考核

① 每年对各单位 CIO、信息化总工程师、信息化副总工程师、信息化主任工程师、信息化主管工程师及信息化职能系统等 CIO 体系人员进行年度工作述职考核，考核结果纳入本人的年度工作考核结果，与个人奖惩挂钩。

② 连续两年年度考核结果为基本称职或不称职，解聘相关岗位人员。

③ 各单位 CIO、信息化总工程师考核结果纳入对各单位信息化年度考核内容。

（4）履职待遇

CIO 体系人员待遇参照集团领导干部待遇有关规定执行，职务调整后，其待遇按新岗位重新确定。

11.1.3　组织机构建设

1．组织机构架构

为适应信息化长远发展和统筹建设的需要，进一步加快信息化建设步伐，集团企业通常需要建立技术支撑机构。支撑机构可以由一个独立的法人单位承担，也可以利用集团企业内部相关技术力量，按照不同领域和特点依托相关所属单位设立并形成体系，如分别设立集团级信息技术中心、工程信息化技术中心、信息安全技术中心、基础数据与编码管理中心等机构。这种信息化组织机构的架构如图 11-2 所示。

各技术中心的建设与运行在集团总部的统一组织与协调下开展，在业务上接受集团企业信息化管理部门的归口管理。

图 11-2 信息化组织机构架构

（1）信息技术中心是集团企业信息化顶层设计和管理信息化建设的技术支撑机构，负责信息化总体方案制订、信息化基础平台建设和应用系统开发，提供信息服务，完成信息化平台的日常运行和维护工作。

（2）工程信息化技术中心是工程信息化的技术支撑机构，负责工程信息化总体方案制订、技术研究、应用推广等任务。作为工程信息化技术支持与服务中心、关键技术研发中心、技术交流与专业人才培养交流中心，承担工程信息化成果转化与应用产业化推广任务。

（3）信息安全技术中心是信息安全的技术支撑机构，负责信息安全总体方案制订、技术研究、应用推广等任务。作为支撑集团各类信息系统安全体系建设、安全技术应用的机构，负责建立信息安全技术的培训和交流平台，推动信息安全技术的持续健康发展。

（4）基础数据与编码管理中心是基础数据编码的技术支撑机构，负责数据分类研究、编码、主数据管理等任务。作为基础数据与编码统一管理、技术研究和应用服务的专业支撑机构，协同集团内相关专业优势单位，共同构建统一编码管理运行体系，致力于对集团各类基础数据与编码的标准化、规范化管理，支撑各类业务信息系统的集成应用。

2．信息技术中心主要职责

（1）负责信息化规划和信息化总体技术方案的制订。

（2）承担信息化基础平台和各应用系统的需求分析、方案论证、系统选型、用户开发、系统实施和用户培训等工作。

（3）承担与信息化相关的系统开发及系统间的集成任务。

（4）承担局域网、软硬件平台及各应用系统的运行、维护工作。

（5）负责在技术上指导各单位的信息化建设。

3．工程信息化技术中心主要职责

（1）负责各类工程通用软硬件资源及工程基础资源库的规划论证、统筹建设、管理运维与应用推广。

（2）负责工程信息化共性关键技术攻关，承担具有自主知识产权的工程信息化技术产品研发、任务争取、成果转化和产业化推广等工作。

（3）负责工程信息化建设与应用的绩效评估。

（4）指导集团各级单位工程信息化支撑平台、示范工程的建设实施和应用推广。

（5）负责工程信息化产业推广的技术支持工作。

4．信息安全技术中心主要职责

（1）负责信息安全技术抓总，配合开展信息安全相关标准、规范的制订工作。

（2）负责统筹建设的信息化投资项目、信息系统的安全规划论证，编制相关安全技术方案。

（3）承担信息网络安全技术检查、风险评估和应用系统渗透测试。

（4）配合完成各单位季度信息安全管理工作情况通报和年度信息安全绩效能力水平评估工作。

（5）指导各单位依法依规开展信息系统的安全体系建设和整改实施。

（6）协助开展信息安全技术培训和交流。

（7）负责信息安全新技术、新产品的调研、跟踪与研究，开展安全需求调研，结合信息安全、保密管理等相关要求开展相关技术论证、研究、试点等工作。

5. 基础数据与编码管理中心主要职责

（1）负责基础数据与编码的统一管理、统筹策划、计划管理、组织推动、检查指导和评价考核。

（2）负责统一编码标准体系研究，基础数据编码标准体系规划，以及标准规范、操作规程的建立、补充、完善、维护和推广。

（3）负责基础数据与编码的日常运维管理和技术支持，以及编码的申请、审批、导入、分发、校验、变更、冻结、统计分析等。

（4）负责基础数据与编码管理队伍的指导、监督、检查、评价等。

（5）负责组织各单位开展基础数据与编码初始化、数据质量定期维护，以及编码数据的转换、清洗等工作。

（6）负责组织编码管理系统建设及推广应用，对系统使用问题进行总结梳理，提出改进升级的意见和建议，组织实施技术开发，并且进行系统验收与评价。

11.2 信息化评价与考核案例

信息化评价是推进信息化建设和应用的重要抓手。本节继续以大型制造类集团企业为例，介绍信息化评价与考核的策划、设计，以及实施过程中的关键要素。

企业信息化评价与考核通常需要对企业信息化发展的阶段、现状、绩效及存在的问题进行评估。集团企业一般都要设立符合自身行业特点的信息化评价指标，建立信息化评价机制。对企业信息化水平的评估一般按照先易后难、总体规划、分步实施的原则。结合重点业务特点，建立涵盖核心能力建设、管理信息化全覆盖及企业信息化当前面临的问题和难点的评价指标体系，通过评价促进各级单位信息化整体水平的提升。

通过信息化评价，形成企业《信息化发展白皮书》，对集团及各单位的信息化水平做出较为全面、科学、量化的判断，便于发现薄弱环节与发展机遇，提出具有针对性的改进方案。有些企业还将信息化评价结果与业绩考核挂钩。

11.2.1 信息化评价指标与计算方法

1. 信息化评价指标

集团企业信息化评价指标体系一般由网信组织推动力、信息化集团统筹管控力、信息化建设与应用水平、信息化基础设施与平台支撑能力、网络安全运行保障能力五个部分的多级指标构成，如表 11-1 所示。

表 11-1　集团企业信息化评价指标体系

一级指标	一级指标权重（%）	二级指标	二级指标权重（%）	三级指标	三级指标权重（%）	分值
网信组织推动力	15	1.1 信息化领导力	6	1.1.1 高层领导认知度	3	3
				1.1.2 高层领导推动力	1	1
				1.1.3 高层领导参与度	2	2
		1.2 网络安全与信息化组织体系	5	1.2.1 网络与信息安全职能部门建设	2	2
				1.2.2 系统运行维护团队建设	1	1
				1.2.3 网络安全与信息化专业人才激励	1	1
				1.2.4 网络安全教育培训	1	1
		1.3 网络安全责任体系	2	1.3.1 建立健全网络安全责任体系	1	1
				1.3.2 建立网络安全责任清单，签订网络安全责任书	1	1
		1.4 信息化投入情况		1.4.1 信息化投入及分布	1	1
				1.4.2 信息化获奖情况	1	1
信息化集团统筹管控力	11	2.1 信息化战略与规划	5	2.1.1 信息化战略规划	1	1
				2.1.2 信息化投资策略	1	1
				2.1.3 信息化价值明晰	1	1
				2.1.4 信息化能力发展	2	2
		2.2 信息化总体架构设计与执行	4	2.2.1 信息化架构蓝图设计	2	2
				2.2.2 信息化架构执行	2	2
		2.3 信息化管理制度	2	2.3.1 信息化管理制度建设	1	1
				2.3.2 信息化管理制度执行	1	1
信息化建设与应用水平	49	3.1 信息化覆盖情况	7	3.1.1 管理业务信息化覆盖率	2	2
				3.1.2 集团统筹业务系统覆盖率	1	1
				3.1.3 集团主数据应用情况	2	2
				3.1.4 KPI 数据自动采集情况	2	2
		3.2 企业经营管理建设应用成效	23	3.2.1 业财一体化应用情况	3	3
				3.2.2 产品管理与服务	2	2
				3.2.3 供应商、用户管理与服务	2	2
				3.2.4 人力资源管理	2	2
				3.2.5 财务管理	7	7
				3.2.6 供应链管理	3	3
				3.2.7 营销管理优化	4	4
		3.3 数字化设计与试验	5	3.3.1 数字化设计与试验建设情况	2	2
				3.3.2 数字化设计与试验应用情况	3	3

（续表）

一级指标	一级指标权重（%）	二级指标	二级指标权重（%）	三级指标	三级指标权重（%）	分值
信息化建设与应用水平	49	3.4 数字化生产和综合保障	9	3.4.1 数字化生产和综合保障建设情况	5	5
				3.4.2 数字化生产和综合保障应用情况	4	4
		3.5 业务协同与数据共享	5	3.5.1 业务流程与规则管理水平	2	2
				3.5.2 数据集成共享	3	3
信息化基础设施与平台支撑能力	11	4.1 基础设施建设	4	4.1.1 基础网络建设情况	1	1
				4.1.2 区域化统筹运维	1	1
				4.1.3 数据中心建设及应用	1	1
				4.1.4 灾备系统建设	1	1
		4.2 平台软件建设	4	4.2.1 平台化水平	3	3
				4.2.2 平台集中度	1	1
		4.3 信息技术标准体系建设	3	4.3.1 信息技术标准体系建设	2	2
				4.3.2 信息技术标准体系执行	1	1
网络安全运行保障能力	14	5.1 网络安全责任与制度体系	2	5.1.1 网络安全管理体系文件	1	1
				5.1.2 网络安全规划	1	1
		5.2 网络安全监管体系	8	5.2.1 监管备案机制	2	2
				5.2.2 网络安全通报机制	2	2
				5.2.3 网络安全检查	2	2
				5.2.4 渗透测试	1	1
				5.2.5 应急响应处置与演练	1	1
		5.3 网络安全技术保障体系	4	5.3.1 网络安全防护技术对标建设	1	1
				5.3.2 网络安全技术应用情况	1	1
				5.3.3 自主可控技术应用	1	1
				5.3.4 网络安全防御能力建设	1	1

（1）网信组织推动力：主要评价信息化领导、组织、人力资源和投资对信息化建设和应用的支持力度和可持续性。评价指标包括信息化领导力、网络安全与信息化组织体系、网络安全责任体系、信息化投入情况。

（2）信息化集团统筹管控力：主要评价企业在集团统筹管控要求下，企业信息化的规划水平和执行能力。评价指标包括信息化战略与规划、信息化总体架构设计与执行、信息化管理制度。

（3）信息化建设与应用水平：主要评价企业管理业务应用成效、生产经营业务应用成效、业务协同与数据共享能力。评价指标包括信息化覆盖情况、企业经营管理建设应用成效、数字化设计与试验、数字化生产和综合保障、业务协同与数据共享。

（4）信息化基础设施与平台支撑能力：主要评价信息化基础设施建设、平台软件建设、信息技术标准体系建设情况。评价指标包括基础设施建设、平台软件建设、信息技术标准体系建设。

（5）网络安全运行保障能力，主要评价网络安全责任体系、组织体系、制度体系、监管体系和保障体系的建设和执行情况。评价指标包括网络安全责任与制度体系、网络安全监管体系、网络安全技术保障体系。

2. 信息化评价指标计算方法

1）各单位信息化发展指数计算方法

信息化发展指数的计算方法借鉴国家统计局发布的信息化发展指数计算方法，采用线性加权，即对每个具体指标的标准化数据进行计算，分别得出各分类指数，然后通过各分类指数加权平均计算得出总指数。

计算公式为

$$\text{NIDI}_i = \sum_{j=1}^{j=c} W_j \left\{ \sum_{k=1}^{k=b} W_{jk} \left[\sum_{l=1}^{l=a} (W_{jkl} P_{jkl}) \right] \right\}$$

式中，NIDI_i 为第 i 家二级单位信息化发展指数得分；c、b、a 分别为一级指标、二级指标和三级指标个数；W_{jkl} 和 P_{jkl} 分别代表第 j 个一级指标下第 k 个二级指标中的第 l 个三级指标的权重和得分；W_{jk} 代表第 j 个一级指标下第 k 个二级指标的权重；W_j 代表第 j 个一级指标的权重。

部分类别企业存在不适用的指标，因此需要剔除不适用指标对总分数的影响，最终得分为实际分值总和除以应得分值总和再乘以 100。

2）集团企业信息化发展指数计算方法

考虑到各二级单位信息化发展程度与营业收入情况存在较高的相关性，为体现营业收入对集团企业整体信息化水平的贡献度，将营业收入纳入计算规则。按照各二级单位营业收入占集团企业总营业收入的比重，计算各单位信息化水平对集团企业整体信息化水平的影响权重。

计算公式为

$$\text{NIDI}_{集团} = \sum_{i=1}^{i=n} \text{NIDI}_i \frac{\text{Income}_i}{\sum_{j=1}^{j=n} \text{Income}_j}$$

式中，$\text{NIDI}_{集团}$ 为集团企业信息化发展指数得分；NIDI_i 为第 i 家二级单位的信息化发展指数得分；Income 为第 $i(j)$ 家二级单位营业收入；n 为参加评价的二级单位总数。

11.2.2 信息化评价实施过程

1. 确定信息化评价指标

集团企业的信息化评价指标体系，要按照集团企业的战略目标及发展要求，落实国家相关要求，结合企业实际特点组织编制，并且根据企业信息化发展的需要及时修订。

2. 开展数据采集和自评估

组织各二级单位开展数据采集。为确保数据具有代表性，对数据采集范围要有一定的覆盖率要求。各二级单位对采集的数据开展自评打分，计算信息化发展指数，并且形成自评估报告，自评估结果上报集团总部。

3. 评价结果分析及报告撰写

组织专家对各二级单位上报结果进行核对，根据各二级单位实际情况，对不真实、不规范的自评得分予以合理调整，组织专家组对重点单位进行现场评估，计算各二级单位信息化发展指数和集团企业信息化发展指数。综合对比分析各二级单位情况，形成集团企业的年度信息化评价报告。

11.2.3 信息化评价结果分析

1. 整体评估信息化发展所处阶段

综合计算集团企业信息化发展指数并与上年度进行比较，评估企业信息化发展程度及各领域的发展情况，根据所处阶段和发展水平分析进一步深化企业信息化所应采取的措施。

某集团企业各年度信息化发展指数情况如图 11-3 所示，从图中可以看出，2018 年比 2017 年信息化发展指数大幅提升。参照 5.1.6 节的信息化发展五阶段模型，该企业已进入"统筹整合与流程集成"阶段，该阶段企业的信息化基本实现了大部分内部系统的整合，以及与上下游的集成，信息化已经全面应用于企业的管理、生产和运营活动，并且开始优化和深化应用。

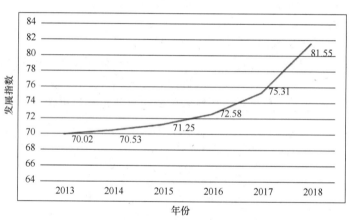

图 11-3　某集团企业各年度企业信息化发展指数

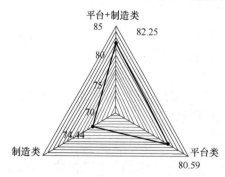

图 11-4　某集团企业三类企业信息化
发展指数

处于这个阶段的集团企业，达到"全面建设与数据集成""统筹整合与流程集成"阶段的所属单位数量比重一般可以达到 80% 左右，集团企业统筹建设的成果已经初步显现，为后续整合提升建立了一个良好的基础。

2. 三类企业的信息化发展水平参差不齐

三类企业是指"平台+制造类""平台类"和"制造类"企业。某集团企业三类企业信息化发展指数如图 11-4 所示。通过对该集团所属企业信息化发展指数的分析可以看出,"平台＋制造类"企业信息化发展水平最高,充分体现了平台化建设赋能传统制造企业数字化转型的效能。信息化水平处于领先的企业,通过开展平台化建设,初步构建多层管理、跨业务融合的联动管理模式,管理水平不断提升。通过打造智能制造样板间并及时总结、推广应用,实现管理创新,带动传统制造业转型升级。"平台类"企业排名次之,信息化发展处于关键时期,正在通过全面开展云平台建设,加强内外部资源整合与服务能力,为企业带来新的经济增长。信息技术引入不够充分的单纯"制造类"企业,往往是信息化为企业发展赋能的效用显现得还不充分,需要加强信息化与工业化的深度融合,为企业发展开辟新的道路。

3. 集团企业统筹管控,能够有效提升整体信息化水平

某集团企业信息化发展指数五项一级指标得分率如图 11-5 所示。"信息化集团统筹管控力"得分率最高,体现在集团企业在财务、人力资源、风险管控、科研生产等关键业务领域统筹开展智慧企业建设的能力,加强集团企业统筹管控能力对整体提升全集团信息化水平效果明显。"网信组织推动力""网络安全运行保障能力"得分率较高,反映出各单位对信息化工作的组织推动力在持续强化。"信息化建设与应用水平""信息化基础设施与平台支撑能力"得分率偏低,反映出统筹建设阶段任务繁重,集成难度大,需要加大各种资源的投入。

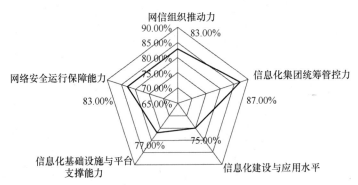

图 11-5　某集团企业信息化发展指数五项一级指标得分率

11.3　案例启发

(1)强化顶层设计,提高集团管控能力。建立健全信息化总体架构体系,结合实际,统一完善各项信息系统,逐步拓展系统对各管理层级、业务领域、境内外的覆盖范围和应用深度。强化集团管控信息系统集成应用,促进以 ERP 为核心的业财一体化建设、全面预算、物资采购、全面风险、研发生产、项目等全周期管理,强化集团管控业务横向与纵向集成和协同,促进业务一体化管控和协同优化。利用信息技术对传统产业进行全方位、全角度、全链条的改造,提高全要素生产率,释放数字化对经济发展的放大、叠加、倍增作用。

(2)加强网信队伍建设,增强核心技术能力。不断加强企业人才建设,制订网信领域人才发展整体规划,明确职业方向和发展空间,留住、引入、培养关键人才,提高网信队伍稳定性。优化网信人才队伍结构,提升高层次人才比例,加强引才、用才力度,实施人才帮扶专项工程，不断提升网信队伍的专业水平。健全人才评价和激励机制，充分调动网信人员积极性，推动网信事业健康发展。加强数字化和共性基础支撑技术等核心能力储备，做好集团企业各项战略落地支撑。

（3）推进数据资产管理。加强集团管控数据治理，明确各级网信管理部门作为数据管理技术归口部门，探索建立专业化数据管理技术支持单位或部门。制订和实施数据管理制度、流程和方法，建立数据集中汇聚、数据质量控制和数据共享交换机制，实现对数据全周期监控、检查与评价。按照集团企业统一规划，建设二级数据资源共享服务平台，加强数据的统一采集和集中管理，建立二级核心指标体系，强化大数据分析应用。

（4）强化网络安全保障。各单位要严格落实《中华人民共和国网络安全法》和集团企业网络安全管理各项规章制度，加强网络安全监测预警和态势感知建设，完善保护手段和措施，重点加强基层所属单位和境外企业或分支机构的网络安全防护，建立完善、先进、可靠的网络安全保障体系，严守网络安全底线。

第 *12* 章

顶层设计与系统建设

12.1 概述

12.1.1 什么是顶层设计

顶层设计是指运用系统方法，从全局角度统筹考虑项目各层次和各要素，追根溯源、统揽全局，在最高层次上寻求问题的解决之道，以集中有效资源，高效快捷地实现目标。

企业信息化领域的顶层设计主要包含信息化架构设计和信息化规划。信息化架构是协调、管理各类需求的设计结构，是支撑信息化规划的框架结构；信息化规划是围绕发展愿景和目标的行动计划，是实现信息化架构的引擎。

企业信息化顶层设计在使企业内不同的人在对企业现状和企业愿景有一个整体的、协调一致的理解和认识的基础上，进一步强化企业管理人员的业务目标及共识、信息技术人员的共同愿景，这是理解、沟通和实现企业信息化建设目标的基础保障，也是实现正确决策和高效业务执行的保证。

完整的企业信息化顶层设计是在企业发展愿景和战略目标指导下，以业务规划和发展需求为输入，制订企业信息化的系统架构，确定信息系统各部分的逻辑关系，以及具体信息系统的架构设计、选型和实施策略，对信息化目标和内容进行一定时间内的整体规划，用以全面系统地指导企业信息化进程，满足企业发展需要。信息化顶层设计在具体表现形式上可以是文件、工具、知识库、系统环境等的有机组合。

12.1.2 为什么需要顶层设计

企业信息化建设是一项复杂的系统工程，需要找到有效的方法来应对复杂性和不确定性，使得在处理信息化过程中面临的问题与挑战时，能够增强整体一致性，实现良好的弹性和快速的响应。工程方法是解决复杂性、增强一致性的有效方法，信息化顶层设计就是运用工程方法有效应对问题与挑战。工程方法的发展如图 12-1 所示。

在企业信息化建设过程中，需要考虑如何建设具有弹性的技术环境，来有效支撑企业业务覆盖范围的迅速扩大、业务应用深度的不断加深、集成应用需求的持续增强，以及应用价值的切实兑现等现实需求。但是，在信息化项目建设的不同阶段，却经常存在由复杂程度不一等原因引起的各种偏离，使得项目实施与规划目标的偏差不断放大，导致容易发生不同项目间重复建设、项目周期长，以及从软件开发交付到有效系统运行的周期长等问题。信息化项目建设过程中偏离放大如图 12-2 所示。

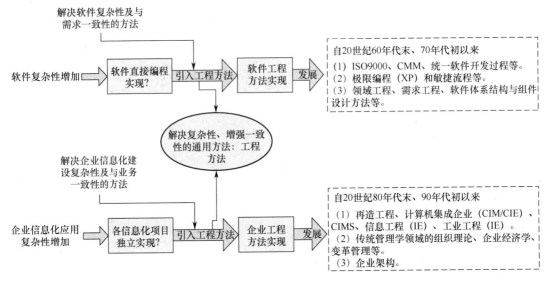

图 12-1　工程方法的发展

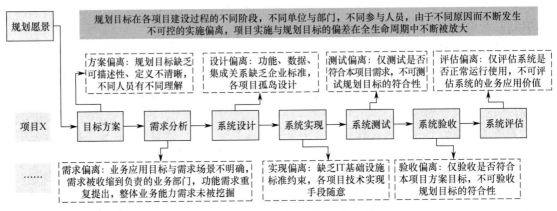

图 12-2　信息化项目建设过程中偏离放大

信息化顶层设计作为一种工程方法，就是要研究以上问题发生的根本原因，明确企业信息化共同的、可描述的目标，制订支持多层次、多方位沟通的设计蓝图，建立有效的约束和规范的过程，统筹信息化建设资源各阶段、各方投入的分配，提出适宜的解决方案，最终系统性地解决信息化项目建设中存在的问题。

当企业具备有效的信息化顶层设计时，其信息化项目建设过程中的各种偏离就会在信息化顶层设计所提供的指导和约束下得到有效的控制并收敛，项目群之间的建设也能够协调一致，从而有效提升企业信息化建设成效。信息化顶层设计对信息化项目建设的偏离控制作用如图 12-3 所示。

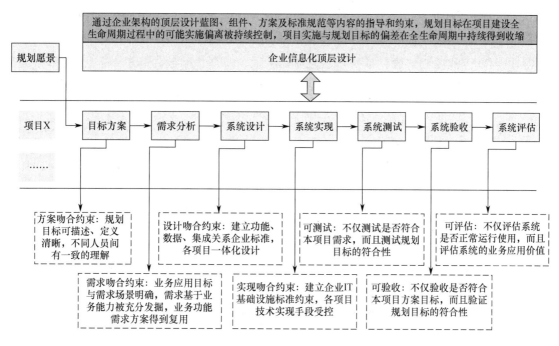

图 12-3　信息化顶层设计对信息化项目建设的偏离控制作用

12.2　顶层设计

12.2.1　主要工作过程与内容

1. 三个发展阶段

企业开展信息化顶层设计工作一般会经历架构缺失发散阶段、架构深化融合阶段和基于成熟架构的持续优化阶段三个阶段。

（1）在企业信息化架构缺失发散阶段，顶层设计的工作主要是制订和发布信息化规划、管理办法等，但没有设计信息化架构。此阶段应该着重研究如何运用形式化的方法制订企业信息化架构，完善顶层设计。

（2）在架构深化融合阶段，需要加强架构、规范、服务设施等方面的资源投入，重点需要运用适宜的顶层设计方法，持续开展和深化完善架构设计工作。主要内容包括界定企业信息化的范围，清晰定义范围内的信息化对象，系统规范信息化的过程，加速提升信息化的价值。

（3）在基于成熟架构的持续优化阶段，需要以构建灵活的 IT 方案支撑企业重塑生产力与生产关系为目标，结合企业业务现实基础和目标需求之间的差距，达成顶层设计与企业需求在服务视野、目标定位及建设模式三方面的互动，加强状态评估，形成可行的建设落地方案，打通从战略规划、创新行动、信息融合到价值创造的 PDCA 循环实施流程，通过顶层设计的优化和高效执行进一步支撑企业数字化转型发展。

2．主要工作范围与内容

开展企业信息化顶层设计需要从企业要素出发来确定企业信息化顶层设计的主要范围和内容。企业要素一般包括技术、商业、金融、安全、财务、管理。企业信息化顶层设计的工作范围和内容需要从价值创造、职能管理和技术使能三个维度对以上要素实现覆盖。

（1）价值创造：主要包括用户、产品、项目、供应商、员工及思想文化等价值创造要素的信息化；重点是实现网络化，通过万物互联、信息融合等技术实现企业产品、生态圈、企业内部（设备、生产线、组织机构、部门、员工等）及企业外部（终端、系统、客户等）的互联互通，通过价值网络化进一步带动企业职能管理要素数字化转型提升。

（2）职能管理：主要包括企业六大要素的职能管理，经典 ERP 管理思想和内外部集成流程涵盖了这些职能要素的信息化管理功能，并且具备使这些职能协同的功能。

（3）技术使能：主要包括信息技术平台、流程、数据、信息系统方案与工具四大要素；重点是智能化和云化，打造利用"数据资产、计算能力、连接能力"共创价值的"智能"技术底层平台，使企业生态网络中的各成员企业可以通过智能化进一步丰富和挖掘价值网络，通过云化进一步提升职能管理和价值创造的服务化与共享水平。

信息化顶层设计能够改善"只见树木，不见森林"所产生的诸多问题，通过架构团队与软件工程项目团队之间的互动，使各类项目得以在顶层设计的约束和指导下协调统一开展建设，实现预期的应用成效。

信息化顶层设计主要包括架构和规划。规划是一定时期内的目标愿景和行动计划。架构可以分为业务架构和 IT 架构两大部分，其中业务架构是把企业的业务战略转化为日常运作的渠道，业务战略决定业务架构，它包括业务的运营模式、流程体系、组织结构、地域分布等内容；IT 架构是指导 IT 投资和设计决策的 IT 框架，是建设企业信息系统的综合蓝图，包括应用架构、数据架构和技术架构三部分。

信息化顶层设计是一项复杂的系统工程，虽然不同企业信息化顶层设计面临的难题各有不同，但最核心的是要识别出企业靠什么核心动力来驱动信息化的顶层设计，这才是成功的关键。选择企业具有迫切需求和相对优势的要素进行驱动设计至关重要，当然各种驱动力随着企业发展不同阶段的需要和能力基础的变化也会相应转变。总体而言，信息化顶层设计可以划分为基础型、融合型、创新型三种类型。

（1）基础型信息化顶层设计的特点是企业战略、业务比较稳定，重点期望聚焦如何建设好应用系统来支撑企业战略落地和业务运行，这类顶层设计一般采用应用驱动的模式，即通过建设应用信息系统的动力来驱动企业信息化的顶层设计。

（2）融合型信息化顶层设计的特点是企业有积极的战略和新的业务模式，应聚焦如何实现战略和业务落地，这类顶层设计一般采用战略或业务驱动的模式进行顶层设计。

（3）创新型信息化顶层设计的特点是企业期望并聚焦从数据和新技术使能的可能性中发现并重塑企业战略和业务的新机会来突破发展瓶颈或危机，这类顶层设计一般采用数据或技术驱动的模式进行企业信息化顶层设计。

以下各节继续以大型制造类集团企业为例，分别介绍不同类型信息化顶层设计的应用实践。

12.2.2　基础型信息化顶层设计

随着企业信息化建设的不断深入，企业各级单位应用系统建设涉及业务的不断扩大，集团统筹建设的深入发展，如何整合、提升、建成集团企业集成统一的信息系统，进一步增强企业信息系统的集成、共享、协同，提升信息化应用价值，是集团企业信息化集成建设迫切需要解决的问题。

信息化架构是企业信息化建设各要素关系的逻辑表达。开展信息化架构研究与实践、确定信息化建设的框架和原则、形成完整的信息化架构体系，有助于信息化建设实现由扩展阶段到控制阶段的跨越，并且加速向整合阶段发展。

企业信息化架构可以根据企业自身的网络基础环境及其应用制订。由于业务需要，有的企业建有企业内部网络、虚拟专网，同时还拥有大量互联网应用，这种企业的信息化架构设计就可以在不同的基础网络环境下开展。集团企业的信息化总体架构从集团角度提出整体规划，涉及内部网络、虚拟专网等多种工作场景。根据企业发展战略和业务特点，规划工程信息化与管理信息化应用架构框架，明确统筹建设系统在各级建设的相关要求，统一规划数据架构框架及数据分类，规定技术架构中各层建设的相关技术要求及安全要求。

集团企业的信息化架构层级可根据企业的管理特征和业务需求而定，对于偏战略管控的集团企业而言，可采取多级架构方式开展企业信息化顶层设计。

企业总部信息化总体架构根据总部发展规划及业务特点，规划总部业务架构、应用架构、数据架构和技术架构，指导总部信息系统、数据中心等建设，规范总部信息化标准体系。

企业二级单位信息化总体架构根据二级单位发展规划和业务特点，规划本级的业务架构、应用架构、数据架构和技术架构，以集团信息化总体架构为依据，并且与集团总部信息化总体架构衔接，指导二级单位信息系统、数据中心等建设，规范二级单位的信息化标准体系。

企业三级单位信息化总体架构根据单位规模大小及业务特点，规划本级信息化总体架构，一些统筹建设较好、统筹建设条件比较成熟的单位，可将三级单位的一些内容包含在二级单位信息化总体架构中。

对于分级管理需求不突出而产业联合需求较强的领域，集团企业可统筹建设虚拟专网，结合企业信息化总体架构相关要求，规划虚拟专网环境下的信息系统、数据架构框架及技术架构中的技术约束。集团企业基础型信息化总体架构如图 12-4 所示。

集团企业战略与规划、信息化总体架构与信息化建设项目相互依托、相互促进，其中信息化总体架构是核心。企业信息化战略与业务战略的匹配，要通过在业务架构与 IT 架构匹配设计指导下的信息化建设项目实施落地。

从具体的架构内容设计上，企业信息化架构要基于业务架构完成以应用和数据架构为重点的、全面的企业信息化架构顶层设计蓝图，确定应用系统的功能边界，指导应用系统的规划，为信息系统的数据库设计、部署提供规范，提高主要数据概念的一致性和规范性，明确数据和业务主体及应用系统的关系。同时，还要对信息化工程建设内容进行技术体系标准化、组件化和层次化分类设计，规划设计基于 SOA 应用集成框架的统一基础服务体系。

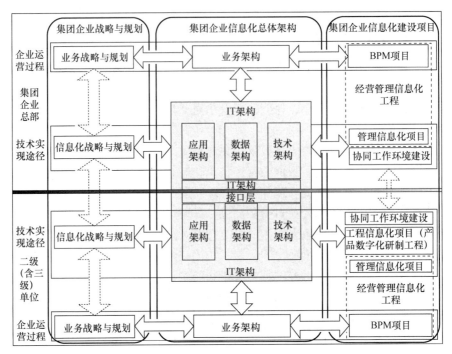

图 12-4　集团企业基础型信息化总体架构

集团所属二级单位在集团架构的指导和约束下，结合本级单位的需求开展本级信息化总体架构设计，目标是建成数字化科研生产管理集成系统。以典型大型制造企业为例，一般包含数字化管理、数字化设计分析、数字化试验、数字化制造、数字化综合保障、共性资源六大平台。

（1）数字化管理平台是以多项目管理和 ERP 为主要业务系统支撑，以企业管理业务领域为应用对象的企业数字化管理集成系统。

（2）数字化设计分析平台是以产品数据管理系统为核心支撑，集成设计流程、设计工具、设计数据、设计人员的数字化设计分析集成应用环境。

（3）数字化试验平台是利用信息化手段实现对试验验证对象、环境、过程、结果进行综合管理的数字化平台。

（4）数字化制造平台是以从工艺过程设计到装配最终产品一系列环节为主线，整合、集成信息系统和制造资源，支撑产品工艺设计和制造过程的数字化平台。

（5）数字化综合保障平台是以产品交付后的售后保障为核心，支撑使用培训、产品升级、维护服务、产品延寿和报废等活动开展。

（6）共性资源平台是支撑产品数字化设计分析、试验、制造、综合保障、管理等应用平台的共性资源服务和集成服务的数字化平台的统称，如高性能计算系统、知识服务中心、软件工具、数据中心、流程中心等。

总体上，集团企业信息化总体架构的制订需要基于成熟的企业架构理论和开发方法，围绕企业组织架构与业务关系，结合企业信息化现状和发展需求，提出业务架构、应用架构、数据架构及技术架构等方面的相关要求，形成企业信息系统建设的顶层设计方案，为集团企业各级单位开展基于企业架构工程的信息化集成建设奠定基础。以大型制造类集团企业为例，基础型信息化顶层设计重点应关注如下目标内容和技术指标。

（1）针对制造类企业特点，定义企业信息化总体架构体系结构，阐明统一的分层结构、架构组成及建设内容，形成多级信息化总体架构和统一的标准规范体系，使集团各级架构形成规范的接口，保证各级单位架构工程的有序开展。

（2）对集团企业核心业务能力进行系统梳理和分析，形成比较稳定的企业业务能力组件，构建业务架构基础体系，支撑企业业务流程优化与变革、管理体系融合和企业战略发展。

（3）从顶层定义完整的企业信息化对象范围，加强信息系统统筹建设，为各级业务部门、信息化部门沟通提供信息化建设的业务应用需求蓝图，企业信息系统建设整体上实现从"按业务部门处室需求建设孤岛、重复式应用"到"按业务管理和工程领域开展系统平台建设与集成应用"的转变，推动业务与管理过程的优化改进，增强信息系统应用价值与效果。

（4）统一规划企业网络，实现企业网间应用资源的共享，促进企业不同类型业务之间的信息资源共享与融合发展。开展企业共性服务平台论证与建设，发布相关技术约定文件，为各级单位信息化项目集成建设提供标准规范、关键组件和解决方案支撑。

（5）规划企业总部与所属单位间的多级数据架构关系，明确数据分类、各类数据范围及数据间关系，定义业务数据、基础数据和主题数据框架及关联关系，为各级单位数据中心和应用系统集成建设提供统一指导，为数据集成共享建设奠定基础。

（6）规范企业信息系统建设的技术平台选型、软件供应商产品技术需求符合性分析、应用信息系统软件架构和功能设计、应用信息系统间集成设计开发、应用信息系统部署等工作要求，统一明确系统建设过程质量保证的基本技术规范，杜绝各级单位在信息系统建设过程中由于技术要求缺失而导致的无序建设现象，降低建设和运维成本。

12.2.3　融合型信息化顶层设计

基础型信息化顶层设计解决了企业信息化建设的基础框架与基本要求问题。在企业进入信息化与业务深度融合发展阶段后，围绕新的智慧企业战略和业务要求，信息化顶层设计需要从业务、应用、数据、技术、管控等方面系统回答在新形势下企业各级应用系统深度融合建设所面临的新问题，以进一步推动企业信息化建设更好地服务于价值创造。集团企业融合型信息化总体架构如图 12-5 所示。

（1）业务架构系统规划企业级业务，回答"企业的业务需求是什么"的问题，实现从"规范三级职能协同的业务组件设计"向"面向智慧企业的流程创新"的深化。重点结合企业战略发展需求扩展到全集团主要业务，设计集团级管控系统的业务需求框架、内容与目标，并且对集团各级业务需求及能力目标进行界定，从组织架构、业务组件、业务流程三方面明确各级单位应用系统建设所应遵循的业务需求、约束性要求和要达到的业务目标，以保证各级单位应用系统所支撑业务活动的正确性、协调性和一致性。业务架构对业务领域、业务组件进行基本划分，具体明确以"资源共享、能力协同"为特征的智能制造和以多级管控为特征的智慧企业两大类业务，规划企业智能制造业务流程、数字化研制业务流程、不同网络环境应用间的协作配套流程等典型一级流程，提出流程与规则库建设、基于流程的企业运行及风险管控应用规划。

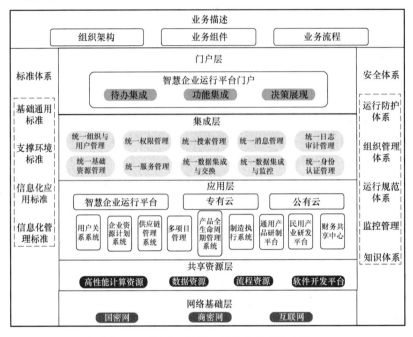

图 12-5　集团企业融合型信息化总体架构

（2）应用架构回答"在不同层级的业务能力要求下，覆盖企业各级业务的应用系统在平台化建设趋势下的建设要求"的问题，实现从"面向集团企业各级单位职能要素协同的业务系统规划"向"面向集团企业用户、产品、项目、供应商、员工及思想文化等价值要素创造与共享的应用平台化设计"的转变。重点设计企业级应用系统建设模式及要求，全面规划设计涉及集团总部、二级、三级单位的业务系统，提出涉及业务平台、核心支撑系统的体系性、平台化建设框架，明确各级单位应用系统之间的业务建设需求范围及边界关系，对各级单位应用系统建设提出业务需求与业务目标要求，构成企业信息系统全景视图，保证应用系统间的协同性。

（3）数据架构回答"支撑应用系统协同应用的数据需求是什么、在哪实现、谁来做、怎么做"的问题，明确企业基础数据及主题数据规划内容，逐级实现数据的集中管理。重点从数据资源规划及数据管理两方面规定企业各级单位数据中心及应用系统建设所应遵循的数据环境要求及不同数据类型的交换关系，明确数据中心及灾备中心统筹建设模式，保证各级单位之间应用系统数据的规范性、正确性、一致性和共享性。

（4）技术架构回答"支撑应用系统协同应用的技术需求是什么、在哪实现、谁来做、怎么做"的问题，充分融合新一代信息技术及信息安全技术，实现技术架构从传统应用模式向云应用模式升级。规定企业各级单位应用系统建设和运行应遵循的标准规范体系和信息安全体系要求，从门户、集成、应用系统、中间件与基础平台、应用服务器、数据库服务器、网络系统及基础设施七个方面规定选型、设计与集成实施技术要求。

（5）架构管控方面应扩充架构应用与实施管控内容，建立架构执行和应用的保障手段。在架构应用方面，提出业务流程、数据规范化定义要求及信息化环境建设基本原则；在实施管控方面，提出企业架构要素的管控措施和内容、架构对信息化项目实施过程的管控要求及对各单位架构执行的评价要求。

12.2.4 创新型信息化顶层设计

以打造智慧企业为牵引，将新时期信息化定位于新工业时代的信息化，将"信息化"作为战略发展导向之首，聚焦云计算、大数据、物联网、移动互联、人工智能、区块链等新技术在业务中的驱动作用，进一步变革生产方式，创新经营模式，优化配置企业资源，充分激发员工创新积极性，整合全社会创新资源，推动企业实现转型升级、提质增效。集团企业创新型信息化总体架构如图 12-6 所示。

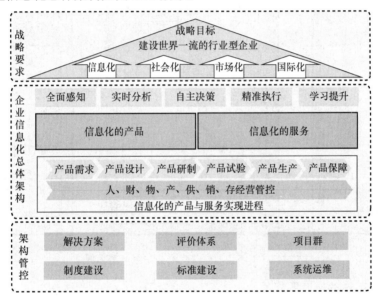

图 12-6 集团企业创新型信息化总体架构

创新型信息化总体架构从企业信息化发展过程中的新要求、新理念、新技术、新实践四个方面全面回答企业在智慧企业建设全景下的信息化建设如何更好地服务并赋能企业新价值创造的问题。

1．适应发展新要求的变化

丰富企业信息化新框架，企业信息化总体架构作用范围扩展到信息化的产品、信息化的服务及其实现过程，向上对接集团企业战略要求，围绕战略目标明确业务愿景，保证信息化规划能够支撑战略落地；向下对接架构管控体系，通过一系列解决方案、项目群建设、相关制度、标准体系、运维体系及评价体系，保障信息化建设与信息化架构规划一致。

2．适应发展新理念的变化

新架构将信息化的范畴从办公自动化和工程数字化扩展到企业全部业务域，形成指导信息化工作的新理念，将实体与虚体相互结合，将信息化与产品、服务、管理相互结合，以信息化的产品与服务为整体，通过数字化、网络化、智能化、云化等手段，实现具备全面感知、实时分析、自主决策、精准执行、学习提升等特点的产品与服务体系，指导企业各单位、全级次、不同业务领域的人员提高产品与服务的信息化程度，从而提高企业核心竞争力。集团企业信息化产品与服务总体框架如图 12-7 所示。

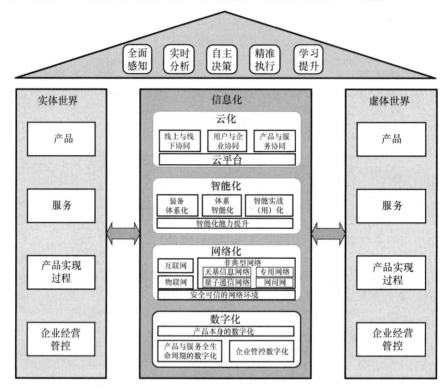

图 12-7　集团企业信息化产品与服务总体框架

3. 适应新技术的发展变化

创新型架构采用服务化的云架构，贯彻软件即服务（SaaS）、技术支撑平台即服务（PaaS）、数据即服务（DaaS）、基础设施即服务（IaaS）、制造资源即服务（MaaS）的设计思想，搭建承载数据全链路治理开发、业务可视化敏捷构建、管理运维高效自动化、安全智能感知的云数智一体化平台。该平台由底层的云化资源层及数据中台、业务中台、管理中台、安全中台构成，通过中台快速灵活地响应业务系统的各类需求，对外输出数据采集服务、数据交换服务、数据存储服务、大数据计算服务、大数据平台、AI 服务、数据管理服务、数据可视化服务、业务开发构建服务、业务协同服务、应用系统部署运维、平台管理服务、安全服务等能力。集团企业基础云平台技术架构如图 12-8 所示。

数据中台作为数据逻辑处理的核心，负责以各种数据存储计算技术为基础，对中台外部的多源异构数据进行统一采集和汇聚，按照统一的数据规范和标准对汇聚数据进行质量提升、内容提炼、模型构建，形成统一的中台数据资产，以统一的方式为各种应用提供数据访问和计算的支撑服务。数据中台定位于数据资源后台（数据产生者）和应用业务前台

（数据使用者）之间，以数据的统一存储和处理为切入点对数据处理涉及的采集、校验、交换、分析、服务等各阶段涉及的具体内容进行统一处理流程的构建，形成对数据资产全生命周期的统一管理和监控，为进一步开发数据价值提供核心保障。

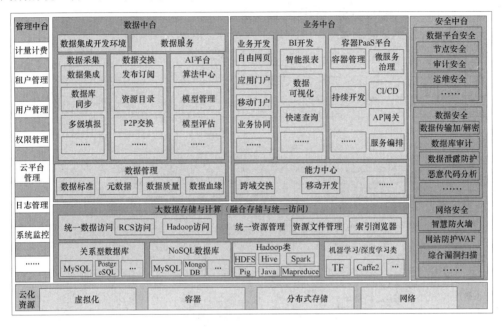

图 12-8　集团企业基础云平台技术架构

业务中台即业务系统开发、部署、运行、测试、运维一站式平台。业务中台旨在打造纯 Web 端的可视化敏捷低代码开发环境，实现快速业务开发和应用软件集成。开发与容器云相融合，提供应用系统的部署运行环境、容器服务、微服务治理、DevOps 流水线，满足业务系统快速开发及部署需求，增强业务支撑柔性。同时，提供持续开发、持续集成（CI）、持续部署（CD）能力，实现多套环境的部署。业务中台是一个业务能力构建及开放服务平台，通过 API 网关作为统一入口，将数据、能力等作为开发组件对外开放，有效实现能力的聚集与有效管理。业务中台面向业务系统开发工程师，业务工程师可以在业务中台上在线开发应用系统，过程中可以调用业务中台提供的各类主题的成熟服务组件。开发完成的应用系统可以在申请的业务中台运行资源上部署运行，各类应用系统可以利用业务中台提供的统一应用运维工具进行便捷维护。

管理中台是面向各级和各类管理人员，屏蔽了 IaaS 层不同虚拟化技术及云供应商的差异，实现异构云统一管理、自动化部署与运维、持续集成与交付的云管理系统。管理中台一方面能够提供集成式、针对性的租户管理、云平台管理、用户管理、权限管理等管理类功能；另一方面也提供诸如系统监控、主机监控、服务监控、日志监控、消息监控等状态监控及平台和系统的运行集中监控功能；同时，依托于管理中台自动化运维和应用编排能力，实现自服务管理，以及各层资源的快速部署和分配，保障业务系统的稳定持续运行。

安全中台是重点围绕对外安全服务和平台内部安全管控两个核心开展设计，基于大数据、分布式计算、虚拟化等技术，采用 SOA 架构，以数据驱动为核心，在现有成熟安全产品的基础上，扩充覆盖数据产生、数据传输、数据存储、数据处理、数据销毁全生命周期的数据安全系统，实现网络安全、数据安全、大数据平台安全三个层级的全面、纵深防护。安全中台以感（资产感知、威胁感知）、传（全面采集、融合汇聚）、智（智能分析、研判预警）、控（全域管控、应急处置）安全理念为核心，借助一系列安全组件实现安全风险识别、预测、报警、阻断等功能。

按照新技术架构向云化、组件化、微服务化、平台化方向演化的要求，集团企业制订各单位平台及应用系统逐渐由下级向上级迁移，最终形成云化的集团企业一级部署模式，形成集团大平台、各单位小平台架构体系的迁移路径图。集团企业技术架构迁移路径如图 12-9 所示。

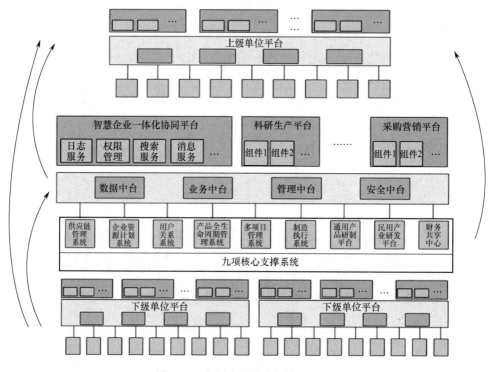

图 12-9　集团企业技术架构迁移路径

传统的业务系统在进行组件化、服务化、平台化的建设过程中，各单位应全面发展支撑微服务架构的容器云技术，由容器云平台完整服务于应用的开发、交付、运行，实现应用交付敏捷化和运维自动化。

4．全面推动基于新架构的新实践

全面推动基于新架构的新实践，包括智慧企业、工业互联网平台、面向先进制造的数字化科研生产体系、集团级企业资源计划系统和智能制造、协同制造、云制造等，从不同角度对集团企业顶层信息化架构的落地起到支撑作用，为在架构管控下促成信息化战略一贯到底提供了示范。

12.3　应用系统建设

12.3.1　应用系统建设概述

企业应该如何开展信息化应用系统的建设可以从企业资源规划（Enterprise Resource Planning，ERP）说起。从 20 世纪 60 年代到 90 年代，信息技术和运营技术的融合发展催生了 ERP 理念及应用建设不断实践和成熟。

20 世纪 90 年代初，美国 Gartner Group 公司首次提出 ERP 概念，并且定义了 ERP 系统必须符合的两张核查表，即技术环境核查表（Environment Check List）和功能核查表（Functionality Check List）。ERP 是 MRPII 的下一代，它的内涵是采用最新信息技术，打破企业的四面墙，把信息集成的范围从企业内部扩大到企业的上下游，实现对整个供需链的有效管理。ERP 的主要特征是实现企业内外业务集成、优化流程、协同运作、管理整个供需链。

自 21 世纪以来，随着新一代信息技术的革命性影响，工业领域数字化、网络化、智能化的快速推进，互联网和物联网技术逐渐渗透到制造业所有关键领域与环节，猛烈地冲击着传统制造业的根基。工业互联网、工业 4.0、"互联网+"等新的发展理念和发展模式相继涌现，数字化、网络化、智能化，互联互通、资源共享、能力协同成为推动企业发展的新要素，智能经济时代制造业的新业态正在形成，企业仅仅依靠 ERP 系统的建设已经不能完全满足发展需要，必须主动创新并与时代脉搏同步才可能获得新生。

新工业时代的信息化应用建设与 ERP 的根本不同在于应用建设需求要素需要进行极大的扩展。传统 ERP 的建设主要是采用当时最新的信息技术要素和管理成果实现企业职能要素内部集成，然后再到价值要素外部集成，以企业自身的视角完成整个供需链管理；而新工业时代的信息化应用建设则采用新一代信息技术要素和价值共创共享网络来带动职能管理要素的创新，以生态的视角重塑整个供需链。因此，企业需要在信息化顶层设计的指导下，围绕企业的价值创造、职能管理和技术使能三方面要素开展新工业时代下的企业信息系统建设，要充分认识各类建设的范围与特点，找准建设定位，避免建设误区，保证信息化顶层设计落地。

12.3.2　企业职能管理要素信息化应用系统建设

企业职能管理要素的共同特点是，它们都是受企业外部环境影响的内部要素，其信息化应用系统建设主要包括技术（包括产品的设计、生产、制造、加工等专业技术活动）、商业（包括材料采购、产品销售和商业交易活动）、金融（包括资金的筹集和资本的管理等活动）、安全（员工及财产保护等活动）、财务（包括财产清单、资产负债表、成本、统计等财务管理活动）、管理（包括计划、组织、指挥、协调和控制等活动）六大方面，重点是实现数字化。

（1）建设定位：企业职能管理要素领域的信息化系统建设的正确定位是以企业整体经

营管理目标为牵引开展系统集成建设，关注的是在职能部门或子业务单元基础上的专业提升和业务协同，并且以形成的企业职能组合能力与企业价值要素领域平台进行开放的共享链接和在线互动，实现基于集成系统的全面感知和敏捷反应。

（2）建设误区：很多企业职能管理要素领域的建设误区是把这些领域的建设方案定位为从子业务单元出发开展集成建设，存在将企业职能管理要素领域作为智慧企业建设的全部或主体，职能管理要素领域集成方案缺乏价值目标等诸多问题，极大增加了企业在职能管理专业化和协同能力方面实现智慧化的难度。

（3）具体案例：总体而言，企业传统信息化应用建设是经典的企业职能管理要素的信息化应用系统建设方案。企业传统信息化应用建设经典方案要素框架如图 12-10 所示。

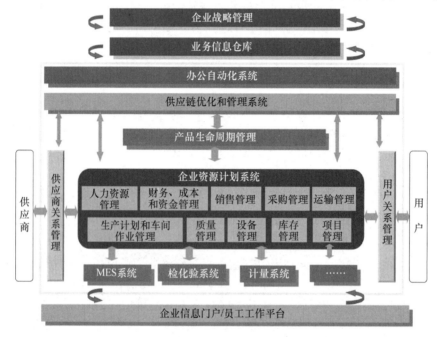

图 12-10　企业传统信息化应用建设经典方案要素框架

市场上有很多成熟的、各具特点的、实施案例丰富的供应商提供以上经典方案。例如，SAP 的 ERP 方案功能集成能力强，管理方案标准全面；Oracle 的 ERP 方案信息技术平台强，管理方案标准且灵活；用友公司的 ERP 方案财务功能强，管理方案突出中国特色；浪潮公司的 ERP 方案信息技术平台强，管理方案定制灵活；金蝶公司突出云 ERP 应用和服务模式。

华为公司在 1995 年至 2004 年，主要围绕企业职能管理要素开展数字化建设，针对集成产品开发（IPD）、集成供应链（ISC）、人力资源、质量管理、财务管理等开展变革，为后续国际化发展奠定了信息化能力基础。

某大型制造类集团企业"十二五"及"十三五"期间围绕核心科研生产与经营管理业务开展的智慧企业运行平台、ERP 和项目管理系统建设，通过信息化、网络化、智能化手段与企业科研生产、经营管理运行过程深度融合，促进企业内外部资源优化配置，持续提升了企业管理能力。

以上信息化应用建设方案都是以企业职能管理这个局部要素为企业信息化建设的目标的，新工业时代下的信息化应用建设实践还应关注价值创造和技术使能两类要素。

12.3.3 企业价值创造要素信息化应用系统建设

企业价值创造要素的共同特点是，它们都是受企业架构影响的外部要素，其信息化应用系统建设主要包括用户、产品、项目、供应商、员工及思想文化等方面，重点是建设价值网络，并且通过价值网络化进一步带动企业职能管理要素数字化转型提升。

（1）建设定位：企业价值创造要素领域的信息化系统建设的正确定位是开展平台建设，关注的是供需生态网络中利益相关方的精确连接和紧密协同，并且以平台为牵引带动企业职能管理要素围绕价值目标进行持续优化和改进，实现基于平台的快速成长。

（2）建设误区：很多企业在价值要素领域的建设误区是把这些领域的建设方案定位在基于内部职能管理要素与外部的集成建设，尤其是在产品、项目、员工等价值创造要素领域，甚至基本作为内部职能管理要素开展建设，导致思想文化价值创造要素领域建设的缺失或粗浅化，从而使企业基本从价值创造能力方面丧失了通过信息化建设追求智慧放大效应的根本能力。

（3）具体案例：华为公司在 2005 年之后，主要围绕企业价值创造要素开展价值网络的信息化应用建设，其中 2005 年至 2008 年主要是针对集成财经服务（IFS）、用户关系管理（CRM）、全球大用户管理、联合创新管理等开展变革；自 2009 年至"十三五"期间，主要是针对贴近用户的组织、面向解决方案的组织、从线索到回款（LTC）端到端流程、从市场到线索（MTL）端到端流程等开展变革。华为公司依据公司的政策主张，识别主业务，有针对性地逐步开展流程变革，其他变革结合流程变革进行功能领域的变革，最终通过价值网络中业务流程的持续变革带动公司职能管理要素的数字化转型提升。

某大型制造类集团企业从"十三五"初期开始，在工业互联网领域，充分利用公有云平台打通集团企业资源与社会市场之间的隔离带，使企业提供的产品和服务获得更多的市场扩展机会；同时，利用专有云平台，借助市场机制进行资源软整合，使各专业领域龙头单位的牵引、支撑作用更加突出，强化了"资源共享、能力协同、互利共赢"。集团企业以专有云平台和公有云平台作为打造工业互联网的平台基础，通过对"哑设备""哑岗位""哑企业"进行改造，实现单元级企业的数字化、网络化演进；然后将各单元企业的制造资源与能力通过虚拟化、服务化构建在工业互联网上，支撑集群级智慧企业实现资源共享、能力协同，以云制造模式和手段为核心，从技术、资源和机制等方面破除制约集团企业科学发展的体制机制弊端，降低产业发展的总体成本。集团企业发布的由工业应用 App 层、云平台层、平台接入层、工业物联网层、资源设备层等构成的集团企业工业互联网平台总体架构如图 12-11 所示。

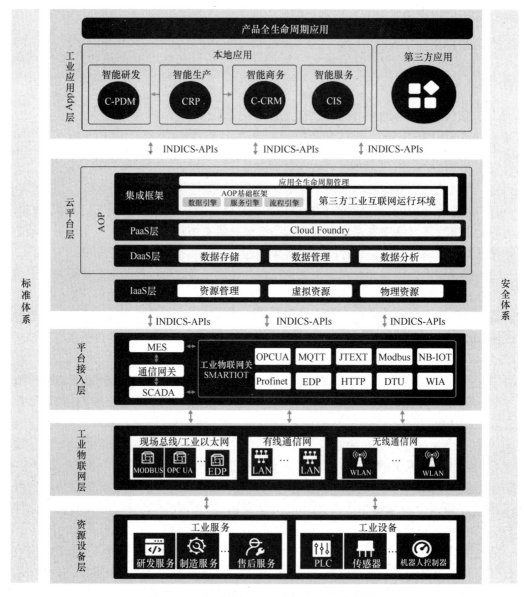

图 12-11　集团企业工业互联网平台总体架构

12.3.4　企业技术使能要素信息化应用系统建设

企业技术使能要素的共同特点是，它们都与企业价值要素、职能要素深度融合，其信息化应用系统建设主要包括信息技术平台、流程、数据、信息系统方案与工具等，重点是智能化和云化，打造利用"数据资产、计算能力、连接能力"共创价值的"智能"技术底层平台，使企业生态网络中的各成员企业可以通过智能化进一步丰富和挖掘价值网络，通过云化进一步提升职能管理和价值创造的服务化与共享水平。

（1）建设定位：企业技术使能要素领域信息化系统建设的正确定位是将信息技术能力

作为企业的智慧生产力能力进行建设，关注的是如何以数字化的形式实现基于价值要素的连接方案和基于职能管理要素的协同方案。要面向企业整体应用流程技术，实现业务流程竞争力的显性化表征和持续优化，为衍生新的连接力奠定基础；要面向企业整体应用数据技术，实现连接力的显性化表征和持续积累，为衍生新的竞争力奠定基础；要通过建设具有自主知识产权的信息技术平台，加速实现信息技术与企业管理、行业流程、工业制造等领域的深度融合应用，快速响应并形成领域要素组合需求的信息系统建设方案，全面提升企业建立连接的能力和生产优势竞争力的速度。

（2）建设误区：很多企业在技术使能要素领域的建设误区是把该领域的建设方案定位为辅助类建设，存在整体关注度和融合度不高、信息平台不一致、流程缺乏竞争力、数据没有标准、业务过程缺乏可视化、方案目标实现能力弱等诸多问题，极大制约了智慧企业的落地建设。

（3）具体案例：华为公司为了支撑企业职能管理要素和价值创造要素通过信息化应用系统建设实现持续优化和创新，在技术使能要素信息化建设方面组建了流程与 IT 管理部。相比传统的企业信息中心，华为的 IT 部门只有 IT 建设与运维部承担着传统的信息中心职责，多出的三个子部门分别负责企业架构与变革管理、流程与内控建设、质量与信息安全管理，它们都牵头或参与企业架构设计优化、企业流程变革优化落地。华为公司还建立了全球流程责任人制度，针对每个流程识别业务关键控制点和职责分离矩阵，在职责定位上，信息化部门已经与企业战略发展进行了融合。在全球化发展的背景下，华为公司信息化紧密围绕企业战略开展，注重企业职能管理、价值创造和技术使能要素有机融合的信息化应用集成建设，适应了每年"浪涌式"的业务需求，建立了全球共享服务模式，其中服务采购共享、账务共享、服务交付资源共享有力支持了华为公司实现全球一体化高效运作，支持了企业跨越式变革，增强了核心竞争力。

某大型制造类集团企业吸收大数据、人工智能和网间网等先进理念，采用新一代智能化信息系统的平台架构和统一的运维管理、信息安全和集成框架，构建基础云平台，支撑集团企业新业态体系的协同基础设施与工作环境。基础云平台具备数据流转过程中的采集、存储、整理、提炼、加工及配送功能，提供初级信息产品、通用信息产品及通用算法引擎接口，是各类行业云平台的逻辑与物理载体；基于基础云平台全面推进"一云、五网、N 平台"建设，最终建设成万网融合型的云平台，支撑建立创新型产业集群，推进集团企业高质量发展。某大型制造类集团企业基础云平台组成如图 12-12 所示。

总体上，该集团在"十三五"期间实现了从基于职能管理要素的分级信息化应用集成建设到基于价值创造要素和技术使能要素融合的集中共享信息化应用建设的转变，基于网络实现集团企业产业链内外资源的连接、科研生产与经营管理的横纵扁平化连接，促进了企业内外部资源优化配置，持续提升企业创新能力，激发员工的主动性和创造性，优化企业运行状态，增强了企业对于经营环境与市场需求变化的自适应能力，在智能经济时代，高效、优质地满足各类客户个性化、多样化、定制化需求，催生集团企业产业新业态的形成，有力支持了国际一流企业的建设，适应了集团企业战略转型发展需要。

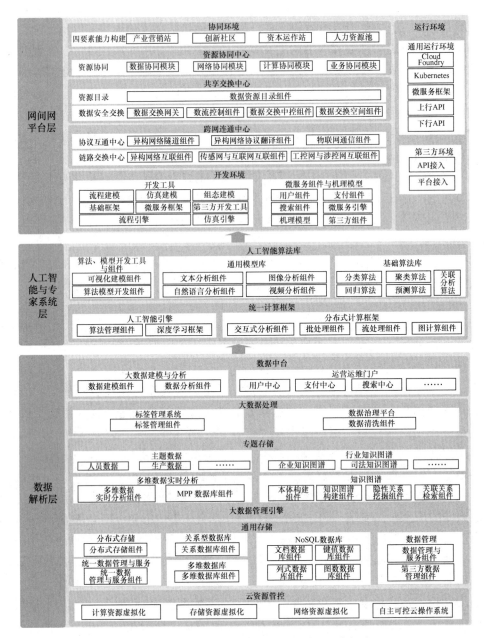

图 12-12　某大型制造类集团企业基础云平台组成

12.4　IT 基础环境建设

IT 基础环境是企业信息系统赖以运行的支撑条件，主要包含数据中心、广域骨干网、信息安全防护体系等。IT 基础环境总体设计要以需求为导向，综合考虑产品的先进性、成熟性及可扩展性。

12.4.1　IT 基础环境建设概述

1．数据中心

数据中心是指在一个物理空间内实现信息的集中处理、存储、传输、交换、管理的设施，由 IT 基础设施、应用软件、机房环境等组成。其中，IT 基础设施由服务器、存储设备、网络设备及操作系统、数据库系统、中间件系统、备份系统等软硬件系统组成；机房环境是 IT 基础设施的运行环境，含机房装饰、供配电系统、空调新风系统、消防报警系统、防盗报警系统、防雷接地系统、门禁系统等；应用软件此处不再赘述。

2．广域骨干网

广域骨干网承担着下级单位或分支机构与总部之间，以及跨地区的两个或多个局域网之间的数据通信任务，应具有高可用性、关键业务有效保障、易扩展等特点。广域网搭建是一项涉及很多环节的复杂项目，从建设到管理都需要精细的设计。

广域骨干网设计包括网络主干技术的选择、网络传输服务的确定、网络接入平台的选型和网络业务服务的配置等。为保证广域骨干网无单点故障，保证关键重要业务实现 7×24 小时不间断服务，全网一般采用层次网状拓扑架构，各层次均配置有双模块、双设备、双系统、双电源等。

3．信息安全防护体系

信息安全防护体系为信息系统的安全运行提供技术支撑和管理保障。信息安全防护体系须与信息系统同步建设，以实现人、财、物，以及流程与技术的有效结合。企业需要遵循网络安全等级保护标准要求，在深入剖析企业网络安全防护需求后确定安全防护目标，构建以业务安全为核心、以安全合规为基线，包含信息安全技术体系、运维体系、管理体系等方面，涵盖物理安全、网络安全、主机安全、应用安全、数据安全等多层次，同时面向云、大、物、移等新技术发展的信息安全防护体系，以保障信息安全与信息化建设相适应。

12.4.2　IT 基础环境建设实践

1．数据中心设计

集团企业的数据中心设计可由企业总部中心、二级分中心、用户网络和灾备中心组成，移动办公终端接入公共信息网络，如图 12-13 所示。其中总部中心、二级分中心、用户网络须按照国家网络安全等级保护管理要求进行定级、备案，定级为三级及以上的系统还应通过相应的等级保护测评。

（1）总部中心为企业的核心网络节点，集中部署企业统筹建设的各类应用系统。

（2）二级分中心根据地域和组织结构在部分二级单位建立，由二级单位根据自身实际情况，统筹建设个性化应用系统，承担区域数据中心职责，并且按照应用系统分布式部署的方式，部署企业统筹规划的应用系统，以分担总部中心的访问压力。

（3）用户网络为用户终端组成的区域网络，实现各类终端的统一接入和安全管理。

（4）灾备中心承担数据的异地或同城灾备，实现数据的异地或同城备份和灾难恢复。

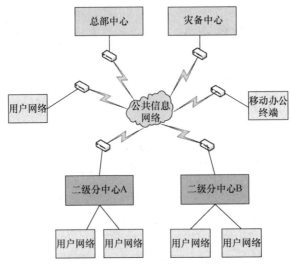

图 12-13　集团企业数据中心设计

2．广域骨干网设计

大型企业的网络结构为星形网络结构，如图 12-14 所示。整体网络分为两层，第一层为总部中心，为企业整个网络的核心节点；第二层为二级分中心，建立分中心的二级单位的下属三级单位用户网络汇聚到二级分中心节点，以整网方式接入总部中心节点。

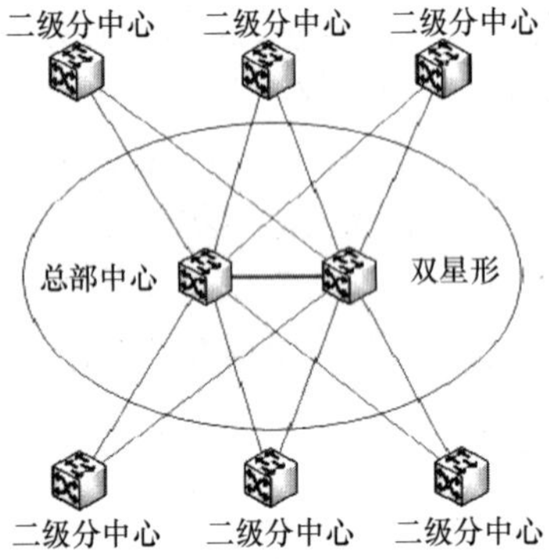

总部中心内部骨干网络中心节点入口可同时接入多个运营商网络；二级分中心根据自身需求，统建二级应用系统，建立局域网，并且通过密码设备、租用运营商网络的方式接入总部中心；用户以局域网接入或单点接入方式并通过加密设备访问总部中心应用系统。

图 12-14　星形网络结构

用户网络为用户终端组成的局域网，便携式计算机、手机和平板电脑等移动终端均属于用户网络范畴。各用户单位根据对基础平台的实际使用需求，独立承建用户网络，自行改造布线节点和出口带宽。

3．总部中心基础设施建设

总部中心基础设施建设主要包括机房基础配套设施建设、核心节点网络建设、服务器平台建设等。

1）机房基础配套设施建设

机房基础配套设施建设包含网络、服务器、存储设备等关键设备运行所需要的环境，如综合布线系统、供配电系统、空调制冷系统、消防报警系统、门禁系统、视频监控及红外报警系统等基础设施。

2）核心节点网络建设

核心节点的网络建设决定了整个 IT 基础环境的性能，是总部中心基础设施建设的核心之一，是数据流量的最终承受者和汇聚者，设计的重点通常包括冗余能力、数据转发传输能力、可靠性、扩展性等，一般选用多台、全万兆的核心网络交换机作为硬件设备。总部中心网络可规划为外网接入区域、核心网络区域、服务器区域、安全管理区域、互联网服务器区、双向隔离交换区、数据导入区等。

3）服务器平台建设

通过将多台高性能服务器组合成一个整体，形成服务器集群，根据服务器的用途，可分别建设 Web 服务器集群、中间机服务器集群、文件检索服务器集群、数据库服务器集群及多功能服务器集群等，从而形成混合服务器集群。

4．信息安全防护体系设计

依据《信息系统安全等级保护基本要求》和《ISO27000 信息安全管理体系》等国家标准，面向企业网建设的安全需求，构建涵盖物理安全、网络安全、主机安全、应用安全、数据安全及备份与恢复等多层次的安全保障体系，为 IT 基础平台安全运行提供技术支撑和管理保障。

1）物理安全

总部中心机房安装电子门禁系统，配备火灾报警系统，并且对防雷击、防水等进行安全建设，符合等级保护相关要求。

2）网络安全

网络安全包括网络结构安全、网络访问控制、网络安全审计、边界完整性检查、网络入侵防范、通信完整性和统一安全设备管理等。

3）主机安全

依据《信息系统安全等级保护基本要求》和《商业秘密安全保护技术指引》，对中心网络内所有的固定终端和移动终端主机安全进行安全防护设计，主要包括主机身份鉴别、主机安全审计、剩余信息保护、主机恶意代码防范、主机资源控制、违规外联控制、外设使能控制等。

4）应用安全

对于应用安全，主要采取应用身份鉴别、应用访问控制、应用安全审计、应用剩余信息保护、通信完整性保护、通信保密性保护、软件容错和应用资源控制等技术措施，保证应用的运行安全。

5）数据安全及备份恢复

在总部中心的数据存储备份区部署安全存储备份设备，提供本地数据备份与恢复功能；通过对核心交换设备、线路、主要设备进行冗余设计，避免关键节点出现单点故障，保证网络的可靠性。建设灾备中心，主要承担数据的异地灾备职责，实现数据的异地数据备份和灾难恢复。

12.5　云平台建设

云平台是在信息化、互联网、移动互联网对低成本海量数据存储和大规模并行计算需求快速增长背景下出现的基于互联网或企业内部网的 IT 基础设施。在"云、大、物、移、

"智"技术发展趋势下，企业IT基础环境架构从传统平台向云平台平滑演进，建设覆盖企业内全级次单位、承载企业全业务的支撑平台，以共享理念推动企业数据资源及配套基础设施实现平台化、产品化，对外广泛收集、利用工业大数据，在大数据的挖掘、分析、共享过程中得到增值；对内打通企业内部信息壁垒，支撑科学决策，促进知识交换，实现资源共享，降低运营成本，逐渐成为大型企业的迫切需求。

12.5.1　云平台建设概述

云平台可以通过网络随时、随地、按需访问一个可配置的共享资源池。资源池包括网络、服务器、存储、应用和服务等，它能够在需要很少的管理工作的情况下快速部署和释放。云平台是一种IT资源的交付和使用模式，通过互联网或企业内部网以按需、易扩展的方式获得所需的软件、应用平台及基础设施等资源。云平台具有按需自助服务、支持各种终端接入、资源池化、弹性服务、服务可计量等特征。

1. 服务模式

从服务模式来讲，云平台主要包括基础设施即服务（Infrastructure as a Service，IaaS）、平台即服务（Platform as a Service，PaaS）、软件即服务（Software as a Service，SaaS）等内容。

云计算中心可使用IaaS的模式将其资源提供给用户，通过虚拟化技术，虚拟数据中心可以将相应的物理资源虚拟化成多个虚拟数据中心，从而在用户端看到的是一个个独立的、完整的虚拟的数据中心，这些虚拟数据中心可以由用户发起申请和维护。同时，这些虚拟数据中心还具有不同的资源占用级别，从而保证不同的用户具有不同的资源使用优先级。

PaaS能给用户带来更灵活、更个性化的服务，包括但不限于中间件服务、消息传递服务、集成服务、信息服务、连接性服务等。此处的服务主要是为了支持应用程序，这些应用程序可以运行在云中，也可以运行在更加传统的企业数据中心中。为了实现云内所需的可扩展性，提供的不同服务经常被虚拟化。

SaaS是一种通过互联网提供软件的模式，厂商将应用软件统一部署在自己的服务器上，用户可以根据实际需求，通过互联网向厂商订购所需的应用软件服务，并且按订购服务的时间长短向厂商支付费用，通过互联网获得厂商提供的服务。

2. 部署和应用模式

从部署和应用模式来讲，云平台分为公有云、私有云和混合云等。

公有云通常是云服务提供商在不同的区域建立多个数据中心，通过虚拟化和网络将所有的资源整合到一个巨大的"资源池"中，再通过云平台和互联网向用户提供服务，能够实现最大范围内的资源共享优化。

私有云通常是某一组织或企业出于安全考虑，在自有数据中心单独构建，或者由云服务提供商通过用户需求进行构建，所有的服务都是供该组织或企业的内部人员或分支机构使用。

混合云融合了公有云和私有云的模式，用户可根据自身在计算资源、可扩展性、服务效率及数据安全和控制等方面的综合考量，将应用程序和数据部署在合适的平台上，实现统一管理。

12.5.2　云平台建设实践

企业选择采用混合云，还是私有云或公有云，需要从自身技术能力、资金投入总量、实现业务效果等方面去平衡。私有云的安全性是超越公有云的，而公有云的计算资源是私有云无法企及的，在这种矛盾的情况下，采用混合云可以很好地解决这个问题，它既可以利用私有云的安全，将内部重要数据保存到本地数据中心，同时也可以使用公有云的计算资源，更高效快捷地完成工作。混合云突破了私有云的硬件限制并利用公有云的扩展性，可以随时获取更高的计算能力。企业通过把非敏感功能迁移到公有云，可以降低内部私有云的压力。

1．私有云建设

私有云基于云平台技术建设，涵盖承担企业各类业务资源数据存储及保障业务连续性等重要任务的所有计算机系统及其配套软硬件设备，包括网络、服务器、存储设备、基础软件、安全设备等，具有数据管理、服务等一体化功能，为企业各级单位提供数据中心服务。

1）私有云核心节点规划

构建业务应用运行服务能力高、安全风险抵御能力强的私有云核心节点，使其具有面向全企业用户提供云服务能力，支持数十万级用户终端的访问需求的能力，从而实现全企业数据的统筹管理、软硬件的资源共享，为整个私有云平台运行构建安全、可靠、高效的基础运行环境。

（1）网络核心区建设

在网络核心区部署多台高性能核心交换机，通过网络设备虚拟化技术将多台核心交换机虚拟化为一个网络设备资源池，然后再划分成多个逻辑隔离的网络交换设备，分别用于数据中心不同区域的服务器连接，按需分配并回收资源，提高核心网络设备的利用率，并且简化了网络拓扑结构；通过以太网虚拟化技术的二层联动功能，确保总部数据中心和灾备中心支持大二层链路互通，并且支持虚拟机跨数据中心迁移；通过软件定义网络技术，实现物理网络的设备集中控制和自动化连通，只需要在使用时定义好简单的网络规则即可，同时，当出现带宽/流量高峰时，可对网络设备拓扑按需灵活调整。

（2）服务器区建设

服务器区建设包括应用服务资源建设、数据库服务资源建设、存储资源建设、本地数据备份环境建设等。

应用服务资源建设是指采用虚拟化技术，建立高可用的服务器虚拟化平台，为私有云提供稳定的资源服务。另外，部署应用负载均衡设备，解决应用服务器流量分摊问题，提高系统的可用性。

数据库服务资源建设是指采用数据库一体机作为资源池，为整个应用系统提供分布式的数据存储、处理、查询等服务。数据库一体机由多台数据库服务器组成，包括控制服务器和数据处理服务器，并且支持通过增加服务器数量来提升服务能力。

存储资源建设是指采用 FC-SAN 模式进行设计、冗余配置，构建统一的、扩展能力强的、具有高效读写性能的存储系统，满足应用系统对存储系统的大容量、高性能、高可靠性要求。

本地数据备份环境建设是指建设一套实效性高、扩展性强的本地备份系统，针对应用系统、数据库系统中的非结构化和结构化数据进行数据级备份，提高数据的安全性。

2）私有云广域网互联设计

骨干网采用 VPN（虚拟专用网）技术建设。VPN 技术是通过网络建立私有数据传输通道（隧道），将分布在各地的分支机构、商业伙伴、移动办公用户等安全连接起来的一种专用网络技术。VPN 替代了传统的专线来连接计算机或局域网，隧道机制是 VPN 实施的关键，数据通过安全的"加密通道"在公共网络线路中传输。VPN 连接采用身份认证和数据加密等技术避免数据在传输过程中被侦听和篡改，从而保证数据的完整性、机密性和合法性。通过 VPN 方式，实现了远程用户对总部中心统建的应用系统的安全访问，具有节省成本、扩展性强、便于管理和实现安全控制等特点。

VPN 的实现可采用硬件 VPN、软件 VPN 或由运营商提供的 VPN 的方式。组网方式一般是在总部中心配备两台 VPN，以双机热备的方式串联部署至总部网络，当一台 VPN 出现故障时可自动切换至另一台 VPN；远端接入的单位局域网在网络边界处串联部署一台或两台 VPN，与总部数据中心 VPN 建立加密传输隧道，实现接入单位整体接入企业私有云网络。

3）云安全服务

为应对新型外部复杂攻击和内部人员恶意窃取核心数据等安全需求，面向云计算、软件定义一切等新技术发展，通过利用云计算技术整合部分安全防护资源，实现安全软件服务化、部署方式动态化、配置管理自动化、安全策略自适应化，为全网用户提供病毒查杀、安全基线检测等云安全服务，用户可根据自身安全需求，按需选择具体的云化安全服务内容。

2. 混合云建设

为提高基础设施的灵活性和效率，企业开始将公有云和私有云结合起来进行部署。这种混合部署的方式使得企业可以将一些关键任务应用和数据部署到本地的私有云上，而将一些不太敏感的数据和应用部署到公有云端。混合云在数据存储和访问上能够提供足够的灵活性和经济性，同时能够提高业务的总体敏捷性，但随之而来的是存储系统面临的诸多挑战。混合云架构设计如图 12-15 所示。

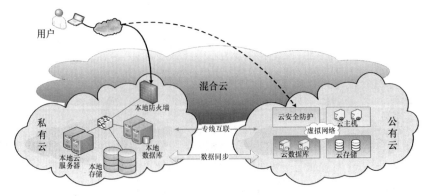

图 12-15　混合云架构设计

成本通常是推动企业选择混合云的动力。借助混合云，企业可以拥有一个低成本的、灵活的环境，并且不用一直为所有的基础设施付费。同时，混合云模式能够满足企业对业务应用的开发速度和灵活性、稳定性、易管理性、安全性和低成本的需求。

下面介绍几种常见的混合云应用场景。

（1）灾难恢复和业务连续性场景。混合云可以为业务应用提供独立的灾难恢复（DR）或业务连续性环境。在因本地数据中心的基础设施出现硬件故障而短时间无法提供服务的紧急情况下，可通过租用的公有云基础环境快速部署业务应用，这样比在本地数据中心新部署硬件设备的成本更低。此外，这种方式还可以支持企业在离主站点足够远的地理位置访问 IT 资源，使其不受同一灾难事件的影响，并且支持按需扩张。综合考虑以上因素，在遇到灾难恢复时企业使用混合云是符合成本效益原则的。

（2）数据归档场景。基于混合云架构，可以将企业本地数据中心的数据归档至公有云的云存储，满足异地数据保护的需求，为企业提供全面的数据保护与数据服务。归档过程应支持存储加密、传输加密、传输多并发、分时段限速、断点续传等多种特性，以保障归档数据安全。同时，可直接恢复公有云上的已归档数据至公有云的业务主机，以实现业务应用的快速部署。

（3）DevOps 应用程序开发场景。混合云 DevOps 是通过构建在混合云下一致的开发流程与工具，将业务应用的开发阶段和部署阶段逻辑上相互独立，支持跨私有云和公有云环境的开发测试和生产部署，帮助企业高效、快速、高质量地交付应用程序和服务。

（4）云爆发（Cloud Bursting）场景。云爆发是一种业务应用部署模式，当部署在私有云中的业务应用的服务能力需求超过私有云的处理能力时，超出的服务需求将自动由公有云中的业务应用提供。这种混合云部署的好处是，企业可以围绕自己的基础用量采购自有 IT 资产，自己运营私有云，而短期波动的增量则通过公有云服务满足，等需求高峰过去，就可以去掉公有云服务。

第 *13* 章

企业信息系统的日常运维与信息安全

随着企业信息化建设的不断深入，IT 运维工作会逐渐成为信息化工作的重点。IT 系统越来越多，数据越来越多，用户越来越多，IT 运维工作也会越来越复杂，越来越困难，IT运维成本也会越来越高。不仅如此，一些事件可能会突然发生，而且发生得越来越频繁。有人形容，每台终端都是一座活火山，你不知道它什么时候会爆发，突发事件成为 IT 管理者的一个主要困扰。本章从 IT 的日常运维和信息安全两个维度进行分析，以帮助企业选择合适的运维模式，确保信息系统的稳定运行。

13.1 运维的困惑与问题分析

13.1.1 运维的困惑

随着信息化的不断深入，IT 系统的运行维护已经成为企业领导普遍关注的问题，一方面，运维工作繁重，IT 运维在 IT 部门工作量中的占比越来越大；另一方面，运维成本居高不下，许多企业不堪重负。以下现象在不少企业中不同程度地存在。

1. IT 运维工作忙，绩效不明显

IT 运维人员工作的一个普遍现象是电话不断，坐不下来，每个 IT 运维人员一天到晚都很忙碌，不停地在各业务部门间解决和处理问题，就像是救火队员。虽然如此，还是经常被抱怨"找不到人""解决问题太慢"等。IT 运维人员很难得到业务部门的认可，而且运维的工作量也难以量化、难以客观评价。IT 运维中很多问题是由于先天不足，是在建设过程中形成的，而 IT 运维部门属于支撑部门，在信息系统项目立项等工作中的话语权较弱、参与度不够，经常是项目验收后才承担运行维护工作；有些问题在系统交接时不容易被发现，等到发现问题却为时已晚。

2. IT 系统维护压力大，成本高

自进入 21 世纪以来，信息化建设受到了从未有过的关注，很多企业每年都在增加信息化投入，但是不少企业的信息化建设是业务导向、需求导向的，需要什么建什么，缺乏整体规划。随着时间的推移，新系统建设的红利逐渐被混乱的数据、复杂的接口抵消。IT 系统越来越复杂，不同时期、不同版本的系统需要专门的运维方式，集成系统需要各种接口的集成，这些问题导致 IT 运维成本逐年上升，系统可靠性逐年下降。企业对业务连续性要求越高，运维部门的压力就越大。除了技术上的复杂性，还有管理上的一些问题。有的企

业由于缺乏系统的资产管理，再加上由设备报废、员工离职导致的诸多变化，运维部门很难了解企业到底有多少 IT 资产，软件、硬件是否需要更新也缺少数据支撑，因此不能做出准确的维护计划，只能开展救火式的运维工作。

3．运维人员难培养，流动性大

大多数时候，运维人员都在进行着重复性的工作，并且难以得到最终用户的肯定，他们的自我认可度低，难以获得归属感，团队人员流动大，往往是某个员工好不容易可以独当一面成为骨干了，却因为看不到职业前景或感觉不到重视而提出离职。骨干员工的离职，严重影响团队士气，也会造成用户满意度和运维质量波动，过于频繁的流动给信息安全也带来隐患。

4．供应商管理难度高，服务不到位

IT 运维的一个重要风险是对 IT 运维外包供应商管理不到位。IT 运维外包中的问题有多种情况，第一种是"先天不足"，即由原来的系统建设方后期继续提供有偿服务，但有时由于建设合同和运维合同界面不明晰而形成争议，导致服务不到位；第二种是"低价陷阱"，即在项目招标时，供应商为了中标，把价格压低，而在后期服务时不能履行承诺，却想方设法压低成本，如派驻人员水平低，或精简一些必要的措施等，在这种情况下，合同条款如果制约不够，也只能忍气吞声；第三种是替换成本高，即运维供应商管理混乱，缺少标准的工作流程，并且缺少必要的文档，运维工作完全依托于某个骨干，其他人则完全无法介入，导致甲方反被乙方绑架，企业由于担心出现问题而不敢轻易"换将"。

13.1.2　运维问题分析

1．IT 运维工作分工不合理

"大头针工厂的故事"经常被经济学家用以指出合理分工的价值。合理分工可以解决复杂问题，提升效率。IT 运维工作中的很多问题源于分工不合理、业绩考核不规范，不能做到能者多劳、多劳多得。如果能把运维工作合理分类，将运维人员细化分组，更加准确地落实责任、传递压力，使有限的运维力量得到合理利用，就可以提升整体工作效率，同时也方便对各自的工作业绩进行评估并据此制订相应的奖惩措施，也可针对不同岗位提供不同的服务技能培训，提高员工的积极性。此外，加强运维团队内部的知识管理，有利于沉淀内部知识，快速培养新员工，减少骨干员工离职带来的冲击。

2．IT 运维人员沟通不顺畅

沟通不畅是 IT 运维人员很忙碌却得不到业务部门认可的根本原因，双方缺少 IT 运维沟通的基本语言，缺少共同认可的预期。IT 运维管理规范不明确，导致业务部门对 IT 运维部门提供的服务和服务流程不清楚，服务的评价指标不清晰，进而导致 IT 运维工作职责不清晰，人员间工作交接不顺畅、服务缺少监督等问题。

3．IT 运维外包权责错配

多头管理或权责错配是 IT 运维外包管理效率低下的主要原因。首先，应明确 IT 运维机构是运维工作的责任部门，谁使用谁负责，落实 IT 运维工作的管理责任；其次，选择合

适的运维供应商，在招标环节应加强对供应商资质、能力水平、案例考察等评估工作，这样才能有效把好关；再次，应建立退出机制，明确在什么情况下运维外包供应商应退出，以保证供应商能提供优质的服务；最后，应加强服务过程中的监督检查，及时发现供应商服务提供能力的异常并及时做出反馈。

13.2 IT 运维管理体系

IT 运维是一项复杂的工作，因为引发问题的原因多种多样，有一定的复杂性和突发性，运维人员每天需要处理大量信息，即使付出了很大的努力，也不一定能取得好的效果。在运维这种技术性很高的专业领域，有效的方法是引入科学的管理标准和管理工具，鼓励运维人积累更多的经验和接受更多的培训。通过实施完整的 IT 运维管理体系，解决 IT 运维中能力、质量、水平、成本之间的矛盾，提供有质量控制的运维，而不是尽力而为的服务。

13.2.1 ITIL 概述

IT 运维管理作为 IT 服务管理的主要范畴，目前国际上的研究和实践都比较成熟，主要成果包括 ISO20000 系列的国际标准及 ITIL 最佳实践方法论，两者在理论基础上是一致的。下面以 ITIL 为例介绍 IT 运维管理的最佳实践。

ITIL（Information Technology Infrastructure Library）的概念出现于 20 世纪 80 年代，当时英国政府认为服务商向他们提供的 IT 服务质量水平不够，于是先委托 CCTA（Central Computer and Telecommunications Agency）、后成立 OGC（Office of Government Commerce）组织开发一个 IT 服务框架，用以在英国政府和私营部门内高效经济地使用 IT 资源。

ITIL 的最早版本称为 GITIM（Government Information Technology Infrastructure Management），即政府信息技术基础架构管理，这与当前的 ITIL 有很大不同，但是它们在概念上非常相似，都是主要围绕服务支持和服务交付。欧洲的大型公司和政府机构在 20 世纪 90 年代初期很快采用了该版本。

2000/2001 年，ITIL V2 发布，该版本将已有的大量 ITIL 指南整理合并为九卷，其中服务支持和服务交付两卷被广泛传播和使用。2007 年，ITIL V3 发布，该版本在服务管理中采用更多的生命周期方法，并且更加强调 IT 业务集成；ITIL V3 围绕服务策略、服务设计、服务转换、服务运营、持续服务改进五个核心模块，建立了一个类似于 PDCA 的持续改进循环，共同构成 ITIL 服务生命周期。ITIL V4 于 2019 年 2 月发布，包含技术和服务管理的最新趋势。

ITIL 是基于流程的方法论，IT 部门可用其检查一种方法是否可以为最终用户交付其所需的 IT 服务。ITIL 整合了一批最佳实践案例，可适用于大多数 IT 组织，无论其规模大小或采取何种技术。ITIL 被用来建立和交付服务管理流程，这些管理任务可被某些服务及系统管理工具简化。

ITIL 对 IT 服务管理实践中涉及的许多重要问题进行了系统分析，包括全面检查清单、任务、程序、责任等与 IT 服务组织密切相关的问题。这些概念的定义也涵盖了大多数 IT 服务组织的主要行为，IT 服务组织可以借助 ITIL 的指导建立和拓展自己的 IT 服务流程。

13.2.2 ITIL 模块

ITIL 包含五个核心模块。

（1）服务战略（Service Strategy）模块。服务战略模块从组织能力和战略资产两个角度为企业设计、开发和实施服务管理提供指导。该模块提出在服务管理实践过程中整个服务生命周期的策略、指南和过程。服务战略是服务设计、服务转换、服务运营和持续服务改进的基础，它的主题包括市场开发、内部和外部的服务提供、服务资产、服务目录及整个服务周期过程中战略的实施。

（2）服务设计（Service Design）模块。服务设计模块描述了对服务及服务管理过程设计和开发的指导，它包括将战略目标转变为服务投资组合、服务资产的原则和方法。服务设计的范围不仅限于新的服务，它还包括为保持和增加用户价值而实行的服务生命周期过程中必要的变更和改进，服务的连续性，服务水平的满足，以及对标准、规则的遵从性，它指导企业如何开发设计服务管理的能力。

（3）服务转换（Service Transition）模块。服务转换模块为如何将新的或变更的服务转换到运营过程中有关能力的开发和改进提供指导，服务战略需求通过服务设计进行编码，而服务转换则是探讨如何将这种编码有效导入到服务运营体系中，与此同时，还应控制失败的风险和服务的中断。

（4）服务运营（Service Operation）模块。服务运营模块包含在服务运营管理方面的实践，它为如何达到服务支持和交付的效果与效率，确保用户与服务提供商的价值提供了指导，并且最终通过服务运营实现战略目标。

（5）持续服务改进（Continual Service Improvment）模块。持续服务改进模块为如何通过对服务设计、服务转换和服务运营进行持续优化而为用户创造更好的价值提供指导。它结合了质量管理、变更管理和能力改进方面的原则、实践和方法。企业应当在服务质量、运营效率和业务连续性方面不断提升。此外，它还为改进所取得的成绩与服务战略、服务设计和服务转换之间如何建立关联提供指导，为基于 PDCA 循环形成计划性变更的闭环反馈系统的建立提供思路。

13.2.3 ITIL 关键流程

在 IT 运维体系中，ITIL 是一套基于流程的方法和规则。在企业信息化建设过程中，ITIL 可以指导信息化部门向用户提供更为高效、可靠的服务。下面对 ITIL 关键流程进行简要介绍。

（1）服务台。服务台是用户与 IT 服务部门进行沟通的唯一平台。服务台为用户提供了服务联系点，利用这个联系点促进企业业务流程与服务管理基础架构的集成。服务台的主要设计目标是加强用户与 IT 服务部门之间的沟通。

（2）事件与故障管理。事件与故障管理的主要功能是对事件与故障进行记录、分类，并且安排专家管理故障处理的全过程。事件与故障管理的目标是在避免影响用户和业务的前提下让 IT 系统能够迅速恢复到安全级别。

（3）问题管理。问题管理是指通过对事件发生的原因进行分析，制订问题的解决方案及预防措施，降低因问题和事件而产生的消极影响。与故障管理单纯强调故障的处理速度不同，问题管理模块的核心功能是找到事件发生的深层次原因并相应地提出合理的解决方案以防止问题的再次发生。

（4）配置管理。配置管理负责识别和确认系统配置项、记录和报告配置项状态、变更请求，以及检验配置项的正确性和完整性。配置管理的主要目的是为企业提供 IT 基础架构的逻辑模型，为变更管理和发布管理提供有效的支持。

（5）变更管理。变更管理是在最短的时间内完成系统架构，并对其进行控制的服务管理流程。变更管理的主要目标是实现对需求变更的快速响应，同时保持系统架构的稳定性，并最大限度地减少业务中断的影响。

（6）发布管理。发布管理负责将通过测试验证后的配置项或成果按业务需要及技术要求、发布策略限制分批部署到生产环境，包括发布包的设计、发布包的组建、发布包的测试、用户培训的组织、发布的业务准备，实际部署后的验证测试以及 IT 资源配置状态的更新等环节。发布管理的主要目标是确保对生产环境的变更得到有效控制，提高生产环境的稳定性。

（7）服务级别管理。服务级别管理是为签订服务级别协议而进行的一系列活动所组成的服务提供管理流程，主要包括协议的计划、草拟及签订服务级别等。有效的服务级别管理可以保证 IT 服务质量在不提高成本的前提下稳步提升。

（8）IT 服务财务管理。IT 服务财务管理主要是指对 IT 服务过程中所需的成本进行预算和核算，然后根据预算情况向用户收取相应费用，主要包括投资预算、服务成本核算和服务计费三部分。财务管理流程生成的预算和核算信息可以为 IT 服务提供有效的辅助决策信息。

（9）IT 服务持续性管理。IT 服务持续性管理是指当系统发生故障时有可靠的技术、财务和管理资源保证 IT 服务仍然能够正常运行。IT 服务持续性管理的目标是确保发生灾难或异常时，服务的可用性和性能能够保持在足够的水平。

（10）能力管理。在能力管理中，既要考虑运营成本，也要考虑业务需求，通过对服务能力进行合理配置，达到使 IT 资源发挥最大效能的目的。该流程包括服务能力管理、业务能力管理和资源能力管理等。

（11）可用性管理。可用性管理是通过分析用户和业务的可用性需求并以此为依据优化和设计 IT 基础架构的可用性。有效的可用性管理可以在控制成本的前提下提高系统的可用性，可以通过定位业务及对用户可用性需求的分析，使 IT 服务的设计满足用户需求，并且可以避免 IT 服务运作中可用性级别过高的情况发生，这一设计思想对降低 IT 服务运作成本具有重要意义。

13.3　IT 运维外包与最佳实践

13.3.1　风险可控的 IT 运维外包

IT 运维包括自有运维、外包运维、自有运维与外包运维相结合等方式。IT 运维外包是指企业为了实现自己的目标，通过合同或协议的方式将部分或全部的信息技术职能交由外部服务商提供的一种管理模式。同时，IT 运维外包一般还与企业的 IT 资产、人员、租赁资产一起，被交由服务商管理。

采取 IT 运维外包具有诸多优势。通过借助第三方资源与技术优势，企业可以进一步减少管理和运营成本，能有效释放自身重要资源，使其专注于核心业务的拓展，从而在塑造核心竞争力及推动创新方面发挥更大作用。同时，运维团队也将更具灵活性，可根据业务需求进行动态调整，实现低成本维护，并且在关键时刻迅速集结力量，有效应对各种问题。此外，通过引入专业的 IT 服务公司，企业可以获得更高效、更专业的服务。

1．IT 运维外包的基本阶段

对采用 IT 运维外包的企业而言，要成功实施 IT 外包服务，可以分为四个阶段：一，组织的内部分析和评估（准备阶段）；二，选择合适的外包商（选择阶段）；三，完成内部服务向外包服务的过渡（过渡阶段）；四，外包的实施和管理阶段（整合阶段）。

2．IT 运维外包风险管理

运维外包虽然能够为组织带来很大的便利，但同时也存在一些风险。以下是可能存在的风险。

（1）企业需要承担一定的组织成本。引入外部服务商会导致额外的费用支出，包括支付给服务商的费用及因服务商而产生的培训和管理成本等。这些费用可能会使企业的成本增加，需要在预算时认真考虑。

（2）过度依赖外部服务商反而可能会降低企业发展的速度。当企业过于依赖外部服务商时，可能会面临服务商响应速度和服务质量不符合组织期望的问题。因此，企业需要在合同中明确规定服务商的服务质量和响应时间，并且及时监督执行情况。

（3）与外部服务商合作时，存在商业机密泄露风险。商业机密是企业的核心竞争力之一，泄露商业机密可能会导致企业在竞争中处于劣势。因此，企业在与服务商合作时需要采取措施保护商业机密，确保数据和信息的安全。

（4）市场上的服务商质量参差不齐，如果选择不当，可能会引入低质量的服务商，导致运维外包效果不佳。因此，企业需要全面评估服务商的资质、经验和声誉等，确保选择的服务商能够满足企业的需要。

（5）不同服务商之间的文化和管理风格可能存在差异，这可能会对合作造成一定的影响。因此，企业需要与服务商建立良好的沟通机制，确保双方能够相互理解、合作顺畅。

（6）合同管理不当或费用结算不及时可能会导致财务风险和法律纠纷。因此，企业需要建立完善的合同管理体系并配备专业的管理人员来监督合同的执行情况。合同中需要明确规定服务商的义务和责任，以确保费用结算的准确性和及时性。

（7）服务质量难以保证。服务商的服务水平和质量标准可能不符合企业的期望或无法满足企业的需求。因此，企业需要在合同中明确规定服务商的服务质量和标准，并且建立监督机制来确保服务商的服务质量能够达到企业的期望。

（8）存在技术更新和升级风险。随着技术的发展和升级，外部服务商可能无法跟上企业的步伐并为其提供技术支持和服务，这可能会导致技术服务无法满足企业的需求并影响组织的业务发展。因此，企业需要与服务商建立良好的技术沟通机制并监督其技术更新和升级情况，以确保技术服务能够满足企业的需要。

（9）存在信息安全风险。在与外部服务商合作过程中可能会涉及信息安全问题，如数据泄露和黑客攻击等。因此，企业需要采取措施保护自身的信息安全，并且确保服务商具备足够的信息安全能力来保障数据和信息的安全性和可信赖性，同时，需要与其签订信息安全协议，以明确责任和义务，从而保障自身的利益不受损害。

综上所述，运维外包虽然能够为企业带来一定的便利，但同时也存在一些风险。企业需要在选择外部服务商时进行全面的评估和选择，并且采取措施来避免这些风险，以确保企业的利益和发展稳定性不受影响。

13.3.2　IT 运维最佳实践

国内外很多组织都积累了大量 IT 运维工作经验，形成了许多最佳实践，这有助于组织进一步提升运维管理水平。

1. 借助第三方咨询力量

很多组织都希望加强自身内部的 IT 运维管理或加强对 IT 外部服务的管控，但是苦于没有经验，在实际建设过程中经常出现设计不完善、不能落地的现象。实践证明，通过引入第三方咨询服务可以有效解决这个问题。第三方咨询服务依靠大量的服务时间和成熟的实施方法论，可以帮助企业在最短时间内实现适合其自身特点的 IT 运维管理体系的设计，并且能辅导组织实现这个管理体系与日常管理的有效融合，帮助组织最大限度地发挥最佳实践的功效。

2. 应用自动化巡检工具

信息系统的运维工作，涉及对网络、业务应用、桌面、安全、告警、运维等上百个指标的检查，如果通过人工巡检方式检查这些指标，巡检效率低，并且可能出现漏检或重检。自动巡检能够很好地解决这个问题，是运维工作的最佳实践之一。

在自动巡检时，巡检中心按照巡检表要求定时启动巡检。巡检指令由适配器接收并执行，并且将巡检计划、分发指令、人机交互等由适配器通过调用资产数据接口或执行命令脚本，实现对资产信息状况的检查。

3. 应用服务水平协议

服务水平协议是一种由服务提供商与用户签署的法律文件，其中承诺只要用户向服务提供商支付相应费用，就应享受到服务提供商所提供的相应服务质量，它是一个定义服务提供者和用户之间关系的文件。服务水平协议内容一般包括提供的服务、服务水平、问题管理、法律适用和解决争端、用户的义务和责任、安全、知识产权和保密资料等。

有效应用服务水平协议，有助于确定并界定用户需求、提供便于理解的框架、简化复杂问题、减少冲突范围、在发生争议时加强对话、消除双方不切实际的期望等。服务水平协议将建立服务双方共同的愿景和考量标准，实现对服务水平的统一理解，有助于改善服务提供方服务水平和服务质量的认可度。

4．持续监测

持续监测是通过部署监测工具对 IT 系统的关键指标进行 7×24 小时不间断监测，一旦指标出现异常，将自动通过邮件、短信等方式提醒 IT 运维人员进行关注并分析。

通过持续监测 IT 系统的关键指标，IT 运维人员可以在故障发生前提前介入并进行调查分析，将故障排除在萌芽阶段，实现提前预警、提前处理，避免故障发生给业务造成影响，降低用户损失，提高 IT 系统的可用性。

5．定期巡检

如果用户所应用的 IT 系统并不要求非常高的可用性，则持续监测这种服务方式就显得有些昂贵了，此时采用定期巡检不失为一个好的选择。

定期巡检就是周期性地对 IT 系统进行全面的健康检查，频率取决于企业对 IT 系统可用性的要求。定期巡检的检查项目与持续监测的检查项目一致，通过对规定项目的定期检查和日志分析，可以判断 IT 系统的健康状况，查找系统漏洞和安全隐患，并且采取措施进行加固。定期巡检不需要一次性的工具和人员投入，也能够取得较好的故障预防效果，是一种投入产出比较高的故障预防手段。

6．配置管理数据库

配置管理数据库（Configuration Management Database，CMDB）是用于存储配置项及配置项关系的数据库。在数据库中，配置项及其关系利用关系数据库的方式对用户 IT 服务的整体架构进行了描述，包括 IT 服务、IT 基础设施、IT 应用系统、IT 人员、IT 文档等。

配置管理数据库是开展 IT 运维工作的基础。配置项的上下级关系将帮助 IT 运维人员实现由故障点开始进行上下快速定位；配置项的横向关系将帮助 IT 运维人员实现故障影响范围的快速确定；配置项的属性信息实现配置项关键信息的存储和检索。配置管理数据库是使 IT 运维工作快速高效和准确的利器。

7．建立运维知识库

运维知识库是系统知识积累的重要方式，是员工日常工作的重要工具。通过对知识库的维护和使用，不仅可以在故障自动处理和人工处理过程中从知识库得到相关故障维护的分类和快速定位，找到匹配的处理案例，便于处理人借鉴，而且知识库具有的业务帮助功能，使相关人员能通过关键词查询业务帮助、产品、市场活动、发生过的处理流程、电子文档等。

在一般情况下，运维知识库具有知识的录入和查询、知识的分类展示、知识的转移和版本管理等功能。其中知识录入支持手工录入、模板导入、批量导入、事件关联等多种录入方式；知识查询支持关键字搜索、条件搜索、高级搜索、附件全文检索等多种搜索方式；版本管理能够管理不同版本的知识，做到知识可追溯、修改有依据。

运维知识库系统还具备个人知识学习、员工在线培训和考试、知识问答等功能，有助于提升运维工作的支持效率，加强内部交流和知识积累。

13.4　信息安全管理

按照国家相关规定，信息系统要开展信息安全管理。涉密信息系统要实施分级保护管理，投入使用前应通过现场评估；非涉密信息系统要符合等级保护管理要求，根据对应的级别进行备案或审批。

13.4.1　信息安全管理概述

信息安全管理是通过计划、组织、领导、控制等环节协调人力、物力、财力等资源，以达到企业信息安全目标的活动。信息安全管理的主要活动包括制订信息安全目标和实现目标的途径；建设信息安全组织机构，设置岗位、配置人员并分配职责；实施信息安全风险评估和管理；制订并实施信息安全策略；为实现信息安全目标提供资源并实施管理；信息安全教育与培训；信息安全事故管理；信息安全持续改进。

信息安全管理的基本任务包括组织机构建设、风险评估、信息安全策略制订和实施、信息安全工程项目管理、资源管理等。

企业应建立专门的信息安全组织机构，负责如下工作：

（1）确定信息安全要求和目标。

（2）规划实现信息安全目标的时间并制订预算。

（3）建立各级信息安全组织机构并设置相应岗位。

（4）分配相应职责和建立奖惩制度。

（5）提出信息安全年度预算并监督预算执行。

（6）组织实施信息安全风险评估并监督检查。

（7）组织制订和实施信息安全策略并对其有效性和效果进行监督检查。

（8）组织实施信息安全工程项目。

（9）调查和处理信息安全事件。

（10）组织实施信息安全教育培训。

（11）组织信息安全审核和持续改进。

企业应设立信息安全总负责人岗位，负责如下工作：

（1）向企业最高管理者负责并报告工作。

（2）执行信息安全组织机构的决定。

（3）提出信息安全年度工作计划。

（4）协调、联络信息安全相关工作。

信息安全风险评估是指依据国家有关信息技术标准，对信息系统及由其处理、传输和存储的信息的保密性、完整性和可用性等安全属性进行科学评价的过程。它要评估信息系统的脆弱性、信息系统面临的威胁，以及脆弱性被威胁源利用后所产生的实际负面影响，并且根据安全事件发生的可能性和负面影响的程度识别信息系统的安全风险。

信息安全风险评估旨在确保符合国家法律法规及相关标准，为企业信息化发展提供服务，推动信息安全保障体系的建设，并且提高信息系统的安全保护能力。通过信息安全风险评估，可以全面了解信息安全环境及状况，形成共识，明确责任，采取或完善保障措施，以实现更高效、更安全的目标。此外，信息安全策略的一致性和持续性也可以通过风险评估得到保持。总的来说，风险评估是确定安全需求的重要途径。

信息安全风险评估的基本要素如下。

（1）战略使命：企业通过信息化实现的工作目标。

（2）依赖程度：企业的使命对信息系统的依赖程度。

（3）资产：通过信息化建设积累起来的信息系统、信息、服务或生产能力、人员能力和企业品牌等。

（4）价值：资产的重要程度和敏感程度。

（5）威胁：企业的信息资产可能受到的侵害。威胁由威胁源、能力、资源、动机、途径、可能性和后果等多种属性刻画。

（6）脆弱性：信息资产及其防护措施在安全方面的不足和弱点。脆弱性也常常被称为漏洞。

（7）风险：由系统存在的脆弱性、人为或自然的威胁导致安全事件发生的可能性及其造成的影响。它由安全事件发生的可能性及造成的影响这两项指标来衡量。

（8）残余风险：采取了安全防护措施，提高了防护能力后，仍然可能存在的风险。

（9）安全需求：为保证企业的使命能够正常行使，在信息安全防护措施方面提出的要求。

（10）安全防护措施：为应对威胁，减少脆弱性，保护资产，限制意外事件的影响，检测、响应意外事件，促进灾难恢复和打击信息犯罪而实施的各种实践、规程和机制的总称。

13.4.2　信息安全风险评估

信息安全风险评估过程如图 13-1 所示。

1. 背景分析

企业要结合实际情况进行风险管理背景分析。在开展风险管理背景分析时应考虑风险管理的基本准则、范围边界和风险约束等。其中，基本准则是安全风险管理需要遵循的准则，如风险评价准则、影响准则、风险接受准则等；范围边界应明确信息设备、存储设备及相关产品软、硬件范围等；风险约束应确定执行安全风险管理活动需满足的约束。

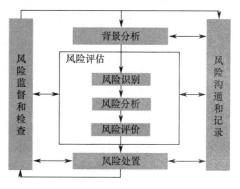

图 13-1　信息安全风险评估过程

开展风险管理背景分析时应考虑如下因素：

（1）企业战略、业务目标、职能架构。

（2）企业流程（安全方面、质量方面等）。

（3）企业的整体风险管理方法、安全策略。

（4）信息设备、存储设备安全保密管理的业务目标、职能架构、组织流程。

（5）信息设备、存储设备安全保密的风险管理策略，包括但不限于采购、维修维护、报废、销毁等。

（6）供应商及利益相关方的价值观、风险偏好及相关的资质、项目经历等。

2．风险识别

风险评估的第一步是风险识别，包括资产识别、威胁识别、脆弱性识别和现有安全措施识别。

1）资产识别

关键资产自身的安全性和完整性对企业的安全保密工作有直接影响，这类资产一旦受损或遭受攻击，可能导致发生泄密事件或安全保密风险增大。在识别关键资产时应考虑如下因素：

（1）企业的关键业务。

（2）对涉密业务至关重要的系统、组件（硬件、软件和固件）、功能和流程。

（3）依赖性分析和评估，确定可能需要在系统中加固的组件和功能。

（4）关键系统、组件、功能、信息的获取和审核。

（5）关键功能依赖的技术，如软件补丁使用的数字签名技术等。

（6）对所有接入点的确认，识别并限制它们对关键功能、组件的直接访问（如最小权限执行）。

（7）在系统周期内可能发生的恶意变更。

2）威胁识别

安全威胁主要来源于环境因素、攻击和人为错误。其中，环境因素是由环境造成的安全隐患；攻击是指由攻击者发起的网络或物理攻击；人为错误是指由于内外部人员安全意识不足，没有遵循安全保密规章制度和操作规程而导致的安全问题。

（1）环境因素

环境因素包括静电、灰尘、潮湿、鼠蚁虫害、电磁干扰、洪灾、地震、台风、意外事故等环境危害或自然灾害，还包括软件、硬件、数据、电力等基础设施的故障。

（2）攻击

第一类攻击人群是恶意攻击者。恶意攻击者通过植入恶意功能程序进行未授权访问收集信息或造成损坏；商业间谍针对产品和服务发起网络或物理攻击，窃取知识产权、国家秘密等敏感信息，破坏业务操作系统。

第二类攻击人群是内部人员。不满的或有预谋的内部人员对产品和服务进行恶意篡改、植入、伪造或破坏；采用自主或内外勾结的方式盗窃软件代码、设计文档等信息，销售或转移给竞争对手或外部情报机构以获取利益。

第三类攻击人群是供应商人员。供应商人员利用供应链管理的脆弱性，在开发、生产、交付、销售、维护、返回等环节，对供应链进行恶意攻击或对产品的上游组件进行篡改或伪造。

（3）人为错误

内部人员、外部人员由于缺乏培训、专业技能不足、不具备岗位技能要求而导致安全问题。

3）脆弱性识别

脆弱性可能存在于以下几个阶段。

（1）开发阶段：产品和服务在设计和开发阶段存在的安全隐患包括未遵循安全开发流程，第三方软件在使用前没有进行安全检查等。

（2）供应阶段：产品和服务在生产、集成、仓储、交付等供应阶段存在的安全隐患包括生产环境物理安全访问控制不严，运输时产品被替换，供应商未经授权私自预装程序等。

（3）运维阶段：产品和服务在运维阶段存在的安全隐患包括产品返回时被植入，售后人员盗窃用户数据等。

4）现有安全措施识别

对现有安全措施的有效性进行确认，应重点考虑以下措施的识别。

（1）检查信息设备、存储设备相关制度，了解计划采取哪些安全措施。

（2）访谈信息设备、存储设备相关的管理人员、用户，了解实际采取了哪些安全措施。

（3）现场查验已采取的安全措施，确认安全措施是否正在被有效地执行。

（4）参考相关的标准规范，判断已实施的安全措施是否满足相关标准规范要求。

3．风险分析

风险分析包括可能性分析、后果分析和风险估算。可能性分析是分析威胁利用脆弱性导致安全事件发生的概率；后果分析是针对已经识别的安全事件，分析事件的潜在影响；风险估算是为安全风险的可能性和后果赋值。

4．风险评价

风险评价是将风险估算结果与风险评价准则和风险接受准则进行比较，输出依据风险评价准则按照优先顺序排列的风险列表。在风险识别和风险分析中得到的结果、可能性也可用于风险评价活动。需要注意的是，多个中低风险的聚合可能导致更高的整体风险。

5．风险处置

根据风险评估结果制订风险处置计划。根据业务需求和能力限制，选择风险处置策略，包括如下类型。

（1）风险降低：降低风险发生的可能性，使风险等级降低，残余风险在重新评估后能够被风险策略接受。

（2）风险规避：不卷入风险处境的决定或撤离风险的行动。

（3）风险转移：与另一方共享风险带来损失或收益的行为。

（4）风险保留：对来自特定风险的损失或收益的接受行为。

6．风险监督和检查

风险监督和检查的目的是确保企业的风险在可接受范围内。监督检查内容包括：资产新增及资产价值发生变更的情况；新增的威胁、脆弱性；已评估的威胁、脆弱性和风险因聚合导致的不可接受的风险；安全事件等。

7．风险沟通和记录

风险沟通和记录贯穿信息的全风险评估全过程。

13.4.3 信息安全控制措施

在制订信息安全控制措施时，应重点考虑如下因素：

（1）企业的类型、战略、业务目标、用户需求。

（2）组织架构和组织流程（安全方面、质量方面等）。

（3）企业的安全策略和安全风险承受能力。

（4）企业的安全威胁、脆弱性。

（5）相关的法律法规。

（6）安全风险评估结果。

1．技术安全措施

1）物理与环境安全

（1）确保外部人员访问基础设施受控区域时已得到授权或审批，由专人全程旁站陪同并登记备案。

（2）及时更新基础设施的物理访问权限。

（3）评估系统集成商是否具有物理与环境安全策略，是否具有持续保证物理与环境安全的能力，并且通过合同协议对系统集成商提出要求。

（4）具有备用的工作场所、通信线路和信息系统，防止因自然灾害或不可抗力等外因导致业务中断。

2）系统与通信安全

（1）具备边界保护机制，保护基础设施内的物理连接和逻辑连接。

（2）定期开展基础设施边界安全脆弱性评估及抽样检查，并且及时采取纠正措施。

（3）在基础设施中采用密码技术时要符合相关规定。

（4）确保关键信息的传输安全，采取安全措施保证信息传输的保密性。

3）访问控制

（1）建立用户的账户管理体系，包括用户注册、角色管理、权限和授权管理及身份鉴别等。

（2）在系统集成商、供应商或外部服务提供商发生变更的情况下，采取更新访问权限等控制措施。

（3）在信息系统决策过程中明确职责定位。

（4）在职责定位的基础上，采取最小权限和授权机制。

（5）监控、审核和记录从外部对基础设施的相关访问。

（6）根据信息安全策略制订访问控制协议要求，并且对访问协议进行定期更新，如明确系统集成商和外部供应商对信息系统和基础设施的访问级别。

（7）限制企业内设备在外部信息系统中的使用。

（8）根据不同的访问级别，把基础设施的接口选择性地提供给系统集成商、供应商和外部服务提供商。

（9）使用自动化方式实现账户管理，包括通知变更、禁用过期账户、自行审核高危操作和超时自动注销等。

（10）对企业与外部供应商互联的信息系统和操作任务进行核查和记录，包括了解与各类供方的组件/系统连接状况、共同开发和操作环境、共享数据请求和检索事务等。

4）标识与鉴别

（1）为基础设施的系统或访问人员分配身份标识，对访问基础设施的用户进行身份鉴别。

（2）管理基础设施内非企业用户身份标识和鉴别的建立、审计、使用和撤销。

（3）对交付前产品标识的改变提供相应规则，使交付的产品可验证。

（4）使用编码、条码、ID 或企业自定义的其他标识，为设备和组件分配产品标识，对于软件开发，为已实现配置项识别的组件分配产品标识；对于设备和操作系统，在其进入基础设施时分配产品标识，如通过运输、接收或下载完成时。

5）完整性保护

（1）对可能造成基础设施破坏的行为进行监控，如外部攻击或软件开发过程中植入恶意代码。

（2）对信息系统和组件的完整性进行测试和验证，如使用数字签名或校验机制，或者使用有限权限环境，如沙箱等。

（3）确保实施了代码鉴别机制，如数字签名，确保信息系统中的软件、固件和信息的完整性。

（4）对获取的二进制或机器可执行代码，以及工具的来源应经过验证。

（5）采取硬件完整性保护措施，如硬件拆箱保护措施。

（6）验证系统集成商、供应商和外部服务提供商提供的防篡改保护机制。

6）可追溯性

（1）建立和维护可追溯性的策略和程序，记录和保留信息系统、组件或供应链中产品和服务的原产地或原始提供商的相关信息。

（2）对于追溯的改变，跟踪、记录并通知到相关人员。

（3）确保追溯到对信息系统、工具、数据和过程有影响的个人。

（4）确保可追溯信息和可追溯更改记录的抗抵赖性，包括时间、用户信息等。

（5）建立可追溯基线，对组件、信息系统及整个供应链进行记录、检测和维护，并且将可追溯基线嵌入供应链流程和相关信息系统。

（6）使用多种可重复的方法跟踪、追溯源的变更，包括变更的数量和频率，减少过程、程序和人为的错误。例如，配置管理数据库可用于跟踪对软件模块、硬件组件和文档的更改。

2. 管理安全措施

1）管理制度

（1）制订安全管理的总体方针和安全策略，说明安全管理的总体目标、范围、原则和安全框架。

（2）建立安全管理制度，包括对全生命周期中的主要活动、基础设施和外部供应商等的管理。

（3）对管理人员和操作人员执行的重要操作建立操作规程。

（4）在供应商关系发生重大变化或重大安全事件时，对安全管理制度进行检查和审定，对存在不足或需要改进的安全管理制度进行修订。

2）管理机构

（1）明确负责指导和协调企业相关部门的安全管理职责。

（2）提供用于安全管理的资金、人员和权限等可用资源。

3）人员管理

（1）制订相关人员的安全要求，包括管理者、员工和第三方人员等。

（2）确保涉及部门、各环节责任人的可信度可以满足对其职位的安全要求。

（3）及时终止离岗和调任人员对系统和设施的访问权限，包括采购和承包人员、供应链和物流人员、运输和接收人员、信息技术人员、质量人员、高级管理人员、系统管理员、网络管理员、安全管理员等。

（4）明确人员职责定位，主要包括高级管理人员、系统工程师和安全工程师。高级管理人员应明确在签约、物流、交付、接收、采购等环节中的安全职责。系统工程师和安全工程师应明确在需求定义、开发、测试、部署、维护、更新、更换、交付、接收等环节中的安全职责。

4）教育培训

（1）制订安全培训计划，将安全风险管理培训纳入安全培训计划并定期执行。

（2）设立专人负责安全培训工作，培训对象包括所有参与基础设施建设和运维的内部人员，以及供应商人员或相关责任人。

（3）培训内容包括相关的法律法规、标准规范、程序流程、应急处理等，培训内容需要根据安全形势的变化进行组织并持续更新。

3. 全生命周期管理

1）开发管理

（1）具备软件开发制度，明确开发过程的控制方法、管理流程和人员行为准则。

（2）制订代码安全规范，要求开发人员参照规范提升代码质量。例如，使用最佳安全编码实践避免常见的安全缺陷，使用安全硬件设计实践，以及定期组织对相关人员的安全开发工程实践培训等。

（3）在发现安全缺陷及漏洞时立即采取修复或替代方案等补救措施，及时告知用户安全风险，并且按照要求向有关主管部门报告。

（4）确保具备软件安全设计的相关文档和使用指南，并且由专人负责保管。

（5）确保具备物理隔离的开发环境，实际环境的测试数据和测试结果受到控制。

（6）确保开发流程在整个生命周期中得到记录、管理及遵循，记录的开发流程可包含开发合作伙伴。

（7）执行产品和服务开发生命周期的安全测试管理，制订产品安全应急响应计划，以确保各种产品和服务在整个生命周期内达到一定的安全标准。

2）采购外包管理

（1）供应商选择

一是制订供应商选择策略和制度，根据产品和服务的重要程度对供应商展开安全调查。

二是对关键产品和服务的供应商进行筛选。三是进行调查，分析供应商对信息系统、组件和服务的设计、开发、实施、验证、交付、支持过程；评价供应商在开发系统、组件或服务时接受的安全培训和积累的经验，以判断其安全能力。

（2）采购过程

一是与供应商签订产品和服务采购协议，体现产品和服务安全保障、保密和验收准则等内容。二是要求供应商对其交付的安全产品实行安全配置，并且在安全组件、安全服务重启和重装后进行安全默认配置。三是要求供应商制订用户文档，包括产品和服务的安全配置及安装和运行说明；与管理功能有关的配置和使用方面的注意事项；有助于用户更安全地使用信息系统、组件或服务的方法或说明；对用户的安全责任和注意事项的说明。

（3）供应商管理

一是要求供应商提供所交付产品和服务的安全功能、应急响应措施和培训计划。二是要求供应商在发现其交付的产品和服务的脆弱性和漏洞后及时通报并进行快速修复。三是要求供应商对其交付的产品和服务实施防篡改措施，并且协助企业定期检查产品和服务是否受到篡改。四是当要求变更供应商时，对供应商变更带来的安全风险进行评估并采取有关措施对风险进行控制。五是要求供应商根据安全检查需求或系统安全要求提供相关资料。六是要求供应商在合同约定期内持续提供支持，如果供应商需使用不被支持的产品和服务时，需要获得批准。

3）配置管理

（1）明确管理人员在配置管理中的职责定位，包括确定和协调不同部门在配置管理中的目标、范围、角色、职责、义务和管理规范。

（2）制订覆盖全生命周期的配置管理策略，包括定义在整个系统开发生命周期中的配置参数，定义信息系统的配置项并进行配置管理，考虑配置项的数据留存、追踪和元数据等。

（3）将信息系统设置为仅提供基本功能，禁止或限制使用不必要的物理和逻辑端口、协议或服务，指定可以实现系统最少功能的组件，以减少受到攻击的风险。

（4）及时记录和保存系统的基本配置信息，包括网络拓扑结构、各设备安装的软件组件、软件版本和补丁信息、各设备或软件组件的配置参数等。

（5）在企业内部建立和维护配置管理基线，包括建立信息系统和基础设施的配置基线，并且与系统集成商、外部服务提供商和供应商达成一致；建立和记录基线配置的规范，并且可根据需要建立基线配置的开发及测试环境；运行和维护基线配置的基本要求，通过基本要求保证供应链的基本安全条件；定期审核和更新基线配置，实现基线变化可追溯。

（6）对配置访问进行安全控制，包括对与配置更改相关的物理和逻辑访问控制进行定义、记录、批准和管理；对配置的强制执行和自动访问进行审核和限制；对签名组件的更改进行审核和限制，以确定组件使用企业认可和批准的数字签名证书；限制软件库驻留、查询、更改的权限，并且定义特权程序和相应权限；建立对非授权访问实施控制的技术能力和应急响应能力。

（7）对基础设施的配置更改实行安全控制，监控审核配置中未授权的更改，包括根据职责定位要求配置所有者、授权管理者对配置更改进行系统审核，以确定是否发生未授权的更改；明确配置可更改的类型、程序、批准和审计要求；基于安全风险分析和组织策略，审核对信息系统配置的变更并决定是否批准；经过审批才可更改、安装经过审核的配置组件或调整配置参数；操作过程中宜保留不可更改的审计日志，操作结束后应同步更新配置信息库；识别、记录所有的配置更改细节，包括与原有配置的差异和更改原因；按照定义的事件，保留信息系统的配置更改记录；建立未经授权的配置更改的应急响应和配置恢复能力；审计和审核信息系统的配置变更相关活动；提高管理、审核和控制配置更改的自动化程度。

4）运行维护

（1）为信息系统制订安全维护策略。

（2）对维护工具的使用和升级进行控制和鉴别，涉及维护工具的选择、订购、存储、集成、使用和更换等环节，包括对维护工具进行部署、测试、验收、审核是否符合要求；在未经安全许可的情况下，不允许将维护工具带离现场；记录对维护工具的使用和存储情况，如工具的使用者、使用目的和存储时间等；如果维护工具自身具备审计功能，则建议开启。

（3）在一般情况下禁止远程在线维护。

（4）对于备件、更换部件等，确保通过原始设备制造商或授权供应商购买。

5）安全审计

（1）建立安全审计制度和流程，对相关的安全事件进行审计，包括技术事件和非技术事件。其中技术事件包括软件、硬件、数据等的更改、移除和迁移，对访问控制和身份鉴别的日志监测等；非技术事件包括企业安全或运营政策和策略的变化，采购或合同流程的变更，以及系统集成商、供应商和外部服务提供商对系统或组件进行更新、优化、淘汰等。

（2）对审计事件进行定级，根据不同的安全等级采用不同的应对策略和问责机制。

（3）按要求留存和保护与供应链相关的审计记录。

（4）对要公开披露的信息进行审核，包括自己披露的和授权供应商披露的企业信息。

（5）监测和审计对外协作中的信息共享，包括与系统集成商、供应商和外部服务提供商的信息共享。

（6）在合作协议中，要求系统集成商和外部服务提供商建立适当的审计机制和办法。

（7）根据访问控制策略部署安全审计机制，以审核、更新并跟踪外部供应商对基础设施和相关系统的访问。

6）应急计划

（1）结合组织情况，建立、维护并实施应急响应和灾后恢复计划，按照年度更新应急响应计划。

（2）应急响应计划包括：进行业务影响分析，标识关键流程和组件及其安全风险并确定优先次序；提供应急响应的恢复目标、恢复优先级和度量指标；描述应急响应的结构和组织形式，明确应急响应责任人的角色、职责及其联系信息，将应急响应计划向相关部门及所有干系人进行通报；避免应急响应计划的非授权泄露和更改；确保安全事故发生时，实施应急响应计划可以维持基本业务功能；建立信息备份，保障备份信息的保密性、完整性和可用性，并且定期验证信息系统备份的可用性；确保外部服务提供商提供的信息系统和基础设施具有适当的失效备援方案并将其纳入服务协议。

7）事件响应

负责跟踪、记录各类安全事件，并且与相关方建立双向沟通机制。

（1）对事件进行界定和描述，包括对事件等级进行划分。

（2）对响应事件的接口人、响应事件、处理要求进行记录，对处理方式进行说明。

（3）与外部供应商定义统一的事件处理标准，并且根据事件处理结果和产生的影响及时修订事件处理标准。

（4）指定处于关键位置的人员作为事件响应联系人并授予其一定权限。

（5）确保事件报告的相关内容和数据只能由授权人员进行传输和接收。

第 *14* 章

企业信息化管理制度与标准规范

企业信息化管理制度是为了规范企业信息化管理过程、提升管理效率，围绕企业信息化规划、建设、管理、运维等全过程的一整套规定，是企业信息化管理准则、管理办法和操作规程的集合。

企业信息化标准是围绕企业信息采集、加工、存储、访问、开发利用和服务过程，经协商一致并由授权机构批准制订的在企业范围内共同遵守并重复使用的规范性文件。标准制订的目的是获得最佳秩序，而有序化又是为了企业得到最大收益。标准可以是规范性文件，可以是指南性文件，也可以是对特定特性的规定。

14.1 信息化管理制度

信息化管理制度是企业信息化建设和日常管理的依据，一般来说，信息化先进企业的信息化制度比较健全。

14.1.1 信息化制度体系

信息化管理一方面要遵循管理制度建设相关规定；另一方面，相较于其他管理制度，信息化管理具有技术性和逻辑性强、涉及面广、事项多等特性。参照等级保护对信息系统及信息化管理的要求，可将信息化制度体系分为三个层次：第一层为信息化工作目标和指导原则，主要是信息化工作管理规定；第二层为信息化各领域工作的管理办法或工作指南，包括组织管理、规划及预算、项目管理、网络安全、系统运维、评价及考核、外包管理、系统保密管理等方面的制度；第三层为实施细则层，是管理办法和工作指南的分解与细化。是否需要制订实施细则，以及实施细则的种类和数量，需要根据企业信息化管理现状确定。

14.1.2 信息化制度建设

1. 信息化工作管理规定

信息化工作管理规定通常包括总则、组织体系管理、规划与计划管理、项目建设管理、运维管理、网络安全管理、标准与规范管理、培训与考核等方面的内容。

（1）总则。总则规定了信息化工作的总体目标和指导原则，明确制度的适用范围。

（2）组织体系管理。组织体系管理规定了信息化工作的管理体系与组织机构。典型的企业信息化组织体系由信息化工作领导小组、信息化工作管理部门和信息技术中心等组成。

（3）规划与计划管理。信息化规划规定了一定时期内应用系统、数据应用、技术基础设施等方面的建设要求，是企业发展规划的专项规划之一。信息化规划是信息化建设年度计划、项目立项和投资的依据，通过信息化计划和项目予以落实。

（4）项目建设管理。项目建设管理包括对项目立项、实施、监理、验收、后评估等各环节的管理，并且对项目投资、质量、进度等关键要素实施控制。

（5）运维管理。运维管理包括明确运维组织及工作界面，制订运维制度、规范和作业指导书，确定服务标准和评价指标，预估系统运行维护费用并纳入预算等。

（6）网络安全管理。组织落实网络安全责任制，健全网络安全责任体系、组织体系、制度体系和监管体系，配备必要的管理和技术人员。

（7）标准与规范管理。建立信息化标准与规范体系，信息系统建设和运维要遵循信息化标准。信息化管理部门对信息化标准和规范进行动态维护，加强对信息化标准和规范的管理与评价。

（8）培训与考核。开展全员信息化知识宣传普及、应用技能培训和考核，对突出贡献部门和个人给予表彰，对违反项目管理和系统使用要求的机构及个人及时做出处理。

2. 应用系统运行维护管理办法

应用系统运行维护管理办法通常包括职责分工及应用系统的启用管理、安全管理、操作管理、故障管理、需求变更管理、软件升级管理等。

（1）职责分工。明确信息化管理部门、业务主管部门和信息技术中心的相关职能。一般信息化管理部门负责应用系统运行维护管理工作的整体组织、协调；业务主管部门是相关应用系统运行管理的责任部门，负责应用系统中业务综合管理工作的整体组织、协调与上传下达；信息技术中心主要承担应用系统运行中软、硬件系统的技术支持和维护。

（2）启用管理。在应用系统上线前，依据《信息安全等级保护管理办法》和《网络安全等级保护定级指南》确定信息系统的安全保护等级并进行备案后，方可正式上线。在正式运行前，由该系统的业务主管部门向信息化管理部门提交应用系统入网申请，审批通过后方可正式运行。

（3）安全管理。应用系统须设立至少两类管理员岗位，分别为系统管理员和安全审计员。系统管理员主要负责应用系统自身的系统管理工作，即登录到应用系统内部的系统管理工作；安全审计员负责对系统管理员的操作行为进行审计跟踪分析和监督检查，以及时发现违规行为，并且定期向信息化管理部门汇报相关情况。系统管理员和安全审计员不能兼任，权限划分遵循最小授权、相互制约、相互监督原则。

（4）操作管理。应用系统的所有用户必须严格按照操作权限进行操作，不得越权操作。用户离开岗位时，应退出系统或锁定操作界面；用户忘记口令或因口令错误输入多次被锁定时，可申请进行口令重置或解锁；用户申请重置口令后应及时更换口令。

（5）故障管理。在应用系统运行出现故障时，须由业务部门、信息化管理部门、信息技术中心一起分析判断故障原因、确定故障分类，并且根据故障分类进行故障排除。必要时，应用系统的软件供应商或技术支持单位的技术人员可以介入、配合。

（6）需求变更管理。在应用系统运行过程中，对各使用单位或部门提出的个性化开发需求，参考相关管理办法形成需求变更确认书，说明二次开发或变更的具体需求，在信息化管理部门接受后，会同相关部门决定是否批准。

（7）软件升级管理。在信息化管理部门及运维机构组织并完成软件程序的测试工作后，应该与应用系统业务主管部门一起统一安排软件升级工作。每次进行软件升级操作前，运维机构（必要时软件供应商的技术人员可以进行现场指导）须将原软件程序进行备份，同时保留历次备份内容并异地存放。原则上不得将备份的软件程序恢复到生产系统中。

3．ERP 系统运行维护细则

ERP 系统运行维护细则是依据应用系统运行维护管理办法制订的，是管理办法在某一系统的细化和落地，主要包括系统情况介绍、服务内容、服务等级三个部分。其中服务内容包括日常巡检、问题处理、现场支持、技术支持、用户检查、系统优化、应急管理、运维分析等多个方面的若干流程和表单。

14.2 信息化标准体系

1．概述

企业信息化标准属于企业标准体系中的一部分。信息化标准对规范企业信息化建设有着非常重要的作用。数据标准规定了数据格式和接口规范，为异构系统资源共享、利用提供有力支撑；应用标准明确了系统功能需求和集成要求，确保系统互联互通和互操作，保证信息和流程的完整性、准确性和时效性；网络安全标准从物理安全、系统安全、数据安全等方面明确了安全要求，降低系统运营风险；管理标准明确了系统规划、选型、实施、运维等规范。

2．工作任务

企业信息化标准体系，要结合国家、相关行业标准化方针政策，运用标准化原理，按照目标清晰、系统成套、层次适当、兼顾前瞻性和可扩展性等原则，建立总体框架和各层次结构。标准体系要为企业目标服务，整个体系要完整、全面，每项标准在标准体系结构中都应有相应的层次。为便于理解，标准体系结构的层次不宜过多，同时，标准体系制订要考虑信息技术发展和体系的兼容性。

企业信息化标准及规范的工作任务主要有三个方面：一是建立技术标准体系，为信息系统规划、实施、运维等提供技术支撑和服务；二是建立管理标准和规范，保障技术标准的有效实施；三是建立标准服务信息平台，对标准提供全生命周期管理和查询服务。

3．工作步骤

参照 GB/T 13017—2018《企业标准体系表编制指南》，企业信息化标准体系的编制包括以下五个步骤。

（1）确定编制的目标和原则，以及确定纳入企业标准体系的标准收录原则。

（2）根据企业的管理架构，界定信息化标准与业务标准的边界；确定收录的企业内部规范性文件的范围；确定收录的国际标准、国家标准、行业标准等企业外部规范性文件的范围。

（3）选择信息化标准体系的结构形式，逐级确定标准体系的结构。明确标准体系是采用功能模式、序列模式还是二者的结合；根据标准体系的复杂程度和特点构建各级子体系；确定各子体系的边界和范围，明确各子体系之间相互支撑、协调的逻辑关系。

（4）分析、梳理标准明细。结合用户使用习惯和管理需求，确定标准明细表格式；分析整理纳入标准体系管理的现有标准和拟制订的标准；召集行业专家和信息化专家分析宜采用和拟采用的外部标准；确定编号规则，编制标准明细表。

（5）编写编制说明。编制说明包括标准体系的建设背景、建设目标、编制原则和依据、行业信息化标准现状和需求分析、各子体系的划分情况和内容说明、问题总结和建议等。

14.3　行业信息化标准体系实例

不同行业、同一行业中的不同规模企业、同一企业的不同发展阶段，企业信息化标准都不尽相同。信息化标准体系建设及标准制订，要以服务企业目标为中心，遵循基本原则，有国家标准尽量采用国家标准，没有国家标准采用行业标准，没有行业标准才考虑制订企业标准。

制造业信息化水平相对比较高，设计工具、PDM 系统、MES 系统、ERP 系统等工程信息系统及管理信息系统的应用都比较成熟，因此制造业的信息化标准体系也相对比较成体系。下面以制造业为例，说明行业信息化标准体系结构的总体框架，如图 14-1 所示。

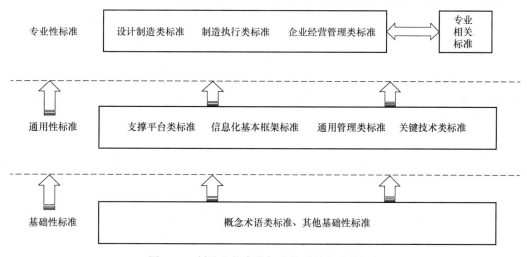

图 14-1　制造业信息化标准体系结构总体框架

在图 14-1 中，制造业信息化标准体系分为三个层次，自下而上分别是基础性标准子体系、通用性标准子体系和专业性标准子体系。下层标准子体系为上层标准子体系提供基础和支撑。

基础性标准子体系分为概念术语类标准和其他基础性标准，概念术语类标准包括制造业信息化术语标准、数字化设计术语标准、产品生命周期管理术语标准、数字化产品定义术语标准、数字化制造术语标准和其他相关术语；其他基础性标准包括数据定义规范标准、数字化产品定义规范标准、信息分类与编码标准和数据质量要求标准等。

通用性标准是支持所有专业性标准的共性标准，包括支撑平台类标准、信息化基本框架标准、通用管理类标准和关键技术类标准。支撑平台类标准包括硬件设备标准、网络基础设施标准、应用支撑平台标准、信息安全标准；信息化基本框架标准包括信息化综合集成框架标准、信息系统建模规范；通用管理类标准包括项目实施管理标准、权限管理标准、产品选型标准、数据管理标准、标准化管理标准、各生产经营管理标准；关键技术类标准包括公共服务平台标准、信息集成数据交换标准、组件/构件接口标准、网络服务标准、系统架构标准、流程建模与管理标准。

专业性标准是指应用于制造业各专业及相关领域的标准，可以分为设计制造类标准、制造执行类标准和企业经营管理类标准。设计制造类标准包括 CAD 标准、CAE 标准、数字样机标准、CAD 文件管理标准、CAPP 标准、CAM 标准、工艺模拟标准等；制造执行类标准包括制造软件及编程环境标准、制造过程标准、数控机床应用编程标准、制造报文规范标准、工业机器人标准、现场总线标准、制造执行系统（MES）标准等；企业经营管理类标准包括管理信息化标准体系、管理信息化技术术语、供应链管理（SCM）标准、企业资源计划（ERP）标准、用户关系管理（CRM）标准、办公自动化（OA）标准、电子商务管理标准等。

14.4　企业信息化标准体系实例

从国家、行业到企业，信息化标准体系建设是一脉相承的。企业信息化标准体系建设及应用在贯彻国家标准的基础上，重点关注行业标准，关注行业发展方向，结合企业现状，制订满足企业需求的信息化标准体系。

近年来，随着信息化建设的飞速发展，企业信息系统上线数量在激增，系统间集成复杂度也呈指数级增长，同时，信息化相关企业标准数量也在激增，同一业务不同标准并行的情况屡见不鲜。为了维护标准的严肃性，有效协调标准使用，保障业务数据的数据交换和共享、统一标准、防止重复编制标准，保证信息系统的正常建设，急需一个科学分类、有序组织、层次分明的信息化标准体系，为企业信息系统建设提供标准依据。

1．编制原则

企业信息化标准体系建设要充分考虑国际、国家信息化标准发展现状及行业最新成果，依据 GB/T 13016—2009《标准体系编制原则和要求》相关规定，遵循科学性、系统性、先进性、实用性和可扩展性原则，编制一套内容完整、协调配套、结构合理、科学有序，既能满足企业近期发展需要，又能为远期发展提供前瞻性支撑的信息化标准体系。

2．标准收录范围

企业信息化标准体系的标准收录范围一般包括适用于企业的信息化国际标准、企业应遵循的信息化国家标准、企业应遵循的本行业信息化标准、适用于企业信息化建设的其他行业标准、企业发布的与信息化工作相关的企业标准、企业公司职能部门发布的、计划或正在编制的信息化标准等。

3．信息化标准体系

　　企业信息化标准体系按信息技术的本身属性和业务应用相结合进行标准分类，可分为信息技术基础标准、信息网络标准、信息资源标准、应用标准、信息安全标准、管理与服务标准六个子体系，各子体系又可进一步细分为若干细类。某电力企业信息化标准体系如图 14-2 所示。

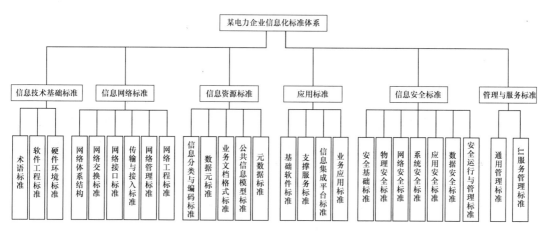

图 14-2　某电力企业信息化标准体系

　　1）信息技术基础标准

　　信息技术基础标准包括术语标准、软件工程标准、硬件环境标准。术语标准主要收录了信息处理、信息技术、数据处理、分类编码、软件工程、电子商务等方面的专业术语，制订的目的是规范信息技术主要名词、术语和技术词汇的含义和用法；软件工程标准包括软件工程基础标准、软件过程标准、软件质量标准、软件工程技术与管理标准、软件工程工具与方法标准和数据处理标准等；硬件环境标准主要是指计算机机房的技术要求和规范。

　　2）信息网络标准

　　信息网络标准包括网络体系结构、网络交换标准、网络接口标准、传输与接入标准、网络管理标准、网络工程标准。网络体系结构主要包括开放系统互连（OSI）和 TCP/IP 体系结构；网络交换标准主要包括网络交换协议标准和 IPv6 标准；网络接口标准主要包括各种同构和异构网络的互联接口，用于屏蔽各种物理网络之间的技术差异；传输与接入标准主要包括各种有线网络和无线网络的传输和接入标准；网络管理标准主要包括信息网络的管理、监控、维护标准；网络工程标准主要包括综合布线标准和其他网络工程标准。

　　3）信息资源标准

　　信息资源标准包括信息分类与编码标准、数据元标准、业务文档格式标准、公共信息模型标准、元数据标准。信息分类与编码标准是指将具有某种共同属性或特征的信息归并在一起，通过其类别的属性或特征值对信息进行区别，以满足互联互通、资源共享和信息交换与处理的需要；数据元标准是指通过数据元及其属性的规范化，使不同用户对同一数据有一致的理解、表达和标识，有效实现和增进跨系统和跨环境的数据资源共享；业务文档格式标准是指规定文档结构、内容、样式和排版等要求的统一规范。公共信息模型标准主要是指企业统一的信息模型标准；元数据标准包括元数据的国家、行业及企业制订的各业务领域的元数据标准。

4）应用标准

应用标准包括基础软件标准、支撑服务标准、信息集成平台标准、业务应用标准。基础软件标准包括操作系统、数据库、中间件、工具软件等基础软件的标准；支撑服务标准是指用来解决资源共享、信息交换、业务访问、目录服务等应用的共性和关键问题的相关标准；信息集成平台标准包括信息门户、应用集成、数据交换、数据中心等相关领域的标准；业务应用标准是指企业所有业务应用建设所需的技术标准、建设规范和管理规范。

5）信息安全标准

信息安全标准包括安全基础标准、物理安全标准、网络安全标准、系统安全标准、应用安全标准、数据安全标准、安全运行与管理标准。安全基础标准主要指与信息安全相关的基础标准，包括安全基本术语、安全模型、安全框架、安全体系等；物理安全标准主要从物理角度阐述安全的保障标准，包括物理设施、机房等相关的安全标准；网络安全标准主要是指与网络相关的安全技术标准，包括 VPN 标准、IPSec 标准等；系统安全标准主要包括操作系统安全、数据库系统安全和防病毒等方面的标准与规范；应用安全标准主要包括应用系统的安全机制与安全模型标准；数据安全标准主要指数据加密的相关标准；安全运行与管理标准是指采用管理机制保障信息安全，包括安全等级划分、安全管理机制与安全风险检查与整改、安全风险评估等标准。

6）管理与服务标准

管理与服务标准包括通用管理标准和 IT 服务管理标准。通用管理标准是指涵盖企业信息化项目规划、计划立项与审批、招投标、设计、建设、监理、验收、评价等方面的标准；IT 服务管理标准是指基于 ITIL 体系的 IT 服务管理模型制订的相关标准。

在信息化标准体系框架的基础上，企业还可以分门别类梳理各项标准，编制标准明细表，使各标准协调一致、互相配套，构成一个科学合理、完整全面的有机整体，同时制订标准体系的应用和动态管理机制。在实际应用过程中，使用者细化和分析业务需求，定位到相应的技术领域，从标准明细表中快速查找到对应的信息化标准和规范，也可以通过标准的专业性质进行快速定位和查找。信息化标准体系的建立是一个不断发展、动态更新的过程，必须适应信息技术的发展，动态更新和优化相关标准，保证体系的实时性和有效性。

14.5　企业主数据标准实例

14.5.1　建设目标与范围

1．建设目标

主数据标准是企业信息化建设和应用的基础标准。企业主数据管理的目标是最终实现"统一管理、专业化分工"的模式，建立和完善数据管理体系，实现整个企业主数据的统一、集中、规范管理。

主数据标准建设主要包括以下内容。

（1）主数据标准体系：梳理、制订集团总部和各下属单位共同遵守的主数据标准，明确数据编码规则、命名规范和数据模板。

（2）主数据管理体系：完成主数据管理的组织、流程、规范、制度建设，实现主数据全生命周期的统一管理，使企业的数据管理规范化、制度化、流程化。

（3）主数据代码库：收集各下属单位现有的主数据，组织清洗和梳理，形成集团主数据代码库。

（4）主数据管控能力：通过主数据项目的建设，具备自行进行数据建设和管理的能力。

2．主数据标准范围

主数据标准的范围包括组织范围和数据对象范围两个方面。

1）组织范围

涵盖集团总部和所有下属单位。

2）数据对象范围

从集团业务分类出发，将主数据范围分为以下六类。

（1）数据字典：描述数据属性的信息，是关于数据的结构化数据，如国别、货币等。

（2）人力资源主数据：包括组织机构、员工等数据。

（3）业务主数据：包括客户主数据、供应商主数据、项目主数据、物料分类、物料主数据、企业 WBS、企业 CBS 等。

（4）财务主数据：包括会计科目主数据、银行账户主数据、利润中心主数据、成本中心主数据、资产分类、资产主数据等。

（5）IT 专用主数据：包括信息系统机构主数据、账号主数据等。

（6）主数据管理规范。

14.5.2　客户主数据标准

客户主数据标准的主要内容包括定义与术语、编码规则、属性规范等。

1．定义与术语

对客户、外部客户、财务专用客户、内部客户、客户编码、客户代码、客户主数据等术语给出定义。

（1）客户：以有偿方式换取本企业各单位产品、服务的组织或个人。

（2）外部客户：企业外部的组织，含与企业及下属单位发生业务往来的客户。

（3）财务专用客户：不经过真实销售但需要做非主营业务往来核算的客户。

（4）内部客户：企业内部的机构。

（5）客户编码：按照客户编码规则，赋予客户唯一编码的过程。

（6）客户代码：按客户编码规则形成的表示客户的唯一的一组字符，是编码的结果。

（7）客户主数据：包括客户编码、客户名称、所属组织等，描述客户基本信息的静态的、非事务性的，在企业范围内应用系统及单位、部门之间高度共享的数据。

2．编码规则

1）编码原则

（1）唯一性：客户编码唯一代表其所表示的客户，并且每位客户有且只有一个编码与其对应。

（2）永久性：客户编码一旦赋予某位客户就永久有效，不因其类型的变化而变更。

（3）扩展性：客户编码具有良好的扩展性，预留的容量能够满足企业客户数据的发展变化。

2）编码规则

外部客户编码和内部客户编码采用 9 位流水码表示，范围为 100000000～899999999；财务专用客户编码采用固定字符（9）＋8 位流水码表示，范围为 900000000～999999999。

客户编码结构如图 14-3 所示。

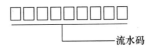

图 14-3　客户编码结构

财务专用客户编码结构如图 14-4 所示。

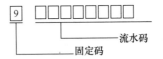

图 14-4　财务专用客户编码结构

如果某个组织既是企业的供方又是企业的客户，则只能赋予其一个编码。

编码示例如下。

示例 1：客户名称：XXX；编码：100000001；编码的含义：100000001 为客户编码顺序号。

示例 2：财务专用客户名称：XXX；编码：910000001；编码的含义：9 为财务专用客户编码识别符；10000001 为财务专用客户编码顺序号。

3．属性规范

外部客户基本属性如表 14-1 所示。

表 14-1　外部客户基本属性

序号	信息项分类	信息项分类名称	产生方式	是否唯一	是否必填	长度	字符类型	备注
1	基本属性	客户代码	自动	是	是	9	字符	—
2		客户名称	填写	是	是	35	字符	—
3		客户简称	填写	是	否	35	字符	—
4		社会信用代码	填写	是	否	18	字符	—
5		组织机构代码	填写	是	否	10	字符	—
6		纳税登记号	填写	是	否	15	字符	—

（续表）

序号	信息项分类	信息项分类名称	产生方式	是否唯一	是否必填	长度	字符类型	备注
7		营业执照注册号	填写	是	否	9	字符	—
8		开户银行名称	选择	否	否	60	字符	—
9		账户号码	填写	否	否	18	字符	—
10		账户名称	填写	否	否	60	字符	—
11		国别	选择	否	是	40	字符	—
12		省	选择	否	否	60	字符	—
13		城市	选择	否	否	6	字符	—
14	基本属性	区县	选择	否	否	6	字符	—
15		通信地址	填写	否	否	60	字符	—
16		联系电话	填写	否	否	16	字符	—
17		传真	填写	否	否	31	字符	—
18		邮编	填写	否	否	10	字符	—
19		E-mail	填写	否	否	30	字符	—
20		信息涉密等级	选择	否	是	2	字符	—
21		数据状态	选择	否	是	5	字符	0：活动 1：停用

外部客户基本属性填写规范如下。

（1）客户代码：客户申请时，由系统按照编码规则自动生成。

（2）客户名称：填写在市场监督管理总局注册的名称，如没有进行注册，则填写相关的军队、武警等单位的名称。

（3）客户简称：填写客户的简称或第二名称。

（4）社会信用代码：填写在全国范围内唯一的始终不变的代码标识。除军队、武警等单位外，国内客户必填。

（5）组织机构代码：填写国家颁发的组织机构代码，除军队、武警等单位外，国内客户必填。

（6）纳税登记号：填写客户纳税的税务登记证号码。对于军队、武警等无税务登记证的单位，参照增值税普通发票开具规范规定，前四位录入"0"，第五、六位录入特殊行业的两位特定编码"11"，剩余位数补足"0"。其他国内客户必填。

（7）营业执照注册号：填写在市场监督管理总局登记的营业执照号码，除军队、武警等单位外，国内客户必填。

（8）开户银行名称：选择客户开户银行的名称。

（9）账户号码：填写客户银行账户的号码。

（10）账户名称：填写客户银行账户的名称。

（11）国别：选择客户注册地的国家，默认为中国。引用数据字典标准。

（12）省：选择客户注册地所在省。引用数据字典标准，国内客户必填。

（13）城市：选择客户注册地所在城市，系统根据行政区划代码自动填充。引用数据字典标准，国内客户必填。

（14）区县：选择客户注册地所在区县，系统根据行政区划代码自动填充。引用数据字典标准，国内客户必填。

（15）通信地址：填写客户的通信地址，非必填。

（16）联系电话：填写客户的联系电话，非必填。

（17）传真：填写客户的传真号码，非必填。

（18）邮编：填写客户的邮政编码，非必填。

（19）E-mail：填写客户的电子邮箱，非必填。

（20）信息涉密等级：选择该条数据的涉密等级，必填。

（21）数据状态：选择该条数据当前状态为可用或不可用，0 为活动状态；1 为停用状态。

14.5.3　物料主数据标准

物料主数据标准的主要内容包括术语和定义、编码规则、物料分类、物料属性规范等方面，下面重点介绍编码规则、物料分类和物料属性规范。

1．编码规则

物料编码由分类标识码和特征标识码组成，如图 14-5 所示。

图 14-5　物料编码结构

按照物料自然属性分类的原则，分类标识码将物料分为大、中、小三个层级，每个层级由 2 位数字表示，共由 6 位数字组成，即分类标识码由 6 位数字组成，每 2 位代表一个层级。

特征标识码采用 8 位数字表示，按物料发布先后顺序，由系统自动生成。

2．物料分类

根据工程建设行业习惯和企业管理现状，参照 GB/T 7635.1—2002 和 GJB5426 分类规范，将企业常用物料分为大、中、小三个层级，每个层级的编码由两位数字表示。以黑色及有色金属为例，物料分类及编码（示例）如表 14-2 所示。

表 14-2　物料分类及编码（示例）

序号	分类层级	编码	分类名称	备注
1	1	01	黑色及有色金属	—
2	2	0101	型钢	—
3	3	010101	圆钢	—
4	3	010102	螺纹钢	—
5	3	010103	冷拔钢筋	—
6	3	010104	冷轧扭钢筋	—

（续表）

序号	分类层级	编码	分类名称	备注
7	3	010105	冷轧带肋钢筋	—
8	3	010106	角钢	—
9	3	010107	扁钢	—
10	3	010108	工字钢	—
11	3	010109	H 形钢	—
12	3	010110	方钢	—
13	3	010111	槽钢	—
14	3	010112	其他型钢	—
15	2	0102	钢板	—
16	3	010201	冷轧钢板	—
17	3	010202	热轧钢板	—
18	3	010203	镀锌钢板	—
19	3	010204	不锈钢板	—
20	3	010205	花纹钢板	—
21	3	010206	其他钢板	—
22	2	0103	钢管	—
23	3	010301	焊接钢管	—
24	3	010302	无缝钢管	—
25	3	010303	不锈钢管	—
26	3	010304	镀锌钢管	—
27	3	010305	方管	—
28	3	010306	矩管	—
29	3	010307	卷焊钢管	—
30	3	010308	其他钢管	—
31	2	0104	铸铁管及管件	—
32	3	010401	铸铁管	—
33	3	010402	铸铁管件	—
34	2	0105	钢构件	—
35	3	010501	梁	—
36	3	010502	柱	—
37	3	010503	板	—
38	3	010504	屋架	—
39	3	010505	楼梯	—
40	3	010506	桁条	—
41	3	010507	吊顶	—
42	3	010508	门窗框	—
43	3	010509	其他钢构件	—
44	2	0106	有色金属	—

（续表）

序号	分类层级	编码	分类名称	备注
45	3	010601	铝型材	—
46	3	010602	铝板材	—
47	3	010603	铝塑板	—
48	3	010604	铝格栅	—
49	3	010605	铝扣板	—
50	3	010606	铝管材	—
51	3	010607	铝及合金制品	—
52	3	010608	铜板材	—
53	3	010609	铜管材	—
54	3	010610	铜型材	—
55	3	010611	铜制品	—
56	3	010612	铅型材及制品	—
57	3	010613	其他有色金属	—
58	2	0107	其他金属制品	—
59	3	010701	钢板制品	—
60	3	010702	不锈钢制品	—
61	3	010703	其他	—

表 14-2 中以自然属性为主、管理属性为辅，对物料进行分类并对每个分类赋予编码。

3. 物料属性规范

物料属性包括通用属性和特殊属性。通用属性一般包括物料编码、物料名称、计量单位、数据状态、所属分类、所属企业等。特殊属性是指针对每种物料所属的小类，会有不同的属性字段，如圆钢这一小类，特殊属性包括直径、材质、标准等；水泥管小类，特殊属性包括内径、厚度、长度、等级、连接方式等。此外，属性规范还需要规定前置符号及属性间的连接符号。

物料属性的填写规范需明确物料名称的填写要求、属性内容的选取依据、文字或符号的输入要求、生产厂家或品牌的填写要求、质量等级的填写要求、质量标准的填写要求等。部分物料属性及填写规范（示例）如表 14-3 所示。

表 14-3　部分物料属性及填写规范（示例）

序号	分类编码	分类名称	属性及填写规范
1	010101	圆钢	■ 名称：输入，必填； ■ 直径：选择，必填，计量单位为 mm，可选项包括 10、12、14、16、18 等； ■ 材质：选择，必填，可选项包括 HPB235、HPB300 等； ■ 标准：选择，必填，可选项包括 GB/T 702、GB1499.1、GB/T699 等
2	010102	螺纹钢	■ 名称：输入，必填； ■ 直径：选择，必填，计量单位为 mm，可选项包括 10、10.5、11、11.5、12 等； ■ 材质：选择，必填，可选项包括 20MnSi、HRB335、HRB335E 等； ■ 标准：选择，必填，可选项包括 GB13014、GB/T 20065、GB13788 等

（续表）

序号	分类编码	分类名称	属性及填写规范
3	010103	冷拔钢筋	■ 名称：输入，必填； ■ 直径：输入，必填，计量单位为 mm； ■ 材质：选择，必填； ■ 标准：选择，必填
4	010104	冷轧扭钢筋	■ 名称：输入，必填； ■ 直径：输入，必填，计量单位为 mm； ■ 材质：选择，必填； ■ 标准：选择，必填
5	010105	冷轧带肋钢筋	■ 名称：输入，必填； ■ 直径：输入，必填，计量单位为 mm； ■ 材质：选择，必填； ■ 标准：选择，必填
6	010106	角钢	■ 名称：输入，必填； ■ 长边宽：选择，必填，计量单位为 mm，可选项包括 110、125、140、150 等； ■ 短边宽：选择，必填，计量单位为 mm，可选项包括 110、125、140、150 等； ■ 厚度：选择，必填，计量单位为 mm，可选项包括 10、12、14 等； ■ 材质：选择，必填，可选项包括 Q215、Q235A、Q235B 等； ■ 标准：选择，必填，可选项包括 GB/T 706 等
7	010107	扁钢	■ 名称：输入，必填； ■ 宽度：选择，必填，计量单位为 mm，可选项包括 10、12、14、16 等； ■ 厚度：选择，必填，计量单位为 mm，可选项包括 10、11、12、14 等； ■ 材质：选择，必填，可选项包括 Q195、Q235A、Q235B 等； ■ 标准：选择，必填，可选项包括 GB/T 702 等
8	010108	工字钢	■ 名称：输入，必填； ■ 高度：选择，必填，计量单位为 mm，可选项包括 100、120、140、160 等； ■ 宽度：选择，必填，计量单位为 mm，可选项包括 100、102、110、112 等； ■ 厚度：选择，必填，计量单位为 mm，可选项包括 10、10.5、11、11.5 等； ■ 材质：选择，必填，可选项包括 Q235A、Q235B、Q235C 等； ■ 标准：选择，必填，可选项包括 GB/T 706 等
9	010301	焊接钢管	■ 名称：输入，必填； ■ 外径：选择，必填，计量单位为 mm，可选项包括 10.2、13.5、16、17.2 等； ■ 壁厚：选择，必填，计量单位为 mm，可选项包括 1.5、1.6、1.8、2.4 等； ■ 材质：选择，必填，可选项包括 Q215A、Q235A、Q235B 等； ■ 标准：选择，必填，可选项包括 ASTM A53/A53M、GB/T14823.1、GB/T3091 等
10	010501	梁	■ 名称：输入，必填； ■ 规格：输入，非必填，计量单位为 mm × mm； ■ 材质：输入，非必填
11	010502	柱	■ 名称：输入，必填； ■ 规格：输入，非必填，计量单位为 mm × mm； ■ 材质：输入，非必填

（续表）

序号	分类编码	分类名称	属性及填写规范
12	030101	普通混凝土	■ 名称：输入，必填； ■ 型号：输入，必填； ■ 标号：选择，必填，计量单位为 kgf/cm^2，可选项包括 10、15、20、25、30 等
13	040101	普通硅酸盐水泥	■ 名称：输入，必填； ■ 代号及强度：选择，必填，可选项包括 P.C32.5、P.C32.5R、P.C42.5 等； ■ 包装方式：选择，必填，可选项包括袋装、散装等
14	050101	红机砖	■ 名称：输入，必填； ■ 长度：输入，必填，计量单位为 mm； ■ 宽度：输入，必填，计量单位为 mm； ■ 厚度：输入，必填，计量单位为 mm
15	060101	大理石	■ 名称：输入，必填； ■ 颜色：输入，必填； ■ 长度：输入，必填，计量单位为 mm； ■ 宽度：输入，必填，计量单位为 mm； ■ 厚度：输入，必填，计量单位为 mm； ■ 其他：输入，必填
16	070101	羊毛地毯	■ 名称：输入，必填； ■ 规格型号：输入，必填； ■ 其他：输入，必填

14.5.4　主数据管理规范

1．管理原则

企业主数据管理须在"统一标准、集中管控、专业负责、分级审核"的原则下，建立高效快捷的管理和运行机制。

（1）统一标准：统一建立、发布各主数据的组织标准、流程标准、编码标准和属性标准，并且持续更新和优化主数据管理标准。各业务应用系统中的主数据应严格遵从企业主数据标准。

（2）集中管控：各类主数据有明确的归口部门和源头系统；借助工具实现基础数据信息的统一管理，实现主数据的线上申请、审批、校验、发布、变更、维护、归档等全部业务。

（3）专业负责：企业设立主数据管理委员会、主数据管理办公室、各类主数据专业组等，实现主数据的专业化、标准化管理。

（4）分级审核：企业总部及所属单位对主数据的管理要分别设立固定的组织，配备专业的人员，设置独立的管理和业务流程。对总部统一管理的所属单位涉及的主数据，由所属单位归口部门负责预审，总部负责终审。

2．组织机构

1）组织机构设置

企业的主数据管理组织由信息标准化管理委员会直接领导，下设主数据管理办公室、各类主数据专业组、技术支持组等。所属单位应按照要求部署资源，设立各单位的主数据管理员。主数据管理组织应为企业及所属单位的常设机构，分为决策层、管理层、执行层，为主数据管理工作提供组织保证。

（1）决策层：明确企业主数据管理发展方向，决定工作组织并协调整合资源；主数据管理的决策层为信息标准化管理委员会。

（2）管理层：制订企业主数据管理发展规划，推进主数据管理各项工作，指导并组织方案评审、监督执行，是主数据管理的中坚力量；主数据管理的管理层由各业务管理部门构成，主数据管理办公室负责整体推进。

（3）执行层：参与或进行软硬件系统建设，落实各项主数据管理和主数据治理工作，是主数据管理稳健运行的基础保障；主数据管理的执行层由各单位、各主数据专业组构成。

2）主数据管理团队主要职责

（1）企业信息标准化管理委员会

信息标准化管理委员会由企业主管领导、相关部门领导构成。主要职责包括：

① 负责设定企业主数据体系建设的方向、愿景，决定主数据相关工作的整体规划与实施方向，提供全局领导；

② 听取企业主数据管理体系规划建议；

③ 审批企业主数据管理体系规划、政策、评估体系等；

④ 决策企业主数据管理重大事项。

（2）企业主数据管理办公室

主数据管理办公室设在信息化管理部门。主要职责包括：

① 制订企业主数据管理的目标；

② 明确主数据管理的流程、制度、组织和职责，解决主数据管理过程中的重大问题；

③ 负责协调、解决主数据管理所应用的资源；

④ 负责牵头制订并发布主数据管理的制度及标准；

⑤ 负责主数据应用情况的监督检查与绩效考核，并且向信息标准化管理委员会汇报；

⑥ 负责咨询专家库的建设，组织跨部门的主数据管理的学习、交流和培训。

（3）企业主数据专业组

企业各主数据专业组是主数据日常业务的管理组织，代表信息标准化管理委员会对主数据相关业务进行统一归口管理，由各职能管理部门组织建立，所属单位对应部门设立参与人员。主要职责包括：

① 负责组织所主管主数据的分类标准化工作，并且负责审查、修订主数据标准；

② 负责所主管主数据的清理，完成数据规范化和标准化工作；

③ 负责制订所主管主数据的申请、审批、变更的分级分类审核流程等业务管理工作；

④ 负责所主管主数据的终审、维护及赋码等业务管理工作；

⑤ 负责协调所主管的主数据业务工作中出现的重大问题；

⑥ 负责保证所主管主数据的数据标准应用和数据质量控制；

⑦ 落实信息标准化管理委员会决议，完成信息标准化管理委员会交办的其他工作。

3）主数据岗位

企业需要设立主数据体系管理负责人、各类主数据管理负责人、各类主数据管理员三类岗位。所属单位主数据组织需要设立主数据管理员岗位，依据实际情况，主数据管理员还可兼顾主数据提报人、主数据审核人的职责。

（1）主数据体系管理负责人

负责组织制订企业主数据管理的目标、体系规划、阶段目标和实施规划；负责组织制订各类主数据管理的流程、制度、组织和职责，解决主数据管理过程中的重大问题；负责组织协调、解决主数据管理所应用的资源；负责组织制订企业各类主数据的绩效考核指标，落实绩效考核工作；负责组织制订各类主数据的管理工作责任书和主数据标准；落实信息标准化管理委员会决议，完成信息标准化管理委员会交办的其他工作。

（2）主数据管理负责人

负责组织制订企业相关主数据管理流程及应用标准；负责协调解决相关主数据管理过程中出现的重大问题；负责协调解决相关主数据管理过程中所需的资源，为主数据管理提供支持；负责对企业和下属单位主数据管理及业务工作进行监督，并且组织开展定期检查。

（3）主数据管理员

负责相关主数据全生命周期管理，建立并持续优化主数据管理流程，流程节点涵盖相关主数据的产生、提报、校审、赋码、发布、更新、废除；负责相关主数据的日常维护工作，保持相关主数据的高度唯一性与准确性；负责组织完成相关主数据的分类规则、属性模板的制订；负责定期组织对现行主数据标准的讨论、修订、发布；监督、落实相关主数据在各下属单位的应用情况；按照分级管理原则，负责相关主数据的业务审核；负责相关主数据的业务解释和业务宣贯；负责相关主数据的更新发布。

（4）主数据提报人

按照主数据模板收集、整理、核对需要的明细信息并录入主数据管理系统（或源头业务系统）的负责单位或个人。

（5）主数据审核人

按照主数据管理的要求、规范和标准，对提报的明细信息进行审核，确认提报内容是否符合编制要求的负责单位或个人。

3. 管理流程

主数据管理流程包括主数据标准管理流程和主数据管理流程。

（1）主数据标准管理流程。各类主数据管理标准由主数据管理办公室统一管理，管理标准内容的修订由企业各主数据专业组汇总，经各主数据专业组审核、主数据管理办公室批准确认、信息标准化管理委员会最终审议后生效。

（2）主数据管理流程。主数据管理流程一般由提报人提出申请，业务管理部门一级审核，本单位二级审核，企业总部三级审核，最终通过后按照规则统一赋码。是否需要企业总部审核，视不同类型主数据的管理权限而定。

4. 监督与考核

信息标准化管理委员会统一负责监督与考核工作，监督工作分为定期巡检与不定期检查，发现问题后，须按照要求整改到位。主数据管理办公室负责具体的检查、整改工作，主要以会议、周报、月报、定期沟通、汇报等方式开展，以发布文档、数据结果、工作进度等形式展示工作成果，落实各项工作的执行完成情况及责任追究，对推进过程中出现的问题提出解决办法。

信息标准化管理委员会负责制订考核细则，对企业整体主数据管理推进情况进行考评，部署工作任务。主数据管理办公室负责各类主数据的绩效考核指标的制订和绩效考核工作的落实。

第六部分
Part 6/ 政策法规与标准规范

第 *15* 章

我国网络安全法律法规

15.1 体系框架

1. 多级立法体系

我国的法律体系由宪法、法律、行政法规、地方性法规、部门或地方性规章、自治条例和单行条例等共同构成。在国家法律体系中，宪法具有最高的法律效力，一切法律、行政法规、地方性法规、自治条例和单行条例、规章都不得同宪法相抵触。法律的效力高于行政法规、地方性法规、规章。行政法规的效力高于地方性法规、规章。地方性法规的效力高于本级和下级地方政府规章。全国人民代表大会和全国人民代表大会常务委员会行使国家立法权。国务院根据宪法和法律制定相关行政法规。省、自治区、直辖市的人民代表大会及其常务委员会根据本行政区域的具体情况和实际需要，在不与宪法、法律、行政法规相抵触的前提下，可以制定地方性法规。国务院各部委和具有行政管理职能的直属机构，可以根据宪法、法律和国务院的行政法规、决定、命令，在本部门的权限范围内制定部门规章。省、自治区、直辖市的人民政府，可以根据宪法、法律、行政法规和本省、自治区、直辖市的地方性法规制定地方性规章。自治条例和单行条例依法对宪法、法律、行政法规、地方性法规作变通规定的，在本自治地方适用自治条例和单行条例的规定。

2. 网络安全法律法规体系

在法律方面，《中华人民共和国宪法》规定了有关信息安全最基本的原则和内容，根据宪法制定的其他法律，如《中华人民共和国刑法》《中华人民共和国国家安全法》《中华人民共和国保守国家秘密法》《中华人民共和国电子签名法》等，也对与信息安全相关的不同方面做出了规定。2017 年正式颁布《中华人民共和国网络安全法》，是我国首次将网络安全战略入法，开启了网络安全法制建设的新纪元。2019 年颁布了《中华人民共和国密码法》，为加强新时代密码工作提供了强大的法律武器。2021 年颁布了《中华人民共和国数据安全法》和《中华人民共和国个人信息保护法》，网络安全法制建设进入了快车道。

在行政法规方面，我国颁布了《计算机信息系统安全保护条例》《商用密码管理条例》《科学数据管理办法》《关键信息基础设施安全保护条例》等。

在部门规章方面，公安部、工业和信息化部、国家保密局、国家密码管理局、新闻出版总署等部委相继出台了一系列信息安全方面的规章。

一些地方人民代表大会及其常务委员会、地方人民政府也出台了一系列与信息安全相关的地方性法规。

15.2　国家网络安全战略

2005 年 5 月，国家信息化领导小组首次颁布《国家信息安全战略报告》，将信息安全分为基础信息安全、重要信息系统安全和信息内容安全三个部分，提出我国信息安全的战略目标、主要任务和方针，制定了维护国家信息安全的主要对策。

2006 年 3 月，中共中央办公厅、国务院办公厅印发《2006—2020 年国家信息化发展战略》，提出了全面加强国家信息安全保障体系、大力增强国家信息安全保障能力的战略目标。

2016 年 7 月，中共中央办公厅、国务院办公厅发布《国家信息化发展战略纲要》，提出在全球信息化进入全面渗透、跨界融合、加速创新、引领发展的新阶段，围绕关键资源获取和国际规则制定等，信息安全方面要积极谋求发展主动权。纲要指出，网络安全和信息化是一体之两翼、驱动之双轮，必须统筹谋划、统一部署、统一推进、统一实施，做到协调一致，齐头并进；切实防范、控制和化解信息化进程中可能产生的风险，以安全保发展，以发展促安全，努力建久安之势，成长治之业。纲要提出要坚持积极防御、有效应对，增强网络安全防御和威慑能力，切实维护国家网络空间主权、安全和发展利益，要维护网络主权和国家安全；确保关键信息基础设施安全；强化网络安全基础性工作。

2016 年 12 月，国家互联网信息办公室发布《国家网络空间安全战略》，阐明了我国关于网络空间发展和安全的重大立场和主张，明确了战略方针和主要任务，切实维护国家在网络空间的主权、安全、发展利益，是指导国家网络安全工作的纲领性文件。该战略确立了我国网络空间发展的五大战略目标，即和平、安全、开放、合作、有序；明确了网络空间的四项战略原则，包括尊重和维护网络空间主权、和平利用网络空间、依法治理网络空间、统筹网络空间安全与发展；提出了我国网络空间发展的九大战略任务，包括坚定捍卫网络空间主权、坚决维护国家安全、保护关键信息基础设施、加强网络文化建设、打击网络恐怖和违法犯罪、完善网络治理体系、夯实网络安全基础、提升网络空间防护能力、强化网络空间国际合作。

2017 年 3 月，外交部和国家互联网信息办公室共同发布《网络空间国际合作战略》，以构建网络空间命运体为目标，以和平发展、共赢合作为主题，系统性地提出了推动网络空间国际交流的中国主张，是我国参与网络空间国际交流与合作的指导性文件。该战略提出以和平、主权、共治、普惠四项基本原则推动网络空间国际合作，倡导各国切实履行《联合国宪章》的宗旨与原则，不搞网络特权，不干涉他国内政，各国共同制定网络空间国际规则，建立多边、民主、透明的全球互联网治理体系，推动在网络空间优势互补、共同发展，跨越数字鸿沟，确保人人共享互联网发展成果。该战略还确立了我国参与网络空间国际合作的战略目标并在九个方面提出行动计划。

15.3　网络安全相关法律

1. 网络安全法

2016 年 11 月 7 日，中华人民共和国主席令（第五十三号）发布，全国人大常委会表决通过了《中华人民共和国网络安全法》，并且于 2017 年 6 月正式施行。

《中华人民共和国网络安全法》以总体国家安全观为指导，践行国家总体安全战略，既重视发展问题，又重视安全问题；既重视自身安全，又重视共同安全，统筹把握国家安全与网络安全、网络安全与信息化发展、国内治理和国际合作等关系，为新时期网络安全工作指明了方向。

《中华人民共和国网络安全法》与《中华人民共和国国家安全法》《中华人民共和国反恐怖主义法》《中华人民共和国刑法》《中华人民共和国保守国家秘密法》《中华人民共和国治安管理处罚法》《全国人民代表大会常务委员会关于加强网络信息保护的决定》《全国人民代表大会常务委员会关于维护互联网安全的决定》《中华人民共和国计算机信息系统安全保护条例》《互联网信息服务管理办法》等共同组成了我国网络安全管理的法律法规体系。

《中华人民共和国网络安全法》以"预防和控制"的法律规范替代传统单纯"惩治"性的刑事法律规范，从政府、企业和个人等多方主体参与和综合治理的层面，明确了各方主体在预警与监测、网络安全事件的应急与响应、控制与恢复等环节中的过程控制要求，同时不断加大对相关违法行为的处罚力度，维护网络空间安全和秩序。

《中华人民共和国网络安全法》是我国网络空间法治建设的重要里程碑，是依法治网、化解网络风险的法律重器，是让网络安全在法治轨道上健康运行的重要保障。

2．数据安全法

2021 年 6 月 10 日，十三届全国人大常委会第二十九次会议表决通过了《中华人民共和国数据安全法》。这部法律是数据领域的基础性法律，也是国家安全领域的一部重要法律，于 2021 年 9 月 1 日起施行。这部法律共有七章，其中"总则""法律责任"及"附则"三章属于常规章节，另外四个章节则围绕着"数据安全与发展、数据安全制度、数据安全保护义务、政务数据安全与开放"提出要求。

《中华人民共和国数据安全法》是继《中华人民共和国网络安全法》提出数据的概念后，国家在数据安全立法层面的一个重大里程碑，注定了是我国数字经济高速发展的压舱石和定海神针。

3．个人信息保护法

2021 年 8 月 20 日，十三届全国人大常委会第三十次会议表决通过了《中华人民共和国个人信息保护法》，于 2021 年 11 月 1 日起施行。《中华人民共和国个人信息保护法》共有八章，在有关法律的基础上，进一步细化、完善个人信息保护应遵循的原则和个人信息处理规则，明确个人信息处理活动中的权利和义务的边界，健全个人信息保护工作体制机制。

《中华人民共和国个人信息保护法》具有十大法律亮点：确立个人信息保护原则，规范处理活动保障权益，禁止"大数据杀熟"规范自动化决策，严格保护敏感个人信息，规范国家机关处理活动，赋予个人充分权利，强化个人信息处理者义务，赋予大型网络平台特别义务，规范个人信息跨境流动，健全个人信息保护工作机制。

根据个人信息保护工作实际，《中华人民共和国个人信息保护法》明确，国家网信部门和国务院有关部门在各自职责范围内负责个人信息保护和监督管理工作，同时，对个人信息保护和监管职责做出规定，包括开展个人信息保护宣传教育、指导监督个人信息保护工作、接受处理相关投诉举报、组织对应用程序等进行测评、调查处理违法个人信息处理活动等。此外，为了加强个人信息保护监管执法的协同配合，《中华人民共和国个人信息保护法》还进一步明确了国家网信部门在个人信息保护监管方面的统筹协调作用，并且对其统筹协调职责做出具体规定。

15.4　行政法规

在我国法制体系下，除由全国人大常委会制定的各项法律外，行政法规由国务院制定，其在立法权限和效力上与法律有从属关系，也存在一定的交叉和互补。进入互联网时代后，随着信息化的不断深入，网络安全问题日益复杂，国务院陆续发布了若干网络安全方面的行政法规，以便更好地执行相关法律的规定，践行网络安全战略规划，是对网络安全相关法律的重要补充。

1993 年 9 月 11 日，《中华人民共和国无线电管理条例》发布，这是我国较早的一部有关信息安全方面的行政法规，并且于 2016 年 11 月 11 日进行了修订。1994 年，国务院颁布了《中华人民共和国计算机信息系统安全保护条例》，确定了我国对计算机及信息系统实施等级保护的原则，后陆续演进修订并配套发布了一系列要求、标准、指南，逐渐形成了比较完备的等级保护体系。1996 年 2 月，《中华人民共和国计算机信息网络国际联网管理暂行规定》发布并于 1997 年 5 月 20 日修订，旨在加强计算机信息网络国际联网的管理，保障国际计算机信息交流的健康发展。1999 年 10 月 7 日，国务院颁布实施《商用密码管理条例》，目的是对商用密码产品的科研、生产、销售和使用实行专控管理。为了规范互联网信息服务活动，促进互联网信息服务健康有序发展，2000 年 9 月发布、2011 年 1 月修订《互联网信息服务管理办法》；同批还发布了《中华人民共和国电信条例》，作为规范电信市场秩序，维护电信用户和经营者合法权益，保障电信网络和信息安全的制度依据。2001 年，发布了《计算机软件保护条例》，并且先后于 2011 年 1 月和 2013 年 1 月进行了两次修订。2002 年 9 月，为了加强对互联网上网服务营业场所的管理，发布了《互联网上网营业场所管理条例》。2006 年 5 月，发布了《信息网络传播权保护条例》，目的是保护著作权人、表演者、录音录像制作者的网络传播权。2007 年，国务院颁布了《中华人民共和国政府信息公开条例》，充分发挥政府信息对人民群众生产、生活和经济社会的作用。2018 年 1 月，国务院印发《科学数据管理办法》，为加强和规范科学数据管理，保障科学数据安全提供了依据。2021 年 7 月 30 日，国务院发布《关键信息基础设施安全保护条例》，自 2021 年 9 月 1 日起施行。

此外，我国其他行政法规也有相应的条款对网络安全治理予以规范和明确。

15.5 部门规章

国务院各部门根据相关法律和国务院的行政法规、决定、命令，在各自权限范围内，制定了一系列有关事项的规章，以便更好地执行法律和行政法规所规定的事项。部门规章也是法律法规体系的一部分，相较于其他法律法规，部门规章更多的是在微观层面上做出详细规定。

1997 年，公安部发布《计算机信息系统安全专用产品检测和销售许可证管理办法》。1998 年，国家保密局发布《计算机信息系统保密管理暂行规定》。2009 年 4 月，国务院新闻办公室等四部门发布《外国机构在中国境内提供金融信息服务管理规定》。2011 年 2 月，文化和旅游部发布《互联网文化管理暂行规定》。2011 年，工业和信息化部发布《规范互联网信息服务市场秩序若干规定》。2013 年，工业和信息化部发布《电信和互联网用户个人信息保护规定》。2015 年，公安部联合相关部门发布《互联网危险物品发布管理规定》。国家互联网信息办公室近年连续发布的《互联网用户账号名称管理规定》《互联网用户账户信息管理规定》《互联网信息搜索服务管理规定》《互联网直播服务管理规定》《互联网新闻信息服务许可管理实施细则》《互联网信息内容管理行政执法程序规定》《区块链信息服务管理规定》等，并与多个部委联合发布《网络安全审查办法》《互联网信息服务算法推荐管理规定》《汽车数据安全管理若干规定（试行）》等。

15.6 地方性法规和行业规定

各级省市政府也出台制定了一些地方性法规，进一步对网络安全监管和指导政策进行完善和细化，其中也有部分地方性法规是在国家出台相关政策法规之前制定的，目的是解决地方面临的较为紧迫的问题，这些地方性法规为国家层面制定相关政策法规提供了借鉴。

此外，一些行业监管、主管部门还制定了一些特定行业的信息安全相关规定。

15.7 司法解释

司法解释是国家最高司法机关在适用法律过程中对具体应用法律问题所作的解释，具有普遍的司法效力，有关司法机关在办案过程中应当遵照执行。

2001 年 6 月，最高人民法院审判委员会第 1182 次会议根据《中华人民共和国民法通则》和《中华人民共和国反不正当竞争法》等发布了《关于涉及计算机网络域名民事纠纷案件适用法律若干问题的解释》。为依法惩治利用网络违法犯罪，维护公共网络、通信的正常秩序，保障公众的合法权益，根据《中华人民共和国刑法》《全国人民代表大会常务委员会关于维护互联网安全的决定》，2004 年 9 月和 2010 年 2 月，最高人民法院、最高人民检察院先后两次发布《关于办理利用互联网、移动通信终端、声讯台制作、复制、出版、贩卖、传播淫秽电子信息刑事案件具体应用法律若干问题的解释》。为正确审理侵害信息网络传播权民事纠纷案件，依法保护信息网络传播权，促进信息网络产业健康发展，2012年 12 月，最高人民法院发布《关于审理侵害信息网络传播权民事纠纷案件适用法律若干问题的规定》。为保护公民、法人和其他组织的合法权益，维护社会秩序，根据《中华人民共和国刑法》《全国人民代表大会常务委员会关于维护互联网安全的规定》等，2013 年 9 月，最高人民法院、最高人民检察院发布《关于办理利用信息网络实施诽谤等刑事案件适用法律若干问题的解释》，对利用信息网络实施诽谤、寻衅滋事、敲诈勒索、非法经营等刑事案件适用法律问题进行了解释。为正确审理利用信息网络侵害人身权益民事纠纷案件，2014年 8 月，最高人民法院发布《关于审理利用信息网络侵害人身权益民事纠纷案件适用法律若干问题的规定》，2017 年 5 月，最高人民法院、最高人民检察院发布《关于办理侵害公民个人信息刑事案件适用法律若干问题的解释》。

第**16**章

网络安全标准体系

16.1 标准体系综述

标准化是为了在一定范围内获得最佳秩序，对现实问题或潜在问题制定共同重复使用的条款的活动。标准化工作的任务是制定标准，组织实施标准，以及对标准的实施进行监督。标准化的主要作用在于为了其预期的目的改进产品、过程或服务的适用性，防止贸易壁垒并促进技术合作。标准是经协商一致制定并由公认机构批准，共同重复使用的一种规范性文件，是标准化活动的重要成果。

我国标准化领域的主要法律法规文件包括《中华人民共和国标准化法》《中华人民共和国标准化法实施条例》《中华人民共和国标准化法条文解释》《国家标准管理办法》《行业标准管理办法》《地方标准管理办法》《企业标准化管理办法》《农业标准化管理办法》《能源标准化管理办法》《信息分类编码标准化管理办法》《采用国际标准管理办法》《全国专业标准化技术委员会章程》等。

1. 标准分类

标准按照作用范围可以分为国际标准、国家标准、行业标准、地方标准和企业标准等。

国际标准是由国际标准化组织制定或由国际标准化组织确认并发布的标准。

国家标准是由国家标准机构通过并公开发布的标准，由国务院标准化行政主管部门制定，需要在全国范围内统一技术要求的，应当制定国家标准。2017 年修订发布的《中华人民共和国标准化法》，将部分强制性行业标准和地方标准整合为强制性国家标准，取消了强制性行业标准和地方标准。

行业标准是针对没有国家标准而又需要在全国某个行业范围内统一的技术要求而制定的标准。根据《中华人民共和国标准化法》的规定，由我国各主管部、委（局）批准发布，在该部门范围内统一使用的标准，称为行业标准。行业标准由国务院有关行政主管部门制定并报国务院标准化行政主管部门备案，在发布国家标准之后，该项行业标准即应废止。

地方标准是针对没有国家标准和行业标准而又需要在省（自治区、直辖市）范围内统一要求而制定的标准。地方标准由省（自治区、直辖市）标准化行政主管部门制定并报国务院标准化行政主管部门和国务院有关行政主管部门备案，在发布国家标准或行业标准之后，该地方标准即应废止。

企业标准是针对在企业范围内需要协调、统一的技术要求、管理要求和工作要求所制定的标准，在企业内部适用。国家鼓励企业自行制定严于国家标准或行业标准的企业标准。

国家标准按照执行强度可分为强制性国家标准（GB）和推荐性国家标准（GB/T 或 GB/Z）。

强制性国家标准具有法律属性，其一经发布必须贯彻执行，违反则要受到经济制裁或承担法律责任。强制性国家标准一般包括全国范围内必须统一的基础标准，通用试验检验方法标准，对国计民生有重大影响的产品标准和工程建设标准，以及有关人身健康与生命安全和环境保护方面的标准等。

推荐性国家标准属于自愿采用的标准，但其一经法律法规引用，或者各方商定同意纳入商品、经济合同之中，就成为需要共同遵守的技术依据，具有法律上的约束性，一经确认须严格贯彻执行。

也可按照技术标准规范、管理标准规范、工作标准规范、组织标准规范进行分类；或者分为产品技术标准规范、建设采购标准规范、工程实施标准规范、咨询服务标准规范、认定评价标准规范等。

2. 国家标准制定程序

国家标准的制定程序一般分为预阶段、立项阶段、起草阶段、征求意见阶段、审查阶段、批准阶段、出版阶段、复审阶段和废止阶段，行业、地方、企业标准的制定程序一般以国家标准制定程序为参考。

（1）预阶段是对将要立项的新项目进行研究并进行必要的论证，并且在此基础上提出新项目建议，如标准的范围、结构及其相互关系等。

（2）立项阶段是对新项目建议进行审查、汇总、协调、确定，直至下达《国家标准制修订项目计划》，时间周期不超过 3 个月。

（3）起草阶段是项目负责人组织标准起草工作直至完成标准草案征求意见稿，时间周期不超过 10 个月。

（4）征求意见阶段是将标准草案征求意见稿按有关规定分发征求意见。在回复意见的日期截止后，标准起草工作组应根据反馈的意见，完成意见汇总处理表和标准草案送审稿，时间周期不超过 5 个月。如果回复意见要求对征求意见稿进行重大修改，则应分发第二征求意见稿甚至第三征求意见稿征求意见。此时，项目负责人应主动向有关部门提交延长或终止该项目计划的申请。

（5）审查阶段是对标准草案送审稿组织审查，并且在协调一致的基础上，形成标准草案报批稿和审查会议纪要或审查结论，时间周期不超过 5 个月。如果标准草案送审稿没有被批准通过，则应提交第二标准草案送审稿并再次进行审查。此时，项目负责人应主动向有关部门提交延长或终止该项目计划的申请。

（6）批准阶段是由行业主管部门对标准草案报批稿及报批材料进行程序、技术审核。

对不符合报批要求的，一般应退回有关标准化技术委员会或起草单位，限时解决问题后再行审核，时间周期不超过 4 个月。然后由国家标准技术审核机构对标准草案报批稿及报批材料进行技术审查，在此基础上对报批稿完成必要的协调和完善工作，时间周期不超过 3 个月。如果报批稿中存在重大技术方面的问题或协调方面的问题，一般应退回行业主管部门或有关专业标准化技术委员会，限时解决问题后再进行报批。最后由国务院标准化行政主管部门批准、发布国家标准，时间周期不超过 1 个月。

（7）出版阶段是将国家标准出版稿编辑出版，提供标准出版物，时间周期不超过 3 个月。

（8）复审阶段是对实施周期达 5 年的标准进行复审，以确定是否确认（继续有效）、修改（通过技术勘误表或修改单）、修订（提交一个新工作项目建议，列入工作计划）或废止。

（9）废止阶段是对于经复审后确定为无存在必要的标准予以废止。

16.2　我国网络安全标准体系

1. 我国网络安全标准体系综述

网络安全标准化是网络安全保障体系建设的重要组成部分，在维护网络空间安全、推动网络空间治理体系变革方面发挥着基础性、规范性、引领性作用。2017 年，《中华人民共和国网络安全法》颁布，其中第十五条规定："国家建立和完善网络安全标准体系，国务院标准化行政主管部门和国务院其他有关部门根据各自的职责，组织制定并适时修订有关网络安全管理及网络安全产品、服务和运行安全的国家标准、行业标准。国家支持企业、研究机构、高等学校、网络相关行业组织参与网络安全国家标准、行业标准的制定。"目前，我国已经制定了涉及信息安全基础、安全技术与机制、安全管理、安全评估等多个领域的国家标准、行业标准，网络安全标准体系已初具规模。

在国家标准方面，推荐性标准较多，强制性标准较少。我国已经颁布了《信息技术设备　安全　第 1 部分：通用要求》（GB 4943.1—2011）、《信息技术设备　安全　第 23 部分：大型数据存储设备》（GB 4943.23—2012）、《计算机信息系统安全保护等级划分准则》（GB 17859—1999）等强制性标准，以及《信息技术　安全技术　信息安全管理体系　要求》（GB/T 22080—2016）、《信息技术　安全技术　信息安全控制实践指南》（GB/T 22081—2016）、《信息技术　安全技术　信息安全风险管理》（GB/T 31722—2015）、《信息安全技术　网络入侵检测系统技术要求和测试评价方法》（GB/T 20275—2013）、《信息安全技术　信息系统安全等级保护基本要求》（GB/T 22239—2008）、《信息安全技术　信息系统安全等级保护测评要求》（GB/T 28448—2012）等诸多推荐性标准。2020 年 11 月，《信息安全技术　网络产品和服务安全通用要求》（GB/T 39276—2020）正式发布，对在我国境内销售或提供网络产品和服务的主体提出了诸多强制性要求。《中华人民共和国网络安全法》颁布以后，在强制性配套标准方面，加快推动重点标准研究和制定，包括网络安全产品与服务、关键信息基础设施防护等强制性国家标准的研究；针对云计算、大数据等新技术提出新的标准，如《信息安全技术 网络安全等级保护测评过程指南》《信息安全技术 网络安全等级保护基本要求 第 1 部分：安全通用要求》《信息安全技术 网络安全等级保护测评要求 第 2 部分：云计算安全扩展要求》等。同时，一些网络安全相关国家标准也进入立项阶段，如《信息安全技术 网络安全漏洞发现与报告管理指南》《信息安全技术 关键信息基础设施网络安全防护要求》等。

在行业标准方面，许多行业根据行业的情况制定了网络安全行业标准。例如，中国人民银行出台了《中国移动支付检测规范 第 8 部分：个人信息保护》（JR/T 0098.8—2012）、《网银系统 USBKey 规范安全技术与测评要求》（JR/T 0114—2015）；工业和信息化部出台了《移动终端信息安全测试办法》（YD/T 1700—2007）、《移动终端信息安全技术要求》（YD/T 1699—2007）、《电信网和互联网安全等级保护实施指南》（YD/T 1729—2008）；国家邮政局出台了《寄递服务用户个人信息保护指南》（YZ/T 0147—2015）等。

近年来，随着云计算、大数据、物联网等信息技术的快速发展与应用，网络安全形势日益复杂，为应对上述问题，我国正在加快完善现行的网络安全标准体系。2016 年，中共中央网络安全和信息化委员会办公室、国家质量监督检验检疫总局、国家标准化管理委员会联合发布《关于加强国家网络安全标准化工作的若干意见》，意见指出要建立统一权威的国家标准化工作机制，促进网络安全行业标准化有序发展；明确网络安全标准化工作要坚持统一谋划、统一部署，紧贴实际需求，守住安全底线；强调要加强标准体系建设，包括科学构建标准体系、优化完善各级标准、推进急需重点标准制定等；指出要在国家关键信息基础设施保护、涉密网络等领域制定强制性国家标准，在基础通用领域制定推荐性国家标准，视情况在有行业特殊需求的领域制定推荐性行业标准，原则上不制定网络安全地方标准；对关键信息基础设施保护、网络安全审查、网络空间可信身份、关键信息技术产品、网络空间保密防护监管、工业控制系统安全、大数据安全、个人信息保护、物联网安全、新一代通信网络安全、网络安全信息共享等领域急需的重点标准，要加紧推进研究和制定。

2．我国网络安全标准体系

我国网络安全标准体系将相关标准划分为七类，即基础标准、技术与机制标准、管理标准、测评标准、密码技术标准、保密标准和通信安全标准，每类标准按照其所涉及的主要内容再细分为若干子类，如图 16-1 所示。

1）基础标准

基础标准是为其他标准制定提供支撑的公用标准，包括安全术语标准、体系结构标准、模型标准、框架标准四个子类，如表 16-1 所示。

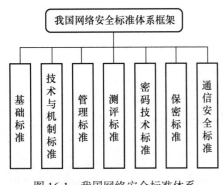

图 16-1 我国网络安全标准体系

表 16-1　基础标准类子表

子类	标准名称	标准编号	对应国际标准	备注
安全术语标准	信息技术 词汇 第 8 部分：安全	GB/T 5271.8—2001	ISO/IEC 2382-8	—
	信息安全技术 术语	GB/T 25069—2010	—	—
	信息系统 个人信息保护基本概念	—	—	制定中
体系结构标准	信息技术 开放系统互连 基本参考模型 第 2 部分：安全体系结构	GB/T 9387.2—1995	ISO 7494-2:1989	—
	物联网安全体系架构	—	—	制定中
模型标准	信息技术 开放系统互连 高层安全模型	GB/T 17965—2000	ISO/IEC 10745:1995	—
	信息技术 开放系统互连 通用高层安全	GB/T 18237—2000	ISO/IEC 11586:1996	—
	信息技术 开放系统互连 网络层安全协议	GB/T 17963—2000	ISO/IEC 11577:1995	—
	信息技术 低层安全模型	GB/T 18231—2000	ISO/IEC TR 13594:1995	—
框架标准	信息技术 开放系统互连 第 8 部分：公钥和属性证书框架	GB/T 16264.8—2005	ISO/IEC 9594-8	
	信息技术 开放系统互连 开放系统安全框架	GB/T 18794—2002	ISO/IEC 10181:1996	

其中，GB/T 25069—2010《信息安全技术 术语》是安全术语标准子类中的一部重要标准，制定此标准是为了方便信息安全技术的国内外交流，此标准界定了信息安全领域相关术语定义，分为一般概念术语、信息安全技术术语、信息安全管理术语三类，并且明确了各术语之间的关系。GB/T 9387.2—1995《信息技术 开放系统互连 基本参考模型 第 2 部分：安全体系结构》是体系结构标准子类中的一部重要标准，此标准确立了与安全体系结构有关的适用于开放系统之间、需要通信保护的各种场合的一般要素，提出在开放系统互连（OSI）参考模型框架内的指导原则和制约条件，提供一个解决安全问题的一致性方法；还提供了安全服务与有关机制的一般描述，这些服务与机制可以为 GB/T 9387.1—1998《信息技术 开放系统互连 基本参考模型 第 1 部分：基本模型》描述的基本模型所使用。这些标准对产品研发、安全服务等机构的相关人员，尤其是安全架构师十分有益，能指导其设计出符合安全通信标准的产品、系统等。

2）技术与机制标准

技术与机制标准包括标识与鉴别标准、授权标准、电子签名标准、实体管理标准、物理安全标准五个子类，如表 16-2 所示。

其中，GB/T 28455—2012《信息技术 安全技术 引入可信第三方的实体鉴别及接入架构规范》是标识与鉴别标准子类中的一部重要标准，此标准的主要目标是提出一套适用于网络访问控制和身份管理并具有普遍适用性的实体鉴别与安全接入的协议和结构。GB/T 28447—2012《信息安全技术 电子认证服务机构运营管理规范》是授权标准子类中的一部重要标准，此标准规定了电子认证服务机构在业务运营、认证系统运行、物理环境与设施安全、组织与人员管理、文档、记录、介质管理、业务连续性、审计与改进等方面应遵循的要求。GB/T 21052—2007《信息安全技术 信息系统物理安全技术要求》是物理安全标准子类中的一部重要标准，此标准对物理安全技术的不同要求，结合当前我国计算机、网络和信息安全技术发展的具体情况，根据适度保护的原则，将物理安全分为五个不同级别，不同安全等级的物理安全平台为其对应安全等级的信息系统提供应有的物理安全保护能力。

表 16-2　技术与机制标准类子表

子类	标准名称	标准编号	对应国际标准	备注
标识与鉴别标准	信息技术 安全技术 实体鉴别	GB/T 15843—2005	ISO/IEC 9798	—
	信息技术 安全技术 带附录的数字签名	GB/T 17902—2005	ISO/IEC 14888:1999	—
	信息技术 安全技术 引入可信第三方的实体鉴别及接入架构规范	GB/T 28445—2012		—
	数字身份信息服务框架	—	—	制定中
授权标准	信息技术 安全技术 抗抵赖	GB/T 17903—2008	ISO/IEC 13888:1998	—
	信息安全技术 电子认证服务机构运营管理规范	GB/T 28447—2012		—
	信息安全技术 鉴别与授权 基于角色的访问控制模型与管理规范	GB/T 25062—2010		—
电子签名标准	信息安全技术 公钥基础设施	GB/T 19771—2005		—
	信息安全技术 电子签名卡应用接口基本要求	GB/T 25057—1010		—
实体管理标准	信息技术 开放系统互连 系统管理	GB/T 17143—1991	ISO/IEC 10164:1993	—
物理安全标准	信息安全技术 信息系统物理安全技术要求	GB/T 21052—2007	—	—
	信息安全技术 计算机场地安全要求	GB/T 9361—2011	—	—
	信息安全技术 计算机场地通用规范	GB/T 2887—2011	—	—

3）管理标准

管理标准包括管理基础标准、管理体系标准、管理支撑技术标准、工程与服务标准四个子类，如表 16-3 所示。

其中，GB/T 22080—2008《信息技术 安全技术 信息安全管理体系 要求》是管理体系标准子类中的一部重要标准，此标准从整体业务风险的角度，为建立、实施、运行、监视、评审、保持和改进信息安全管理体系提供了规范。GB/Z 24364—2009《信息安全技术 信息安全风险管理指南》是管理支撑技术标准子类中的一部重要标准，此标准为规范信息安全风险管理的内容和过程，为信息系统生命周期不同阶段的信息安全风险管理提供指导，涵盖背景建立、风险评估、风险处理、批准监督、监控审查和沟通咨询过程，对信息安全风险管理在信息系统全生命周期各阶段的应用做了系统阐述。具有信息安全管理职责的人员、风险管理团队成员应参考此标准全面识别并管理组织所面临的风险，将风险控制在可接受的范围内；信息安全咨询人员、信息安全审核人员也应了解此标准，以便提供有价值的信息安全咨询和审核服务。GB/T 20282—2006《信息安全技术 信息系统安全工程管理要求》是工程与服务标准子类中的一部重要标准，此标准是对信息系统安全工程中所涉及的需求方、实施方与第三方工程实施的指导,各方可以此为依据建立安全工程管理体系。

表 16-3 管理标准类子表

子类	标准名称	标准编号	对应国际标准	备注
管理基础标准	信息技术 信息技术安全管理指南	GB/T 19715—2005	ISO/IEC TR 13335	—
管理体系标准	信息技术 安全技术 信息安全管理实用规则	GB/T 22081—2008	ISO/IEC 27002	—
	信息技术 安全技术 信息安全管理体系要求	GB/T 22080—2008	ISO/IEC 27001	—
	信息安全技术 信息系统安全管理 要求	GB/T 20269—2006	—	—
管理支撑技术标准	信息安全技术 信息安全风险评估规范	GB/T 20984—2007	—	—
	信息安全技术 信息系统灾难恢复规范	GB/T 20988—2007	—	—
	信息安全技术 信息安全事件分类分级指南	GB/Z 20986—2007	—	—
	信息安全技术 信息安全事件管理指南	GB/Z 20985—2007	—	—
	信息安全技术 信息安全风险管理指南	GB/Z 24364—2009	—	—
	信息安全技术 信息安全应急响应计划规范	GB/T 24363—2009	—	—
	信息安全技术 信息安全管理体系审核指南	GB/T 28450—2012	—	—
工程与服务标准	信息安全技术 信息系统安全工程管理要求	GB/T 20282—2006	—	—
	信息安全技术 网络安全等级保护基本要求	GB/T 22239—2019	—	—
	信息安全技术 信息系统安全等级保护定级指南	GB/T 22240—2008	—	—
	信息安全技术 信息系统安全等级保护实施指南	GB/T 25058—2010	—	—

4)测评标准

测评标准包括测评基础标准、产品测评标准、系统测评标准、能力评估标准四个子类,如表 16-4 所示。

其中,GB/T 18336—2015《信息技术 安全技术 信息技术安全评估准则》常被称为"CC"标准,是测评基础标准子类中的一部重要标准,此标准为安全评估提供了一套信息技术产品和系统安全功能及其保证措施的通用要求,使各独立的安全评估结果具有了可比性。基于此标准的评估过程能够建立信任级别,表明产品或系统的安全功能及其保证措施都满足哪些要求。GB/T 20274—2008《信息安全技术 信息系统安全保障评估框架》是测评基础标准子类中的另一部重要标准,共分为四部分,分别是 GB/T 20274.1—2006《信息安全技术 信息系统安全保障评估框架 第 1 部分:简介和一般模型》、GB/T 20274.2—2008《信息安全技术 信息系统安全保障评估框架 第 2 部分:技术保障》、GB/T 20274.3—2008

《信息安全技术 信息系统安全保障评估框架 第 3 部分：管理保障》和 GB/T 20274.4—2008《信息安全技术 信息系统安全保障评估框架 第 4 部分：工程保障》，此标准是 GB/T 18336—2015 在信息系统评估领域的扩展和补充，以其为基础，与其他国内外信息系统安全领域的标准和规范相结合，形成了描述和评估信息系统安全保障内容和能力的通用框架，建立了信息系统安全技术保障框架，确立了组织机构启动、实施、维护、评估和改进信息安全技术体系的指南和通用原则。

表 16-4　测评标准类子表

子类	标准名称	标准编号	对应国际标准	备注
测评基础标准	信息技术 安全技术 信息技术安全评估准则	GB/T 18336—2015	ISO/IEC 15408	—
	信息安全技术 信息系统安全保障评估框架	GB/T 20274—2008	—	—
	信息安全技术 网络安全等级保护测评要求	GB/T 28448—2019	—	—
	信息安全技术 网络安全等级保护测评过程指南	GB/T 28449—2018	—	—
	信息安全技术 信息系统安全管理评估要求	GB/T 28453—2012	—	—
产品测评标准	信息安全技术 操作系统安全评估准则	GB/T 20008—2005	—	—
	信息安全技术 数据库管理系统安全评估准则	GB/T 20009—2019	—	—
	信息安全技术 路由器安全评估准则	GB/T 20011—2005	—	—
	信息安全技术 网络入侵检测系统技术要求和测试评价方法	GB/T 20275—2021	—	—
	信息安全技术 防火墙安全技术要求和测试评价方法	GB/T 20281—2020	—	—
	信息安全技术 信息系统安全审计产品技术要求和测试评价方法	GB/T 20945—2013	—	—
系统测评标准	信息安全技术 信息系统通用安全技术要求	GB/T 20271—2006	—	—
	信息安全技术 网络基础安全技术要求	GB/T 20270—2006	—	—
	信息安全技术 服务器安全技术要求和测评准则	GB/T 39680—2020	—	—
	信息安全技术 SSL 协议应用测试规范	GB/T 28457—2012	—	—
能力评估标准	信息安全技术 信息安全服务能力评估准则	GB/T 30271—2013	—	—
	信息安全技术 网络安全等级保护测评机构能力要求和评估规范	GB/T 36959—2018	—	—

5）密码技术标准

密码技术标准包括密码基础标准、密码技术标准、密码管理标准三个子类，如表 16-5 所示。

其中，GB/T 39786—2021《信息安全技术 信息系统密码应用 基本要求》主要是为了贯彻落实《中华人民共和国密码法》，指导商用密码应用与安全性评估工作，对规范和引导信息系统合规、正确、有效应用密码，切实维护国家网络与信息安全具有重要意义。此标准在技术层面从物理和环境安全、网络和通信安全、设备和计算安全、应用和数据安全四个方面提出了相关技术要求；在管理层面从管理制度、人员管理、建设运行、应急处置四个方面提出了相关管理要求。此标准与 GB/T 22239—2019《信息安全技术 网络安全等级保护基本要求》衔接，明确了不同等级信息系统所使用的密码产品的安全级别要求，更好地规范了商用密码应用安全性评估（简称“密评”）工作实践。GB/T 25056—2010《信息安全技术　证书认证系统密码及其相关安全技术规范》是一部有关密码证书认证的标准，此标准规定了为公众服务的数字证书认证系统的设计、建设、检测、运行及管理规范，为实现数字证书认证系统的互联互通和交叉认证提供了统一依据，指导第三方证书认证机构的数字证书认证系统的建设和检测评估，规范数字证书认证系统中密码及相关安全技术的应用。GB/T 25064—2010《信息安全技术　公钥基础设施电子签名格式规范》是有关电子签名格式的标准，此标准针对基于公钥密码学的数字签名类型的电子签名，定义了电子签名与验证的主要参与方、电子签名的类型、验证和仲裁要求，还规范了电子签名的数据格式，包括基本数据格式、验证数据格式、签名策略格式等，以《中华人民共和国电子签名法》为基础，独立于应用环境，适用于智能卡、SIM 卡、电子签名的特殊应用等环境。

表 16-5　密码技术标准类子表

子类	标准名称	标准编号	对应国际标准	备注
密码基础标准	信息安全技术　信息系统密码应用　基本要求	GB/T 39786—2021	—	—
密码技术标准	信息安全技术　证书认证系统密码及其相关安全技术规范	GB/T 25056—2010	—	—
	信息安全技术　可信计算密码支撑平台功能与接口规范	GB/T 29829—2013	—	—
	信息安全技术　公钥基础设施电子签名格式规范	GB/T 25064—2010	—	—
密码管理标准	略	—	—	多为特定范围知悉的标准

6）保密标准

保密标准与国家保密法规共同构成我国保密管理的重要标准规范基础，是保密防范和保密检查的依据，为保护国家秘密安全发挥了重要作用。保密标准由国家保密局发布施行，在涉密信息的产生、处理、传输、存储和载体销毁的全过程中都必须严格执行。保密标准包括保密通用技术要求标准、保密产品测评标准、保密系统测评标准、涉密信息系统管理标准、保密检查技术标准等子类，具体标准略。

7）通信安全标准

通信安全标准包括通信安全基础标准、通信安全技术标准、通信设备安全测评标准、通信管理与服务标准四个子类，具体标准略。

16.3　国际网络安全标准体系

国际网络安全标准体系可大致分为信息安全管理体系标准、技术机制标准、产品准则标准、工程实施标准、资质认证标准五类，如图 16-2 所示。

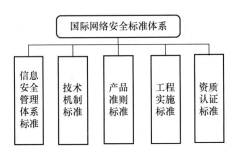

图 16-2　国际网络安全标准体系

1. 信息安全管理体系标准

信息安全管理体系（Information Security Management System，ISMS）标准主要为 ISO/IEC 27000 标准族，其概念最初来源于英国标准协会（BSI）制定的 BS7799 标准。

1995 年 2 月，英国标准协会提出制定信息安全管理标准并迅速于 1995 年 5 月制定完成，即 BS7799 标准，并且于 1999 年重新修改了该标准。BS7799 标准提供了一套综合的，由信息安全最佳措施组成的实施规则和管理要求，广泛涵盖了几乎所有的安全议题，非常适合作为各类组织的信息系统在大多数情况下所需控制范围的参考基准，被国际广泛接纳和认可。BS7799 分为 BS7799-1《信息安全管理实施规则》和 BS7799-2《信息安全管理体系规范》两个部分。

BS7799-1《信息安全管理实施规则》提供了组织建立并实施信息安全管理体系的一个指导性的准则，对应给出了通用的控制方法措施，主要为组织制定其信息安全策略和进行有效的信息安全控制提供了一个大众化的最佳惯例。该部分的正文规定了 127 个安全控制措施来帮助组织识别在运作过程中对信息安全有影响的元素，组织可以根据适用的法律法规和章程加以选择和使用，或者增加其他附加控制。这 127 个控制措施被分成 10 个方面，成为组织实施信息安全管理的实用指南，这 10 个方面分别是安全方针、组织安全、资产分类与控制、人员安全、物理和环境安全、通信和操作管理、访问控制、系统开发和维护、业务持续性管理、符合性，于 2000 年 12 月通过 ISO/IEC JTC1 认可，正式成为国际标准，即 ISO/IEC 17799: 2000《信息技术—信息安全管理实施规则》。

BS7799-2《信息安全管理体系规范》提出信息安全管理要求，规定了建立、实施和文件化的要求，以及根据独立组织的需要应实施安全控制的要求。该部分详细说明了建立、实施和维护的要求，指出实施组织需遵循某一风险评估来鉴定最适宜的控制对象，并且对自己的需求采取适当的控制。该部分还提出了建立信息安全管理体系的步骤，包括定义信息安全策略、定义信息安全管理体系的范围、评估信息安全风险、管理信息安全风险、确定管制目标和选择管制措施、准备信息安全适用性声明等。

ISO/IEC 27000 标准族经过不断完善和发展，分别在 2013 年和 2015 年进行过两次稍大规模的修订，目前其主要包含 ISO/IEC 27000《信息安全管理体系概述和术语》、ISO/IEC 27001《信息安全管理体系要求》、ISO/IEC 27002《信息安全管理体系实用规则》、ISO/IEC 27003《信息安全管理体系实施指南》、ISO/IEC 27004《信息安全管理测量与指标》、ISO/IEC 27005《信息安全风险管理》、ISO/IEC 27006《信息安全管理体系审核认证机构要求》、ISO/IEC 27007《信息安全管理体系审核指南》、ISO/IEC 27008《信息安全控制评估指南》、

ISO/IEC 27010《领域和组织间通用信息安全管理》、ISO/IEC 27011《电信业信息安全管理指南》、ISO/IEC 27002: 2013《信息安全控制实用规则》、ISO/IEC 27017: 2015《云服务管理体系认证》、ISO/IEC 27018: 2019《公有云个人可识别信息保护管理体系》、ISO/IEC 27701: 2019《隐私管理体系》等标准。

2．技术机制标准

国际上网络安全技术机制标准很多，如信息传输标准 TCP/IP、S/MIME、OpenPGP、PEM、XMLDSIG、XMLENC，应用协议标准 SSL、SHTTP，网络协议标准 IPSec、IPv6，信息密码标准 RSA、DSA、ECC、DES、AES、PKCS，身份认证标准 RADIUS、SAML，应用系统安全标准 CORBA、WS 等。这些标准随着技术发展不断在产生和完善，并且逐步被世界各国认可和采用，大大促进了技术的共享和协同发展，有力地推动着全球信息技术和社会的发展。

3．产品准则标准

国际通行的信息技术产品安全性评价标准是《信息技术安全性评估准则》，即 CC 标准，用来评估信息系统、信息产品的安全性。

CC 标准最初来源于美国的《可信计算机系统评估准则》（TCSEC），这是计算机系统安全评估的第一个正式标准，于 1970 年由美国国防科学委员会提出，1983 年由美国国防部国家计算机安全中心发布。1993 年，在美国 TCSEC、欧洲 ITSEC、加拿大 CTCPEC、美国 FC 等信息安全准则的基础上，最终由多个国家和机构提出并形成"信息技术安全性评估准则"（The Common Criteria for Information Technology Security Evaluation，CC），简称 CC 标准，即 ISO/IEC 15408。该标准的目的是建立一个各国都能接受的通用的信息安全产品和系统的安全性评估准则。

CC 标准分为简介、一般模型、安全功能要求、安全保证要求四个部分。它基于功能要求和保证要求进行安全评估，能够实现分级评估目标，不仅考虑了保密性评估要求，还考虑了完整性和可用性等多方面的安全要求。CC 标准定义了七个评估保证级（EAL），用 EAL1 到 EAL7 表示，分别是功能测试级；结构测试级；系统测试和检查级；系统设计、测试和复查级；半形式化设计和测试级；半形式化验证的设计和测试级；形式化验证的设计和测试级。

CC 标准自发布以来逐步成为国际 IT 产品和系统安全的通用标准，有力地促进了不同国家之间的协议达成和产品评估互认，大大改善了 IT 安全产品在全球的可用性。

4．工程实施标准

国际上公认的主要工程实施标准为 SSE-CMM（Systems Security Engineering Capability Maturity Model）。1996 年，美国国家安全局（NSA）提出并发布 SSE-CMM1，1997 年出版评价方法 SSAM-1，1999 年发布 SSE-CMM2，现行的标准是 2003 年发布的 SSE-CMM3，其在 2002 年被 ISO/IEC 采纳成为国际标准 ISO/IEC 21827。

SSE-CMM 是衡量系统安全工程实施能力的方法，它关注的是信息技术安全（ITS）领域内某个系统或若干相关系统实现安全的要求，描述了一个组织的安全工程必须包含的本质特征，为安全工程提供了一个衡量和改进的途径，目标是促进安全工程成为一个确定的、成熟的和可信的学科。SSE-CMM 的范围涉及安全产品或系统的生命周期全过程，包括概念定义、需求分析、设计、开发、集成、安装、运行、维护及最终停止运行；是对产品开发商、安全系统开发和集成商，以及提供计算机安全服务和计算机安全的工程组织的要求；适用于从商业界到政府部门和学术界的各种类型和规模的安全工程组织。该标准关注的是用来实现信息技术安全的过程，尤其是这些过程的成熟度，其将成熟能力分为 0～5 共 6 个等级。0 级是未实施级；1 级是没有控制的非正式执行级；2 级是引入了计划、跟踪和管理的计划跟踪级；3 级是在组织内建立并共享的充分定义级；4 级是进行量化管理的量化控制级；5 级为持续改进级。该标准分为 10 个部分，包括管理安全性控制、评估影响、评估风险、评估威胁、评估脆弱性、评估建立保障论据、协调安全性、监视安全状态、提供安全性条件和特殊的安全性需求。

5. 资质认证标准

国际上认可的资质认证标准主要有 CISSP、CISA 等。

CISSP（Certification for Information SysFem Security Professional，信息系统安全专业认证）是国际信息系统安全从业人员的权威认证。CISSP 认证项目面向从事商业环境安全体系的构建、设计、管理或控制的专业人员，对从业人员的技术和知识的掌握情况进行测试。CISSP 由国际信息系统安全认证联盟组织和管理。认证的领域主要包括存取控制系统和存取控制方法、应用及系统开发安全、业务持续性计划（BCP）与系统恢复（DRP）、密码技术、安全法规、安全调查及安全道德、运行安全、实体安全、安全体系结构与安全模型、安全管理实践、通信及网络安全等。

CISA（Certified Information System Auditor，国际信息系统审计师认证）是由国际信息系统审计与控制协会发起，适用于企业信息系统管理人员、IT 管理人员、IT 审计人员、信息化咨询顾问、信息安全厂商或服务供应商的一种认证体系，是全球公认的标准。其内容主要包括信息系统审计流程，IT 治理和管理，信息系统的购置，开发和实施，信息系统的运营和业务恢复能力，信息资产的保护等方面。

参 考 文 献

[1] 房西苑. 资本的游戏[M]. 2 版. 北京：机械工业出版社，2012.

[2] 水木然. 时代之巅：互联网构建新经济[M]. 北京：电子工业出版社，2017.

[3] 水木然. 跨界战争：商业重组与社会巨变[M]. 北京：电子工业出版社，2017.

[4] 黄卫伟. 价值为纲：华为公司财经管理纲要[M]. 北京：中信出版集团，2017.

[5] 赫拉利. 人类简史[M]. 林俊宏，译. 北京：中信出版集团，2017.

[6] 杨军. YC 企业信息化总体规划[D]. 成都：电子科技大学，2013.

[7] 中国就业培训技术指导中心. 企业信息管理师基础知识[M]. 北京：中国劳动社会保障出版社，2012.

[8] 卢明欣，李长红. 中华公网共图强[M]. 北京：北京邮电大学出版社，2015.

[9] 廖明春. 《周易》经传十五讲（第二版）[M]. 北京：北京大学出版社，2017.

[10] 文洋，尹凤霞. SAP 从入门到精通[M]. 北京：人民邮电出版社，2016.

[11] 高航，俞学劢，王毛路. 区块链与新经济：数字货币 2.0 时代[M]. 北京：电子工业出版社，2017.

[12] 张明德，李伟斌，朱立军，等. 商业银行密码技术应用[M]. 北京：电子工业出版社，2011.

[13] 张明德，刘伟. PKI/CA 与数字证书技术大全[M]. 北京：电子工业出版社，2015.

[14] 张明德. 区块链技术及比特币应用实例研究[C]. 第四届军工行业信息安全大会论文集，2017：270-276.

[15] 张明德，张清国，毕马宁. 基于区块链技术的比特币安全性研究[J]. 计算机工程与应用，2017(53)：54-61.

[16] 张明德. 应用系统中权限控制模型及等级保护策略研究[C]. 第七届全国网络安全等级保护技术大会论文集，2018：363-368.

[17] 张明德. 应用安全机制研究[J]. 信息网络安全，2013：17-20.

[18] 张明德，郑雪峰，蔡翌. 应用安全模型研究[J]. 信息网络安全，2012(8)：121-125.

[19] 张明德，郑雪峰，吕述望，等. 身份认证可信度研究[J]. 计算机科学，2011，38(11)：43-47.

[20] 张明德，郑雪峰，吕述望. 改进的 PKI 可信度模型[J]. 小型微型计算机系统，2012，33(2)：370-375.

[21] 张明德，郑雪峰，吕述望，等. 应用系统中身份认证建模及推理方法[J]. 小型微型计算机系统，2012，33(4)：754-758.

[22] 张明德，毕马宁，王舜，等. 应用安全形式化描述研究[J]. 信息网络安全，2016(10)：47-53.

[23] 张明德，储志强. 基于区块链技术的比特币体系原理研究[J]. 信息网络安全，2020(S02)：151-154.

[24] 刘冀生. 企业战略管理[M]. 北京：清华大学出版社，2007.

[25] 戴维. 战略管理[M]. 8 版. 李克宁，译. 北京：经济科学出版社，2001.

[26] 张维迎. 经济学原理[M]. 西安：西北大学出版社，2015.

[27] 董小娟. 企业信息化水平的组合评价研究[D]. 哈尔滨：哈尔滨工业大学，2010.

[28] 侯珊珊，王利肖，张晓东，等. 中央企业信息化水平评价指标体系研究[J]. 研究与探讨，2016(4)：18-21.

[29] 工业和信息化部，国家标准化管理委员. 国家智能制造标准体系建设指南（2021 版）[R]. 2021-11-17.

[30] E 安全. 暗网的十大威胁[J]. 中国信息安全，2018(9)：110-111.

[31] 刘珍珍. 面向 ERP 实施的企业信息化能力成熟模型研究[D]. 西安：西安电子科技大学，2012.

[32] 宋卫星. 企业信息化成熟度模型及其评价体系研究[D]. 青岛：山东科技大学，2010.

[33] 汪小梅，袁薇. 企业信息化成熟度模型研究[J]. 情报杂志，2007(10)：11-14.

[34] 埃亨，克洛斯，特纳. CMMI 精粹[M]. 王辉青，战晓苏，译. 北京：清华大学出版社，2009.

[35] 刘天白，朱冯喆. CMMI 的基本理论解析[J]. 信息化研究，2014，40(1)：5-7.

[36] 范敬舟. CMMI 在软件企业项目管理中的应用研究[D]. 北京：北京交通大学，2008.

[37] 左美云，陈蔚珠，胡锐先. 信息化成熟度模型的分析与比较[J]. 管理学报，2005，2(3)：340-346.

[38] 范玉顺. 企业信息化管理的战略框架与成熟度模型[J]. 计算机集成制造系统，2008，14(7)：1290-1296.

[39] 周宏仁. 信息化论[M]. 北京：人民出版社，2008.

[40] 朱东. 信息化条件下的企业经营与管理：基于 Oracle 应用软件的企业绩效改进[M]. 北京：经济科学出版社，2010.

[41] 雷万云. 信息化与信息管理实践之道[M]. 北京：清华大学出版社，2012.

[42] 赵捷. 企业信息化总体架构[M]. 北京：清华大学出版社，2011.

[43] 张新国. 新科学管理：新型工业化时代的管理思想及方法研究[M]. 北京：机械工业出版社，2011.

[44] 陈启申. ERP：从内部集成起步[M]. 3 版. 北京：电子工业出版社，2012.

[45] 斯密. 富国论[M]. 南京：译林出版社，2011.

[46] 中国信息通信研究院云计算与大数据研究所，CCSA TC601 大数据技术标准推进委员会. 数据资产管理实践白皮书（4.0 版）[R]. 2019.

[47] 刘新华. 流程型组织：21 世纪的组织管理新模式[M]. 北京：中国财富出版社，2013.

[48] 金蝶. 中国企业数字化转型白皮书[R]. 2019.

[49] 华为. 行业数字化转型方法论白皮书[R]. 2019.

[50] 德勤. 数字化转型新篇章——通往智能化的"道法术"[R]. 2020.

[51] 陈红涛，邓昱辰，袁建华，等. 基于模型的系统工程的基本原理[J]. 中国航天，2016(3)：6.

[52] 西门子工业软件公司，西门子中央研究院. 工业 4.0 实践——装备制造业数字化之道[M]. 北京：机械工业出版社，2015.

[53] 董皕喆. 基于数字主线的数字化研制与开发[J]. 中国航天报，2019.

[54] 刘检华. 智能制造与工业 4.0、数字化制造的异同[J]. 国防制造技术，2016(3)：3.

[55] 可汗. 企业资源计划（ERP）实施方法论：SAP 加速实施篇[M]. 倪颥，冉辉，译. 北京：中国标准出版社，2005.

[56] PMI 项目管理协会. 项目管理知识体系指南（PMBOK 指南）[M]. 6 版. 北京：电子工业出版社，2018.

[57] 科兹纳. 项目管理计划、进度和控制的系统方法[M]. 12 版. 杨爱华，等译. 北京：电子工业出版社，2018.

[58] 施瓦贝尔. IT 项目管理[M]. 6 版. 杨坤，等译. 北京：机械工业出版社，2011.

[59] 罗斯曼. 项目管理修炼之道[M]. 郑柯，译. 北京：人民邮电出版社，2009.

[60] 博克顿. 项目管理之美[M]. 李桂杰，等译. 北京：机械工业出版社，2009.

[61] 路易斯. 项目经理案头手册（原书第 2 版）[M]. 王增东，等译. 北京：机械工业出版社，2001.

[62] 王保强. IT 项目管理那些事儿[M]. 北京：电子工业出版社，2011.

[63] 丰景春，李明，王岩，等. IT 项目管理理论与方法[M]. 2 版. 北京：清华大学出版社，2011.

[64] 曹亚波. 闲话 IT 项目管理[M]. 北京：电子工业出版社，2016.

[65] 张晨，张朋柱，罗继峰. 信息系统项目治理理论与实践[M]. 上海：上海交通大学出版社，2016.

[66] 中国（双法）项目管理研究委员会. 中国项目管理知识体系[M]. 北京：电子工业出版社，2006.

[67] 赵树宽，丁荣贵，周国华. 信息系统项目管理[M]. 北京：电子工业出版社，2009.

[68] 白思俊. 现代项目管理概论[M]. 北京：电子工业出版社，2013.

[69] 中国国家标准化管理委员会. 软件工程知识体系指南（ISO/IEC TR 19759：2005，MOD）[M]. 北京：中国标准出版社，2014.

[70] Project Management Institute. Practice Standard for Work Breakdown Structures[R]. 2nd. 2006.

[71] 住房和城乡建设部. 工程网络计划技术规程（JCJ/T 121-2015）[M]. 北京：中国建筑工业出版社, 2015.

[72] 丛培经. 建设工程施工网络计划技术[M]. 北京：中国电力出版社, 2011.

[73] 张会斌, 董方好. Project 2016 企业项目管理实践[M]. 北京：北京大学出版社, 2017.

[74] 雷克斯. 项目文档管理指南[M]. 北京：电子工业出版社, 2006.

[75] 任甲林. 术以载道：软件过程改进实践指南[M]. 北京：人民邮电出版社, 2014.

[76] Project Management Institute. 项目风险管理实践标准[M]. 北京：电子工业出版社, 2016.

[77] 焦叔斌, 杨文士. 管理学[M]. 4 版. 北京：中国人民大学出版社, 2014.

[78] 侯炳辉, 郝宏志. 企业信息管理师基础知识[M]. 北京：中国劳动社会保障出版社, 2016.

[79] 罗斯, 威斯特菲尔德, 杰富. 公司理财（原书第 6 版）[M]. 北京：机械工业出版社, 2007.

[80] 科特勒, 凯勒. 营销管理（亚洲版）[M]. 5 版. 北京：中国人民大学出版社, 2013.

[81] 梅雷迪斯, 谢弗. MBA 运营管理[M]. 5 版. 北京：中国人民大学出版社, 2015.

[82] 秦勇, 李东进. 企业管理学[M]. 北京：中国发展出版社, 2016.

[83] 罗宾斯, 库尔特. 管理学[M]. 13 版. 北京：人民大学出版社, 2017.

[84] 西尔比格. MBA 十日读[M]. 14 版. 北京：中信出版社, 2015.

[85] 野村综合研究所系统咨询事业部. 图解 CIO 工作指南[M]. 4 版. 北京：人民邮电出版社, 2014.

[86] 嶋田毅. MBA 轻松读：管理会计[M]. 沈海泳, 译. 北京：北京时代华文书局, 2017.

[87] GB/T 36637—2018 信息安全技术 ICT 供应链安全风险管理指南[S]. 2018.

[88] 赵刚, 罗文. IT 管理体系——战略、管理和服务[M]. 北京：电子工业出版社, 2010.

[89] 刘继承. "互联网+" 时代的 IT 战略、架构与治理：传统企业信息化转型的顶层设计[M]. 北京：机械工业出版社, 2016.

[90] 孟秀转, 于秀艳. IT 治理：标准、框架与案例分析[M]. 北京：清华大学出版社, 2012.

[91] 中国电子技术标准化研究院, 全国信息技术标准化技术委员会. 信息技术标准化指南（2018）[M]. 北京：电子工业出版社, 2018.

[92] 张鸿湛, 张鹏宇, 崔华. 国家电网公司信息化标准体系探讨[J]. 电力信息化, 2011, 9(2)：5.

[93] 李静, 刘炳宇, 刘婷, 等. 鞍钢集团信息化标准体系研究与实践[J]. 鞍钢技术, 2019(5)：4.

[94] 王仰富, 刘继承. 中国企业的 IT 治理之道[M]. 北京：清华大学出版社, 2010.

[95] 国务院国资委信息化工作办公室. 中央企业信息化工作 100 问[M]. 北京：中国经济出版社, 2015.

[96] 用友网络科技股份有限公司. 企业数字化目标、路径与实践[M]. 北京：中信出版集团, 2019.

[97] 徐晓冬. 对标：锻造世界一流企业基石[M]. 北京：国家行政管理出版社, 2021.

[98] 徐晓冬. 基石：伟大企业的协同哲学[M]. 北京：电子工业出版社, 2019.

[99] 周良军, 邓斌. 华为数字化转型：企业持续有效增长的新引擎[M]. 北京：人民邮电出版社, 2021.

[100] 工业和信息化部. 企业首席信息官制度建设指南[R]. 2014.

[101] 蒋莹. 企业构建内部制度的原则与措施[J]. 企业改革与管理, 2018(15)：28+31.

[102] 张明德. 管理成熟度模型及信息化判定[J]. 企业管理, 2022(8)：117-119.

反侵权盗版声明

电子工业出版社依法对本作品享有专有出版权。任何未经权利人书面许可，复制、销售或通过信息网络传播本作品的行为；歪曲、篡改、剽窃本作品的行为，均违反《中华人民共和国著作权法》，其行为人应承担相应的民事责任和行政责任，构成犯罪的，将被依法追究刑事责任。

为了维护市场秩序，保护权利人的合法权益，我社将依法查处和打击侵权盗版的单位和个人。欢迎社会各界人士积极举报侵权盗版行为，本社将奖励举报有功人员，并保证举报人的信息不被泄露。

举报电话：（010）88254396；（010）88258888

传　　真：（010）88254397

E-mail：　dbqq@phei.com.cn

通信地址：北京市万寿路 173 信箱

　　　　　电子工业出版社总编办公室

邮　　编：100036